一九四九，北平故人

一九四九，北平故人

邵燕祥 著

OXFORD
UNIVERSITY PRESS

OXFORD
UNIVERSITY PRESS

Oxford University Press is a department of the University of Oxford.
It furthers the University's objective of excellence in research, scholarship,
and education by publishing worldwide. Oxford is a registered trade mark of
Oxford University Press in the UK and in certain other countries

Published in Hong Kong by

Oxford University Press (China) Limited
39th Floor One Kowloon, 1 Wang Yuen Street, Kowloon Bay, Hong Kong

一九四九，北平故人

邵燕祥

ISBN: 978-0-19-098031-3

3 5 7 9 11 12 10 8 6 4

獻給
與我相伴走過風雨長途的謝文秀

故人入我夢，明我長相憶。

　　　　　　　　——杜甫

無窮的遠方，無數的人們，都和我有關。

　　　　　　　　——魯迅

　　物難成而易毀

　　事難成而易毀

　　人難成而易毀

　　　　　　　　——沈從文

　　假如生活背叛了你

　　你不要背叛自己

　　　　　　　　——邵燕祥

目　錄

1949 | 第三季

1949 | 第四季

於未完待續處，附幾篇序跋幾句贅語

序言：從「大時代」走來

王學泰

邵燕祥先生的大著《一九四九，北平故人》（下面簡稱「一九四九」）殺青後，命我作序，頗為惶遽，頗有「自慚鄙陋，無補高深」之感。

燕祥先生，從年齡上說大我九歲，可以說長我半輩；如果從代際上說，則長我一代。一九四九年之前，他就有了自己的政治主見，加入中共外圍組織，積極參加地下活動，並在報刊發表揭露社會黑暗、抨擊國民黨專制統治的文學作品，為推翻國民黨統治和北平解放做出了貢獻。簡單說，他是解放者的一代；而我那時僅是剛上小學一二年級的學童，對政治時事懵然無知，像當時的大多數普通民眾一樣，只對「八路」的突然到來感到新奇，屬於被解放的一代。因此，我們相識二十餘年來我仍稱他「邵先生」而不名。

兩代人經過六七十年磨合，思想、精神日益接近，詩大約就是融合劑。一九五〇年代我讀初高中時，喜歡詩歌，讀的當代作品就是邵燕祥、公劉、聞捷等青年詩人的有個性和個人風格的抒情詩(那時我就不喜歡「假大空」力竭聲嘶的「朗誦詩」)，用當今的流行語說「是讀燕祥先生作品長大的」，他的一些名篇雋句至今尚有記憶。近年他寫詩以舊體為主，更為我所喜讀。

我想邵先生這本「一九四九」要我作序，可能因為「一九四九」和「北平」這兩個關鍵字，那一年我也生活在北平，經過半個多世紀的歲月淘洗，邵先生身邊朋友中符合這兩個條件的人不多了，所以我得以榮膺此選。

一

　　顧名思義這本書應該是寫這一年作者的經歷和感受的。中國
近百年歷史中，一九四九年是具有特別意義的一年，它是地覆天
翻「大時代」的開始。那一年的「北平」洋溢着一種特別的氣
氛，我這懵懂的學童也有所感知，有些畫面仍然歷歷在目。例
如，自一九四六年以來國民黨越來越失去對北平的控制，中共地
下黨日益活躍，學生示威遊行頻發，你去我來，成為街頭一景；
「反饑餓」「反迫害」「反內戰」「反『美扶日』」，這些「反」
字當頭的口號響徹雲霄。到了一九四八年，學生的示威遊行中大唱
解放區歌曲已經成為常態。我在《小學記事》中也曾寫到：

　　　那時大學生、中學生常常上街遊行，反饑餓、反迫害，走着
　　的時候，多唱《團結就是力量》，這首歌很有鼓舞力量，我
　　看見過同學們互相挽着手臂遊行高歌此曲；他們坐下來休息
　　的時候，常唱《山那邊喲好地方》，而且唱首句時往往面向
　　西方作瞭望狀。那時北平空氣潔淨，隱隱西山就呈現在遙遠
　　的天邊，那裏就屬於晉察冀邊區。

　　當時我不明白這些歌是什麼意思、更不懂這是一個大時代即
將到來的嚆矢，但對其否定現實世界的感情傾向還是有所領會
的。我們這些小學生也往往會跟着他們唱，成為了這個大時代的
啦啦隊。

　　燕祥先生就是這一片歌聲中的歌者之一，他說「我們，這些
大學生中學生，四十年代的『知青』（其中不少也是當時的「憤
青」），都曾經相信過，春天，──革命的春天、民主的春天是
可以『唱』出來的，多麼羅曼諦克！多麼凌虛蹈空！」他把這種
「火熱的心」，寫在《追求》組詩之中。其中一首寫道：「團在

一起／如向日葵的花瓣／圍繞着金黃的花心‖我比從火炬遊行回來／更感到溫暖／我拿到火把了／我比從火炬遊行回家／更感到甜蜜／我回到家了」。

詩人從冰冷的暗夜回到了溫暖的「家」，這是當年「少共」共同的、真實的感受。那時邵先生只是個中學生，正是熱情奔放、期待進步與變革的年齡，革命來了，他們會用整個的生命去擁抱它，謳歌它。

青春本來就是歡樂之源，更何況又正逢易代巨變呢？因此我想《一九四九》首先是追憶青春和謳歌革命之作。

二

老人憶往，自然伴隨有許多的故人故事。因此《一九四九》第二個主題就是寫北京大變革中的風貌與故事。

老北京(當時叫北平)是處變不驚的，小時候就常聽老人說，「北京是塊寶地」，《四世同堂》中的祁老太爺更有完整的論述，「北平是天底下最可靠的大城，不管有什麼災難，到三個月必定災消難滿，而後諸事大吉」。即使有點水火兵燹，也像人的頭疼腦熱一樣，有個三五天自然就好了。大時代前夕的北京，淡定依舊。即使「華北剿總」「夜間實行宵禁，而在白天，車走車行道，人走人行道，上學的，買菜的，做小買賣的，收破爛的，幹什麼的都還幹着什麼，更不用說大街兩邊的商鋪，照常營業，夥計們有禮貌地送往迎來，用喇叭播送着流行歌曲，『糞車是我們的報曉雞』啊，『春天的花是多麼的香』啊，聽慣的曲調，耳熟的歌詞，沒有什麼隱喻，圖個熱鬧罷了。古城的市民沒有亂，天天居家過日子照舊。」

一九四九年不是一般的改朝換代，它不僅是政治變革的開端，隨之而來還有社會的變遷。新時代不僅換了執政者，而且新

的掌權者還要營造全新的社會氛圍：例如唱「紅歌」（當時沒有「紅歌」這個詞兒，但其歌詞旋律與流行歌曲壁壘分明）「扭秧歌」等。這新風氣使得有些老派北平人難於接受，在「舊社會」裏生活久的知識人更不適應。當然，現今這些不成其問題。在官方提倡的「廣場舞」之前，就有不少地方大娘、嬸子們沉迷於扭秧歌了，乃至喧天的鑼鼓驚擾得人們不能安眠，所以才有跳「小蘋果」之輿論導向，似乎主流輿論頗有些不以「扭秧歌」為然的意思。可是在一九四〇年代末、五十年代初，「扭秧歌」簡直就是鑒別人們是否革命的試金石。

秧歌只不過是陝北一種祭神、娛神的歌舞，特別是逢年過節，男男女女成群結隊，走村串鄉，在鑼鼓伴奏下，扭來扭去，相互挑逗，當地又稱之為「騷情秧歌」。延安文藝座談會講話之後，一些文人對它加以改造，遂成為政治動員的工具，扭不扭秧歌成為作何政治歸屬的標誌。秧歌不僅在延安扭，而且還扭到了國統區的重慶。「周公館」宴請的曲終奏雅，往往就是扭秧歌。據郭沫若回憶說，「那晚上大家是盡了興，又『痛哭』，又『狂歡』，而且還跳了秧歌舞。秧歌舞之到重慶，就是隨着恩來飛來的。」郭沫若還賦詩以紀念當夜歡聚，「秉炬人歸從北地，投簪我欲溺儒冠。光明今夕天官府，扭罷秧歌醉拍欄」（見《延安文藝運動紀盛》）。但它畢竟來源於農村，城市知識分子，特別是學歷較高、在「洋學堂」浸染比較深的，接受起來就比較困難。例如民主人士宋雲彬，他是作為統戰對象從香港接到北平參與中央人民政府建立的，三月十八日一到住進六國飯店，到十月一日，這七個月中宋閑住北平，享受着優厚的待遇，雖然不能説「三日一小宴，五日一大宴」，但住賓館，當局的宴請，以及朋友之間詩酒酬酢，可以説是無日無之。可是他對風行北平的秧歌和沒完沒了的大會小會都不適應。五月十五日做《自嘲》一首：

結習未忘可奈何，白乾四兩佐燒鵝。

長袍短褂誇京派，小米高粱吃大鍋。

避席畏聞談學習，出門怕見扭秧歌。

中產階級壞脾氣，藥救良方恐不多。

（見宋雲彬日記《紅塵冷眼──一個文化名人筆下
的中國三十年》）

宋先生不懂得，國人非常重視歸屬（文革當中稱之為「站隊」），用老百姓的話說就是「是不是我這一頭兒的」，他不如郭沫若早在四五年前就懂得了「扭秧歌」的實質了。扭秧歌事小，屬於「哪頭兒」事大。

燕祥先生作為具有自覺政治追求的少年學生，很快就接受「扭秧歌」。一九四九年為「扭秧歌」專設一節，題目就叫「唱革命歌曲之外，一定還要學會扭秧歌」。其中寫道「跑步不成問題，唱歌不成問題，扭秧歌，對我們這些年輕人不成問題，對學員中雖有社會經歷卻無起舞經歷的中年人就成了問題」。作者認識到「扭秧歌」是中共的文化政治符號，因此，扭不扭秧歌，實際上是對新社會的態度問題。

當時進步人士對此是很積極的。書中介紹說：「（蘇北新四軍的）革命作家鍾望陽寫了一本書，書名就是《把秧歌舞扭到上海去》，後來大軍開進上海，一時間秧歌舞的鑼鼓喧闐，壓過了交際舞管弦樂隊的伴奏。夜總會的霓虹燈一時熄滅了，卻並沒讓位給這一萌芽狀態的手舞足蹈。」作者所在的「華北大學」（不是一般的大學，而是快速培訓班，培養幹部的），早上起來第一件事就是唱歌跳舞，唱紅歌，跳秧歌舞，「然而扭起秧歌來的時候，唱着也是自編的新詞：『手把手兒上奉化……扔到海裏餵王八！』針對暫時引退滯留故里的蔣介石，這樣粗鄙的歌詞，恐怕也不能封為『無產階級化』，而是把『打倒蔣介石，建立新中

國』的革命號召庸俗化了。」當然，這是現今的反省，然而時代的風氣，誰也不能例外，連佛學家的趙樸初不是也寫了《哭三尼》嗎？雖然比「餵王八」一類稍雅馴些，但從內容到風格還是沒有多大區別的。

<h2 style="text-align:center">三</h2>

懷念故人也是《一九四九》的重要主題，而且用筆墨最多。本書的題詞就用了杜甫的詩句「故人入我夢，明我長相憶」。邵先生是詩人，文中處處都流露了對於朋友的懷念。正像古人詩中所說的「朋友實天倫，磊落傾肺腑」。作者記憶力也令人欽敬，相隔六七十年了，許多同志、朋友的形象還生動地出現在他的筆端。這裏面有同學、老師(滙文中學、中法大學、華北大學)、同志(中共及其外圍組織「民聯」「民青」的盟員、南下大軍)、同事(北京廣播局)、同仁(有同好的讀書人和詩人)。書中留下剪影大約有數十位，但遭遇曲折的、以不幸走過一生的多在「同仁」之中。我想，可能詩人激情適應不了組織與規範的社會。蘇俄的葉賽寧、馬雅可夫斯基都是張開雙臂擁抱紅色十月的，最後卻都以自戕結束自己的一生。燕祥先生寫到少年詩友：

> 忠厚淳樸而訥於言的魏紹嶸隨四野南下，到了廣州軍區，做文化工作，兼之寫作，在各次政治運動中，都深感所謂出身不好的壓力，竟在文化大革命中家破人亡，遺體遭拋棄式處理，遺稿遺物，一無所存。程宜思沒參軍，他讀完法國文學系四個學年，被分配到外事單位，受到信用，多次出國，不料狂飆驟起，這個高挑個兒一襲長衫卻常戴着深藍色貝雷帽的時髦革命青年竟然自己結束了自己的生命。還有朱士覺，曾經參加印緬遠征軍的詩歌愛好者，待人熱情，把地下黨主

導的「華北詩聯」一些印刷品，存放在學校附近皇城根他叔叔家裏，他叔叔是傅作義部的校級軍官。但後來因他的經歷和「社會關係」而不堪信任，分配到郊區基層，經過肅反、反右、文革諸役，舊日朋友到處尋問他的下落，竟是活不見人，死不見屍，茫茫大地，消隱無蹤。還有那個閻振中，少年時就獨自跑遍小半個中國，給自己起名叫「魯追」，意在追隨（或是追趕）魯（迅）吧；又名「浪流」，是為自覺的流浪漢。一路走一路寫那適於廣場朗誦的散文化兼口號體自由詩，一直到中法新詩社，每有遊行、集會，現在所謂群體性事件，他總在第一時間寫出詩來。這樣突出的個人，是生不逢時的，一九四九年「第一次解放」後，在突出集體主義，反對個人主義和個人英雄主義的時風裏，顯然要一再受挫。其間雖沒戴過政治帽子，到十年浩劫完了，已經滿頭白髮，這「第二次解放」後不到二十年，留給兒子一卷遺詩，就英年早逝了。

這是令人唏噓的故事，當然也有令人鼓舞的。像法國文學專家兼詩人沈寶基教授，是邵先生在中法大學的老師。我讀大學時因為喜歡法國小說和法國象徵派的詩人，也曾關注過國內法國文學的研究，但不知道這位沈先生。從這本書中才知道，沈先生是頗有成就的法國文學研究專家，曾在中法大學開法國文學史和法國詩歌欣賞兩課。一九四九年之後，中法大學被解散，大學院系調整，沈先生一度被調到中央軍委總參三部幹部學校作教授，因教學法先進，曾立三等功一次。一九五七年，任北大法語教授。從舊社會來的教外國文學的教授，沒被打成資產階級知識分子，還在部隊上立了「三等功」，這在當時確屬異數。* 他

* 學泰在這裏所述沈寶基先生借調到部隊院校教法語事，當在解決一時緊急的革命需要。一九五一年秋冬全國政協組織赴西北的土改團時，沈任第一

還翻譯出版了《巴黎公社詩選》《貝朗瑞歌曲選》《鮑狄埃革命歌曲選》。改革開放後，又出版了《羅丹藝術論》《一八七〇–一八七一年巴黎圍城和巴黎公社的速寫和日記》《雨果傳》《雨果詩選》《富豪》《雨果抒情詩選》《從烏東到德加》《雨果抒情散文選》等重要譯作，編就了個人詩集——《沉舟》。像沈先生這樣譯著等身，又享高壽(九十六歲)，在學者兼詩人中確實不多。燕祥先生懷着深情追念這位老師，他說自中年以後，沈先生不再寫詩，即使寫了，也不求發表。他說，我固執地認為，沈先生一類，才「是真正的詩人。他們不僅有對詩的真誠，而且簡直是虔誠。對詩真誠的詩人現在還有，對詩如對宗教抱持虔誠的詩人，在一九四九年以前可以數得出來，其後則可能絕迹了」。

邵先生還講到一位他十分信賴、並視之如兄長的朋友徐澤義。北平易幟之時，他是代表中共地下黨「負責保全電台全部設備、資財，保持正常工作秩序」二人之一。他不是黨員，但為人極好。書中說：「老徐比我大一輪，對我如兄長。不但我，而且我們所有的年輕人，都體會到其人的善良。這不僅表現在他與世無爭，更在他對人對事，都抱有好心和善意，好脾氣帶來好人緣。事後我才明白，地下黨物色他這樣的人，來穩定原電台處變時期的局面，真是有眼光。」

老徐是保護電台、迎接解放的有功之臣，然而，卻有點與時代不合拍，「不求進取」，運動中也不緊跟，與「鬥爭哲學」南轅北轍。這種自外於主流的作風，作者也很奇怪。其實這與其家庭、家教有關。徐是民國時掌故家徐凌霄之子，徐氏兄弟(其

副團長(團長為政務院系統一部長級官員周子健)，當時顯然還屬於被重視的高級統戰對象。然在一九五二年高校院系調整，中法大學拆散併入他校後，沈先後在北京大學、武漢鐵道學院執教，但處境似已日漸下降。他雖勤於著譯，然出版機會寥寥。除了文革前《巴黎公社詩選》等有數幾種譯品外，學泰序中開列的一串譯作，多數未能出版。他的一些同事和學生形容他為「不被承認的一生」。大約不是嘲弄，而是同情。

弟徐一士也是掌故家)「飽覽了辛亥以來幾十年的世事浮沉」。再往遠點說，徐家是宜興科舉名家，所謂「父子三翰林」「祖孫父子叔侄兄弟同登科」「一時同堂五進士」「三代十科十二舉人」，可說是榮耀之極。徐氏兄弟的伯父徐致靖積極參與戊戌新政，當時他已是二品的高官(禮部侍郎)了，曾向光緒皇帝引薦康有為。慈禧政變之後，搜捕她最恨的康梁二人，但他們遠走海外；並下詔，把變法中的骨幹——徐致靖、譚嗣同、康廣仁、林旭、楊深秀、楊銳、劉光第等七人逮捕，交與軍機大臣會同刑部、都察院嚴加審訊。其實，連審都沒審，只隔一天，就把他們押往菜市口問斬。七人當中以徐官位最高，詔書中也以他為首，作為首犯，家裏認為他必死無疑，當時徐家住上斜街(距離菜市口不到千米)，已為他準備好棺材，打點了劊子手，請他們行刑後把屍身與頭部縫合好，以待裝殮。不料當天只殺害了另外的六人，史稱「戊戌六君子」，沒有徐致靖。原來李鴻章與徐交好，托榮祿說情，於是輕判為「永遠監禁」，撿了一條命。其子翰林院編修、湖南學政徐仁鑄也被「革職，永不敘用」。徐仁鑄也就是徐凌霄的堂兄。前後百年，徐家在官場大起大落，榮辱備嘗，自然是其後世對政治感到恐懼的原因吧！

＊　＊　＊

《一九四九》是一本生動而豐富的個人斷代史，從中可見到一位年僅十六歲的青年詩人懷抱着改造中國的熱情、高擎着理想的火炬與他的同學、同志、同仁、同事奮鬥在這個泥沙俱下的大時代中，其可歌、可泣、可歎、可悲，令我五味雜陳。我想當今青少年追捧的《小時代》中主人公們要比當年邵先生們還要年長些吶，他們(或她們)是如何看待那一代呢？

二○一六年六月

楔子：圍城前後

我曾遙遙致敬的那支隊伍逼近了

一九四八年，北平。

如果我記得不錯，城裏聽到轟隆隆的炮聲，是從十二月中旬，十五號這一天開始的。

炮聲並不密集，轟轟隆隆，像夏日的悶雷從遠天滾過。

這炮聲對我不是威脅，而是問候，分明在打招呼：「我們來了！」

十二月十五日那一天，南京政府派專機，接走大學者胡適、陳寅恪他們，從南苑軍用機場起飛。

南苑不穩。復興門往西到公主墳(那裏當時叫新北京，是沿襲日本佔領時的劃界)，長街夾道的高樹砍光了，聽說要修幾千米飛機跑道，又改了主意，修到城區離市中心不遠的東單廣場來了。*

---

* 東單臨時機場約旬日趕工修成，據說清華大學校長梅貽琦即乘這裏首次航班南下。據梅日記，一九四五年十一月五日，他在昆明「(應約赴聞一多、聞家駟便宴，飯後談政局及校局頗久。)余對政治無深研究，於共產主義亦無大認識，但頗懷疑；對於校局則以為應追隨蔡子民先生兼容並包之態度，以克盡學術自由之使命。昔日之所謂新舊，今日之所謂左右，其在學校均應予以自由探討之機會，情況正同。此昔日北大之所以為北大，而將來之清華之為清華，正應對此注意也。」(《梅貽琦日記》，轉引自《楊振聲年譜》第617–618頁引文)

三年前，梅貽琦校長還說要讓「今日之所謂左右」，如「昔日(按指「五四」以後)之所謂新舊」一樣自由探討。現在他匆匆走了，是他悟到或預見到今日左右之勢已大不同於昔日的新舊之爭，再也沒有自由探討的餘地了嗎？

在老北京，比起白天的擾攘，夜間相對是安靜的。我住船板胡同，在內城東南角，每每打破深夜寧靜的，只有從南城根東去火車的低沉的吼聲，也只一兩聲，就漸行漸遠了。這時，入晚在燈下，或是半夜睡夢中，偶有幾聲重炮從不知什麼方向傳來餘響，告訴我，那支挑戰北平城防的隊伍正向城圈推進。

　　漆黑的冬夜。沉寂的人民。

　　俄國作家康·巴烏斯托夫斯基一九三七年說過，那富於聰明才智而又苦難深重的人民，沉寂下來，不知是因為面臨新的不幸，還是偉大的解放。

　　那還用問嗎？

　　我的人民，面臨的當然不是新的不幸，而是偉大的解放！

　　早在一個多月前，十一月十日，南京就戒嚴了。

　　十一月十四日，蔣介石的「文膽」陳布雷自盡了。

　　在不到一個月前，十一月二十二日，傅作義的王牌三十五軍，在往西馳援張家口路上，因共產黨的東北野戰軍迫近北平，又手忙腳亂奉命返回，在新保安一地全軍覆沒。

　　就在十一月二十二日這一天，華北剿匪總司令部宣佈全區戒嚴。當然包括北平了。

　　那時候，圍城的炮聲還沒打響，這座幾年都是一片「戡亂」聲的古城，「華北剿總」所在的北平，其實已經亂了。

　　不是說大街上公共秩序亂了，沒有。夜間實行宵禁，而在白天，車走車行道，人走人行道，上學的，買菜的，做小買賣的，收破爛的，幹什麼的都還幹着什麼，更不用說大街兩邊的商鋪，照常營業，夥計們有禮貌地送往迎來，用喇叭播送着流行歌曲，「糞車是我們的報曉雞」啊，「春天的花是多麼的香」啊，聽慣的曲調，耳熟的歌詞，沒有什麼隱喻，圖個熱鬧罷了。

　　古城的市民沒有亂，天天居家過日子照舊。

　　大街上比上半年還平靜。上半年，學生們還為「反美扶日」

遊行(不是在反對美國的同時扶植日本,而是反對「美扶日」,提口號的人倒是有點亂套了),更不用說「七‧五」那天傍晚,我在家裏聽到外面人聲有異,跑到大門外,但見船板胡同西口大街上,不成隊伍的行人倉皇向北奔跑,人們說這是學生——從東北流亡來的學生,搶着逃命;也真是逃命,東交民巷一號鐵柵欄門那兒開槍了。原來中南海對面的北平市參議會通過決議,停發流亡學生的伙食費,徵召他們入伍上前線當炮灰。被激怒的學生砸了參議會,又奔議長許惠東的官邸來了,這不是⋯⋯

到了「八‧一九」,北平當局進行大逮捕,憲兵三團出動,首先到各大學,按着名單要人。名單上是他們掌握的歷次學潮的骨幹,平常客氣點說是「職業學生」,後來拉下臉來就叫「匪諜」,其中有些確是中共秘密黨員,以及地下黨外圍的「民聯」「民青」盟員,還有的並不在組織,但經常拋頭露面打先鋒的。以為手到擒來,萬無一失了,沒料到黑名單早落在共產黨臥底的手裏,由地下黨組織通知有關各人轉移到解放區去。不過也有沒通知到的,沒走成的,全抓到了草嵐子(胡同)監獄,然後提起公訴到特刑庭(全稱是特種刑事法庭)。從當局來說,這個動作不算小,早有預謀,但看來並沒起到多大的威懾作用。開庭時傳出被捕者齊唱《跌倒算什麼》*的歌聲,反而引起普通市民的同情,更激發了獄外同學們的同仇敵愾。

不知是有意還是無意,南京政府還選定「八‧一九」這同一天,採取了一項意在挽救經濟頹勢的具有重大政治性的措施,即發行金圓券,限期禁止民間黃金銀元和外匯在市場流通,一律按官價收兌。這是彰明較著的掠奪。全國一下子炸了鍋。它涉及千千萬萬尋常百姓家的切身利益。看得出,南京、上海到北京,上面進退失據,亂了方寸也亂了陣腳。

---

* 一九六四年問世的大歌舞《東方紅》中,將這支傳唱一時的歌曲中的「跌倒算什麼」都改為「坐牢算什麼」,既不符歷史事實,又很不必要。

農村裏不知怎麼樣，但以我久居古城的一點體會，只要上街遛一圈，民心民氣怎麼樣，就全了然了。

這座古城，儘管名稱不斷隨時勢變化，北京改北平（一九二八），又改北京（一九三七），又改北平（一九四五），但這時北平居民的多數，還是「老北京」，自有不慌不忙的風格。日本佔領時，街坊鄰居用拇指和食指比方一下，就心照不宣是指西山或冀東的八路軍了。今天一切不再神秘，大家都在靜觀待變，無線電裏報導的徐蚌會戰、東北戰局，拐彎抹角，也掩不住南京和老蔣大勢已去。人們眾口一詞說得多的是物價飛漲，是金圓券的急劇貶值，已經不是幾年前念叨的「盼中央，盼中央，中央來了更遭殃」的失望和埋怨，聽見報童吆喚晚報，連個沒牙的老太太也觸景生情的詛咒：「晚報晚報，報應來到！」報應誰？當然不是報應老百姓。

他們有點齊白石在古城淪陷時期影射日本的題畫詩「且將冷眼觀螃蟹，看你橫行到幾時」的意味。

我可不是作壁上觀的第三者，在毛澤東說的「兩個中國之命運」的決戰中，我鐵定是站在共產黨一邊的。

從一九四五到一九四七的兩年間，我看到國民黨在「復員」「接收」中的腐敗，隨後又是對異見的流氓式打壓，以至對李（公樸）、聞（一多）的暗殺，大失所望，認定這個專制政權是必須顛覆的。同時，從對毛澤東詞《沁園春·雪》藝術境界的欣賞，先對他個人產生好感，進而接受了他在《論聯合政府》中建立一個自由、民主、統一、富強的新中國的綱領，願意為之而奮鬥。

中國共產黨的當代敘事，說「中國人民選擇了中國共產黨」。是全稱判斷。宏觀地說，這涉及四萬萬——六萬萬（毛詩「六億神州盡舜堯」）——八萬萬（毛語錄「八億人口，不鬥行嗎」），以至十三億人的意志，我們這裏多年來沒有可靠的「民（意）調（查）」提供有力的資料。而微觀地看，我和我周圍許多同

輩人，確鑿無疑地選擇了共產黨，並且認為別無選擇。因為國民黨執政二十二年的表現，是在「一個主義，一個黨，一個領袖」專制獨裁下建立一個官官相護、利益壟斷的官僚機構，凌駕於人民之上；而在野的共產黨朝氣蓬勃，團結戰鬥，一旦執政，相信他們有實現自己承諾的實力。甚至在十年後共產黨把我當作「不拿槍的敵人」打倒時，我還想像這屬於誤傷，「政治癡情」不改。以致母親對我又憐憫又無奈地調侃說：「你真是喝了共產黨的迷魂湯了。」母親對我愛莫能助的委婉責備，我默認，且不怪她。然而我心裏並不以為然：我加入的是一個有嚴密組織有鋼鐵紀律的政團，不是隨便什麼烏合之眾；這個黨有目標明確的路線、政策和策略，我們都不是堂·吉訶德；而且我和我的一代人大都已經成年，不可能是輕易跟着花衣吹笛人走的孩子——再說，誰是「花衣吹笛人」？

一九四七年十月，就是我加入民聯組織那個月，在北京燈市口育英中學四院(高中部)坐東朝西的生物教室裏，我望着窗外，神遊西山，構思了小詩《遙遠的敬禮》：

> 十月，/ 陽光的金手燙紅了西山的綠葉，/ 閃爍着一片一片火熱的歡容。/ 高高的天空籠蓋着更遠的遠方，/ 我們脈管裏血液相通。
>
> 讓我們傾倒滿杯的熱量，/ 高聲地喊道：歡迎！/ 我們獻上遙遠的敬禮，/ 用全部的愛，全部的摯誠。
>
> 從原野那頭走來的隊伍啊，/ 步伐整齊而又響亮。/ 我們從草的起伏聽出了風的走向，/ 你們可從我們的歌，聽見了我們/ 燃燒的想望？

轉過年來，我寫了一首《春天，生命在跳躍》，抒情主人公就是我，虛擬為一個解放軍戰士，在野外融入了春天激蕩的節律。

真的沒想到，不過兩年，我曾遙遙致敬的遠方的隊伍，不僅由西山之西，也從東北如一股潮湧經山海關、冷口、喜峰口向北平圍攏過來了。——我們將是第一批迎接你們的人！

這時，一九四八年入冬之際，我所在的中法大學民聯組織，分配給我們所有成員一項任務。

我只執行了這樣一次「像樣」的任務

我們一下就領會，圍城之後勢必攻城，進攻一方，一旦突破，必遇頑抗，面臨巷戰不能沒有準備，知己知彼，戰前掌握城裏的街道胡同，沒有地圖不行。市面上偶然可見城市街巷地圖，都粗略老舊，不足為據；原有的軍用地圖，又無法反映當前的地標地物。給我們的任務，就是深入每一條大街小巷，逐項記錄軍事設施，公共場所，軍警崗哨，以及醫院、學校、商店和大戶人家等等，縱然不是挨門挨戶，也是除了普通民居都要記上一筆了。

分給我的地界，恰是北新橋迤東，從南往北數的兩條胡同，都要從西頭走到東頭，穿越南小街，直達東城根。為了記錄方便，並打掩護，讓我帶上一本袖珍《聖經》，揣在兜裏。不知別人接受任務時，是不是有別樣的佈置。事後我想，如果不慎洩露，把我們這些人抓起來，一看，每個人口袋裝本聖經——所為何來？該如何自辯？

我有得可說，我的小學、中學都念的教會學校，快到聖誕節，我隨身帶上聖經，要上東直門「北堂」去，沒有什麼稀奇。不過，我要盡量避免用筆在聖經的「字典紙」上記錄，那太露痕迹。何況，白紙黑字，即使只劃符號，也是物證。

我們是在敵人眼皮底下踏訪。在這緊急時刻，對守城者一方，已經是生死關頭，「敵後」行動自然要做最壞的準備。最壞，無非被捕。一九四七年初冬，在上級組織佈置下，有過一次

革命氣節教育，總之是嚴守秘密，堅不吐口。在上路之前，我心裏把這些重新翻騰了一遍，為的是走到目的街道上，就不多想什麼，好一心聚精會神默記應該記住的一切。

那時候，北平城裏人少，平時小胡同也經常前後無人。如今不說圍城，單是十冬臘月，一般人也是沒事不出門了。老長的胡同，只有我緩緩步行，目標的確挺大。我按捺下心頭的緊張，想着沒人盯我的梢，只要不惹個別大門口站崗的注意，就安然無事。我一點也不感到孤獨，此時此刻，幾乎每一條胡同或每兩條胡同，就有一個我們的同志在巡行呢……

走着走着，記住幾個目標，反復在心裏唸道，產生了靈感，把它們按方位順序壓縮成「口訣」，押不上韻，句式整齊也好。果然這樣就好記了。

於是下面的功課，就是我在胡同裏若有所思地默默編「歌謠」。

上午時份，東西走向的胡同見不着太陽。不是陰天，也是多雲，天寒地凍，踩在凍土的地面，居然能聽見自己的腳步聲。如此寂靜，怎麼相信這是「黑雲壓城城欲摧」，大軍壓境圍城中的景象？更難想像這裏若發生巷戰，又將是一番什麼情景，那該是北從安定門、東從東直門進來的解放軍吧？

那時我將在哪個路口迎接大軍，如我自己在心中所構想的詩句？

這些想法，是在順利完成了「迎接解放」的第一個任務，走到北新橋大街上，才一起湧上心頭的。

回到中法，把心中默記的內容，譯成清楚明白的文字，寫在紙上，交給組織。遵守保密紀律，我一句話沒多說，沒問別的同志都交卷了嗎，雖然我很想知道。

其實遠在這次執行任務之前，校內早就開始了「迎接解放」的一系列公開和秘密活動。其中護校是主題。不過，我走讀，沒

參與。我也嚴守了「不該問的不問」這一條。中法大學，是個中共地下黨能夠掌控局面的單位。不上千人的學校，黨員和盟員成百，黨組織一有安排，如臂使指，因此也不需要叫我這樣的走讀生參加護校了，自然，更不需要從老師圈裏找人。

後來我聽說，西郊燕京、清華的教授當中，也有人參加了護校活動中的夜間巡邏。兩位先生一邊巡夜，一邊依照他們的思維方式，憶起了清人黃仲則的舊句：「如此星辰非昨夜，為誰風露立中宵？」那古代文弱書生百無一用的纖細抒情，竟然能夠跨越二百年，借來表達二十世紀四十年代末中國現代知識分子守護自己的校園，又對將有的變局抱着朦朧期待和某種樂觀的有溫度的感情。我寫到這裏時，眼眶酸了。我不忍從局外人角度笑他們「書生的酸氣」（朱自清先生曾寫有《論書生的酸氣》），[*]因為我忽然想到剛巧兩年以後，一九五〇年十一月三十日中共中央發出的《關於在學校中進行思想改造和組織清理工作的指示》，一聲號令，雷霆萬鈞，後來的事情大家都知道了。

燕園、清華園都在西郊，是今天說的城鄉接合部，開句玩笑，那裏是「農村包圍城市」首當其衝的地方。實際上既是守城方薄弱的一環，又是攻城方可能來去自由的缺口。許多年後聽說，梁思成教授就在家裏接待了穿着厚厚棉軍裝的軍人，他們是代表林彪、羅榮桓、聶榮臻為首的東北野戰軍前線指揮部來訪，希望他幫助在地圖上標出需要在戰火中注意保護的文物古迹。「這是文明之師啊！」梁思成教授，肯定還有林徽因夫人深深感動了。他們駕輕就熟，在第一時間完成了這一委託。

近七十年後回想起來，在我神往於大戰打響時，怎麼就一念不及於古都北京的宮殿、廟宇、亭台樓閣這些千百年來遺存的心

---

[*]　至於我自己，直到寫這些回憶的今天，是不是在思維定勢、感情傾向以至某種懷舊式的語調上，還帶着糾纏了大半生的酸腐的書生氣，真也還難說。

智與技藝、勞工與財富的結晶呢？不但比起梁、林夫婦，我本質上像個野蠻人，就是比起實施暴力革命的軍方運籌者，我也是毫無遠見且腦袋裏只有一根弦的愚民啊！

這當然是我到眼下為止的認知，而在當年為戰備地圖提供資料時，雖也零星聽過爭取和平解決的傳聞，而我一門心思立足於打。黨內教育也從來沒向我們這些無知的新來者提到過對敵鬥爭的策略。在我的詩裏傾訴革命情懷的同時，留下一些這樣的句子：

我要馳騁在負載我的道路上
把荒野的屍布撕破
把天空的棺蓋射穿

《箭樓》‧七月‧一九四八

天上的星星 地一起熄滅
冤魂怨鬼轉瞬間來到
……
我們有絞死絞刑者的絞刑
我們有顛覆陰謀者的陰謀

《金菩薩》‧八月‧一九四八

這跟一九四六─一九四七年間解放區土改初期曾有過的「復仇」口號和盲動過火做法暗合，應該說是自發的「小資產階級狂熱性」與革命實踐中極左傾向之間淵源有自，一拍即合。在「荷戟獨彷徨」的處境，尚且要「射」天「撕」地，一當自覺歸屬於一個強大的革命團隊時，把革命和由此引起的戰亂當作節日來盼望，就不足為奇了。因為沒有理智的系統的政治思辨，僅是情緒用事嚮往革命的心靈深處，是「惟恐天下不亂」的潛意識。文化大革命初期，毛、林都宣講過「以亂求治」，「經過大亂達到大

治」,「亂是亂了敵人」,乃至「為全面內戰乾杯」一類「革命的辯證法」。更早,列寧就有過「革命是一切被壓迫者的盛大節日」的名言,曾經煽起過多少節日烽火,令多少虔誠的革命信徒慷慨赴死。那是十幾年後我才從《列寧文選》讀到的。又過了許多年,我聽說淮海戰役指揮者之一的劉伯承將軍(後來授銜共和國元帥)之子劉太行講,他父親晚年在家裏絕口不提這一堪稱巨大的歷史功勳,因為雙方死難的幾十萬人都是中國老百姓的子弟啊!

也是許多年後,我才聽說,一九四八年,可能在「八·一九」前後,中共的北平城工部決定暫停在古城搞大活動,以儲備力量,團結群眾,到一定時機配合軍事行動。這樣逐漸把工作重心轉向包括護廠護校,還有我想像不到的一些領域「迎接解放」這件大事。也是後來才知道,除了負責大中學校的學委會以外,城工部還有平民工作委員會,簡稱平委,專抓店員、服務業員工、小手工業者以至串胡同「打鼓兒的(收破爛舊貨)」等一應平民,這就從點、線擴大到面,深入到戶。至於對國民黨黨政軍上層人員的情報、策反等工作,當時自然也更形活躍,但那是隱秘戰線的事情,我們當時不問,現在除了所謂諜報劇粗傳些未可盡信的信息以外,檔案透露有限,不過是些忠於革命英勇犧牲英雄模範好人好事的典型案例佚聞佳話罷了。

仔細想想,在加入中共地下外圍組織不到兩年的時段裏,數得過來的,我為黨做的實際工作,恐怕也就是這一次兩條胡同裏踩點(兩條胡同或稱四條胡同,因東頌年胡同、西頌年胡同,中隔小街,一貫到底,一而二,二而一;由我負責的另一條胡同類同。我之所以牢牢記住東、西頌年,因為五十年代我得知兩位老師——博逼辰、沙鷗曾在那裏同院住過)。因此,雖說在一九四九年開國前參加革命云云,卻無尺寸之功可居。由此享受「離休」待遇(離休即「離職休養」,限於一九四九年十月一日

前參加革命的幹部，區別於在那之後參加工作者之為「退休」，同在體制內而待遇有別），一直深心慚愧：起初因為跟老革命比，自感是無功受祿；後來在一般幹部和群眾面前，尤其跟基層至今一兩代依然貧困的老百姓比，不是受不受祿的問題，而是功過也難說了。

如果說那時地下黨的領導要保存力量以備大用，那麼五十年代初我所發揮的所謂正能量也有限得很，倒是歪打正着，十年後當了「反面教員」，可算邵某平生派上的大用場了。但這該是四十年代城工部劉仁同志以至我的幾位革命帶路人如直接領導過我的李瑩、周世賢、陳秉智(陳凌)等同志都始料未及的吧。

大動盪前後，會有多少告別、離散和分手

那時，為了適應新的情況，民聯的小組和單線聯繫人又作了某些調整。陳秉信(陳彤)和我之間接上了組織關係。他是陳秉智的弟弟，原來也是滙文的，高我兩三級。一九四六年我就常去他們木廠胡同的家。

現在，都到了中法，法文系，我大一，他大二，本來沒有組織關係，見面頂多點個頭，彼此心裏都有數。其實，在這個規模不大、人數不多的大學裏，社團林立，多是在地下黨影響下的，豈止跟陳彤，好些個同學並沒打通橫的關係，但誰的「政治面目」幾乎都「門兒清」。這在地下環境對政治安全是不利的，好在很快要「解放」了，大家心知肚明，似乎也不必刻意迴避了。

幼稚的我們命大，趕上國民黨已經大廈將傾各顧各的時候。我們雖然盡量抑制打通橫的關係的衝動，但我們的一言一笑都在表示着我們的政治態度。

一天在法文一的教室，臨下課，有個平時穿皮夾克獨來獨往的大個子忽然起立動議，說現在時局緊張，大家要保護學校，

「剿總」開設了一個應變的什麼隊什麼班，實行軍訓，希望大家踴躍報名。我當時立刻站起來，說我們是學生，時局有什麼變化我們都是要讀書，不是繳了學費來受軍訓的，保護城市自有軍隊，養兵千日用兵一時嘛。全班默然，他也悄然收場。這個同學，入學三幾個月來，好像沒跟班裏誰搭句話，也不參加什麼校內的活動。他是糊塗，聽信了剿總招募應變武裝的宣傳？還是受人之託在校內做個廣告？抑或是最糟糕的情況：他是剿總或其他敵特下屬組織的成員？

果然如此，他也是「孤臣孽子」式的可憐蟲，因為從南京到北京的大官顯宦，該走的已經走了，能走的也都走了，剩下在這裏招兵買馬的，已經是注定殉葬的貨了。唉！

我說該走的，能走的，還不是指胡適、陳寅恪他們，也不是指我們中法大學所在晾果廠北面那條胡同口裏常年緊關大門的戶主熊式輝，他是國民政府的軍政要員，抗戰勝利後最早派駐東北的長官之一，但早就脫身，現在該站在了哪方乾岸上觀望着吧，我經常走過這個大門……我指的，其實是我們班裏一個很文靜的女同學，姓谷。我因走讀，從家裏帶中飯，她可能也帶飯，或在什麼地方吃過中飯，回教室來午休。這樣我知道她家住得比較遠。日子長了，秋天的中午陽光不冷不熱，有時我們就到校園一塊草地上曬曬太陽，聊聊天。也沒什麼可說的。她在班裏，不屬於我們經過研究需要團結爭取和「發展」的積極分子，屬於一般的規規矩矩的好學生。彷彿約定了似的，我們不談政治，也不大談校內什麼學生自治會競選啦，尊師運動啦等等現實問題。我的同桌趙培庠有時也在午飯後加入進來，大家有一搭無一搭地東拉西扯，不用互相擔心，戒備。後來，有一天，她說她要退學了，跟着她父親全家到南方去，因知她父親是公務人員，也就是或大或小的官了，什麼官，她沒說，我們也沒問；去南方什麼地方，

她也沒說，我們好像也並不關心。她自然通過校內或主要是班內的各項活動，知道我和趙培庠的傾向。哦，她走了，不會跟我們同呼吸共命運，一起迎接解放了。但我們相信她對我們是友善的。後來，有時憶起來，不免設想，這樣一位女同學，如果因家庭關係跟上國民黨撤退，到了臺灣，也只會是一個安心讀書、做事的善良的女性。

又一個人要走了。去法國。是我們的法語教師，Madame吳木蘭，法語有小舌音念吳木「赫」。忘記是誰通知我，她要找幾個同學到她家話別。我們到東長安街台基廠，有個小胡同叫柴花籃。小院小樓。她請我們喝咖啡，然後說她將回她的祖國去了，她會長遠地記得在中法跟同學們一起度過的日子。她說得很平靜，我們也沒有激情的表示。關於時勢，無須多說。甚至我們也很難向她保證，今後還會好好學習法語甚至法國文學。因為，我們，在座的多是「左傾分子」，分明要投入「革命的洪流」，很難再坐在教室上法文課了。我們這些法文系一年級生，跟她學習不過兩三個月，像我更不能算是好學生，我怎麼能虛情假意地騙她呢？我也奇怪為什麼不找班裏幾位法文學得好的同學，比如齊宗華，她的父親就是本校的教授，她後來學到畢業，曾作為周恩來的法語譯員隨訪非洲十四國……多半是替吳木蘭找人的地下黨同志疏忽了，或是慣性起了作用，其實有些活動，用不着讓「黨團員」壟斷包辦的。

儘管我們——我是說我，對這位年高慈祥的法國老太太感情不深，但見她送我們出門，依依招手，心裏還是不免感到些微的惆悵。歸途上大家一直默默無言。許多年後，我讀到鄧雲鄉先生一本回憶舊京人事的書，其中提到吳木蘭，我才知道，這位法國老太太，並不是如我想像的，只不過隨着做外交官的丈夫到駐華使館來，順便在中法教幾小時法語；不，她在抗戰爆發前的三十年代就在中法，十來年間歷經一場大戰，兩地滄桑，二戰和中國

抗戰勝利之後，中法大學復員，她又接受聘書，迢迢萬里而來，卻不料在北平面臨更重大的世變，只得倉皇遠離了。她應該熟悉中法的老師們，如留法的第一位中國文科女博士、周恩來鄧穎超從天津到巴黎的同伴、以研究紀德為題的博士論文得到紀德本人認可和讚賞的張若名女士，還有她丈夫楊堃教授；在中法畢業後把《紅樓夢》全本譯成法文的李治華教授；中國的象徵派詩人、從事法文教學有年的沈寶基教授，還有郭麟閣教授，和齊宗華同學的父親……還有她教過的歷屆法文系同學，我的學長們：吳木蘭該是把她對這些舊友和弟子的一片深情，都寄託在同我們話別的似乎平淡的吐露中了。可惜沒得到我們一腦門時事、一腦門表層政治的淺薄者的回應。幾十年後悟到這一點，已經無可彌補。如果老人健在，應早超過百歲，如果不在了，但願她在天之靈安息。

在我們看來，什麼離情別緒，不屬於我們這一代，那是古色古香的舞文弄墨（那時候還不懂得諡為地主資產階級和小資產階級的思想感情），很快拋到一邊去。我們命定是爭得歡樂權利的幸福一代，什麼悲哀、痛苦都將與我們絕緣。在「迎接解放」的大題目下，各個社團都在聯誼，聯歡：聯歡也者，自然是共享歡樂；聯誼也者，當然是加強友誼，而且是革命的友誼！新詩社不顧冬寒襲人，到北海公園去。好在「冬季天」沒什麼遊人，也沒有特務在這裏盯梢，我們十幾個人，沿湖走動，敞開心胸，說說笑笑，盡情暢談，一吐為快，真是還沒「解放」，已經解放了。這些自我感覺良好的「天之驕子」，隨後又到白塔後身的攬翠軒聚餐，在這裏繼續高談闊論，可引起掌櫃的過來勸告，這才消停。終於盡歡而散。此遊留下兩張大家在枯白的草地上或站或坐的合影。六七十年過去，其中留在古城的幾位校友，晚年還偶有存問，而多位在一九四九年初離校的，就此別過，有的音信杳然。忠厚淳樸而訥於言的魏紹嶸隨四野南下，到了廣州軍區，做文化工作，兼之寫作，在各次政治運動中，都深感所謂出身不

好的壓力，竟在文化大革命中家破人亡，遺體遭拋棄式處理，遺稿遺物，一無所存。程宜思沒參軍，他讀完法國文學系四個學年，被分配到外事單位，受到信用，多次出國，不料狂飆驟起，這個高挑個兒一襲長衫卻常戴着深藍色貝雷帽的時髦革命青年竟然自己結束了自己的生命。還有朱士覺，曾經參加印緬遠征軍的詩歌愛好者，待人熱情，把地下黨主導的「華北詩聯」一些印刷品，存放在學校附近皇城根他叔叔家裏，他叔叔是傅作義部的校級軍官。但後來因他的經歷和「社會關係」而不堪信任，分配到郊區基層，經過肅反、反右、文革諸役，舊日朋友到處尋問他的下落，竟是活不見人，死不見屍，茫茫大地，消隱無蹤。還有那個閻振中，少年時就獨自跑遍小半個中國，給自己起名叫「魯追」，意在追隨或是追趕魯迅吧；又名「浪流」，是為自覺的流浪漢。一路走一路寫那適於廣場朗誦的散文兼口號體自由詩，一直到中法新詩社，每有遊行、集會，現在所謂群體性事件，他總在第一時間寫出詩來。這樣突出的個人，是生不逢時的，一九四九年「第一次解放」後，在突出集體主義，反對個人主義和個人英雄主義的時風裏，顯然要一再受挫。其間雖沒戴過政治帽子，到十年浩劫完了，已經滿頭白髮，這「第二次解放」後不到二十年，留給兒子一卷遺詩，就英年早逝了。

重溫記憶中的人事，如讀懷舊的詩

照片裏還有穿大棉襖的李鶴，跟我在同一個民聯小組，有山東人的憨厚，又如兄長般對我愛護關心。也許他心靈深處的人情味太重了，他提出一個出於大家意料的要求──在這緊張護校、迎接解放的當口，他要離開這一前線，回濟南老家去，為的是他的女友(或是已經談婚論嫁的未婚妻)因第三者介入，感情起了變化。我們知道，「打到濟南府，活捉王耀武」，這個口號已經在

九月裏實現了。李鶴去易幟的濟南，好像無可非議，可當時路不好走啊，私人行旅更有風險，我們替他操着一份心。但他去意已決，是勢在必行。組織上同意了，我們祝他一路順風，他就匆匆地又是悄悄地走了。一走就幾十年過去，我現在記得的李鶴，還就是照片上年輕的老樣子。五十年代知道他在山東省團委的刊物做編輯，曾寫信來往，互致問候，那時彼此都忙，通訊也就斷了。不過聽說他從圍城中的北平回到千里外的濟南，似乎還是晚了一步，沒能挽救昔日的婚約，而且似乎從此情緒黯然，有點兒一蹶不振之勢。但那個年代，我們總要把自己纖細的感情盡可能磨礪得粗獷，認為讓這種兒女情長影響整個精神狀態，是不可思議的。不是並沒有因離開北平的組織而影響政治生命嗎，仍在團省委工作就是證明，那還有什麼值得老鬧情緒解不開的扣呢！總之，大時代容不得小感情，李鶴周圍的朋友，大約也盡是像我這樣的「革命派」，他找不到同情的理解，難免越陷越深，走不出個人心理上的盤陀道。上世紀九十年代，新詩社老友解景田路過北京，他知道李鶴的近況，說還好吧，我托他帶去口信致意。也是九十年代，遇見山東的小說家張煒，他原在省團委，說起老人兒，他認識李鶴，我也請他帶過好兒。

說起解景田，又是個多情種子，他也是山東人，看來「歷下此亭古，濟南名士多」，其中辛棄疾不多，李清照和趙明誠不少。圍城以前，就知道解景田跟一個惠中女中的女生要好。一九四九年春成雙成對地參加了四野南下工作團，如果到此為止，那是革命＋愛情，十足的羅曼諦克，那女生的名字也有個克字；但隨軍繼續南下，事有變，情亦有變，像當時很多這樣「靡不有初，鮮克有終」的情侶故事一樣，解景田失戀了，這是時代的悲劇。而他的山東脾氣上來，就不像許多參軍後落單的男同志那樣「以大局為重」，而是從雁行出列，孤雁北飛，經過怎樣的周折我不知道，反正幸虧不在激戰的戰場，或是由於「事出

有因」，網開一面，沒有當作逃兵對待。他又得以繼續上學了。一九六二年我去呼和浩特，到內蒙古大學拜訪我在中法的大一國文教師蕭雷南，然後又去師範學院看望了解景田，他已在教學崗位上，並跟一位鋼琴女教師結婚。看來生活進入了常規正軌。到九十年代再見，他已調回濟南老家，人不見老，但似已又經一次婚變，真是多情反被多情累啊！

我說過，我以同等學力投考中法，在數理化成績不佳的情況下，能被錄取，要感謝國文看卷老師——大一國文課的蕭雷南先生給了高分。他是西南聯大畢業，游國恩先生的高足。我至今記得他在課堂上誦讀屈原的「嫋嫋兮秋風，洞庭波兮木葉下」，那一副陶醉的神情，他能入乎其內，感同身受，又能出乎其外，條分縷析：不是真的熱愛文學，熱愛教職，熱愛學生，大概不可能這樣忘情，又這麼敬業盡責的。

在中法那個短暫的一閃即逝的秋冬，蕭先生之外，教中國通史的單士元先生，音容也長留在我記憶中。他是教書同時在故宮兼差，還是在故宮上班同時兼課，我不清楚。這不重要。他帶我們班這一小隊在冬季乾冷的節候裏，從神武門闖入紅牆金頂藍天一望的紫禁城，如入無人之境，也確實是無人之境，除了我們師生，再不見一個遊客的影子。自然氣候天寒是其一，政治氣候緊張，再淡定的老北京也沒了逛故宮的閒心啊。單先生卻邊走邊講，直觀教學，又旁徵博引，重現某些歷史鏡頭。這是我一生空前又絕後的一次際遇。即使重金請上高級導遊全程引路，哪還有當年那份「第一次」的心勁？而且，上哪兒再去找單士元先生呢？

忘記了當時為了什麼，需要普遍走訪全校的教師。又不知為什麼沒分配我就近拜望本系本級的授課老師比如蕭先生、單先生。而指定我對沈寶基教授作家訪。我卻很願意。他開的法國文學史、法國詩歌賞析，是法文系二、三年級才有的課。我也沒去

旁聽過。但大約一九四五年秋後或一九四六年，我在滙文中學聽過他的講座。是教務主任高慶賜先生主持的。聽講的人來得不多，講座後來轉為座談。大家提問題，沈先生也很耐心地解答，還向我們提問，是摸我們水平的底吧。那時我還沒系統讀過中國現代文學史，更沒涉獵世界文學，沈先生說的很多內容，現在已經記不起來，但當時確有頓開茅塞之感：頭一遭聽說，在十九世紀有一個象徵派，聽說了波德萊爾《巴黎的憂鬱》《惡之華》，梵樂希(後又譯作瓦萊里)《水仙辭》，蘭波《舟子詠》……以前聞所未聞，一下子彷彿打開一個視窗，詩原來可以這樣寫，原來在歐洲有這樣的詩人，而且在中國也有了，我記住了李金髮和梁宗岱的名字。

沈先生沒教過我法國文學的課，但我小時候從「門外」聽了這麼「一耳朵」。我樂於去作這一次家訪。我對他提到了高慶賜先生，並告訴他高先生去年回母校燕京大學去教他本行的語言專業了。家訪的任務順利完成。我和沈先生也算敘了一次舊。

易幟以後，一九五〇年秋，我參加全國政協組織的土改工作團到西北去。在火車上邂逅了沈先生，原來他應邀任我們去甘肅那個團的副團長。三個多月後，完成任務到蘭州總結，他把在蘭州舊書攤上淘來的一冊《花兒選》贈送給我，我沒有推辭就欣然接受了。[*]

---

[*]　一九五二年初，參加土改後在蘭州總結，這時發現，真是「天涯何處無芳草」，從臨夏那一帶發源的「花兒」，不僅在當地年年六月的花兒會上能聽到少男少女對歌傳情，而且影響所及，寧夏、青海到處有花兒的歌聲，它多數也是上下對句，但有特殊的句法。
沈寶基在蘭州街頭買到一本舊書《花兒選》，另一位戲劇評論家劉乃崇也買到一本花兒選，都是經不知多少位讀者翻看過的。前一本豎排，舊到重新用牛皮紙糊了封面，已不知何處出版，另一本橫排，品相好些，記得編著者叫張文雄，當地人說，此人原是蘭州易幟前省裏某官方日報的總編輯，現正押在獄中。張在書前寫有導言，對花兒一體的源流有所闡述。這本書雖說是他「整理」，但看來他沒有以整理為名，自做聰明，大刪大砍，而多保留了原汁原味，包括長篇《馬五哥》，當中有些較露骨的性描

一九五二年，高教部學蘇聯，對全國高校大搞「院系調整」，中法大學跟所有私立大學一道取消，聽說沈先生隨中法大學法文系歸了北京大學。五六十年代我讀過他從法文直接譯介的《巴黎公社詩選》，卷首有譯者寫的導言。我從那裏讀到《國際歌》全部五節歌詞，這至少在當時是一個權威的譯本。後來官方在沿用多年的瞿秋白(蕭三)譯文的基礎上為《國際歌》歌詞定稿，統一發佈，顯然在很大程度上參照或依託了沈譯。畢竟沈先生從法文原作翻譯，會比從俄文轉譯，更準確，因而更忠實於原文。

在文革前的五六十年代，沈先生還翻譯出版了《貝朗瑞詩選》，文革後的七八十年代，翻譯出版了《羅丹藝術論》《雨果傳》(合譯)以及《雨果抒情詩選》等。後來才知道，除已出版的少量譯著外，他的文稿不僅有不少在文革中杳無下落，而且，先生平生著譯還有逾五百萬字的詩文書稿未獲出版。

八十年代初，聽說沈寶基調到了長沙鐵道學院。而且，另一位原在中法法文系的青年教師葉汝璉也在那個學院。這就奇怪了，一個鐵道學院竟有兩位資深的法國文學老師，還都是詩人？葉汝璉畢業於西南聯大，我從一九四七-四八年天津《益世報·文學週刊》上讀過他的詩。沈寶基是象徵派，葉汝璉似乎也是推而廣之的現代派。

我第四次見到沈寶基先生，已是本世紀初。沈先生的長子找到我的電話，說他父親來北京了，想見見我，我立即在約定的時間趕到北二環臨街一個門面房，見了時已八十有六的沈先生。他把晚年整理打印的早年詩稿交給了我。我深深知道這一袋詩稿的分量。他回長沙後，大概跟葉汝璉說起，葉先生隨後寄給我一卷

寫，是承上啟下之筆，也未斧削。底層草根的執著於情愛，把男女私情置於生命之上的情景，陝甘青寧並無二致。「信天遊」(也有寫作「順天遊」的)中「懷揣上羊肉手裏拿上糕，捨下性命往哥哥家裏跑」的決絕，只有在原生態的民歌裏可以分明感覺到。沈劉二位看我對這兩本書愛不忍釋的樣子，割愛題贈給我，這是讓我至今感激的。

自己的譯作。不久沈先生去世，又不久葉先生的噩耗也傳來。我還是七十年前讀到過葉先生寫的詩，但在中法他也沒教過我，緣慳一面。後來，他們二位詩人實際上都擱筆了。我固執地認為，這兩位中年以後就基本上不再寫詩，或有所作卻不求發表的先生，是真正的詩人。他們不僅有對詩的真誠，而且簡直是虔誠。對詩真誠的詩人現在還有，對詩如對宗教抱持虔誠的詩人，在一九四九年以前可以數得出來，其後則可能絕迹了。

沈從文說文學寫作像長跑，要跑到底

我必須承認，在很長一段時間，我對詩失去了虔誠，不管因為什麼緣故，把非詩奉為詩，對真詩百般挑剔(也像對人一樣扣異己的帽子)，乃是背離了詩的本體，說是對「詩與真」的雙重變節，也不為過。

一九四八年下半年，我詩寫得少了，更沒向報刊投寄詩稿。這年秋冬，忽然在《平明日報》第四版下闢欄讀到我一首長詩《望祖國》，頗感意外，這還是春天寄給周定一先生的。這首詩二百來行，一氣呵成，過於自信，甚至沒怎麼推敲就寄發了。這首詩有激情，對土地和人民的熱愛瀰散於夜行軍的蒼茫寥闊間，但未經認真梳理，流於蕪雜。定一先生遲遲未向「星期藝文」專版發稿，我當時想，可能是不大滿意。近七十年後我依然這樣看。為什麼後來又給發表了呢？我接到《平明日報》的通知，讓我去報社蕭鳳處取稿酬。我去時蕭鳳正坐在編輯部門口一張小凳上處理什麼東西。原來報社已在準備「應變」，每週一期由沈從文、周定一先生主編的《星期藝文》也要停刊，所以這一期並沒發在固定的第三版上半，而成了第四版社會新聞腳下不算補白的補白。周定一先生是在打掃積稿時把這首詩做個最後的交代。我這樣猜想，八九不離十。

《平明日報》是傅作義將軍辦的報紙，如同北平《經世日報》是李宗仁先生辦的一樣。傅作義的「剿總」佔據中南海辦公之前，中南海是李宗仁作為南京國民政府軍事委員會駐北平行轅（起初叫行營）主任駐節所在。但這兩家報紙並非「剿總」和「行轅」的機關報，更多帶着兩位高級將領私家辦報的色彩，這在業界都不是秘密。但這種情況在後來中共體制內是根本不存在的，今天人們很難理解了。

　　既然報社有這樣的背景，他們對時局自然更加敏感，策劃應變舉措，也是只嫌動手遲，不嫌動手早吧。蕭鳳和她的先生蕭離，抗戰前都在大學肄業，抗日軍興，輾轉投入傅作義的隊伍，當時傅也是抗日名將，一方重鎮，五原誓師鼓舞萬千軍民。這一對年青的戀人全都才思敏捷，很受器重。他們不僅能當記者，而且筆下的文學寫作也都出眾。他們是湖南人，沈從文的大同鄉。到北平後辦報，蕭離是「平明」的採訪主任，蕭鳳主編「風雨」副刊；就是他們提請沈先生編一個文學專刊「星期藝文」，沈先生找了他們一位共同的同鄉，北大同事周定一先生協助，慘澹經營，在古城大小報紙文學副刊中卓然自成一家。吳曉鈴等名家都給他們供稿，據說朱自清稱讚過其中的作品。

　　現在專刊要停了，勢在必然，就是整個報紙停刊，也是早晚的事。這時，我接着看到《華北日報》的「華北副刊」上刊出了我在八月朱自清先生逝世時趕寫的一篇《朱自清的散文》，這原是我向吳小如任責編的《文學》的投稿。我這才悟到《文學》這每週一次品位不俗的專刊也要停辦了。我本來早該從《平明日報》「觸類旁通」料到這家國民黨黨報的動向，太遲鈍了。《華北日報》是老牌黨報，抗戰前就有，勝利後恢復，一直用元老譚延闓題寫的報名，書法勁拔。但究竟屬於國民黨哪級機關的機關報，至今我也沒弄清。依我們的思維慣性，除去「華北剿總」，國民黨沒有華北一級的黨政機構啊。中共在一九四九年以前有中

共中央華北局和華北人民政府，所以《人民日報(華北版)》名正言順。國民黨只有北平市黨部，讓《華北日報》歸它管領，有點錯位似的。這種瞎操心，只能說明我不是搞政治的人，咬文嚼字鑽牛角尖罷了。

大約十月中旬，吳小如在《文學》上刊發了我七月寫的《沙果林記》，佔了一版。這是一篇第一人稱卻屬虛構的散文，或可稱散文式小說。題目是從我欣賞的師陀(他發表名作《里門拾記》時筆名蘆焚)寫河南故鄉小縣城的《果園城記》而來，我十分欣賞那本書淡淡哀愁的色調。但我筆下的內容迥異，倒更像是沈從文《邊城》的翻版，以一對祖父和小孫女在淺山看守一片果木林子貫穿，背景卻是一支隊伍過境秋毫無犯，想暗指三十年代的工農紅軍。後來吳小如告訴我，這一版作品刊發前，分管文藝和副刊的副總編王某看大樣想撤稿，卻不是出於政治原因，而是認為作者乃無名之人，不該佔整版的篇幅。小如據理力爭，最後攤牌問：這一版是你編還是我編？今天的讀者很難想像，一個當時的在讀大學生，雖說代表沈從文教授負責編務，但面對一家黨報副總編輯這樣不僅有權且至少年長十幾歲的在位者，怎麼竟敢堅持己見，而不是唯唯而退？這也許就是書生意氣，加上不諳官場規矩，「初生之犢不畏虎」吧。由此，副總編輯之議遂寢，或許也還因為守在北平困局中的國民黨人，已感氣餒，無意爭執了吧。

我向這個專刊投稿，吳小如以「編者」署名寫信同我溝通，是在一九四八年四月，至今不過半年。他該是肯定我的寫作能力，先曾代天津《民國日報》約一篇可以連載十天的小說，我寫了《竹結米了》在八月發出；他又代常風先生為商務版《文學雜誌》約稿，我寫了一篇《送寒衣》，常風先生很快寄了稿酬來，並告將刊於明年第一期。這時我和小如還沒見過面。直到有一天他來船板胡同我家門口叫門，那時我兄姐都住校，總是我去應門，見一位清瘦的書生扶着自行車立在門口，報名他叫吳小如，

就是給我寫信的「編者」，現在北大中文系四年級就讀，是沈從文的學生。這樣説起來，我才知道勝利後平津報紙副刊上常見的「少若」原是他的筆名。不久前還讀到他在《民國日報》副刊上一篇雜文《事如春夢了無痕》，對日丹諾夫突然的死訊有所質疑和猜測。我對日丹諾夫之死並不關心，但覺此文俏皮，舉重若輕，可見作者文筆游刃有餘。當然，在我看到的少若文章裏，有些書評更加耐讀，像評蕭乾《夢之谷》的長文，傾注了對作者的同情，許多年後我才知道，蕭乾這一帶自傳性的小説情節，暗合了評論者深埋的一段隱情。

秋冬之際，小如寫信來，說他曾在沈從文先生面前對我有所揄揚，希望我到中老胡同面見沈先生請教一次，並附了一紙「介紹信」。

這也正合我意，我很願意往拜沈從文，不是想對他説什麼，而是要聽聽這位創造了廣闊的小說世界的人，不是在文字上而是在口頭上説些什麼。他除了有些散文隨筆外，小説自然是用白話，但用詞遣字和句式另有講究，有時顯得頗為簡古，在眾多篇什中，一下就能辨出來，那麼平時説話呢？

十一月十七日那天下午，在皇城根中法活動完了，就去沙灘後身找到中老胡同那路南的院落，進門左拐，坐北一排正房中的一扇門前，開門的是我沒見過但想當然的女主人，我沒自報來路就冒失地問，沈從文先生在嗎？她説還在外面沒回來。我説那我待會兒再來，隨手把吳小如的「介紹信」交上，回身就走了。這樣毛毛草草的表現，不説失禮，也是莽撞，無怪沈師母以為我是哪家店裏的小夥計，看了吳小如的信，才知道是個青年作者。天黑了我估計沈從文回家吃過晚飯，又來敲門，沈先生很親切的讓我在他書桌邊上落座，他坐在自己平常的位置上，很快就隨便聊起來了。也就是我一九八八年在輓詩中寫的：「少年歆慕沈從文，常記燈前笑語溫」。

後來能夠記起的，我在幾篇有關文字裏都說過了。輪到我說話，除了對他作為長者的垂詢——如實回答外，面對這樣一位溫和的人，我很快也就全無顧忌地說起解放區的文學來。多半並沒有說起丁玲，雖然我之知有丁玲其人，最初全都得之於沈從文《記丁玲》一書，而且由此對這位一度落難的女作家抱着同情。但那時信息不暢，我還並不知道這一年——一九四八年夏天，丁玲在東北解放區出版了她寫土改的《太陽照在桑乾河上》，*當然也還不知道有位解放區的作家周立波以及他寫土改的《暴風驟雨》……那時，在收復區大城市走紅的解放區作家首推趙樹理，他的《李有才板話》《小二黑結婚》還有《李家莊的變遷》，由於有了港版和其他一些說不上何處冒出的版本，在左翼知識分子和青年學生中風靡一時。當然不排除中共地下黨和左翼文藝界的推薦之功，但讀者的確從一個未曾敞開過的全新的視窗，呼吸到一股清新之風。還有，就是趙樹理的語言和敘述方式，不僅是所謂「老嫗能解」，群眾「喜聞樂見」的，而且因經過提煉，也是知識分子讀者能夠順利接受的。我不知深淺的對沈從文說起趙樹理，我認定他是讀過趙氏作品的，我甚至說，您寫湖南的鄉下無人能比，趙樹理寫北方的農村，也是……沈先生靜靜的聽着我的宣講，後來總結似地說了一句：「那邊」的作家都是「群」的。我一直回味這句話，他的意思應該是說，解放區的作家都是推崇「群(集)體主義」的，他們的寫作，也是以表達他們歸屬的「群」的集體意志為能事，其思想、感情以至寫作風格、方法，都以集體為依歸，以致作家身上、作品裏面，屬於個人的、個性

---

*　那時從有限的信息裏，得知一個細節：在抗戰期間延安一次招待(國統區)來客的茶話會上，每人座前有一碟點心，是平時少見的，丁玲當場沒動，會後都帶給家裏的孩子了。這使也還是大孩子的我感動，這是普遍人性的母愛。也正因此，一九五一年我看到丁玲一次公開講話(《到群眾中去落戶》?)，貶低早年因寫母愛受到普遍尊重的冰心，是個不足道的「資產階級小姐」，不免產生反感。

的、獨特的發現和表現，也因而減弱、縮小以至泯滅了。我以前回憶往事時，只提到沈從文說「屬於群的」一句話。這裏我妄加臆測和推論，如多少接近些先生的原意，或可參考，如有誤解，由我負責。

沈從文說起他在一九四六年復員回北平後，在北大學生中發現兩位人才，一是李瑛，寫新詩，一是吳小如，寫書評，散文。沈從文具名主編的一些文學副刊上，經常刊發他中文系學生寫作課的作業，不僅都達到當時一般報刊的發表線，有些且堪稱優秀。

話題說到詩，他問我對古典詩歌的態度，告訴我要注意讀「三曹」的作品，曹操、曹丕、曹植父子這三曹，我在這之前的確沒有格外關注過，說話的當時，我聽進去了，且一直記住，但幾乎是到了幾十年後，我才比較認真地通讀，從而領會了沈從文的深意。不但他的舊體詩裏可以找到「蓬萊文章建安骨」包括三曹的消息，就是在他的散文小說中，似也瀰漫着魏晉文人藥、酒之外的風度，獨立蒼茫的境界，亂世中難得的一種清峻又兼溫潤之氣，其中不乏三曹的餘響吧。

我雖幼稚，但也不是一點心眼沒有。去沈從文家，我事先想好，一定絕口不談這年春間香港《大眾文藝叢刊》上郭沫若的《斥反動文藝》，那裏把沈從文封為文學上有意識地反對人民革命的主將之一。這是令人不快的。果然，沈從文也沒提起這件事。而我準備相機向他宣傳一下中共城市政策的想法，也臨時打住，止於談到趙樹理的作品。沈從文無意談政治，或是無意與我談政治，而他對共產黨自有看法和距離感，恐怕形成有年（早年就不滿以左聯為代表對文學和知識界的態度，何況《斥反動文藝》又火上澆油），不會因我們強調一下保護工商業，以及告誡各界各安其位等候接管，就立即破除疑慮的。

我去中老胡同拜望沈從文，是在十二月圍城和胡適十五日南下之前，也還在北大左派學生在民主牆張貼郭沫若《斥反動文

藝》全文大字報之前。這一沙灘紅樓「民主廣場」上的圍剿沈從文之役，不知是不是中共北大地下黨組織發動的，抑或只是左派學生中的文學愛好者自發的行為，至今沒見到負責的說明。幾個月後沈從文自殺未遂的事件，也只如風過水面，一陣漣漪後歸於平靜，則像大字報這些小動作幾乎算不得什麼事了。

我從沈家出來，卻牢牢記住了沈從文說的一句話：要從事文學寫作，就要像長跑一樣，不能夠跑跑就停，要跑到底。這句話支撐我堅持一生。*

國共間保持中立的父親坐以待變

唱着「朱德的旗幟飄揚」隊列歌曲的，以林彪為首的東北野戰軍在包圍北平同時或之前，就也形成了圍困天津之勢。圍而不打只能是暫時的。家在天津的吳小如着急了。一晚，他約我到蘇州胡同七賢里她姑姑家，原來他還不忘交代一些文稿之事。他把我夏天寄給他的《鐘樓》一稿拿了出來。是從鑄鐘娘娘投身銅水中，使大鐘成型的傳說生發出來，虛構了古城歷史上一次裏應外合的起義，以鳴鐘為號的故事。小如在稿子上作了許多批注，句句中肯。一句話，這是個漏洞百出，氣弱神散的草率之作。他總批說：「寫歷史故事必須氣韻凝煉，魄力雄渾，寧失之拙，勿求其俏，寧失之樸，勿求其麗。自『五四』以來，惟馮至《伍子胥》有可取處，《故事新編》猶病諸！」這正是吳小如在四十年代末寫文學批評文字的典型風格。不拜權威，直言不諱，後來小如每因此致禍。但他由青年而老年，秉性難移，這正是吳小如為人為文之所長——也正是當今文學評論包括書評所短處。

---

* 那年沈從文四十五歲，已經在文學路上跑了二十五年。在這座古城淪為危城時，他仍以堅持長跑的毅力勉勵晚輩，當然他自己也還想要寫下去。由此，可以想見不久他被迫擱筆時，會有多痛苦。

一九四九·北平故人

我知道小如急於回天津：他年輕的妻子楊玉珍帶着不到周歲的女兒吳照，平時已費撐持，若是陷入戰火，哪能依靠同樣無助的娘家人？幸虧平津之間還通車，小如必須趕回她身邊。可小如談起文學，兼及讀書、修養之事，滔滔不絕。後來我明白，我和他雖屬於新相知，也只曾倚門交談片刻，但他作為兄長，對我期待甚殷，這次臨行，有「明日隔山嶽，世事兩茫茫」之慨，所以他要諄諄叮囑，一直涉及中國傳統文化中一個頭等重要的範疇「道」，乃有深意存焉。但我知他時間寶貴，且我也急於有話向他說，便有準備地取出一份關於中共城市政策的宣傳品，鉛印的，送給他，是為了讓他安心，對共產黨將佔領天津也好，北平也好，不要過於惶恐，當然沒有這麼直說，意思全有了。

沒想到，轉過天來，小如陪着他姑母到我家來。我母親當然出面接待。小如對我母親說，他當天就要上車回天津，怕要到時局穩定才能再來北平，蘇州胡同七賢里他姑母和女兒相依為命，如果北平一旦打起來，街道不靖，還要燕祥多加照顧。母親滿口應允，我也沒有二話，請他放心走，同時也請姑太太放心，北平不會出什麼大災難的，我的話說得很滿，也不知何所據而云然。現在回想，潛意識裏是認定北平會和平解決，即使不能不戰而屈人之兵，也必因有備而來，速戰速決。其實我在當時以至後來的日子裏，都沒有考慮任何具體的應變之策，不可想像一旦大軍入城，遇到敵人負隅頑抗，我是把吳家老姑太太母女接來我家，還是另有什麼萬全之策？

人的際遇，或者大而言之，人的命運，常常不決定於某一個人自己，不管他想得多周全，做得多努力；而多是決定於宏觀的大局，以至大局中的偶然。這樣說，是不是會助長聽天由命的惰性呢？我想，人的主觀能動性還是要發揮的，應該順勢而為，所謂盡人事聽天命；但須看到人歸根結底是受到客觀限制的，超過現實可能性的努力，就是無用功了。

小如他們走後，母親告訴我，就是我們家也不安全。現在還沒打仗，城裏已經出現了亂兵。那一天我不在家，一個披着老虎皮的兵就敲門闖進來，說是替他們長官號房子，誰知道是不是假傳聖旨？母親先是跟他講道理，說這是民宅，你們不能佔用，那個兵痞哪裏聽？而且根本沒把我母親這樣的民間婦女放在眼裏，就要奪路上樓。虧得我父親在家，穿着軍裝走下樓梯。父親雖是國軍文職人員，一介軍醫，肩章卻分明是上校軍銜，那小兵喇子一看，哪裏顧上分辨文職還是武將，連連道是誤會誤會，屁滾尿流落荒而逃。我母親調侃父親：「你這身老虎皮倒還不光是坐電車不打票！」

　　說到這裏，想起一件差不多的舊事。我在一九八二年，頭一遭回到浙江蕭山的老家，當地的鄉親——遠近都是姓邵的宗親間，說我的三叔在抗戰八年勝利後，回過一次下邵村，悄悄的，沒有驚動什麼人。他年輕時離開杭州，上海被捕，南洋流亡，左鄰右舍幾不知他大半生歷經什麼坎坷，怎麼轉一大圈又回老家。真的是如一位同鄉先賢賀知章說的，「兒童相見不相識，笑問客從何處來」了。村裏有一個丘八，在國軍什麼隊伍裏混過，染了一身痞氣，經常穿着一套舊軍裝，揚長過市，招搖撞騙，找茬鬧事（用套話說就是「尋釁滋擾」吧），欺侮老實人。這天，走過三叔門口，正在罵罵咧咧，門一開，只見一位長官站到眼前，軍容齊整，少將的肩章閃閃發光，問道：「你要做什麼！」那痞子拔腿要走，三叔厲聲叫他「站住！」接着訓了他一頓，直到他保證「再也不敢了」。從一九四九年起，這個長國民黨軍官志氣、滅國民黨兵痞威風的故事，沒人敢說，但三十年後，卻又傳為美談。

　　那時候，連我母親都把國民黨的軍服叫老虎皮，可見軍紀之壞。但舊軍隊為了維持內部秩序，畢竟要靠不打折扣的等級服從，才能長官意志至高無上，驅使士兵去當炮灰。但這主要也是

在和平時期，或在戰時後方穩定，才能奏效。到了真是兵荒馬亂，可就誰也管不住誰了。

若不是感到末日臨頭，今天不知明天事，一個小兵喇子，敢在北平東單、崇內的鬧市區私闖民宅，做威做福嗎？

若不是親眼看着東單廣場正在搶修新的臨時機場，而且這是給長官和有錢有勢的大戶在開逃命之路，到時候走的走了，跑的跑了，沒人管下級官兵的死活──這個前景明擺着，守在新機場工地邊上的小兵喇子，可不是憋着一肚子委屈，但他們還不是只能在過往路人身上出氣？

我就在船板胡同口，遇上那國民黨兵攔截行人，往胡同裏面趕，一個有急事的人還要往出走，那丘八就搧他一個大耳光。時逢亂世，不見亂民，先出亂兵。這些亂兵，也就是個二等兵，連下士都夠不上，在軍隊是最低的層級──但在他們可憐的「權力」所及，普通市民還在他們腳下，可供他們吼叫申斥，可供他們驅逐打罵！

直面炮灰、準炮灰們狐假虎威、魚肉百姓的惡行，他們在敢怒而不敢言的民眾面前那副有恃無恐的兇神惡煞面孔，我原來對這些被國民黨軍隊抓壯丁抓來的兵所有的一點同情，霎時蕩然無存。

冬天，父親一次說起燃煤供應不足，他們「聯勤總醫院」不得不在沒有取暖的外科病房裏動手術，竟有因此凍死的傷患。這不也是為人子、為人夫，甚至已為人父的中國人嗎？我聽到他們不是全由傷情或手術原因死去，甚至因為麻醉藥物供應不繼而鬼哭狼嚎，也因此而不治。

這家國軍聯勤總部所屬北平陸軍總醫院，是從日軍手裏接管的，不是野雞醫院，日軍撤退時未遭破壞，設備和技術在當時的北平是數得上的。幾年下來，淪落如此，也並不盡是由於管理者無能或貪污舞弊，它從一個側面反映了國軍以至整個國民黨政權的敗局。

有一天，我從船板胡同西口回家，迎面見父親乘一輛洋車（人力車，兩輪的，南方叫黃包車）而來，腳下車簸箕上一堆大白菜，原來當天發薪水，如果不及時轉換為實物，回到家鈔票又要貶值了。「八·一九」鬧開的幣制改革，其結果是傷及全民的。

這就是我那個初冬寫的短篇小說《幣》的背景，在北平無處可發，寄到上海儲安平主編的《觀察》，在那裏趕上「舊中國」自由言論的末班車。

可以想見，披着通稱老虎皮的國軍軍裝的父親，作為一個一輩子顧家，一身擔當妻子兒女一家溫飽的家長，此時此刻多麼無奈。

父親邵驥，字志千，號雪樵，十幾歲時隨長兄（就是我的大伯父邵駿，字步超）從浙江蕭山老家到上海，從德國人辦的同濟大學堂預科到本科，一共苦讀八年，一九一五年從醫科畢業。一九一八年到當時的北京大學「法科門」任德語講師，同時兼任陸軍醫官學校的教官。他可能也做過去德國學醫的留學夢，但種種原因，自費無着，公費無門，也就斷了這個念頭。他珍惜在京師當第一代移民的機會，像一個農家子弟那樣致力於成家立業，家業的標誌，在這裏不是置田產，而是買房，營造在首善之區過小康生活的條件。辛亥革命時他曾在上海參與組織「敢死隊」，後來看透官場遊戲，幾十年間沒有加入任何黨派，從不介入實際政治活動，但國難當頭，堅持民族大義，在北平淪陷的八年中，不肯到漢奸當局那裏討殘羹剩飯，只能坐吃山空，每下愈況。盼來所謂光復，那慘勝的勝利之光，也只復照在「五子登科」的劫收大員身上。他托庇於從第一戰區撤退到重慶聯勤總部的三叔，在北平陸軍總醫院當了個上校「軍醫正」，也不過是個飯碗。才只三年光景，又到了山窮水盡的路口，他從不對我說什麼，我也真不知他有些什麼想法。但聽他跟母親的片斷對話，他對社會現狀積蓄了極端的不滿，他對這個北伐至今延續了二十二年

的政權，「藏污納垢」「賄賂公行」（這是他掛在嘴邊的成語），對國民黨，對「老蔣」，早已不抱任何希望。他對另一方的「老毛」，偶爾說到的，也只是早年毛在北大圖書館當職員，有一本民國七年的北大職員錄可證，注明毛的月薪八圓，屬於薪水的最低檔了。總之，父親對毛澤東和共產黨難說了解，但也沒有什麼可稱惡感。我有意把毛澤東寫的《新民主主義論》《論聯合政府》和中共城市政策的宣傳品放在他視線所及的地方，他可能翻過了，卻也不置一詞。在我參與街道地形地物調查前後，我試探着向他透露，我的朋友已經準備在共產黨軍隊入城後，隨同接管所有的公用部門，問他能否提供一些總醫院的情況。他當時未置可否。但第二天，他默許我取走一份有全院負責人職務的名單（油印，可能是開會通知，記不清了）。我交給了地下黨組織。

父親顯然是坐以待變，每天仍是按部就班地早出晚歸，不買大白菜，他是寧可安步當車，也不會僱洋車代步的。多數還是穿着老虎皮去搭不用買票的有軌電車。所有的乘客對這類官兵醜行習以為常。當時的北平，早已是一派末世光景，校官滿街走，尉官多如狗，哪一位能挽狂瀾於既倒，起黨國於危亡？！

姐姐、哥哥和三叔在大棋盤上如何落子？

父親不算是「身在曹營心在漢」，但我並不把他歸入國民黨陣營。他不會起而捍衛這個沒落的政權。他大概跟多數「公教人員」一樣，自信按照共產黨的政策，會「包下來」，仍有一碗飯吃，這就隨大流了。

但，人生在世，憂患總是多於安樂。我姐姐的未婚夫要隨國民黨軍撤退，姐姐去留問題提了出來。我不知道她是怎樣向父母提起這個突發的問題，他們之間又是怎麼商討、決定的。我知道時，姐姐已經上了火車，說是把陳家驥送到塘沽上船。

我姐姐燕生，長我七歲，我上小學她已經上中學了，有一段她每天下午帶我上學，中間找上一個她的同學一塊走，後來，她有幾個中學同學，特別要好，我至今記得她們的名字，熟悉她們的照片，甚至記得她們在姐姐的紀念冊上的題詞。因此知道姐姐的人緣不錯。許多年後她在鄭州市勞動局知青辦工作，才真正表現出樂於助人的品格，她回北京探望母親期間，聽說她們那裏有了「回城」的名額，惦記着幾個家裏特別困難的孩子，急吼吼地提前回去了。她懂得那些孩子和家長的心啊。終其一生是個大好人，隨和，凡事替人着想，對我來說，無疑是個好姐姐。她從小學唸到大學，都能跟上趟，升學也不費勁，但這麼多年下來，客觀地說，她多少屬於孔夫子說的「學而不思」那樣的人，比方我哥哥和我以及我們的許多同學，起初課外跟她看一樣的「閒書」，別人閱讀中產生了文學的甚至政治的興趣和感動，她好像只是看個故事，也是雨過地皮濕，隨後就拋到腦後了。她一九四五年進輔仁大學生物系，大學期間正是抗戰慘勝後的動盪年月，她離開了中學時的「朋友圈」，一時沒有格外要好的同學了。她又不問政治，遠離了校內各項多少總帶些政治色彩的活動，一九四七年「五‧二〇」反饑餓反內戰運動也置身事外。可能更早些時候，不知怎麼開始的，有意無意間，找了個課外做「家教」的工作，她不偏科，輔導中學生的學業綽綽有餘。後來，索性又從報紙廣告找到一個私營電台，應徵當起播音員，播廣告為主，電台名叫國華，老闆國振宇，地址就在帥府園路南。她由此起步，又應徵到位於東四一帶的一個「軍中廣播電台」，兩處電台交通都很方便。「軍中」不知屬於國軍哪個系統哪個層級，她作為僱傭人員，似乎不應有軍銜，但據說主管講她是少尉，可我從未見她穿過軍裝，也許只是主管隨口一說，根本沒發過(但也說不定是吃編制內外的工資差額，帶有「吃空額」性質，拿什麼「少尉」忽悠她)。

　　　　　　　　　　　　一九四九‧北平故人

姐姐有了自己的收入可以支配，除了一輛破舊的自行車需要換新，她體念父母維持一家生計不易，掙了錢還幫補家用。一九四七年我哥哥燕平在南京突患肝炎，就收到姐姐燕生一次匯去的法幣二百萬元，是她預支的兼職薪金，可供哥哥補充些營養。

　　這時姐姐也更起勁地找兼差。南池子有一家徵求英文家教，她去應徵，原來是中校軍需張建中夫婦。那家聽了她的家庭情況（恐怕主要是父親也穿軍裝這一點），對她不失尊重。過了一段時間，又認識了張建中的幾位同事，其中就有浙江黃岩人、少校軍需陳家驥。他跟邵燕生戀愛了，談婚論嫁了，這個過程大概在一九四七到一九四八年間。那也正是我狂熱地至少是癡迷地投向革命的關鍵時刻，不大在家，更不問家裏的事，只記得在家裏遇到過陳家驥，印象中他彬彬有禮，但我怕見生人，他大概把我看作小孩子，也沒跟我多說什麼；有一次還見到張建中，我打個照面，稍事寒暄就退出了。後來又聽說姐姐和陳家驥訂婚了，還在離我家不遠的德國飯店辦了訂婚儀式，可能是母親出席了，父親好像沒有參加。不過從始至終，父親對這一姻緣也並未干預。這跟父親受新式教育的背景有關，他向來對子女不加強制，讓兒女有自主權。當然，他對女兒嫁給一個國軍中人，也並無反感，他沒有從政治上考慮的自覺，何況他自己也在吃國民黨軍隊這碗飯呢。再後來就聽說共軍進關，陳家驥和張建中他們奉命從塘沽南下。張建中的太太隨軍行動，邵燕生也可以同行。

　　但姐姐沒有同行，她按議定的方案，登車送陳家驥一路到塘沽，然後道別。倒是姐姐在輔仁的一個女同學錢玉崑，跟着我姐姐介紹她認識的一位也是校級軍需官上船走了，後來再沒有消息。

　　當時議定的是什麼呢？這必是父親的主張，即邵燕生再有半年就大學畢業了，那時她再南下。我想這不是父親敷衍的托詞，這符合他一貫重視孩子學業以至學歷的觀念。他自己從一個鄉村

少年，難得到上海堅持拿下了大學文憑，這不光是學有專長的證明，更是一生求職維持生活的保障。從古以來中國讀書人重視的「資格」「出身」（這裏出身不是指家庭，是指科考的等級）。他成了家，有了子女，就立志讓他們都至少大學畢業，最後還要出國留學，為此儲蓄了一筆專款，只是由於日本的入侵，法幣貶值，化為泡影。

父親一貫重視子女按部就班的升學，從我哥哥處又得到一個旁證。哥哥燕平，長我五歲，一九四六年報考北大、清華、南開三校聯合招生失敗，不得不入讀私立輔仁大學。恰當年十月，設在南京的國立政治大學在北平設考區招考，遂報考他嚮往的新聞系並被錄取。父親聽了十分高興。父親從中年開始就萌生「遠離政治就是遠離災禍」的思想，一定要燕生、燕平和我三姐弟都進教會學校，重要原因就是據他看來，教會學校超政治、超黨派，學生較少參加政治活動，能夠一心讀書，遠離災禍，求得一技之長以養家餬口。那麼今天，為什麼對於燕平考入跟國民黨中央政治學校有着很深淵源的國立政(治)大(學)又很高興呢？這就是基於他的學歷情結。歷經八年抗戰，家底無存，戰後雖得就業，收入實在有限。供我姐姐讀輔仁，已感吃力，我哥哥再讀輔仁，負擔加倍，能不能保證供他完成四年學業實在難說（因離校太遠，當年十一月不得不申請在校寄宿，一次繳納取暖費就超過父親半月薪金），而政大屬國立，全公費，學費免，食宿費亦免，經濟上不用擔心，順利完成學業可期。至於什麼超政治、超黨派，在當時情況下已經不遑顧及了。

父親自以為置身政治之外，作為普通的讀書人，以為上學讀書、婚戀嫁娶是個人的事，與時事政治無關。當時他不會想像出後來「泛政治年代」那樣，每個人都有個政治定位，以至必須「站邊」，以此決定個人的「正、誤」與「榮、辱」。我姐姐所信的「老百姓不問政治」，多半就從父親那裏來的。

時局發展到一九四八年冬，國民黨軍在東北(我們稱為遼沈戰役)、華中(我們稱為淮海戰役)兩處敗局已定，首都南京呈危急狀態，多所高校展開遷校與反遷校之爭，主遷者多盯着臺灣，反遷者話到嘴邊留半句，就是留守南京，迎接「解放」，也就是所謂「投共」了。父親寫信給燕平，沒有明確肯定的意見，只是含混地表示總還以能完成學業為好。隨後通信斷了。通信恢復以後，還是以繼續完成學業相囑。

　　由此可知父親對求學至少要大學畢業的想法多麼堅定，不久以後對我「為革命」中斷大學學業又該是多麼無奈，但他隱忍未發，他知道我的政治傾向，是幾條牛也拉不回來的。也許他也曾拿我跟當年的三叔作比。

　　三叔邵駒，以字行，無論是早年在共產黨內活動，抗戰開始後在國民黨軍中活動，都用邵季昂為名。他是上世紀二十年代初，十幾歲在杭州醫學專科學校讀書時，先參加共青團，繼而轉黨，一九二五年「五卅」運動前後曾任中共杭州團市委領導職務，並在全市群眾大會上拋頭露面。後來被調到上海，在中共辦的國民通訊社負領導責任(我說不出他的確切職務名稱)。不幸被南方五省軍閥頭子(南方五省聯軍總司令)孫傳芳逮捕。是經我伯父請托民國初年曾任浙江省督軍的湯壽潛，設法營救出獄的(按：此說不確。近查湯壽潛，一八五六-一九一七，當孫傳芳抓我三叔時，他已故去七八年。我幼年從家裏大人片言隻語連綴揣度，故不可靠。當年究竟通過誰將三叔營救出獄，不詳)。三叔出獄後，伯父和父親都勸他從此脫離政治(用共產黨的語言，就是脫離革命了)。但三叔不聽，又奔到武漢找黨。後來怎麼又脫黨逃亡到南洋，很可能是蔣介石一九二七年「四·一二」清黨後，汪精衛又在武漢改變態度，「寧漢合流」，三叔和當時在武漢的共產黨人都站不住腳了。以上是我到一九四八年為止，關於三叔模模糊糊所知的全部，這簡單的敘述，還是由一些碎片拼

接，並動用後來可憐的歷史知識串起來的。比方父親偶爾說起「老湯」，不但小孩子，就是大人也很難一下猜出他指的是湯壽潛啊，根本不知道湯壽潛是誰。從我記事不久，就已在日本治下，隨後又是國民黨統治，三叔的出處行藏，在大環境裏都變成犯忌的話題。我們是從大抽屜裏殘存的老照片，看到有三叔出獄後跟三嬸的合影，以及似有暗語的題詞，去問母親，才知道說的大體是怎麼回事，但自然也語焉不詳。不過，總算知道三叔就是一心跟共產黨，一心要幹革命，家人兄長苦口婆心相勸，無效，「只好由他去了」。

我父親這樣一個決心不參與政治的人，卻還是不免因家裏人的政治干係，不能全不操心。後來不斷證明，他對我已經死心放手不管，也是「只好由他去了」吧。我姐姐又跟國民黨軍官訂婚，好在暫時可以按下不表。我哥哥的去留，還懸而未決——也許哥哥本人已經決斷，而在北平無從知曉。

還有一個三叔，是他的同胞兄弟，能不惦記嗎！燕平一個在校大學生，尚且面臨去留的選擇，邵季昂雖是文職，在龐大的聯勤總部軍醫署，也只是個供應司副司長，但畢竟是一員在任的少將，在這楚河漢界的大棋盤上，到底向何處落子，他自己能決定嗎？

「走板政治」：給南京政府作個小結

我寫於一九四八年十一月二日的《幣》，在十二月某期《觀察》封底文藝欄刊出，經由已經很不正常的郵路寄到我手裏。記得我在那篇文字最後，寫上了魯迅徵引的西人一句話：「暴君的專制使人們變為冷嘲。」還有這樣的空間，可以容我無所顧忌地發言，大大鼓舞了我。我立即寫了一篇《走板政治》，直指南京政府當局加以譏斥。這是我以當時水平對國民黨的認知，也是我為什麼要革它的命的自陳，全文如下：

比喻往往失於不當，往往不能面面俱到。譬如將今天的中國比作劇場，是頗多的人的想法。但仔細分析，卻只有一部分真理。

　　中國人民在作着殊死的鬥爭中，應用上面的比喻，實無異於侮蔑。

　　其所以還有部分的真理者，就因為說中了政府。政府即官場，官場即戲場。其還有些不同者，就是普通的戲班沒有特種刑庭與剿匪軍隊。拋開這點不論，政府是在演戲，很不出色的戲，觀眾是誰？是人民，但不是所有的人民，因為半數以上的人民已經演起對台來了，那些不得不作觀眾的人民，也洋溢着退票之聲，幾於要砸戲館子了。

　　這樣說，是姑且認定政府在演戲吧。扮演的什麼？曰：歷史的悲劇。說是悲劇也並非對之有多大的哀矜的意思。但是悲劇無疑。或問既是悲劇，何以笑話層出，不唯傳為當時笑柄，抑且傳留此後的讀史者呢？乃是因為悲劇的扮演者卻都是丑角之故。實在，現在的政府已經只剩一批大丑二丑與夫不死不活的偶人了。

　　二丑又叫二花臉，可見丑角的脈管裏有時也環流着花臉的血液，這就是丑角有時又怒目橫眉，大聲疾呼的緣故。

　　扮演了二十餘年，二十年來，毫無精彩，挑簾就不紅，倒好則無時無之，簾裏的捧場聲被「觀眾」的吆喝搶斷，於是手忙腳亂，驚作一團，混亂糟糕，荒腔走板。真的演成最後一頂皇冠在人民的海濤洶湧中掙扎沒頂的悲劇。四面楚歌，方寸亂矣，呼天不應，入地無門，這是最緊張的時節，尤其集中在團團轉的丑角身上，丑角雖欲到後台老闆處表功，然而其實無功可表，只好裝出一副可憐相，人之將死，其言也哀，除作最後一刻之「搶救」外，趕緊籌備後事，為免於死無葬身之所，但盼無疾而終，也許還要迴光返照，但

也仍不外丑角的裝出花臉相而已，大花臉與小花臉，空間是不同的，嚇不倒人，或許竟是倒斃台上，以謝大老闆之栽培，結束歷史的悲劇。

事實也許不會這樣活靈活現，但冷靜地觀察，今日政府確已經荒腔走板，全失常態。何以搞成這般模樣？除了宿命的理由，即根本是同人民唱對台戲外，全是聖人所謂「自作孽，不可活」。

緣一時之管見，略述其一斑：

一，無法無天：有人說這裏的「法」應作法幣解，意云一切須錢，寧棄真理，這是不失其正確的。至於直作籠統的「國法」解釋，也並無錯誤。中國的善良的人民，在數千年來以及二十年來一貫的「換湯不換藥」的統治下，是深通守法之道的，無論多麼委屈。而「法」呢，是政府一手制定。然而事實上似乎一切向來講求「法理根據」的政府卻只要求人民守法，自己逍遙「法」外。舉最普通的例證，如設立違憲的特刑庭，逮捕學生，封閉報館，又如剝奪自由，洗劫權利，又如苛捐雜稅，花樣翻新，又如最近賦傅作義以空前大權，等等等等，已足說明這是一個怎樣的政府了。

二，無能：無能可能有幾種說法，事在眼前，有目共見。政府彷彿也並不完全無能，在殺戮手無寸鐵的學生，打內戰種種方面表現得尚稱「有能」，雖說近來也是常常「勝利南下勢如破竹」了。總之，這個政府只能與民為敵，與民爭利，視人民如草芥，而無能為人民做事，這在它宿命的條件上已經被限制住，使人無由寄予希望了。

三，無信：無信不能立。政府的信用已經掃地，焉得再癡人說夢地幻想再建立起什麼人民對政府的信心？政府的幾個致命傷都是相互影響的，試想一個無法無天的，與民爭利的，使人民已經絕望的政府，如何還能要求信任？這就是王

雲五使出的「威」何以也不能使人「信」的答覆。還有就是朝令夕改，已經司空見慣，大凡不是呆癡，也就至少會根據經驗，測透葫蘆裏政府的七八分心——所謂「一見你撅屁股，就知道你要拉什麼屎」，人民的眼睛是不可蒙蔽的，改幣的失敗即以此，又如改幣時口說的「公債兌現」，到今天還只是一篇空話，同時又可見出，無能無信互有關聯，無能者是無法取得信任的。

四，無恥：因為不是為人民做事，因為只是「宦海浮沉」，「中原逐鹿」，無恥本不足怪。有人說倘能個個行己有恥，則悔恨自殺者，不知凡幾，這誠然想得天真，倘若真是那樣的話，行為早就檢點，無須事後悔恨了。還有行為的無恥以外，發言也常是不合邏輯的。舉兩個例，一是吳鐵城所說：「總統向來均表示贊成民主，故奸宄分子所說獨裁，殊屬無稽」云云，二是董顯光說：「美報指政府為反動，想韋氏大辭典，反動乃指有阻進步的行為或言論而言，而我政府從無發表反對進步之言論，反動之詞，不可加之。」令讀者無以名之。

五，無聊：窮極無聊，百無聊賴，亦即無賴。手足無措，然後表現為無理取鬧。謂予不信，有事為證！以下是北平市政府公告一號，載十二月十日北平華北日報：

查本市歡迎新兵入營大會，訂於本月十二日上午十時在太和殿舉行。茲將決定事項公佈於下：一，全市商民各戶，於是日一體懸旗。二，各機關學校，工商團體，保甲長，役政小組組長，民眾組訓隊一體參加。三，商民各戶，於新兵行列遊行到達門前，燃放鞭炮。四，全市各商號，家家均得備具禮品一份，標明字號地址，住戶自由捐贈(禮品限餅乾，糖果，白糖，肉類等食品，及紙煙，毛巾，手套，鞋襪，肥皂，牙刷，牙粉等物品)由八日起至十日止送至該管

警察局點收。除分別函令外合行公告通知。

　　讀完此文，歎為觀止。尷尬文章，皆尋常眼前事。所謂「踏破鐵鞋無覓處，得來全不費功夫」。

綜上所言，當今政府，誠是走板政治矣。無能，無信，無恥，無聊，無法無天，焉得不見無常也歟。我為之廢筆三歎，嗚乎哀哉，嗚乎哀哉。

一九四八年十二月

　　這篇《走板政治》，沒有在《觀察》上刊出，是由於郵程受阻，沒有寄到編輯部，還是寄到時這家民辦刊物已被查封，沒有趕上，不得而知。直到五十年後收入舊作散文集《舊時燕子》（「三味叢書」，河北教育出版社，一九九七）。

　　這也可以說是我在南京政府覆亡前夕給它作的一個小結，雖透露某些幸災樂禍之情，也有幼稚失察的地方，但其實是痛極而出之以嬉笑怒罵。五十年後我在民進中央《民主》月刊的「新三家村」專欄裏，發過一篇《不要美化國民黨》，仍是基於我對國民黨統治下社會積弊及其淵源的體察，想要勸告主要由於無知或也因逆反心理，而私下乃至公開美化國民黨的年輕朋友們，不要重蹈全黑全白、非黑即白的思路，甚至採取「兩害相權取其輕」的立場，失去對國民黨一黨專政、蔣介石領袖獨裁這一客觀存在的歷史事實的清醒。

袁可嘉以詩發出與左派不同的微弱聲音

　　東單的跑道修成了。繼胡適十二月十五日從南苑軍用機場南飛，清華大學校長梅貽琦十二月二十五日在新啟用的東單臨時機場乘專機南下。我每天在東單新機場的圍障下擦邊行走，在我家和中法兩點之間來回。

沙灘紅樓的孑民圖書室停止借閱了，沒事我也不去北大。但還能聽到那裏的消息。知道有人把罵沈從文的「檄文」抄成大字報，也用不着看，早看過了。又聽説配搭了一個袁可嘉，因為他在《新路》上寫了歌頌傅作義為「將軍中的將軍」的詩。歌頌剿匪總司令，意欲何為？很快，見到了一本北大新詩社或華北詩聯出的文藝性小冊子(書名我忘了)，內收一文：《無恥之尤袁可嘉》，就是講的這件事。

袁可嘉我知其名，在沈從文、馮至分別主編的天津《益世報》和《大公報》文藝專刊上，經常讀到他關於歐美文學的論文，我就是通過他的文章，才知有克羅齊其人的。他有些文章後面署上「八月紅樓」，乃知是北大教師，可能還是住在紅樓某層的宿舍。那時並不知道多次發我稿子的北平《經世日報·文藝週刊》，就是金隄和袁可嘉替主編楊振聲代勞的，發稿酬、寄樣報概由金隄經手，我都未曾謀面，袁可嘉更是幕後的人了。但要做「迎接解放」的大文章，偌大一個北京大學，只抓沈從文加上個袁可嘉當靶子，我雖是好事之徒，對此也不熱心，比起春間對郭沫若文章的研讀來，對不知何許人批判袁氏的文章並沒細看(就此看得出我雖自命為革命者，也還沒擺脱等級觀念，對無名批判家不肯如對鼎鼎大名的郭沫若一視同仁)。不過，從此在印象中有了詩人歌頌「將軍中的將軍」這樁公案的影子。時過境遷，傅作義又起義了，此事也沒人提起了。

上世紀八十年代，作為外國文學學者、現代主義的紹介者、詩人和詩評家的袁可嘉，與詩人、老出版人和精於書籍裝幀設計的美術家曹辛之，活躍一時。在他們的運作下，一個崛起於四十年代的重要的新詩流派，以出版八位健在詩人(辛笛、陳敬容、杜運燮、鄭敏、唐湜、唐祈，以及袁可嘉、曹辛之即杭約赫)和一位已故詩人(穆旦)的詩合集《九葉集》為契機，追加命名的「九葉派」重現於現代文學史。八十年代後，我和其中幾位生者

都有所過從。聽說袁可嘉一九四九年後被調往「毛選」編輯委員會任專職翻譯(同時任職翻譯或顧問的還有錢鍾書先生)。我沒有機會向袁先生請問當年舊事,也許曾有機會,但我礙於情面的考慮錯過了。

上世紀末,在蕭乾生前身後,追憶他的生平,有他曾答應擔任《新路》雜誌任編委一事,雖然還未到任就請辭了,但成為他大半生不斷被要求「檢查交代」的政治性問題。蓋這家一九四七年初才在北平創刊的雜誌,像上海的《觀察》似的,在左派眼中是一些自由主義的大學教授倡導「第三條道路」的堡壘。「第三條道路」者,罪在把國共等量齊觀,等於不光不依附中共,還要甩開中共,獨樹一幟,自成一派,罪莫大焉,甚至被認為是從旁給國民黨幫忙,給開始大反攻的共產黨、解放軍掣肘,比國民黨這個主要敵人還危險。因為他們是知識界的名人,對讀者、對一般群眾更富迷惑性。

蕭乾是及時縮足的,而袁可嘉則登堂入室,在一九四八年十月二日出版的《新路》二卷二十一期刊出《詩三首》。在「第三條道路」的旗幟掩護下,歌頌傅作義,那不是公然站到國民黨一邊了嗎?

本世紀初,袁可嘉逝世後要開研討會。這個擱置多年的公案似乎到了應該觸及的時候了,不然怎麼蓋棺論定?

我硬着頭皮下決心一探這歷史的小小黑洞。於是找到新詩研究家劉福春,請他從珍藏的老書刊中掃描了袁可嘉招災惹罵的舊作《詩三首》。

三首中《香港》雖也涉及國內政治,但又涉及「英帝國」,姑置不論。《北平》《時感》二首同樣是道地的政治詩。但不是從概念出發,而以詩人身邊的「政治」破題,他寫了他這位大學教師在學校中課堂內外的感受:

……當人們已不再關心你在説些什麼，
向你搖着吶喊的是黨派的旗幟；
當異己的才能是説不清的罪惡，
撿起同黨的唾沫猶如閃爍的珠子？

為什麼你還要在這時候埋頭苦讀，
當智識分子齊口同聲的將智識咒詛；
上課的學生在課堂上疑心課本有毒，
在黑板與他們間的先生更是不可救的書蠹；
當洋裝書，線裝書都像煙毒般一齊擺脱，
然後填鴨似的吞下漂亮而空洞的天書？

　　當時當地的北大，師生中國民黨一派處於劣勢，在強大的左派壓力下沒有置喙餘地，因此袁可嘉所指自然是左派學生。經過六十年代文革前後的人，都能認出這裏閃動着後來紅衛兵中極左一派的身影。

　　詩人放眼看古城北平，憶及她光榮的歷史：「要緊的你是新文化的中心，思想的新浪潮都從你的搖籃起身」，但「一向是理性的孩子，如今也自困於反智的迷信」，「大小靈魂」都「酣睡深深」，詩人要把守衛五四新文化精神傳統的希望寄託何處？他對沉睡的北平説：

總願你突破一時的眩惑，返求樸質的真身，
至勇者都須自我搏求，像你所擁有，當今
重心的重心：傅宜生——將軍隊裏的將軍。

　　此詩的關鍵其實不在歌頌傅作義(宜生)將軍，其要害端在於預言在某種形勢下，五四精神傳統將被扭曲以至消滅，如他在北

大從左派學生身上看出的反智傾向，會造成絕大範圍的「普遍沉淪」——怎麼辦？

> 正因為包圍我們的是空前的恥辱，
> 傳播學術文化的中心竟時刻宣佈學術的死訊，
> 在普遍的沉淪裏總得有人奮力振作，
> 擊潰愚昧者對於愚昧萬能的迷信，
> 突破合圍而來的時代的黑色地獄，
> 持一星微光，佇候劫後人類智慧的大黎明。

袁可嘉從要求個人從事學術文化工作的自由權利出發，引出對於極端主義嚴重危害的預見，並就此發出預警，比起我們大多數經歷文化大革命後達到的一定程度的認識，他整整超前了大約三十年。

他的紀念文集，題為《斯人可嘉》。袁可嘉在浩劫之後終又得到二十多年的時間，在他愛好的領域馳騁才思，這是上帝對他的回饋吧。

1949 | 第一季

停電的夜晚佇候光明的盛宴

進入一九四九年。圍城中的北平。一月三日，停電的夜晚。

從去年秋冬就時常停電。北平的發電廠在西郊石景山，地理位置已經注定「不安全」，加上離城幾十里，送電的線路哪一段不會出安全事故？於是，報社記者不斷採訪發電主管（是發電廠廠長，或是電業管理局局長）鮑國寶，鮑國寶也不斷發言安撫用戶，但電還是照停，且越來越頻繁。坊間甚至傳說鮑國寶跟共黨共軍有關係，是在故意破壞了。民用電關係家家戶戶，誰都得上雜貨鋪買洋蠟（就是蠟燭），隨口就得罵一聲。要找個出氣口，惟一有名有姓的就是鮑國寶。讓他當停電事故責任人的替身，我想多少是冤枉了他。也許停電確有客觀原因，未必都是人為的。但北平發電廠職工裏有沒有「英雄王孝和」，至今也沒聽說。

我住的小屋沒有窗戶，要走出很遠才能望見天空。這一晚我沒點蠟燭，摸黑坐着，閉眼冥思，聽着牆外的風聲，想着天邊的新月，一首短詩的節律就出來了：

天上掛着金黃的號角，
吹動霜風比天高。
沿着津浦路夜行軍，
大軍洶湧像海潮。

踩倒路旁枯敗的白草，
霜皮冰渣結上靴腰……

我們向着黑暗的遠方，
如一串熊熊野火向前燒。

　　這個意境，按王國維的說法，是「有人之境」。而我這個——人，就在那滾滾向前的隊伍當中。我們手裏沒有高舉火把，我們每個人就是一支燃燒着的火把啊！

　　小小的狂妄！當時潛意識裏，是以江南人民的解放者自居的吧。我們最新的思想武裝，就是新華社前天——元旦發表的「新年獻詞」《將革命進行到底》，它的精神，上承中共去年的「五一口號」，「打倒蔣介石，建立新中國」，下接幾個月後毛澤東的詩句，「宜將剩勇追窮寇，不可沽名學霸王」。若干年後，得知這篇獻詞的作者是毛澤東，是他在革命關鍵時刻的發言。

　　果然，「將革命進行到底」這句話，甚至比他的許多詩句更具經典性。經典性就是常盛不衰，並可「放諸四海」，在毛身後，這個句式已經普遍流行，套用到「將愛情進行到底」「將炒股進行到底」了。

　　而我們當時只是墨守着革命一義。在作戰一方勢如破竹，所向披靡的形勢下，那些要求「劃江而治」，搞「南北朝」之議，真是妄想妄說，不攻自破，因為顯然是一廂情願，不值一駁，可以說「書生氣十足」，除非是別有用心，要幫反動派穩住陣腳，喘口氣捲土重來。後來聽說這種說法有大來頭，是斯大林的意見云云，我不免又疑惑，斯大林能夠「別有用心」嗎？

　　毛澤東一月十四日發表聲明，針對蔣介石元旦求和，提出與國民黨和談的八項條件，頭一條是懲辦戰爭罪犯(按前此公佈的戰犯名單，蔣介石名列榜首)，末一條是「接收國民黨反動政府及其所屬各級政府的一切權力」。江南朝野，議論紛紛。七天以後，一月二十一日，在北平，傅作義宣佈北平國民黨守軍接受和平改編，次日，城內二十萬國軍出城前往指定地點；同一天，在南京，

蔣介石聲明「身先引退」，次日，偕宋美齡返回老家奉化溪口。

如果説十年後毛澤東在大災荒初露端倪時，宣佈退居二線，表示要專心從事研究和著述，還有大多數人信以為真；而在一九四八－四九的年末年初，蔣介石聲稱為「弭戰銷兵」而「下野」，這樣的表演，在他二十二年的連台本戲中，已經不是頭一次了，誰還相信？

當時我們中法的在校學生，應該是對大局心裏有底，無論對老蔣前後的聲明，還是對毛澤東所作回應，都表現得不大關注了：放心讓國共兩黨的政治家或政客去出招接招吧。甚至北平的和談，在上層緊張試探，摸索，接觸，博弈同時，我們聽到一些風聲，也都不暇一顧，置之度外。在陽曆新年和夏曆除夕的一個月之間，校內地下黨的領導層可能還有些實質性的事情在做，而像我這樣的普通「盟員」（相當於後來的青年團員），就光剩下通過聯歡、聯誼活動「聯繫群眾」「團結群眾」。不但各個社團出面，而且採用了「同鄉會」「同學會」等名義擴大聯絡面。其間一個簡易可行的形式，是大家一塊兒包餃子。在頻繁停電的夜晚，我不知道參與了多少次燭光下包餃子、吃餃子的活動，以致母親幾次等我吃飯我都沒回家，不免質疑，帶幾分抱怨：成天忙得顧不上吃飯，誰管飯啊？我也只能對她笑笑。

儘管還在國民黨統治下，我們這兒倒像是解放區了。雖説還處在「護校」的嚴肅當口，我們分散的聯誼活動，聚而觀之，已經是從「迎接解放」進而「慶祝解放」的盛宴——現在人們愛説盛宴，常常與物質上的鋪張揚厲相伴隨，而我們的盛宴，更多是精神的，擺脱了枷鎖的狂歡吧。

那時，跟今天不同的，我們的聚餐，從來沒有酒，這可以避免了有人酒後失態。但我還是聽見一個不認識的高班男同學在放浪形骸之際，説了我認為出格的話：當話題問到他的「興趣」時，他笑答：「我興趣不高，性欲高！」大家啞口無言。我當時

的直覺，這人不是地下黨，精神太低下了。在我心目中，共產黨員都是志存高遠，並能自律的，不可能肆意講些粗鄙的話而不以為恥。這可能符合當時我一己的經驗，然而從更大範圍看，就又未免是書生之見了。

狂歡中的我們，大大放鬆了警惕。設想，如果北平當局迴光返照，突然襲擊一下，我們恐怕會措手不及。想起來都後怕——北平若像後來重慶那樣，來一個垂死掙扎式的報復，怕還不止製造一個渣滓洞、白公館。

當時的我們，用平時組織教育我們的話說，實在是太暴露太鬆懈了。而在狂歡的氣氛中，領導也疏於掌握。不過回想起來，也難怪他們，要說我在大家眼裏是個小孩子，當時中法地下黨的領導，也都比我大不了幾歲，二十掛點零嘛。而且，不但他們，連更上一級的領導在內，誰有迎接這樣天翻地覆巨變的經驗！？

幸虧北平得以和平解決，古城各級國民黨的黨政軍警（也許特務除外），在此之前也已經多有懈怠，我們沒有淪為刀鋒所向的軟肋。且北平攻守這個難題的破解，不能不在相當程度上歸功於傅作義的明智，他不願見北平市民和他的袍澤再成無辜的犧牲。他連讓自己的部屬南撤去為南京政府賣命都捨不得，儘管蔣介石已經做了拋棄北平的打算，給傅作義留下從塘沽上船的一條出路……如果這個沙場老將，頑固不化，沒有一點悲憫之心，要像希特勒那樣，誓與孤城共存亡，不惜一炬，讓百萬軍民給他陪葬，那將是何等慘烈的局面！？他畢竟手握兵權，恐怕也不是在這位總司令身邊安幾個臥底所能挽救的。

北平圍城的炮聲不知不覺平息了，從哪天停下來的，我已失憶，好像早就不在我的注意之中了。

一九四九年整個的一月下旬，我們是在具體地而不是籠統地「迎接解放」，加上迎接舊曆年的熱鬧中度過的。大年夜我也沒回家吃年飯。

節日氣氛中抓空完成長詩《乞丐們》

畢竟事隔多年，一想起那年年初大局初定，解放大軍卻還沒進城的一段，腦子裏亂哄哄的，盡是一片熱鬧的節日氣象，——列寧不是説過，「革命是一切被壓迫者的盛大節日」嘛！——我想不起是否從圍城起全已停課，我們是否還得到自己的班上點個卯；學校的教學秩序應該照常，寒假前應該沒有停課，不然我怎麼還能見到同是走讀的男生李述蓮、黃文捷他們呢。李述蓮為祖傳的中醫世家，黃文捷跟寡母相依為命，他們都是一心向學，從不捲入學潮的老實學生(學潮云云，是國共雙方同樣稱呼的，後來中共正式的歷史敘述才叫學生運動；工潮也一樣)。跟他們相比，唉，我成了準「職業學生」。

我這裏説的「我們」——我們怎麼想，怎麼幹，其實都指當時的左派學生，黨團員。拉上所謂中間派，就是平時沒跟着我們一起參與各項活動的同學，來參加現在的吃餃子，聚餐，穿插些歌舞的活動。從我來説，這算是執行了組織上關於團結群眾的任務，但老實説，我並沒有真心實意地找過其中哪位好好談談心，也向他們交交心，沒有，一次都沒有，一個都沒有。歸根到底，我是脱離群眾的。而我可以自辯，組織上只有一般號召，並沒具體地、確切地把任務分配到人。

離開校園裏的團團轉，回家後我還有自己對自己的傾訴——就是寫作。不僅是基於精神的需要，也成了每晚熄燈前的一個必經的程序。我不寫日記，詩歌成了我的日記。

從現存原稿末尾的年月日看，我是在一九四九年一月二十五日，續完了十二月二十四日中斷的長詩《乞丐們》。

這首詩得名於艾青一九三八年寫的《乞丐》：

在北方
乞丐用固執的眼
凝視着你
看你在吃任何食物
和你用指甲剔牙齒的樣子

這是我能背誦的少數詩作片斷。像許多難忘的作品一樣，它讓我心目中的「人民」不再是抽象的符號，而是有血有肉、有哭有笑的社會經濟現實中具體的人了。

每一次默念艾青這首詩，眼前就顯現隴海線上荒漠的土地，隨風揚沙一片灰茫茫的天地，在只有獨輪車轍迹的地方，默默挪動着衣衫襤褸、扶老攜幼的一群，他們是「田園寥落干戈後，骨肉游離道路中」的難民，是「桑柘廢來猶納稅，田園荒盡尚征苗」的饑民……他們是我小時候在胡同裏遇見的告地狀的識字的人，更是我夜深人靜聽到的有如歌哭的乞討的悲聲……

於是我在燈下傾吐出這樣一些詩行：

活路，幾時從腳下走出來？／土地，幾時回到佃戶的犁耙下來？／流亡的人們，幾時回來？

離了家鄉的人們／正向落日走去／落日的下面／橫着灰黑的城堞的影子／九月的尾梢，水樣的秋風／追擊着／單單薄薄的燈籠褲子……

你們／失去了土地／淪落為乞丐／走進城門的／中國的農民呵／在沒有解放的日子／遼遠的中國土地上／響過你們沉重的足音……／在長城裏外，黃河上下，大江南北／在鹽與酒的山西／在河北的邯鄲，河間，大名府／在古香古色的開封／在淮水邊沿的鳳陽城……你們結成饑荒的行列／向四方投奔／淒涼地聚散着／所有襤褸的人都是一家的骨肉／帶

一九四九‧北平故人

着各方的泥土鄉音／述説着各方的事故／跨過北中國的冀魯平原／跨過南中國江淮沖積地／向那有着崇樓峻閣／豪富園林的城市走着／而城市正以無數冷酷蔑視的眼光擲向你們／無數落井下石的手埋伏在陷阱邊／無數條死路，無數高牆等待你們去碰壁　而春天更是殘酷的／布穀鳥像含淚的眼睛／掠過城鎮的上空／哀傷地詢問，並且鳴叫着／告訴土地和土地的墾殖者／到了春耕的時候／而蜷縮在異鄉的一角／有如片片蜷縮的落葉的你們／以饑餓的眼／茫然望着腳下／沒有一寸針尖大的土地！／胸腔裏充滿憤懣／掏出來是一片説不出的空虛！你們靜靜地舐着心上的傷口／撫摸着身上的疤痕／執拗地怒視／喧嘩的街道／陷入鬍鬚的眼睛／放射着不馴

你們／在街頭睡去／當黃昏燈火惺忪的時候／當夜深結着霜花的時候／當朝霞出來／你們忽然驚醒／從背上翻去一座沉重的山／喊着：這才是我的家鄉……

哦，你敢是夢見了什麼？／夢見了家鄉／楊樹林的風光？／夢見了老渡頭／流水活活地歌唱？／夢見了成串的山裏紅／套在孩兒們的脖頸上？唉唉，在南方，在北方／在黑暗統治還繼續的地方／我多麼　熟悉你們／像熟悉我自己／我多麼熟悉你們的夢／像熟悉我自己的夢呵

但在「黑暗統治還繼續的地方」，在破碎的土地上，一切的好夢都要破碎的。

在特定的語境，我只能把你們叫乞丐。艾青筆下是一個乞丐，我看到的是「乞丐們」。我還看到了他們於乞討之外的反抗：

固執的硬漢子／頭髮像馬鬃一樣豎起／我是要飯的出身／可不是手背朝下，用膝蓋走路的！曾經多少次／在嚴酷的刑訊中／暈死過去／仍舊像一塊鐵，沒有口供／怒視着怒視

他的刑吏／ 詈罵着詈罵他的法官／ 忠實的血液從傷口流出來
／ ──一個響噹噹的好弟兄！

在沒有法治，濫施刑求的地方，「怒視着怒視他的刑吏，詈
罵着詈罵他的法官」，也還是「我們有絞死絞刑者的絞刑，我們
有顛覆陰謀者的陰謀」（《金菩薩》），「我們要在死路裏走出活
路」，但個人反抗畢竟是無效的。
終於，「我們的隊伍來了！」

　　當炮彈驚起了黃昏的鳥群／ 你說／ 打雷就要下雨了
　　乞丐們呵／ 抬起你們的頭吧／ 直起你們的脊背吧／ 睜開
你們的眼睛／ 放開你們的喉嚨／ 舒展你們緊縮的心吧
　　在新社會／ 你們將永遠永遠／ 離開乞討的生涯／ 你們將
容光煥發地／ 哼着歌曲／ 來往於工廠和宿舍之間
　　乞丐們呵／ 收起你們淒涼的歌吧／ 永遠不要掛在人類嘴邊
了／ 只是要把苦難的經歷／ 告給你們快樂的兒孫／ 叫他們像聽
神話／ 眨着小眼睛／ 詫異他們的祖父和父親／ 有過這樣的身世
　　乞丐們呵／ 我要改變這樣的稱呼
　　親愛的父老兄弟姐妹們／ 流落城市的破產手工業者／ 和
流亡的貧農雇農們／ 這樣的日子到了／ 自由和幸福來到我們
頭上／ 讓我們把手放到額邊／ 祝福的敬禮／ 解放的敬禮！
　　此刻／ 你們雙腳站立的土地／ 已經是我們自己的土地／
藍天上飄蕩着／ 解放的紅旗，我們的歌聲／ 歌唱這／ 像許多
紅色城市一樣／ 又將和更多祖國的城市並肩的／ 解放了的／
人民的城池！……

我從一九四六年以散文小品練筆，一九四七年起寫了大量新
詩。到一九四八年末開筆的這首長詩，繼《金菩薩》之後，立足

　　　　　　　　　　　　　　　一九四九·北平故人

於城鄉矛盾和貧富矛盾來為流民呼號，可以說是我這個「從舊社會來的知識分子」在「舊社會」呼號的尾聲了。那時候還沒讀到毛澤東《湖南農民運動考察報告》《中國社會各階級分析》一類文件，更沒有全面系統地鑽研中國農民問題，僅憑感性，洋洋灑灑近千行、上萬字畫了這幅《流民圖》，是不堪從共產黨的理論和政策高度稍加分析的。我有自知之明，從未想在「解放了的中國」替它找地方發表。*但它確實是我生平第一個寫詩旺期的一個小結，**可從而窺見我當時的思想水平，尤其是對社會認知的局限，也許有些參考價值，故多抄引了一些，怕佔篇幅，不按一般新詩體例分行。

　　插句題外的話，九十年代思想文化界揭櫫中國兩千多年來始終存在一個「游民社會」的王學泰先生，若是審讀這首拙作，不知會首先看到我對游民階層自發鬥爭的歌頌，還是看到我對失地農民和進城農民工的同情？

大軍入城後一個單兵作戰的堂·吉訶德

　　一九四九年一月三十日下午，部分解放軍從西直門入城。

　　已經是舊曆年根底下，街上的年味因長期和戰未決形成的不安而沖淡了不少，比如從郊區進城賣年貨的今年就來得少多了。

---

* 　如果這首詩在一九四九年後公之於世，一定會遭到《文藝報》的責問：難道農民的典型形象是這樣的嗎？難道中國的農民階級都是討吃的乞丐嗎？難道中國革命的洪流竟是由「乞丐們」組成的嗎？我將無以作答。

**　巴烏斯托夫斯基這樣說到法國大革命時期歐洲的浪漫派詩風：「在風暴和雷電之中，蒼白的詩人們吟誦着鼓舞人心的詩篇。他們歌唱美好的友誼，歌唱崇高的精神，歌唱自由和勇敢。」（參看盛海耕譯《肖像畫家基普連斯基》，《在俄羅斯內地》，大眾文藝出版社，二〇〇六）。這可以套用到我身上，那「蒼白的詩人」就是我：在四七、四八年的風暴和雷電之中，他歌唱着並不深知的革命，歌唱着虛擬的美好的明天，歌唱着想像中實現自由和解放，來鼓舞別人，首先是鼓舞自己。

我們早早接到通知，同學們一過午就集合上街，然後以小分隊的形式去宣傳中國共產黨的城市政策，特別是保護工商業，因為怕商家由於心裏沒底，自相驚擾，關門停市，那就影響人民生活，「更重要的是造成不良的政治影響」，這是我第一次如此關注「政治影響」。

　　這也是我這怯於拋頭露面的人，第一次當眾作口頭宣傳。借來商家的板凳，我登上去，手持一份前線司令部「約法八章」的安民告示，向「父老兄弟們」宣讀，並稍作講解。也許是聽眾們感到突然，也許是我不習慣面對大庭廣眾喊話，也許是那份佈告的口氣不夠親切，或者從技術層面看，是我唸文件唸得太快了，「父老兄弟」們的耳朵和心思跟不上……總之，我感覺不到聽眾的反應，表情漠然，連好奇都沒表現出來(真沉得住氣)。我宣講一遍換個地方，全都差不多。我只能這樣想：大街上隨機聚攏的行人，也許不是當家主事的，也許只關心涉及自己家的那條政策，也許嘩啦啦宣讀一番，有沒聽清的，聽清也沒記住或來不及消化。我們口頭宣傳的手裏沒有佈告，如果隨後立即把印好的文件張貼出來，聽和看互相配合着，效果應該好得多。

　　這是第一次，沒有佈置得那麼周密。相信再到新解放區的城市，一定會更有準備。我們南下以後，一路上大概都要幹這件事。一回生，兩回熟，我這樣安慰自己。

　　我們負責宣傳的東四一帶，不是從西直門入城後的必經之路，所以沒見軍隊的影子，我們和行人們也只就「約法八章」打了個照面。沒有出現任何熱烈場面。

　　熱烈場面緊接着在第二天正式的中國人民解放軍入城式上出現了。我們學校的隊伍配置在東交民巷西口裏面不遠處，佇立路北。這是從外城正南的永定門進來，沿着前門大街北行，過五牌樓，見箭樓後右拐到東交民巷東行的隘口。選擇東交民巷，大有寓意，因為這是清末至今的使館區，各國領事館都在這裏，老百

姓習慣了還是叫大使館。身穿絎線縫緊厚厚棉軍裝的人民解放軍官兵，乘着從國軍繳獲的美式軍用卡車，駕着從國軍繳獲的U.S.A 製造的榴彈炮等武器，在夾道搖旗歡呼的群眾面前緩緩行進，行經美國大使館緊閉的大門前，這個鏡頭留在了隨軍攝影師拍下的膠片裏。

那時通稱「美蔣」，邏輯的推論，打敗了蔣介石，也就是打敗美帝國主義了。

很快我就從有關報導中看到我們熟悉的「帝國主義嘴臉」，出現在兩名美國記者身上。

合眾社記者基昂二月一日北平電中說：

北平平靜地好奇地接待征服者，各種學生和工人團體排列在街道上，各小隊都打着大幅彩色旗幟，不停地喊着口號，但這並不是一般人民情緒的反映，他們表示了據說過去四十年中用以迎接六次征服者的同樣的保留態度。

美聯社記者穆薩發自北平的電文中說：

今日北平給它的共產黨征服者一個熱鬧的歡迎，這只有這個經常被征服的城市才能做到，共產黨向擁擠着的成千上萬的人顯出一兩件東西看看——長達數哩的繳獲來的美國造的各種車輛。長列的市民在這個熱烈的歡迎進行中把嗓子都喊啞了——正如當日本人佔領北平他們歡迎日本人，當美國人回來他們歡迎美國人，當中國國民黨人回來他們歡迎國民黨人，以及數百年前歡迎蒙古人與韃靼人一樣，北平在歡迎它的征服者方面是享盛名的。

與其說這兩則電訊中的成見或偏見把我激怒，毋寧說是美國

二記者居高臨下的倨傲把我激怒了。長期來中國積貧積弱，腐敗無能又愚昧自恃的政權，在列強面前無力保護中國人的權益和自尊，這使一代代中國人在統治者喪權辱國、公民個人權利完全失去保障的同時，只剩下以民族自尊支撐個體自尊，知識分子在這一點上尤其敏感，一觸即發。

我十分激動地急就一文，把這兩人當成美國主流輿論的當然代表加以譴責。我指出他們以曾經「回來」的「征服者」自居，誣衊北平二百萬人民的人格，並曉以大義說，北平人民——中國人民是不可征服的，北平人民——中國人民是不可屈辱的。最後引用一九四八年十二月二十二日中國人民解放軍平津前線司令部宣佈的「約法八章」之七，作為警告：

(七)保護外國僑民生命財產的安全。一切外國僑民必須遵守本軍及民主政府的法令，不得進行間諜活動，不得有反對中國革命事業的行為，不得隱匿戰爭罪犯、反革命分子及其他罪犯，否則，當受本軍及民主政府的法律制裁。

我給此文所標的題目，就是《警告美帝新聞記者》，刊發在2月12日《北平日報》，署的還是在這家報紙副刊上常用的筆名：漢野平。

意猶未盡，我又寫了《美國人民的恥辱》一文，希望北平的美國僑民都能以美國二記者對中國人的誣衊為恥，建議他們發揮美國人民的民主素養，遵循民主原則，以一定程序，自動對此二人採取一定的必要的合理措置，洗刷他們給美國僑民帶來的恥辱，維護普通美國人的美好名譽。我在文末講了一個一九四七年的小故事：

在冀中解放區獻縣張家莊天主堂的法籍神甫尚建勳等，參加

中國內戰，危害解放區，失去了法國僑民在中國內戰時的中立原則，構成參加中國內戰的罪狀。解放區法院對案件證據的確鑿，處理時完全正規的法律程序，判決的寬大及待遇的適度優越，都是經過法國駐天津領事奚居赫的讚揚的，而奚居赫在完全滿意的情況下，依法攜帶了被判處驅逐出境的法籍罪犯，搭車回返天津。

這裏既肯定了解放區獻縣的法治狀況，又表揚了法國奚居赫領事的民主素養「是經得起考驗的」，盼着美國僑界向他學習。

此文二月十九日仍是在《北平日報》刊出。不管這個執筆者漢野平如何理直氣壯，把自己當作北平人民——中國人民的代表，甚至是「約法八章」執行部門的代言人似的，但當時這家報紙屬於維持版面等待接管之列，不具備中共黨報的權威性，我想，它不會受到那兩名美國記者的重視，更不會進入人數不多的美國在平僑民的視野。

正如同我在這家報紙二月十六日刊發的一篇時文，《我建議東單廣場命名為人民廣場》一樣，同樣毫無影響，都只是我在詩歌之外的一次抒情罷了。

更可怕的是，很長時期我都沒覺悟到，上述我個人所作的「反帝鬥爭」，事前未請示，事後未報告，如果不說是僭越，也是缺乏組織紀律觀念的表現：黨哪能容許普通一兵擅自代表北平人民和全國人民來對外國記者和外僑發言？

一連串大大小小的群眾性集會

二月二十七日，以葉劍英為首的北平軍事管制委員會，通令禁止外國通訊社及記者在北平活動。這比任何訴諸輿論的反應都管用。

我知道當時上海有蘇聯的塔斯社，北平有沒有他們派駐的記者就不知道了。倘有，或許事前打招呼達成諒解，否則同「帝國主義」的記者一律對待，豈不開罪於老大哥？……

其實，解放軍還沒進城，軍管會早就開始工作，着手佈置一連串的接管了。

喉舌先行：二月二日，北平新華廣播電台開始播音，人民日報(北平版)開始發行，新華社北平分社開始向總社發稿。

我二月三日就把入城式後寫的《騎兵》一詩定稿，自己很滿意，郵寄給人民日報——這是我第一次向共產黨的黨報投稿。寄到王府井大街一一七號，我知道人民日報接管了華北日報，那是抗戰前國民黨在北平的黨報華北日報的老社址，中間一度(一度就是八年！)被日本佔領者的武德報社佔用，抗戰勝利後，華北日報在那裏「復辟」三年，這次又一番旗幟易色了。

我對《騎兵》一詩自我感覺良好，但沒見發表，我很失望。一九八〇年終於依據塵封三十年的底稿收入詩選《獻給歷史的情歌》。後來知道，華北人民日報三月十五日才正式移北平出版，前一陣的人民日報(北平版)帶有臨時性質，倉促上馬，哪裏顧得上時政報導以外的零部件呢。

這時，我們已經從分散的「迎接解放」騰身正式公開大規模「慶祝解放」的熱潮。這不再是浪漫主義的吟唱，而需要全身心地投入現實主義的瑣屑之中。沒有太多閒空去製作詩歌一類配件了。

不論去什麼地方，每天要從東單廣場邊上經過。這個臨時機場已經停用，它與大街之間的護障拆除了。下午四五點鐘，站在馬路東側朝對面看去，冬天無力的夕陽偏到西南一隅，而廣場西北矗立着德國醫院的大煙囪正一如既往地冒着濃濃的黑煙。在整個圍城期間一直冒着濃煙，不知當時誰在溫暖的病房治療和養病。德國醫院後來被接管，更名北京醫院，並且成了中共黨政高級幹部的專屬醫院，病房裏的患者也相應換人。那

個煙囪繼續冒黑煙多年。這是後話不提。

一九四九年二月十二日那一天，北平召集慶祝解放的全市群眾大會，我就是先在東單廣場集合，走向天安門的。那時天安門前，南有中華門，東西兩座「三座門」夾峙，沒有形成方方正正的廣場。我的記憶已經模糊，依稀記得大會主席台並不像後來那樣設在高高的天安門城樓，而是在玉帶橋前搭了台。大會主持者是北平市總工會主席(或是總工會籌委會負責人)蕭明，讓人感覺到，這標誌着工人階級的政治地位突出了。看來大會是由工會牽頭組織，以各廠礦工人和各校大、中學生為主。究竟有誰在會上出面，講話，我已全無記憶，怕是當時就沒聽清：頭一次佈置這樣的大會會場，傳音效果一時還不易過關，當場不能聽得很清楚；再就是我們似乎也都沒用心聽。傳音設備，在三月二十五日毛澤東和中共中央、解放軍總部遷來北平後，由中央一級機構在天安門廣場組織活動時，無疑日益正規；而作為會眾，以後各個時期的群眾大會參加者，是不是都認真聽主席台上的發言，也會因時而異，因人——台上講話的人和台下聽講的人而異了。

這些天裏眾多活動中有一個詩歌朗誦會，我卻記憶深刻，可見人的記憶是有選擇性的。這個多半是由「華北詩聯」主辦的朗誦會在中法大學禮堂舉行。那晚，禮堂燈光明亮，本校和外校的聽眾都已坐滿，熙熙攘攘，嘈嘈雜雜，忽然安靜了，一下子掌聲爆響，從入口處走進幾位穿着灰色棉軍裝的人，他們的笑容裏蘊含着勝利者的歡欣。

他們入座後，我們聽到主持者介紹，這幾位是參加北平軍管會工作的詩人艾青、光未然、呂劍。於是大家再次鼓掌表示歡迎和致敬。對於詩歌愛好者，面孔陌生，名字卻都不陌生。

節目中有一個集體朗誦，由北京大學新詩社四位同學演出。他們各穿一襲藍布長衫，朗誦的是魯藜的《毛澤東頌》。魯藜也是我們熟悉的。他的《泥土》一詩只有四句，流傳在隨時準備把

個人獻給集體的左傾青年群中，還曾成為四十年代末一家左翼文學刊物的刊名。四句詩是：

老是把自己當作珍珠
就時時有怕被埋沒的痛苦

把自己當作泥土吧
讓眾人把你踩成一條道路

　　抗戰初起，年輕的歸國僑生魯藜，奔赴延安，寫過一組題為《延河短歌》的輕快小詩。而這一首，可能是大批青年知識分子被一陣風整肅後聊以自寬的「悟道之言」；到一九五五年成為詩讖，在全國又是一陣風的反胡風運動中，魯藜真的被踩在眾人腳下了。他的與毛澤東有親戚關係的妻子王曼恬，似在文革初期與他離婚，他又不知怎麼竟然身陷囹圄——不是一般所謂牛棚之類的非法關押處所，而是名正言順的勞改農場。

　　那次參與集體朗誦的四人中，有一位北大中文系四年級的李瑛，他是沈從文在學生中看好的人才。我當年從報刊上讀過他不少藝術上已臻成熟的詩作。他卻也毅然中斷了畢業班的學業，參加了南下工作團，後作為隨軍記者經武漢轉戰贛粵，不久又隨劉白羽回到解放軍總政文化部，一邊做編輯，一邊寫詩。肅反和文革初期也曾兩次受挫，不過解脫較早，是文革中僅見的能夠出版詩集的正經作者。他集中寫連隊日常生活中的詩意，涉及政治則僅限於保衛祖國的主題。文革後曾任總政文化部部長劉白羽的副手，依然寫詩不輟，拿出手的作品都在各時期普遍水平以上。晚年轉軌寫出了一些出自個人機杼的抒情詩，如抒發暮年滄桑之感和悼念亡妻之情的力作，真情與知性滲透於字裏行間，可惜這時除了軍中的論客外，他卻不為時人所重了。

革命教誨來自一個意外來客

解放軍進城後沒多久，有一天我家來了一個穿軍裝的不速之客。母親陪他上樓，他也好像俗話說的「不把自個兒當外人」，走在前頭，開門就進來。我從我房間走進起坐間，一時怔住。這個軍人一身棉軍裝，還戴着棉軍帽，站在那裏，似是等待我跟他招呼。母親見我沒反應，就問：「不認識了？他是全林！」全林！我當然不認識。我支吾着「哦」了一聲。腦子裏放開電影，但也只有兩個不長的鏡頭。

這兩個鏡頭紀錄了我僅僅從旁「見」過他兩次，我也只見過他的身影，沒見過他的臉。對我來說，這是個面目模糊的人：

一次在我四歲以前，就是我父親一九三八年春從山東龍口回來以前，那時家裏只有母親奉養着外祖母，帶着哥哥、姐姐和我三個孩子。

我刻骨銘心記住的，是在我家腰房，母親、外祖母和我的乾媽（住在老君堂那條胡同東口的李老太太）坐着說話兒，不知這個全林是什麼時候摻和進來的，也不知乾媽說到什麼，這個全林抄起一個茶碗（也許是別的易碎的玻璃或瓷製品，但不會是酒瓶，因為我家沒人喝酒，除非他自帶酒瓶來），就朝正坐在靠牆隔扇木柱子前的乾媽擲過去，啪的一聲，碎片稀裏嘩啦飛落地上，我當時正在靠窗的地方呆着，除了聽不懂大人說的話，這一幕可看得清清楚楚。當時哥哥姐姐是不是在場，我不記得了，但總是有人把我領開。後來怎麼收場，我也不知道了。但聽大人多次說起這個傢伙叫全林。

再一個鏡頭，是我父親已經回到北平，但在我六歲上學——一九三九年秋季開學之前。應該是天氣已冷，但還沒到凍手凍腳的時候（這樣推斷起來多半是一九三八年入冬之初），我還在外院裏獨自玩兒着。這時有人拉門鈴，父親從裏院出來開街門，我注

意看着，想知道是什麼人來了，轉瞬間兩扇門一開，擠進半個身子，是披在身上的草簾子(也許是麻包袋)，只一晃，就讓我父親又給推出門去，門就關了。

只看個背影，我怎麼知道是全林呢？因為後來聽父親和母親說起，他們不叫全林，一直叫他「壞料」。我問過母親，「壞料」是誰，告訴我「壞料」指的就是全林。這麼多年，我也沒深究，是哪個Lin字，全林？全麟？抑或荃林、荃麟？

母親一提起這個人，就有一種生理上的惡感，我從小知道，關於這個人，一個惡棍，一個乞丐……我從不多問，免得惹母親不快。只有當母親偶爾說起她同樣不願說起的家世的時候，或是念叨外祖母或乾媽的時候，我提到小時候記憶深刻的那一次差點兒出人命的危險動作，母親說的一鱗半爪，慢慢拼起來，可得一個大致的輪廓。

母親不願說她是滿族人，她生於一九〇八年夏，過兩三年，滿清就結束了，在一片「驅逐韃虜」聲中，滿族一度受到左右視聽的主流輿論的輕賤。當然這還不是主要的；主要的是母親和外祖母在外祖父死後的遭際，使她從小恨透了這個家，這個滿族之家。她的母親，即我的外祖母，屬馬，生於一八七三年，遲至三十四五歲才出嫁，給年已六十開外的外祖父「續弦」。生下我母親時，外祖父還有按月領取的「俸祿」，沒過兩三年，辛亥革命，把他本已不多的俸祿砍掉了。為什麼說他俸祿也不多了呢？又涉及母親也從不願說的，外祖父家不但是滿族，不是一般的滿軍旗，還是所謂「黃帶子」，即皇家宗室，姓愛新覺羅(外祖父「名諱」承斌)，他們世襲爵位，不是越往後越顯貴，而按滿族祖例，是逐代遞減，親王下一代是郡王，再下一代是貝勒，然後是貝子……依此類推，詳情細則我也弄不太清，反正到我外祖父承斌這一代，襲稱輔國將軍，已近金枝玉葉的末梢，自然俸祿有限。而這位從不打仗的輔國將軍只拿「煙槍」就是抽大煙(吸

一九四九·北平故人

鴉片），手頭必然拮据。過不了苦日子，改民國不久去世，只留下小羊宜賓(小羊尾巴)胡同一個小四合院。遺產不豐，但後遺症不免。前房的公子立即把我外祖母和兩三歲的我母親這孤兒寡母匐出家門。外祖母只好帶着我母親「縫窮」餬口，後來進了祿米倉的被服廠(實為軍服廠，從前清到民國，皇家和軍閥都養兵，作為老虎皮的軍服，是少不了的)，總算有了微薄的固定收入，回到家，燈下接着幹零碎的「縫窮」活兒：按中共劃分階級的標準，外祖母的成份，不算工人，也是典型的城市貧民了。

我的「乾媽」，應該先是外祖母的鄰居，後來同病相憐，成了畢生的知己。我稱她乾媽，自然是大後來的事。她們結識時，外祖母三十多歲，我乾媽二十多歲(她屬雞，該是生於一八八五年)，他的丈夫離家出走，一去不歸，乾媽守的是「活寡」，幸虧自家還有一個小院住着，也是靠縫窮把孩子拉扯大。

若問外祖母的娘家人呢？從來沒聽人說過。現在我臆測，外祖母所以遲至三十多歲才去給老頭子「填房」，依當時的世情，若不是只有她一枝獨根苗，就是前面的兄長們不頂事，她須給父母養老送終。恐怕再沒有娘家人了。母親既不願提起父系的家世，怕是她母系姥姥家也只剩下傷心事，同樣不願意提了。

這回我要向讀者多少交代一下百年前的往事，搜索枯腸，忽然想起全林稱呼我母親，總是帶個「姑」字，似是姑太太，而不是姑奶奶。我有個稱為四姨的在旗老輩，有個女兒，管她叫「奶奶」，可見滿人把母親叫「奶奶」；而我從小把外祖母叫「太太」，是按滿人的叫法，可見「太太」是指「祖母」「外祖母(老老)」這一輩。因此，全林稱我的母親為「姑太太」，則他可能是我母親的侄孫，即母親的前房哥哥的孫子。這樣說來，我的外祖母，是他祖父的繼母，是他父親的繼祖母，也就是他應稱為「老祖(兒)」的相隔兩輩的長者了。

全林會不會是我外祖母娘家的後人呢？假設外祖母有娘家兄

弟，那麼這位娘家兄弟的兒子，會管外祖母叫姑姑，我母親就是他的表姐了；若是外祖母娘家兄弟的孫子，可能會把我外祖母叫姑太太，然則我的母親就是他的姑奶奶，但那樣的話，全林恐怕年紀還該大一點。算來算去，從我來說，因為從未聽說外祖母有兄弟，這樣的虛擬也就沒有根據，沒有意義。

而看來，全林到我家演出全武行時，正在二十歲上下，顯然並沒見過「輔國將軍」承斌，清末民初，晚年的承斌(即我的外祖父)除了一所房產再沒留下什麼，可能只留下鴉片這口兒雅稱「阿芙蓉」的嗜好給他的嫡系兒孫，等兒孫再把小羊宜賓胡同的四合院賣了，「敗家子」已無家財可敗，所剩給後代全林的，可不就是個由「大煙鬼」淪為乞丐的命運了嗎？

現在站在我前面的，就是這個十幾年前幾成「倒臥」(又叫「路倒」)的全林嗎？他對我母親也對我說，他離開北平就參加了八路軍，一直給聶榮臻做飯……我一下很難從那兩個鏡頭回來，這個蒙太奇「太奇」了。母親知道得更多，當然想得更多，怎麼把這剛入城的「大軍」之一員的身份，跟他的歷史資料片對接，需要一個過程，所以我和母親都沒言語。冷場一會兒，全林轉了話題，問起我的情況，知道我在上學讀書，並且準備離開學校參加革命，他對我的志願加以肯定，勉勵我說：幹革命好，好好學習，為黨工作。我們沒有更多的話交流，過一會他就說，他是請假出來的，還得趕回去，看我們都挺好的，就放心了。

全林很有禮貌地告辭後，母親和我都好像聽了一篇海外奇談，似夢非夢的感覺。不管怎麼說，這個全林是換了一個人，從無理取鬧，敲詐勒索，口出不遜，動手行兇到現在說人話了，彬彬有禮了，還鼓勵我好好幹革命了，像一個老革命似的，簡直不可思議。我母親一向相信「江山易改，秉性難移」，對這人身上的偌大改變將信將疑。倒是我力求給予合理化的解釋：不是說，革命是個大熔爐麼！

聶榮臻在我心裏是個傳奇人物，還在日本人統治的年月，敵偽華北政務委員會有個大漢奸名叫榮臻，那時民間就流傳說，八路軍有個聶榮臻，「鑷」榮臻啊，那榮臻早晚倒在聶榮臻手裏。好像沒等抗戰勝利，漢奸榮臻就不見經傳了。

內戰三年中，我先從張家口版的《晉察冀日報》上知道了聶榮臻是晉察冀邊區黨政軍的靈魂，後來還從我所心儀的「戰鬥詩人」田間筆下，看到他寫聶榮臻的詩，倍感親切。

怎麼，全林竟是在聶榮臻身邊，給這位抗日的將軍做飯的？

後來，五十年代初，我不住在家裏了，聽母親說，全林還曾來過，這回明確他是在華北軍區。對，華北軍區的司令員就是聶榮臻。

我問母親，全林沒故態復萌出什麼「幺蛾子」吧？母親說還好，他說就是來看望看望。我說也許真的浪子回頭，他在世上大概也找不到別的沾親帶故的人了。他還是說給聶榮臻做飯，懷着某種自豪感。我想，他從一個被我外祖母看不起、被我乾媽啐罵的沒出息的大煙鬼、浪蕩子，成為革命的戰士，他在了解他來路的人面前，有些衣錦榮歸之感，是可以理解的，甚至是一種向上的因素吧。

誰知事情總在起變化，未必是由於部隊在清理隊伍中的過於苛求，而多半是我為他擔心的老毛病重犯，他再到船板胡同來時，已經是在所謂「三年困難時期」。我當時已從右派改造場所返城了。全林出現在我母親面前，卻說在京東一個什麼農場（母親沒記住，也不想記住），吃不飽，還要幹活，趁休假來北京找姑太太，無非討些錢票糧票。全林又恢復了早年固有的形象，母親沒多說什麼，滿足了他的部分要求，打發他走了。一來，母親從小惜老憐貧，對窮人的饑寒向來感同身受，對乞討者從不讓他們白白地手心朝上，全林已經再次淪落至此，權當他是街頭不認識的人，能施捨也就施捨吧。二來，母親真不願意跟他糾纏，勾

起噩夢般的回憶。母親又是要面子的人，她到郵局給我向農場寄書，郵局的人好心問：「農場？是攤上什麼事了？」母親極其尷尬，因為她不習慣撒謊啊。母親儘管不認為我是犯法的壞人，只是所謂「犯錯誤」，但傳統觀念，被抓起來關起來的都是犯法的人，何況到了農場，那時人們幾乎認定所有的農場都是關勞改犯的，人神共棄，當然家中老小跟着丟人。這還是盧俊義自矜的「舉家無犯法之男，累世無再婚之女」，怕也是至今都頗為流行的榮辱觀。很多人會因有「進局子」「被法辦」乃至只是「被傳訊」之類的「前科」，後來擴大到「下放」「下鄉勞動」而受歧視，抬不起頭來，因為一概被目為「有碴」的人了，禍及高堂老人，弱小兒女。

就出於這種心理，母親急於跟全林劃清界限，趕緊用錢票糧票送他出門。那時全林還穿着舊軍裝，卻已經油脂麻花，骯髒得不行，不說是勞改犯、勞教分子，也像是城裏隨時隨地可得而逐之的「盲流」，如果街坊鄰里有意無意間問一句：「是親戚？」「從哪兒來？」可怎麼答覆！？

好像從那個大饑荒的年月，一直到十年動亂中間，全林就在那個什麼農場再沒有出來。他如是勞改，想必早在他能夠休假進京時，就已經留場就業了；如是勞教，那本來就「無期」，即使蒙恩「解教」，也會因為本無家屬，為免給社會「添亂」，留下跟上述就業人員一起「改造到老」了。

十年動亂結束以後，再無全林的消息。我偶爾想到此人，總覺得在他身上有很多值得思索和進一步挖掘的線索，可惜由於跟母親一樣有某種近於生理上的厭惡，沒有追蹤下去。這次寫完前面有關長詩《乞丐們》一節，轉入這一節時，我想，我寫那首詩，並把標題定為「乞丐們」，前前後後絕沒有記起我心中僅有的關於全林的兩個鏡頭，我詩中所指的乞丐，不論是消極的安命者，還是積極的自發鬥爭者，都沒有包括像全林這個類型的人。

重溫了全林幾十年的也可稱絕處逢生的命運後，他的存在彷彿一個刺眼的反諷：諷刺我的那首題為《乞丐們》的詩？諷刺我對「乞丐」這個群體的自以為是的認知？諷刺我作為飽食者族群居高臨下濫施同情或憐憫？諷刺我本想歌頌「乞丐」而「乞丐們」不會領情，更不用說本想歌頌革命而不會為革命所認可的書生傻氣？

謝鍾栩、王明安從老解放區回來了

人們歡呼北平解放了，如不是親身經歷，鬼才會想到，解放以後的我，聽到「好好幹革命」的勸勉，竟來自一個曾經這樣的人。

也許真像我急切中對母親解釋的，革命是個大熔爐？這是我從什麼歌頌抗日青年上延安的書刊上看來的，這個大熔爐使白面書生、深閨小姐都能化為革命戰士，自然破銅爛鐵就能百煉成鋼。

自以為找到了答案，於心稍安。

然後才是我期望中人的歸來。

去年——一九四八年「八·一九」前夕來過我家的謝鍾栩來了，當時他一開口問我借些錢用，我就猜出他要到解放區去。這個同齡人，滙文同年級的同學，本來跟我不同班，因看到我的文學性習作，跑來找到我，從此結交的，一個功課好又愛讀書的老實學生，帶着孩子氣的對真理的追求，帶着孩子氣的倔強和天真，很快也從左翼宣傳小冊子走上要跟共產黨走的不歸路。一九四七年暑假我離開滙文後的一年間，他跟着以周世賢為支部書記的地下黨，在校內表現得比較活躍，可能也上了當局的黑名單，這樣，黨組織安排他撤退。

這才又半年光景，他說他經泊頭到了正定，分配他去學俄文，這回隨俄文班回到北平了。他已經改名叫謝林。他說的這個俄文班，就是不久以後掛牌的俄文專科學校，校址選在石駙馬

大街西頭的鮑家街。這次他來打個招呼，恢復聯繫，誰也沒想到以後我們都投入「幹革命」的緊張的常態，多年斷了音問。一九五六年我妹妹邵燕禎保送留蘇預備部，其地就在這個俄專，我都沒想起告訴她，俄專有我這個知心的老同學，更沒想通過她帶個口信問候一下，真好像「相忘於江湖」了。

直到一九六七年夏，我父母家早已從謝鍾栩熟悉的船板胡同路北搬到路南，二十年沒見，他找來了，找到了，說起姓謝，我母親還有印象。他帶來一位女同志，是他妻子張寧靜，俄專稍晚的學生，畢業留校成了同事。謝林打右派，她說想不通，也被隨手劃了右。他們兩口子下放到內蒙古烏蘭察布盟的首府集寧，這回是來北京上訪。他家在一九四八年已從崇文門外抽分廠(舊名臭糞廠)搬到我家附近的釣餌胡同，我是知道的，經過二十多年的滄桑，他父母都去世了，拉家帶口的大哥也搬到菜市口那一帶，人多房小，實在住不開，來我家借宿。二十多年，母親眼看着我這個「髮小」，跟我一樣從孩子長到成人，到成了需要「重新做人」的人！我們住房也不寬裕，我把我暫住的小西屋騰出來給他們，我跟母親同床睡，就像鬧鬧小時候跟奶奶睡那樣。文秀還住機關宿舍，禮拜天兩個孩子從幼稚園回她那兒。我和謝林夫婦有母親照料，一得空就「暢敘幽情」。我終於弄明白他這個一心向黨的老實孩子，只因曾揭發一個黨員幹部亂搞男女關係，運動一來，此人成了反右的領導，而按照反右派運動中制定的，反對某一具體的基層黨組織，或某一具體的黨員幹部，就以反黨論處的政策，再加上一貫適用的特殊邏輯，對其人亂搞的揭發，意在反對其所代表的黨的領導，則「反黨反社會主義」的荊冠就毫無疑義地戴在頭上了。

這樣的事我們見怪不怪久矣，只是無妄之災落在自己頭上時，總還會埋怨一下自己的天真。他們來北京上訪，我是同情的，甚至也替他們抱一線希望，雖也一閃念感到其實希望渺茫，

恐怕我們包括我也還是過分天真，但實在也不忍給他們對毛主席、黨中央，對完全徹底的無產階級文化大革命的「信心」，再潑涼水，難道讓他們從此絕望麼，有一點徼幸之心也能支撐人苦度光陰啊！

祥林嫂不是還想捐門檻麼。

他們早出晚歸，把有限的精力投入無限的告狀中去，能見他們辛苦一天並未沮喪就好，我只是勸謝林不能不加節制地喝酒。母親體貼他借酒澆愁、但求一醉的痛苦心情，有時給炒兩個雞蛋當酒菜。後來我還是說，你現在正吃湯藥，喝酒會抵銷藥效啊，但也沒法說動他，張寧靜也只能遷就他。這一次他們上訪，空手回去前，寧靜照民間老「媽媽例兒」把煎藥的砂鍋拿到院裏摔碎，一聲響，我們和新來的鄰居都吃了一驚。在我一九六九年下幹校前，謝林夫婦還來過一兩趟，帶着他們一個漂亮又懂事的可愛的兒子，都還是上訪，還是住船板胡同我母親家。又過幾年，一九七四年吧，我已從河南幹校回來，在三〇二宿舍換了一個樓，文秀有一天中午下班回家，住隔壁單元的體育記者宋世雄告訴他，邵燕祥的一個朋友在他們單元門口等門，看樣子已經喝醉了。文秀叫我把謝林扶回家來。

毛澤東逝世，江青等被捕，胡耀邦主持平反冤假錯案，使千百萬人身上的枷鎖脫落，其中有我，自然也有謝林。不過，當時俄專已不存在，原班人馬併入北京外國語學院，只辦了謝林的所謂「改正」的手續，卻不考慮將當年這樣一位優秀的青年(已成中年)老師收回教學崗位。謝林的姐姐一九四八年去了臺灣，多年睽隔，聽說了弟弟受迫害的冤案，直接寫信給中共中央，那時，開放之初，中共還比較重視各方來信，尤其來自國外境外的反映，從統戰角度考慮，處理更比較認真。這一封信，就讓謝林調回北京，並進入中央編譯局，得以一展長才了。這時我才知道他回京的消息。他參加了馬克思和列寧二人全集中某幾卷重版校

訂或新版翻譯，並在業餘基本上完成了面對中國讀者的俄語動詞方面的詞典，後者已經為某一出版社接受（據說還有例句等需要推敲）。

正在他不知疲倦地投身工作時，他中風了。纏綿床榻多年後，終於帶着未完成的抱負離去。我只能阿Q式地替他慶幸，他總算贏得了十年光景，幹自己愛做也擅長的工作。我至今不能忘記他少年時一跛一跛地走路的背影，幾十年沒變，就這樣走過他的大半生，但晚年卻不良於行，連漸行漸遠的背影也看不見了。

還是回到一九四九年二月，在謝林回北平以後，在滙文比我高兩班或三班的王明安也從解放區回到北平，到我家來。他一九四八年去解放區前，有個放衣物的小手提箱寄存我處。

我們相識於一九四七年五月「反饑餓反內戰」的學潮（後來通稱「五・二〇」運動）期間。我在學潮中的「任務」（我已經忘記這任務是誰分配給我的），記得是刻寫鋼板蠟紙，除了學潮簡訊還有歌篇。地點在東樓二層，這個有油印設備的房間，可能就是王明安做「工讀生」為學校幹活的地方，揣測他是在課餘替教務處印講義之類的東西吧。我只管幹我的事，別的都不問，時間長了，跟王明安就熟悉起來。

那時候我並沒加入任何組織，不存在跟什麼人不要打通橫向關係的戒律。以前是中共秘密黨支部書記陳秉智（陳凌），[*] 後來是接任支部書記的周世賢跟我聯繫。我跟他們都談得來，自然知道他們的政治傾向，但並沒意識到他們具有共產黨員的身份。我對他們無所不談，但因我沒有組織關係，我也沒有所謂組織觀念。我該算是地下支部的團結對象（黨的同情者）或有意加以「培養」的「積極分子」吧，大概他們有分工，所以起初高班辦《奔

---

[*] 我因參加自由讀書會結識陳凌，同時結交了他周圍的趙嗣良（王林）、葛福群、張乃聖（李寧、張寧），我把他們都視為引路的兄長，樂於跟着他們「跑」。

流》壁報的馬宗漢(李敏)因我投稿發現我，找我合作，後來我加入陳秉智他們的「自由讀書會」，他們就跟我說，我們這裏有《自由週刊》，你就不必幫馬宗漢辦《奔流》了，這樣我跟馬宗漢接觸少了，他也不再找我了。我當時不知就裏，一度以為馬宗漢有什麼問題，直到「反饑餓反內戰」熱潮中馬宗漢被警察局抓走，我才發現我多慮了。對我來說，我結識王明安，不是緣於周世賢和他代表的朋友圈(實際上是地下黨的支部)，而我和王明安，在大問題上志同道合，談文說藝也談得來。

「五·二〇」過後，我和王明安的接觸也少了。快放寒假的時候見到他，問他回老家麼，他說不回，他在新創刊的《太平洋》月刊找到一份工作，可以搬到那裏去住，告訴我地址在和平門內的半壁街。

這個《太平洋》月刊，一九四七年(多半是夏天)創刊前後，在北平各報大登極其醒目的廣告，語誇氣盛，彷彿是一個新出現的自由輿論的異數，加上以高稿酬徵稿，頗能引人注目(用今天流行的話，叫「吸引眼球」)。因我當時沒有記下它的廣告語，這裏不敢輕易引用，免得出岔。如到圖書館查舊報，必能發現。據說它的創刊號銷數不俗。封面裝幀不落套，內文版式疏朗大氣，都很打眼。因為挺厚，定價也不賤，我沒買，只翻閱一下，從內容的傾向看，頗費猜詳。原來有人因它出手大方，懷疑有國民黨當局的背景，看着不大像；說是騎牆的左右開弓兼左右逢源，似乎又不大像。但這份雜誌顯然不拘一格，比如發了滙文高中一位姓溫同學篇幅頗長的小說。看來，雜誌的編者們是新闖入出版界的初生之犢，有一股朝氣。

我到了半壁街，這條胡同我來過，周世賢家就在這裏。《太平洋》雜誌社是一個整齊的四合院，我去時院裏安靜異常，好像除了王明安就沒別人似的。在他住宿並工作的房間裏，我已經忘記談了些什麼，反正關於這家雜誌，我多年來所知僅限於它

的主編名叫耿笑天——這大概是封面上大字印上的，其原名是耿守銓——這可能是從王明安處聽說的，也許是後來什麼時候聽說的。至於它的背景等等，對我是個謎，幾十年來我也沒見有人回憶過（或許是我孤陋寡聞）。

後來我常想，當時怎麼沒問問王明安呢？可能我想，王明安到這裏的目的，無非是通過「工讀」掙點薪水，就像我姐姐去做家教，去電台播廣告，也無須去管學生的家長，私營電台的資金來源。

半個多世紀後，在周世賢處偶然說起《太平洋》，說起它在半壁街的社址，說起耿守銓，聽他的口氣，其人並無什麼特殊背景，因為一九四九年後他既沒繼續幹出版編刊物，也沒在什麼運動裏翻船；好像倒是耿守銓的妹妹跟地下黨有些關係，我也沒再深問。

一九四八年夏天王明安去了解放區，現在回來了，他說他就是去泊頭這條路上給自己化名卜易風，我領會，是預卜前程換了好風的意思吧，跟人盡皆知的易卜生相近，好記。這個一九四九年的二月，正是人們頻繁來去之際，他來北平時屬於什麼單位，我沒問或沒記住，因為剛進城，機構單位都懸而未定。

到了一九五六年，我到國家民政部（也許那時還叫內務部，部長謝覺哉）召開的全國民政系統主要是復員轉業軍人和優撫工作中的先進工作者代表會上採訪，報到時會務處有人叫我，原來是王明安——卜易風！這次八年沒見，可比一九四八年的相別半年悠久得多了。

青年時代知心朋友的重逢，是人生一大快事。

正當所謂「百花時期」，大家心氣都很高，但工作也很忙，會後沒顧上相約快敘。

誰知轉過年來反右風起，我就隨着「百花」落地。到了二十年後，「改正」復出，「撥亂反正」，一切安頓下來，打聽卜

　　　　　　　　　　　　　一九四九·北平故人

易風——王明安的消息，竟沒人能告訴我，他什麼時候離開民政部，怎麼離開的，離開以後到哪兒去了……塵埃落定，人卻找不到了。一旦「失聯」，難道就永久「失聯」了嗎？他如健在，今年該近八十五六歲了。

時間，時間，真的是一個無所不在又無窮無盡的黑洞嗎？

正是由於謝鍾栩和王明安先後去解放區，在一九四八那個炎熱的八月，我一邊嚮往不置，曾仿屠格涅夫《獵人日記》，虛構了半篇他們一路行行重行行的見聞，同時，我還寫下近於誓言的短句，表示我留在古城堅持鬥爭的決心：

匕首

我是犀利的匕首
插在敵人的胸上

我將使敵人流血而死
除非我被拔掉

而我是沒有死亡的
因為匕首的身體是鋼鐵……

你震驚於鋼鐵的聲音吧？
你目眩於鋼鐵的閃亮吧？

是的，我是鋼鐵，
鋼鐵，沒有死亡！

其實，兩年前我已經讀過魯迅的《豪語的折扣》，記住他引用李賀這手無縛雞之力的公子哥兒，居然寫出「見買若耶溪水

劍，明朝歸去事猿公」的豪語，説凡是這樣的豪語，都是要打折
扣的。李賀的生平表明，他並沒去向猿公學劍，即使真去了，能
不能學得成，還大成問題。我的豪語，自然也當作如是觀吧？

仿瓊瑤習慣的語氣：「魯迅好深刻啊！」

同學中的黨團員陸續調去「支援基層」

我還是三天兩頭到中法去，不到教學樓，直奔北邊小門進宿
舍院。

一九四九年前的私立學校，據我所知，只有燕京大學和輔仁
大學，是在舊式園林的基礎上有計劃地修建了新樓宇，以後又逐
步修繕或擴建的。他們的資金充足。其他不論大中小學，無不是
或借舊有的多半已經破落的大宅院，或先合併一些原來民房大小
四合院三合院連綴而成，因陋就簡，開學上課，沒有先大興土
木，興建校舍的。滙文中學特殊一點，它原名滙文學校，是燕京
大學的前身，清末由美國基督教會出資創辦，也只是在古城東南
角(南城根、溝沿頭、泡子河之間，你聽聽這些地名！)圈了一塊
地，先後修起幾座西式的樓房作校舍。

中法大學也是這樣，只修建了一座三層教學樓，後來增建了
圖書館和一個小禮堂。至於北邊相鄰的學生宿舍，一進門有個不
大也不小的曠場，沿牆蔓草叢生，擱在今天，寸土寸金，早讓學
校基建處(這是今天每個大學必設的機構)牽手房地產商派上用場
了。而當時，這片荒地老讓我聯想起普希金筆下茨岡人大篷車浪
迹的草原，特別是夕陽西下時更感荒涼。

曠場之北又一小門，總不關的，裏面大院套小院，我常去的
那比較規整的四合院裏，正北的三楹堂屋，有十來張床位，他們
在屋門口掛起「向陽齋」三個白紙黑字榜書的大匾。「向陽」，
並非取義於舊日門聯上的「向陽門第春常在」，而是艾青有名的

長詩、公木作詞的軍歌，乃至蘇俄傳入的《光明讚》中的「向太陽」，原是作為光明的象徵，但差不多從它一進入中國左翼的語境，就有了特定的含義，從比喻轉為實指，後來相應的「向日葵」以至「（社員都是）向陽花」*也是這樣。四十年代後左傾群體在個人化名、孩子命名時格外青睞「向陽」也就順理成章，我相識的兩代人中好幾個「向陽」呢。人們的集體潛意識裏，「向（太）陽」就是「心向共產黨」，《東方紅》說的就是「共產黨，像太陽」，後來共產黨索性就是太陽，再後來，太陽成了毛澤東的專用代稱，再後來，毛澤東成為「我們心中最紅最紅的紅太陽」了，金字塔尖神化到極致，成為不可逾越的高峰（遂也離辯證法「物極必反」的臨界線不遠了）。

　　向陽齋裏住的同學，我差不多都認識，西北角靠牆一床住的老鄧，卻不知他哪個系哪個班的，原來哪個系哪個班都不是，他是不知哪位同學介紹來此暫住的。我沒跟他交談過，但知道他是四川人，一口四川話，大家常學他用四川話講「我認得你」開玩笑，他也不以為忤。這四個字用四川口音一板一眼抑揚頓挫吐出來，還真帶着咬牙切齒的味道。而據說這位老鄧，恰恰是在家鄉背負命案在逃的。究竟是故意殺人，還是防衛過當；是個人仇殺，還是「袍哥」間的行動，我不知道，而且當時好像也沒有表示好奇。雖然在老鄧身上頗有一點神秘色彩，我卻一直無意深究，哪怕是多了解一點兒，一是他這身世和前景跟我的大方向不相干，二是跟我的文學志趣也不相干，我把此人生平只看作某類小說的題材，絕對不會入我的詩。

　　這位和藹待人，跟大家和睦相處的人，我看不出他哪點像個殺人犯，怕只有康生之流能夠僅憑看看他眼睛就能判斷他有沒有「前科」，我是當不了這份差的。如果時局沒有劇變，他也許會

---

*　　上世紀六七十年代有一道流行的革命歌曲，題為《社員都是向陽花》，周恩來曾多次在集會中領唱此曲。

在這裏繼續「暫住」較長的時間，但沒想到，我有一回來到向陽齋，他那床上只剩床板，老鄧捲舖蓋走了。

這才真叫「明日隔山嶽，世事兩茫茫」，我連他的名字都不知道，此後也真的再沒有他的消息，甚至不知到哪兒去打聽他的消息。

但從老鄧離去起，向陽齋的人絡繹而去，空床越來越多，差別只在有人去後，床上床下清清爽爽，有人人走，床還不空，床上床下，四周亂扔着破報紙，乾牙膏瓶，糖紙，甚至白薯皮，饅頭渣，這些人若到了部隊，頭一課整頓內務就不及格。

好在這一批走掉的人裏，沒有去南下工作團參軍的。都是黨團員，調出去「支援基層」，中法的，多是由北平新組建的東四區委、西四區委分配工作。我不住校，他們的調令來時，我不在場，他們分頭去報到，我也沒相送。不過，在該調動的人還沒走時，學校宿舍裏還時有小小的熱鬧，一次，我趕上「八‧一九」撤往解放區的韓西文等穿着軍裝回校來看望老同學，後來知道韓西文改名韋牧，作為接管人員去了協和醫院，並且留下來做政工直到離休。他的妻子楊芹也是中法同學，分配到北京市委黨校，教了一輩子書。

後來知道，我的同桌趙培庠去了西四區委。我們的同桌之誼至今已跨越了六七十個年頭。

我在滙文的大同學，山西人智潼去了西四區公安分局，不久提為派出所長，這是一個訥於言的老實人，後來沒聽説他的動靜，到八十年代，聽説他被分配到西城區管理廢品的一級機構負責。對比陳希同，從燕京大學調出來，開始也當過派出所長，跟智潼起點距離不遠，後來可就有了天壤之別。當然最後算總賬，陳希同的人生道路不足羨，但我們囿於體制內思維慣性，還不免以為像智潼這樣的文科大學生，三四十年間按照「服從革命需要」的原則，先是從公安系統調出，最終卻為廢品管理的革

命工作所需要，他也服從了這個需要，但總不能認為是對他的高看吧。其間的原委我不知情，以上云云，也未經任何調查取證。請原諒，我沒有輕視廢品回收工作重大意義的惡意（特別在我們對環保的認識有了提升之後，廢品回收將賦有環保和再生產業兩方面的作用），也不想越俎代庖鳴不平（他智潼很可能早已看淡這些個人得失），不過就事論事，總感到這不僅涉及一兩個人的安排，幾十年的人事制度，以及圍繞人才用捨升降的各種因素，確有值得好好研究的餘地罷了。

去一趟學校，發現少了些人，陸續調去工作崗位了。我正感到落寞，忘記是誰代表組織，叫我帶頭並動員非黨同學參加華大、革大和南下工作團。這時在校內外都張貼了這三家的招生廣告。南下工作團的全稱冠以解放軍第四野戰軍的名義，團長由陶鑄具名，還有政委等等，當時也不知道陶鑄是誰。革大（全稱華北人民革命大學），籠統地向社會招收學員，在校學生和社會人員都行，學歷、年齡都很寬限。華大（全稱華北大學），招生簡章對學校介紹得比較詳細，如從原北方大學、華北聯合大學合組而成，校長是吳玉章，副校長有成仿吾（成仿吾我從魯迅文章裏讀到過，原屬郭沫若他們的創造社），下分政治學院、教育學院、文藝學院等，這樣看，似乎比較正規，更像個大學的樣子。我一下就選中了華大，並且希望的是進它的文藝學院。

去華大報名，手續很簡單，在入學考試之前，我想還應該動員哪些同學去投考呢？沒人可以商量，我排一下隊，想先找法文系同班的虞端，她是我小學同學虞積仁的姐姐（虞積仁的哥哥虞積松跟我哥哥同班），在班裏是好學生，通過她可以影響好幾個女同學。打定主意，我就上東直門內的門樓胡同，路北一個大門，那時虞家剛從北新橋馬大人胡同遷來不久，他父親是留德的，仍在家行醫。虞積仁當時因患肺結核休學在家，可能為了隔離，就單獨住在門房。他本人當然不可能帶病去參加革命，問起

他姐姐的動向，説是決定留校接着讀書。正像他父親作為執業醫生，不會因政局變化而放棄治病救人，他們家這第二代，也不準備隨着時勢而改變既定的生活走向。我以為凡事勉強不得，也就沒再看望虞端。

虞端後來畢生從事使用法文的業務工作，沒離開過本行。我想，她當年沒「投筆從戎」，於南下進軍無損，於社會長遠計，多了一個學有專長的外語人才，未始不是好事。

我在九十年代跟虞積仁話舊時，沒再説起這件事。卻話起不那麼遠的六十年代之舊。我讀蕭乾寫的《搬家史》，他説他從唐山柏各莊農場回北京以後，分配他住到門樓胡同一大宅門的門房。虞積仁説蕭乾就是住到了他家那個院落，且是他早年養病時住的門房，不過那時房產已經不屬他家，而歸街道上的房管所了。蕭乾也是這麼説的，那時房屋已經老舊，非比從前，獨門獨院變成大雜院，居住條件必然差了，老房主固然有此感覺，新房客敏感更有體會。蕭乾尤其突出地感到房間偪仄，幸而那個房管所長曾是「文青」，芝麻官也有些許小權，就做主在一個星期天，帶着他幾個部屬來，加班加點，給全院另開一小門，而把大門堵死，這樣等於在蕭乾原來一間容身之地外，給倒楣的名作家夫婦又加一間門洞當轉身之地了。從這邊看，是老傳統人情社會的殘餘，給循私的積弊留下可鑽的空子，從那邊看，壓得人喘不過氣的社會政治環境，卻有殘存的人情帶來一線光明。只是誰也沒問老房主一家有些什麼樣的感受。

卻是仇煥香不主張我上「華北大學」

我説過，在滙文教初一國文的仇煥香是我的恩師。他肯定並鼓勵我對文學的愛好和寫作的苗頭，他引導我系統地讀魯迅，又曾借給我毛澤東《論聯合政府》。一九四五年底，他離開了滙

文，也離開了教學工作，到稅務局當小職員，用他的話是「混飯吃」。這兩三年我有時去他家，平時還有書信往來。大約二月下旬一天，就是我要投考華大的當兒，仇先生騎自行車從北鑼鼓巷來到我家。喘息未定，不進門，扶着自行車，就急切地勸我繼續讀書。他說上了華大，必然要隨軍南下，很快要「做事」，就沒有讀書的機會了；讓你做的事，也許會跟文學越離越遠。他又說，共產黨裏邊也很複雜，南斯拉夫不是就被斯大林給開革了嗎。中國黨的劉少奇還專門寫了一篇大文章。共產黨裏除了毛澤東，還有這個劉少奇……總之，讓我最好不要參與政治這個複雜的事情，還是幹文學的好。他一再強調政治這件事，一沾上就不由自主了。

在大門口談話，一個大人，一個學生，雖說不太惹眼，也只能長話短說，沒給我陳述的機會，仇先生就掉轉車頭，準備離去，看來他也不要聽我表態一定照他說的辦。他匆匆走了。

仇先生大概也估計我不一定會聽他的話，點到而已，盡了為師的一片心了。我也確實沒聽進他的話。許多年後回味，仇先生的確語重心長。他說的沾上政治就不由自主，恐怕還包含着不要加入什麼組織之類的意思。他在淪陷區古城念大學的時期，有好幾個(大概共八位)要好的知心同學，結拜為義兄義弟，其中可能不止一位加入了中共地下黨。記得他教我們的時候，課外聊起來，我就知道他有「那邊」的朋友，寒假前他聽我說已經讀過陳伯達《評〈中國之命運〉》，就帶來一本油印的有光紙本《論聯合政府》，封面還單線勾勒了毛澤東頭像。他是個自由派，無黨無派，但他一定在同「那邊」(現在已經成為「這邊」)的朋友交談過革命隊伍裏的內鬥，即後來習稱的路線鬥爭，一定震懾於革命隊伍內部，鬥爭竟會達到多麼殘酷的地步，而他們很可能也談到過，由於不了解上面的具體情況，下面的人會感到迷惑不解，莫知所從……仇先生擔心我陷入莫測高深的政治漩渦，在我選擇

前路的關節點上，及時地發出了預警。但經歷不同，心勁自然不一樣，我一時不能體察仇先生的用心，他大老遠地騎車來點化我，話已經說得夠明白了，卻還等於對牛彈琴。

仇先生和他的弟兄一輩人，閱世較深，但他們當時畢竟也不過三十多歲，比起已有二十八年鬥爭史的愈鬥愈強的中國共產黨，要了解其成體系的戰略戰術策略，不但信息遠遠不足，短短幾年從外圍的觀察體會更還嫌淺，有些二十年代入黨甚至參與建黨的老黨員，到了六十年代不還表示「很不理解」嗎！仇先生以為只要不放棄學業，不摻和政治，便還能自顧自地按照個人志趣從事例如文學的創作和研究，這樣的認知，囿於既有的經驗，也還是太天真了。不須等到八十年代就能發現，我即使不上華大，不提前進入社會，遲早也難逃我這類知識分子命中注定的一劫。然而，可以想像，我沒聽他的勸，至少當時，讓他多麼傷心。他對我的勸告，我年紀越大越感激，話不多，卻蘊含着多深重的期望之情啊。

歸根到底，不管從哪個意義上說，我都叫這位最早的恩師失望了。

許多年來，我沒對任何人說起仇先生來家勸我這件事，這在當時的語境，是他對一心革命的青年「拉後腿」，是不見容於主流意識形態的「反動」。我雖沒聽他的勸，但怎麼能洩露出去，陷先生於萬劫不復呢。

我現在想，仇先生當時一不進大門，二匆匆離去，也是自忖此行不合「新社會」的時宜，不宜聲張，知道的人越少越好。

這樣說來，仇先生是代表反動的、資產階級一方阻撓我投入「解放全中國」的革命洪流。

而頭一個鼓勵我「好好幹革命」的革命的、無產階級一方，竟是由全林所代表了？

我上華大，竟是拒絕了仇先生的勸阻，而接受了全林的鼓勵？

母親能夠接受這個判斷麼？

我母親知道我對仇先生師生感情的全部經歷，她自然更深知全林其人，如果我把仇先生來過的事連同我的態度如實告訴她，她恐怕會罵我不識好歹。

之後，每逢有我認為人格卑下的人作革命宣傳，我都會想起全林來，想起全林在我面前的「革命先行者」姿態，產生強烈的受辱感。

也許因人廢言不足取，但確也只有不知恥的貨色，才會大言不慚不知臉紅。若把這種人的鬼話當真，其實也確是一種恥辱。

我只是把我已被華大錄取一事告訴母親，她有精神準備，並不吃驚。只問什麼時候報到。然後平靜地表示遺憾，說前一陣新華書店招收工作人員，其實我要不上華大，投考新華書店，也一定會錄取，那就可以留在家裏，不用到外地去了。「你愛看書，在書店工作不也挺好嗎？」當時主持新華書店的，多還是從老解放區來的同志，後來，一度把《觀察》主編儲安平安排到新華書店總管理處為負責人之一，他們都不知道，在北平有像我母親這樣的「群眾」，曾經苦口婆心地為他們招徠新店員呢。

然後，母親就去為我準備行裝去了，算不得什麼行裝，該叫鋪蓋捲兒⋯⋯

人生是不斷的選擇。這是存在主義的一大命題吧？

後來想想也是的。我曾經不止一次設想過我的人生，假如在各個關節點做了別樣的選擇⋯⋯

我母親喜好京劇，我小時候她曾想讓我上戲曲學校學戲，被父親否決了，如果我真的打小就去學戲，青衣，還是小生，或者老生？我怕就不會從課外閱讀邁入課外寫作了吧？

假如我在一九四七年不曾加入民聯，安份守己地當好學生，一九五一年高中畢業，考上某私立大學(因偏科上不了國立大學)？

假如我不是一上中學就傾心革命＋文學，就是説按部就班正常唸書不偏科呢？

假如我一九四九年不準備隨軍南下，繼續讀法文，並且勉強畢業呢(因為原來的半年基礎沒打好，後來也不可能優秀了)？

假如我聽從母親的意願，當了新華書店店員，除了跟馬季成為同事以外，往後還會怎麼下去？

假如我後來不是被電台從華大調回北平，而是隨軍南下，我是會像李瑛那樣成為詩人，還是像魏紹嶸那樣死於非命？⋯⋯

好了，暫停。我就説魏紹嶸吧。

我的詩友魏紹嶸之死和黎風之遭貶

該是在一九四九年二月下半月，華大還沒放榜，我已經不每天去學校。因為同學們陸續調離了，留在宿舍的也都整裝待發的樣子，人人有所期待，好像除了話別，彼此也沒更多好説的——畢竟都是年輕人，又正趕上大時代，哪像古人或年長的人那樣的離情別緒，依依不捨？

這時候，魏紹嶸找到我，説青勃要辦一個文學刊物，想找些作者商量，讓我跟他去開個小會。青勃我知道，上海《詩創造》叢刊，有一期就以他的《號角在哭泣》一詩命名，那首詩有獨特的意境，是詩的，不是散文的。我還記得他的短詩《耳語》：

沒有鳥雀的禿樹
沒有花果的園林
沒有歌唱的小河
沒有綠色的土地
沒有陽光的城市
沒有聲音的鄉村⋯⋯

一九四九·北平故人

耳語着——

「春天就要來」

這不正寫出我們的心聲麼！

我們到按院胡同十號，見到青勃，個子不高，北方人，樸實如農民。這個嶄新的小四合院，一色的紅漆窗櫺綠窗紗，進西廂房，地上鋪的花磚。是青勃的一位朋友家，這位朋友樂意資助辦刊。已經來的人裏，有一位侯民澤，穿着軍管會的軍裝，原來是鐵道學院學生，多半也是去年撤退解放區不久又回來的。紹嵘的哥哥魏真(寫詩、譯詩用筆名魏荒弩)在鐵道學院教書，他家住在旃檀寺後身府藏胡同二號，成了鐵道學院一些左傾同學的聚會之地，紹嵘在中法有我們民聯和新詩社兩個圈子，回到哥哥那裏，還有一個不打通橫向關係的朋友圈子。

國民黨統治的時候，沒有充分的出版自由，民間自辦刊物，只能是「趟着來」，不查禁就接着辦，查禁就換個名兒出；前兩年不但華北詩聯的刊物是這麼辦的，黎風、趙立生們的《詩號角》是這麼辦的，連前後兩個敵對政權先後榜上有名的《泥土》也是這麼辦的(先被國民黨視為反動，後來共產黨把它看作胡風派，也是反革命了)。

與會者都分享了「翻身」「解放」的歡欣，不久前，這樣的詞，還只用於描寫解放區農民破天荒的幸運，現在也輪到我們了。

我們理應享有言論的、出版的、集會的自由，沒有自由，談什麼民主？大家認為新政權是民主政權(「解放區的天是明朗的天……民主政府愛人民呀……」)自然對新政權無限信任，委託侯民澤出面代我們這個籌辦中的文學月刊向軍管會登記。我現在已經不記得當時確定的刊名，沒有刊名怎麼登記？

三月間我就上華大，四月去正定，紹嵘加入南下工作團走

了，後來知道，青勃也在四月被調往天津，他是地下黨員，自然服從組織的安排。這份刊物實際上該算是民間業餘性的同仁刊物性質；如果軍管會能夠接受一個這樣的刊物登記出版，也許是有軍管會幹部參與，並保證它政治上沒問題的吧？

這是我後來的推測。因為我五月底重返北平，跟侯民澤也失去聯繫。當時出了一份《文藝勞動》，編委會有包括嚴辰等多人，基本上都是解放區來的文藝和出版工作幹部。除了似有侯民澤之名，已經沒有年初與會那些人。但有侯在內，很可能這就是我們擬議的那個文學刊物，按照後來行之有效的規矩正式組建，應該隸屬於相應機構，也有了財政來源，多半也不需要青勃那位朋友的私人資助了。

不過，這個《文藝勞動》出版不久，可能到「十一」建國後有了《文藝報》尤其是發表作品的《人民文學》，便悄然停刊了。有一次到中山公園音樂堂開什麼會，遇到侯民澤，聽說他去了《文藝報》，我也沒問他二月間擬議的那刊物的下落。侯以敏澤的筆名，寫了一些理論批評類的文稿，文革後調到社科院文學所當研究員，出版過幾種專著。不過似乎在文藝界內外口碑較差，不知為什麼，但顯然不僅因為文學理念的緣故。他已故去，願他安息。

我和魏紹嶸也長久沒有聯繫，只記得一九五五年「內部肅反」期間，在團市委工作的陳彤(陳秉信)和我同時收到廣東軍區的調查信，是一件不大的事，陳彤打電話跟我核實過。許多年後，紹嶸的令兄魏荒弩回憶，也是從五十年代特別是反胡風和肅反，政治運動一波接一波之後，紹嶸寫信來，說到因「出身不好」，他必須跟家庭劃清界限，包括從鄉下來北京跟他哥哥同住的母親。文革前可能只回北京一次，說話不多，匆匆告別。我們過來人知道，如果他被組織格外關注，他探親回部隊後，是一定要彙報的，他又是不會說謊的人，所以採取根本不說什麼話的辦

法，什麼都沒說，什麼都沒做，也就沒什麼可彙報的了，然而，這樣能取信於多疑的「組織」以及代表這個組織負責審查的人員嗎？

八十年代，我因工作關係，跟荒弩先生有了接觸，第一次見面，荒弩就告訴我，紹嶸在文革中自殺了。由於紹嶸的妻子餘悸猶存，不敢再沾魏家的邊，帶着孩子另過，遠在廣東，也無由從她那裏得到更詳盡的情況。我們知道，如果有人在運動中結束自己的生命，不僅作「畏罪自殺」論，還要開大會鞭屍——缺席批判。這也是紹嶸身後的待遇嗎？

關於紹嶸之死，荒弩想多知道一點，我也想知道。我向廣州軍區一位寫詩的朋友柯原問詢，他和紹嶸同在一九四九年三月參軍，又同在四野南下工作團一分團三大隊九中隊，那時就認識，南下後柯原到中南軍區政治部工作，魏紹嶸到四十一軍文工團搞創作，往來就少了。運動頻繁，彼此之間也不願多交往。以後魏調出文工團，到軍政治部當秘書，據說一九六五年晉升為少校軍銜，「當時四九年入伍的同志晉升少校的極少，他算是很突出的了，據說還準備調塔山英雄團任政治處主任的」。文革一來，各遭厄運，柯原直到一九七八年回到軍區，才聽說魏紹嶸被迫害致死。

柯原接我信後，找知情的人打聽，一九八一年三月，他把了解到的一些寫信告訴我：

一九六六年秋，軍以上單位開展「四大」，有人給魏紹嶸貼了大字報，說他寫的小說《龍騰虎躍》有問題，軍區專門組成了一個小組對小說進行審議。據說這部小說二十餘萬字，是寫五十年代部隊軍事訓練的。軍政委XXX找魏談了一次話，談話的第二天，魏紹嶸就在一個女廁所內吊死了，當時軍裏開了大會，宣佈他是自絕於人民，開除黨籍。魏紹嶸同

志被迫害致死後，情況很慘，即被保衛部門用雨衣裹起，埋在潮安竹竿山後的荒地裏，既無棺材，也沒有墓碑，恐怕現在連遺骨也無法尋找了。魏的妻子當時在潮安縣法院當預審員，大概懼於當時的壓力，對魏的遺物一點也沒有要，所以紹嶸同志的衣服、書籍等都被變賣處理了。

這就是魏紹嶸的人生終點。回到當時的社會政治情境，魏紹嶸妻子的恐懼，是完全可以理解的，隨時會飛來橫禍，她還要忍氣吞聲，獨力支撐着把孩子拉扯大呀，容易嗎？

荒弩說他家連一張紹嶸的照片也沒有，我找出了一九四八年冬中法新詩社游北海的合影加印給他。這是來到這個世界僅僅四十年的魏紹嶸在這個世界上僅存的痕迹了。不但在滙文、在中法，我們在民聯小組裏和新詩社活動，以至兩人私下談心的時候，在與青勃等計議出版文學月刊的時候都沒想到這樣的結局，即使在一九六五年，誰也不會想到的啊。

魏紹嶸到部隊後謹言慎行，反右派時沒有殃及，但沒躲過文革。而荒弩、青勃和我，沒躲過反右，卻都從文革的滅頂之災活過來。也許真合着那句話，既然挨整是宿命，索性倒楣也是趁早的好。我確實發現，反右派鬥爭死裏逃生的，比反右派時「漏網」的，可能更「皮實」一些。

所有這些見識，一九四九年春天還沒有，也不可能有。

臨上華大，我興致勃勃地去石駙馬大街師大（這是魯迅執教過的女師大舊址；師大本部則在和平門外大街）去看望詩人黎風。我們相識整一年了。四八年春他給《新生報》編一個副刊，是接替名叫葦萌的（葦萌姓顏，也是位詩人，他的離職可能有政治原因，文革小報曾有涉及他和冀東政治鬥爭有關的報導）。黎風讀過我投寄的詩稿《春天，生命在跳躍》，約我到和平門外師範大學見面。那是個初夏的晚上，我穿一件乾淨的白襯衫，他不

修邊幅，黑黑的滿是憂患的臉上露出笑容，說「小少爺啊！」我知道他是驚異於我還是個小小的中學生，比起來，他年長許多，瘦小的個子，離開家鄉江西，在苦難的中國走過了許多地方，看得出他是能吃苦的人，且已經吃過許多苦了。見面前我剛從報上讀過他一首《紅燈》，紀實之作，寫和平門外鐵道路口，一個青年在阻斷行人的紅燈下冲上去臥軌自殺了，詩中充溢着悲憫和激憤之情。

　　一年之後見面，他滄桑的臉上笑逐顏開，贈我一本自印的詩集《彩色的畫像》，署名李虹，告訴我，他正和朋友們一起編《詩號角》，讓我去華大報到之前給他們一篇稿子。我在三月十日寫了《告邱吉爾》給他，三月十五日出版的《詩號角》第五期就刊出，由於題材重要，還排在接近卷首的地方。如果不是回憶舊事貴在求真，我真的羞於提到這首完全不具文學性的口號體東西，只是冒用詩的名義作粗鄙的詈罵，其實不過在歷史面前自辱人格、自打耳光而已。

　　那一期上，還發了北大歷史系寧可寫去解放區途中內容的詩，跟他同路的劉寧，就是他後來的妻子，也是我後來的電台同事、女播音員劉淮，名字是去解放區路上改的。寧可也是那時改的名，他原先叫黎先耀，在《平明日報》的《星期藝文》上發表過考據屈原生年等文章，也是周定一的作者。

　　還有署名牛小白寫的民謠體小詩，後來我才知道，這就是五六十年代以獨具特色的寓言詩、文革後以出眾的舊體詩名世的劉征。正名劉國正，原也是北大中文系的高材生，後來長期任人民教育出版社負責人，早就學有根柢，化名牛小白寫當代民謠，顯然是放低身段，蹲下來以求「民族化、大眾化」了。

　　我上華大，黎風留在師大。他最後留在我印象深處的，是握別時意氣風發的神采。可等我又得與落戶西安的黎風通信，已到三十年後的八十年代，聽說他不久前才恢復中共黨籍，想見他的坎坷甚於我輩「右派」，原以為他可能是在一九五五年反胡風時

受了牽連，為了詩的緣故，他說沒等到一九五五，而是一九五一就在新的北師大教學崗位上被清除出黨，並且下放了。還好，最後的歸宿他仍然在高校，專業仍是現代文學，但久不寫詩了。他跟年輕的同學們包括其中的新潮詩歌愛好者相處無間，課外輔導他們也不遺餘力；但他想回北京看望看望老同學老朋友，個人負擔不起路費，期待出差的機會，有一回幾乎成行了，卻又失之交臂。他垂老之年這個小小的願望落空了。

作為一個公民，作為一個有潛力的詩人，作為早年投身反對國民黨專制獨裁的革命者，黎風無愧於人民，無愧於天地，無愧於心。

1949 | 第二季

華北大學:革命熔爐是半軍事化的

三月十六日,陰,有牛毛細雨。

母親替我打好的鋪蓋捲——是鋪蓋捲,不是背包;我一再要求只帶最簡單的一鋪一蓋,母親還是加了個薄薄的枕套,裏面兩套換洗的單衣,身上有一件毛衣,越往後越暖和,不擔心挨凍了。

臨時找了塊破舊油布裹上行李捲,我還提着平常用的書包(裏面有我的筆記本,詩稿冊子,還有剪報),出門到胡同口叫了一輛洋車,對站在大門前的母親說了句「我走了」,就頭也不回地走了。

從崇文門內船板胡同西口出發,向北過東單、燈市口到東四,走的是我從小的熟路;再往北,過東四頭條二條,一直到十條對面路西的鐵獅子胡同。車篷拉起來擋雨,我也沒留意路上的店鋪行人,一心只想着「報到」。

從華北大學放榜,接到通知,就無心幹什麼別的事情,只等着這一天,自忖如同一個戰士惦着歸隊。我從此要開始全新的生活,不再是學校門,教室和課桌,老師和同學,我知道華大是全新的革命的幹部學校,像新兵站,經過她的遴選、訓練,我們就要集結起來,向江南進軍,「將革命進行到底」。

我不知道別的新學員是怎麼來到有兩頭鐵獅子蹲守的華大校門口的。我沒進過這個段祺瑞執政府舊址的大門。我知道一九二六年「三‧一八」那個「民國以來最黑暗的一天」,四十七名無辜的青年在這門前喋血。但這個回憶只一閃而過,因為我真心相信,我們即此告別黑暗,進入全光明的天地,再不會

發生這樣的慘案了。至於這個巨宅大邸，更久遠的履歷，是陳圓圓所曾棲止的田府，更不在話下了。

我從報到處直接到了「一區隊」的一個班，一個班有幾十人，分成十人八人的學習小組。在這「一入侯門深似海」的深宅大院西路靠南的一溜瓦頂平房，睡大通鋪，每個人的掛包懸在後牆一溜木樺上。食於斯，宿於斯，自習與開會於斯。已經有人先來，互通姓名，見到班主任何東(後來加上一位方華)，也熟悉了作息規矩。知道這不止是像過去住校那樣的集體生活，而且是半軍事化或準軍事化的，一早聽起床號起來，先要出操，圍着這個府邸——應該叫校園的四周，在街道上跑步，一日三餐，粗糧為主，聽大課，開小會，遵循的是延安抗大(抗日軍政大學)的校訓：「團結，緊張，嚴肅，活潑」，以延安整風運動的精神「學習理論，改造思想，堅持真理，修正錯誤」。我們的目標是遠大的，當前是解放全中國，將來要解放全人類。別看我們開學習會、生活會，圍坐在矮矮屋簷下，這裏就是革命的大熔爐！我們每個人，力量有限，組成偉大的集體，無堅不摧！我們任重道遠，要擔負這樣重大的歷史使命，就首先要改造自己，改造立場、觀點、方法，才能符合革命的需要啊！

那時候此起彼伏的革命歌曲，除了「解放區的天，是明朗的天……」，還有「沒有共產黨就沒有中國」(最初沒發現這個警句不合邏輯，後來才改為「新中國」云云)，激起我們對共產黨的信服之心；還有劫夫作曲的「反動派啊，那個一團糟啊，一團糟啊一團糟啊一團糟」*(就如後來唱的「無產階級文化大革命就是好，就是好，就是好」)，增強我們對蔣介石、國民黨的蔑棄之情；鍾惦棐作詞的「年輕人，火熱的心，跟隨着毛、澤、東前

---

* 在抗日戰爭期間，稱「國民黨反動派」，是為了統戰需要，對國民黨區別對待，意謂反動派只是國民黨的一個派別；到內戰時期，則「反動派」是指整個國民黨了。

進」，把我們本已火熱的心，煽得更加火熱，為了革命的勝利，我們真的準備隨時赴湯蹈火，犧牲一切直到熱血和生命。這是一代革命青年引以自豪的歷史機遇和神聖責任。我們投身的革命，是要推翻國民黨「一個主義，一個黨，一個領袖」的獨裁政府，建立獨立、自由、民主、富強的新中國。我們這一代何其有幸承前啟後，如馬可《民主青年進行曲》所唱的，「我們是民主青年，我們是革命的先鋒！」我們幹的雖還不是社會主義、共產主義，卻是必經的民主主義革命，民主和革命不可分；如果不為民主，那就擁護為蔣介石張目的「領袖腦殼論」（即一切好的主義、思想、主張、方案都在蔣委員長的腦殼裏）好了，還鬧革命幹什麼！？

　　上引幾位詞曲作者都是解放區的大家；在國統區（國民黨統治區，又稱蔣管區，皆為「解放區」習慣的用語），詞曲作者們也寫了許多嚮往革命、嚮往解放區的歌曲：「山那邊喲好地方……」，「唱出一個春天來！」我們，這些大學生中學生，四十年代的「知青」（其中不少也是當時的「憤青」），都曾經相信過，春天，——革命的春天、民主的春天是可以「唱」出來的，多麼羅曼諦克！多麼凌虛蹈空！直到進了華北大學，聽了大課，學了黨史，我們才懂得了斯大林為什麼說中國革命是「武裝的革命反對武裝的反革命」，毛澤東為什麼說「槍桿子裏面出政權」！我們真的既昧於歷史，更昧於現實，光是階級鬥爭這門課，就痛感我輩自命為知識分子，真是「比較地最無知識」的。不學習行嗎？不改造行嗎？

　　於是我們這一群又一群一心撲向革命光明火焰的小飛蛾，心悅誠服地投入立場、觀點、方法的改造，首先要站穩階級立場自然是無產階級亦即共產黨的立場，同時要樹立階級觀點，並掌握階級分析的方法。舉凡對人、對事，都要問一個：哪個階級的？對哪個階級有利？是為哪個階級服務的？

給我們上課作報告的，都是解放區來的革命前輩。當他們引導我們「端正學習態度」的時候，總是要引用毛澤東在延安整風運動中關於改造學風的講話。說我們學得的理論，總是要用於聯繫實際的，不是為了把玩，讚曰「好箭！好箭！」要有的放矢(矢就是箭)，我們的思想就是那個「的」，說共產黨的三大作風，就是理論聯繫實際，群眾路線，批評與自我批評！

　　革命形勢一日千里，我們都知道，我們能夠留在華大學習、改造的時間不會太長，因此對我們的思想政治教育，用今天突擊學外語的習慣說法，是「強化」的。幾乎從入學之始，每天直到晚上燈下的小組會，都是要把黨的三大作風的薰陶加以「強化」集中，比如每個人要對照檢討階級立場在這樣那樣問題面前是否轉移到無產階級方面來了？還有哪些觀點完全或部分地屬於非無產階級？應該有坦白的披露和深刻的自我批評；然後在座的同志分別或長或短或尖銳或含混地提出批評……直到有經不起這種陣仗的女生嚶嚶哭起來。

　　這就是所謂「過思想關」。

　　在這之前的「生活關」，就有人沒過去。

　　頭一天，頭一頓，就是吃小米飯。沒有小餐廳，沒有大食堂，露天而立，大桶黃澄澄熱騰騰的小米飯在中間，每個人用自備的餐具去盛飯。多數人是有精神準備的，並不想在投身革命集體後，保持城市中等以上家庭的膳食習慣，甚至也不想維持原先舊式大學膳團的伙食水平，因此對簡單湯菜以佐小米飯，並不存心理障礙，有人還笑談重複名言「革命就是小米加步槍取勝的嘛」，來自慰自勵，互慰互勵。但那吃不下粗糧的小女生，不說是嬌生慣養，也是過分天真幼稚，對戰時條件下半軍事化準軍事化的物質生活始料不及。還不算完全沒過好「生活關」，只是過得不順暢。大家報到後的頭一兩天，校方實行今所謂「人性化管理」，允許同學們回家辦一些未了之事。像剛才說到的小女生，不止一兩個，從家

裏帶來些罈罈罐罐的小菜，總算把「生活關」度過了。

　　這裏說到「思想關」「生活關」，好像只是輕鬆地一筆帶過，一是因為當時的生活遠非艱苦到需要咬牙的程度，思想鬥爭亦即批評與自我批評，也不過小試牛刀，遠未達到毛澤東預警過的「思想改造是一個痛苦的過程」那樣嚴酷的程度；二是我當時並沒有全身心地投入，相反，是在現實中尋找「生活的詩意」，這從我即時即事的一組短句《追求》中可以看到，入校以後我的心態是快樂的，自豪的，把學習──思想改造看得輕而易舉，未免太天真：

四‧團在一起／ 如向日葵的花瓣／ 圍繞着金黃的花心 ∥ 我比從火炬遊行回來／ 更感到溫暖／ 我拿到火把了／ 我比從火炬遊行回家／ 更感到甜蜜／ 我回到家了

十一‧書包／ 掛在牆壁上 ∥ 像一排勳章／ 學習的勳章 ∥ 像一隊旗幟／ 升起來了

二四‧我們的旗／ 將同我們的號聲／ 在整個中國的天空／ 飄蕩

三四‧我們都是年青的／ 迎接那些／ 鬍子們／ 嫉妒的眼光吧 ∥ 我們都是快樂的／ 像澳大利亞林中的笑鳥／ 我們有響亮的笑聲

　　那連革命前輩都認為是痛苦的思想改造過程，在我的筆下有了一個輕鬆的形式：

八‧燈光在桌面上蕩漾／ 像海 ∥ 划吧，划吧，船夫們／ 我們的眼睛／ 像貓一樣／ 睜大了起來

三五‧小丁／ 這兩天／ 好像失去了他的／ 眼睛、鼻子、耳朵和嘴…… ∥ 這些／ 都不再像是他的東西／ 小丁／ 鬧情緒／ ……思想問題

八·把時間／像牛皮糖／拉長又拉緊吧／絞在腦袋裏‖把問題／用階級分析的方法／從一顆一顆的花生米裏／不斷地嚼出來

我把「批評與自我批評」——十幾年後明確界定為「興無滅資」「鬥私批修」的思想批判與政治鬥爭，豈是我能夠用這樣的「詩化」言語消解得了的？到了「刺刀見紅」的真正的關口，我才認識到當年的輕鬆實在是輕佻了。在「過社會主義關」的關口，原先的什麼「生活關」「思想關」乃至「勞動關」，都是小巫見大巫了。此乃後話。

唱革命歌曲之外，一定還要學會扭秧歌

跑步不成問題，唱歌不成問題，扭秧歌，對我們這些年輕人不成問題，對學員中雖有社會經歷卻無起舞經歷的中年人就成了問題。

秧歌，我沒作過文化學上的考據，望文生義，想是屬於農村的一種粗放的集體舞。南方不清楚，在北方，似乎與諸如「跑旱船」一類形式結合，是應鑼鼓點節拍而配合以四肢和腰股動作的舞步，所以稱為「扭」。而「扭秧歌」之成為共產黨的文化政治符號，則流行於一九四二年毛澤東的延安文藝講話，倡導「工農兵文藝」方針之後。當時陝北的文藝「黃埔」——魯迅藝術學院(簡稱魯藝)，以周揚為首，因曾排演「資產階級、小資產階級」劇目受到批評，改弦更張，悔過自新，組織秧歌隊大舉下鄉，與當地農民同樂過程中，在秧歌這種當地農民「喜聞樂見」的「民族民間形式」基礎上，創立了「秧歌劇」。通過以周恩來、董必武、葉劍英等駐節重慶「第十八集團軍辦事處」(這是對外公開的單位名稱，實即中共中央南方局領導機構)人員往來，從陝北

把「扭秧歌」也帶到戰時陪都，同時還給作為統戰對象的朋友們帶來陝北的小米、紅棗，以及陝甘寧邊區特別是延安幹部群眾在「大生產」中自紡的土布。這些統戰對象自然既包括重慶「革命和進步的」即親共的左派人士，也包括「可以爭取」的「中間派」。他們在或大或小範圍的某些場合，聽着延安故事，興起也學步一扭為快。

秧歌劇不易推廣，秧歌舞簡便可學，一時也流傳到中共領導的各個抗日根據地。比如蘇北新四軍轄區，革命作家鍾望陽寫了一本書，書名就是《把秧歌舞扭到上海去》，後來大軍開進上海，一時間秧歌舞的鑼鼓喧闐，壓過了交際舞管弦樂隊的伴奏。夜總會的霓虹燈一時熄滅了，卻並沒讓位給這一萌芽狀態的手舞足蹈。

回頭說華大晨課有歌有舞，有人從清華大學帶來的配合集體舞的創作歌曲，「我們大家手牽手，我們彼此肩靠肩。沒有恐懼也沒有留戀，一心一意齊向前」，總帶着學生腔，洩露了歌詞作者在投身革命以前，必然有過恐懼和留戀(恐懼什麼？留戀什麼？)這類未經改造的小資產階級的潛意識，須經過自我思想鬥爭或別人的批評，克服了不健康心理，才「一心一意齊向前」了。我這裏故意用促狹的話來挑剔一首歌詞，是想告訴後來者，當時的我輩曾經怎樣手到擒來或挖地三尺搜索同伴和自己內心深處的「小資產階級意識」，當自己的文字和思想「檢察官」的。

然而扭起秧歌來的時候，唱着也是自編的新詞：「手把手兒上奉化……扔到海裏餵王八！」針對暫時引退滯留故里的蔣介石，這樣粗鄙的歌詞，恐怕也不能封為「無產階級化」，而是把「打倒蔣介石，建立新中國」的革命號召庸俗化了。

如果硬要辯護，那就是這種「庸俗化」出自業餘的急就章，不可深責吧。

的確，我們專業的革命文藝工作者一般不會寫出這樣的敗筆。

有一晚，我們列隊步行到東單北大街大華電影院看華大（二部）文工團的演出，至今印象猶深的，是一曲《平漢路小唱》。記得是郭蘭英一展歌喉。

平漢路指的是今京廣線北京到漢口區間。初建時命名京漢鐵路（一九二八年北京改稱北平，京漢亦改平漢）。一九二三年二月七日京漢鐵路漢口江岸機車廠舉行了聲勢浩大的「二七大罷工」，是建黨不久的中國共產黨在工人運動中初露頭角，卻慘遭鎮壓。工運領袖林祥謙、名律師施洋都是共產黨員，壯烈犧牲。一九四九年二月中共黨報上還曾紀念。

當時華大文工團從正定出發「進京」，一度在北平西南郊長辛店機車車輛廠留駐「體驗生活」。早年中共的中央領導人張國燾在這裏辦過工人夜校，進行了革命啟蒙。長辛店許多親歷二七大罷工的老工人還健在，二十多年來飽經劫難，是歷史的見證人。

前幾年作為主要執筆者完成了集體創編秧歌劇《白毛女》的青年詩人賀敬之，在這裏寫出新的歌詞（記得是張魯作曲）：

這個平漢路啊，
是條貧寒的路，
工人貧寒，可就無出路！

這個琉璃河啊，
是條流淚的河，
眼淚還比那個河水多！

這個長辛店啊，
是個傷心的店，
傷心的事兒，可就說不完……

　　　　　　　　　　　　　　　一九四九 · 北平故人

女聲婉轉唱來，如泣如訴，這是痛徹心肺的憶苦，作者用苦樂攸關的熱土地名串起來，別具藝術感染力，語言加旋律，還有唱工，字字句句送進你的耳朵，打進你的心底，不僅繞樑三日，而且竟能在人們記憶中沉澱幾十年！

　　另一位華大二部的劉劍青，不是用民歌體而是以口語散文體寫了一首詩，說長辛店一位外號「老不笑」的老工人，在「翻身解放」後笑逐顏開。篇幅不大，卻別具意趣。我一下就記住，更由於一九三九年我一上小學《國語》就有一課，「有一個孩子，名字叫作『老不笑』……」想不到「老不笑」竟成了一位苦水泡大的老工人。因之記住了作者的名字。一九四九年秋《文藝報》創刊，劉劍青成為頭一批的編輯。後來他寫的文藝短評，多署「金鋒」，大約從「劍青」衍化而來，而「金風送爽」，「宋爽」成了他另一個筆名。但到晚年他淪入極其不爽的處境。九十年代初他因病臥床期間，竟被全國文聯新任黨組書記逼寫檢討，據說病情因此加重而告不治。無怪有一位快嘴的女同志曾說那個黨組書記「有幾條人命」，想來包括劉劍青這一條。在虎坊路作協宿舍，劉劍青與我是同樓鄰居，他從一九四九年欣然命筆寫工人的翻身解放，四十年後鬱鬱以終，翻身沒有呢？解放沒有呢？

　　而那位新來的黨組書記我也認識，他的前妻跟我們夫婦都在電台同事，為了他鬧離婚，我還「不把自己當外人」地勸告過。他跟劍青想必也熟識。都是北京文藝圈子中人，一掌生殺大權，竟能下此狠手。世界並不大，恩怨有如此者。

　　從華大唱歌說了開去，如放野馬，一跑四十年。其實並沒跑出題外。中國共產黨領導的革命運動，離不開「宣傳群眾」（還有一句叫「組織群眾」），除了演說和演戲，最便捷的莫過於唱歌，成本最低，影響最廣，收效最大。

　　其實從清末新軍，就開始效法外國軍隊，唱軍歌，隊列歌曲，民國年間聽過舊軍隊行進時齊唱《滿江紅·怒髮衝冠》，跟

我們相沿傳唱有古典風的文縐縐的版本不同，節奏分明，頓挫強烈。我們小時候聽過後來日本人來了不叫唱的「打倒列強，打倒列強！除軍閥，除軍閥！國民革命成功，國民革命成功！齊歡笑，齊歡笑！」這個借用外國兒歌曲調填詞的短曲，曾經軍隊也唱，民眾也唱，小孩子更唱。當時北伐軍中已有中共黨員做政治工作，不知是不是他們的手筆。

國共分裂以後，按照毛澤東的說法，乃有文武兩條戰線。武裝鬥爭中標誌性歌曲是《三大紀律八項注意》，文化戰線湧現了《義勇軍進行曲》這樣的經典曲目，都是出自共產黨員之手。

一旦進入三十年代，日本「九一八」侵佔東三省，全國同仇敵愾，一片救亡的呼聲。這時不但籍屬中共的田漢轟耳振臂而起，連在學院執教的音樂家，作有《天倫》（「人皆有父，翳我獨無；人皆有母，翳我獨無」）、《長恨歌》（「香霧迷濛……山在虛無縹緲中」）等名曲的黃自也寫出「旗正飄飄，馬正蕭蕭」的救亡戰歌。從這時到整個八年抗日戰爭中，戰鬥的歌聲一直伴隨着真槍實彈的決鬥。從初期的宣傳動員，到持久戰中的激勵鬥志，在正面戰場上有陳誠、郭沫若主持的政治部所屬各演劇隊是主力，大中學校亦不愧是宣傳陣地，其中起骨幹作用的不乏中共秘密黨員和他們影響下的熱血青年；中共各根據地不但高唱「大刀向鬼子們的頭上砍去」，「到敵人後方去」，「山高林又密，兵強馬又壯，抗日的烽火燃燒在太行山上……」——「自由之神在縱情歌唱！」這些由中共文藝工作者創作的歌曲，不但曾滲透、而且也風靡整個大後方，騰傳眾口。大後方的作家如端木蕻良的歌詞《嘉陵江上》則抒發了家鄉被敵寇摧殘踐踏的哀怨，從音樂風格上以陰柔補充了陽剛。

左翼一系的詞曲作者幾乎包打了音樂的天下。一位去臺的詩人說過，當時甚至在軍中，唱的也盡是共產黨(創作)的(抗日)歌曲；這也難怪，繼張寒暉、劉雪庵的《流亡三部曲》（「我的家

在東北松花江上……」)等之後，《黃河大合唱》成為抗日音樂的領軍之作，而大合唱歌詞作者乃是共產黨員詩人光未然，在抗戰前即以《五月的鮮花》一曲，不知打動了多少愛國青年、流亡遊子的心！

其實不但三四十年代流行全國的歌曲，多是以左翼為核心的作者所為，連電影戲劇也是如此。在上海時，中共派出以夏衍(沈端先)為首的電影工作小組，在電影界團結了廣大的從業人員，以至領導了其中若干創作集體，田漢、聶耳合作的《義勇軍進行曲》(後來先後成為代國歌、國歌)就出自田漢、夏衍編劇，許幸之導演的影片《風雲兒女》；劉雪庵作曲的《何日君再來》，也影響深遠，就出自蔡楚生導演的《孤島天堂》一片。

後來江青借魯迅曾指責「四條漢子」為口實，蓄意打倒「四條漢子」(周揚、夏衍、田漢，陽翰笙)，除了因他們了解她上海時期一些早已不屬個人隱私的公開的秘密，企圖滅口的私人動機外，也還要否定中共黨內一些同志曾為抗日救亡，也為擴大黨的文化影響(也就是毛澤東曾肯定的「文化上的『反圍剿』」)所作的貢獻，這在熟悉中共黨史的人看來，從維護中共價值和利益的角度看，豈止是背棄常識，不值一駁而已。

這樣看，唱歌是重要的。不過要補充一點，要唱革命的歌，要使唱歌對中共領導的革命有利。一句話，要唱革命歌曲。在延安，大家高唱革命歌，不但有「黃河之濱，集合着一群中華民族優秀的子孫」的《抗日軍政大學校歌》，也唱賀綠汀「我們都是神槍手，每一顆子彈消滅一個仇敵……」的《游擊隊歌》，然而有女同志忘情地哼唱「家山北望淚縱橫……」，這是影片《天涯歌女》插曲，也是訴家山離亂之哀的，卻被「互相關心，互相愛護，互相幫助」的同伴彙報上去，作為一種「想家」的不健康思想動向來抓，來批評，因為思念淪陷區的故家，會像傳染病一樣急速擴散，「動搖軍心」的，那還了得！？

主課是永遠以黨和領袖的是非為是非

唱完革命歌，扭罷秧歌舞，更多的時間是上主課，樹立革命人生觀，試用階級觀點和階級分析方法來看待一切，褒貶一切。回顧我當時的心態，可說是「如魚得水」，彷彿革命的子女——「世紀的寵兒」。但在三月某日忽然體驗了失落之感，開大會宣佈入校學員中的民主青年聯盟盟員(北系簡稱民聯，南系簡稱民青)「轉團」——即正式轉為籌組中的新民主主義青年團團員，但名單中竟沒有我！我是一九四七年十月宣誓入盟的呀，過了一年半的「組織生活」了呀！

會後急切地去問，是我無知，不懂得從原來所屬組織——在我就是中法大學地下黨那裏開「組織介紹信」來，叫作「轉(組織)關係」。我加入組織短短一年多的經驗不夠用了。那為什麼我從中學轉中法大學，沒開介紹信，是新的組織找到我呢？當時在地下呀，不能落在紙面上。而「組織關係」的重要，緣於它關乎我們的「政治生命」。在地下活動或戰爭環境中，有時會接不上組織關係，就「落單」了，無依無靠了；更不用說如果被敵人逮捕或俘虜，組織就要切斷同你的關係。許多被捕被俘的同志僥倖出獄或脫險歸來，到處尋找黨的關係，不可避免地要面對組織的審查：屈服了嗎？叛賣了嗎？……如找不到確切的證明，這樣的「審查」會十年二十年「掛」下去，留在組織之外，你的政治表現如何也是對你是否無條件地對黨忠誠的考驗：任何黨內黨外的革命者都要準備接受黨的「考驗」！

於是懷着對黨的忠誠，對組織關係——黨籍團籍——政治生命的無限珍視，急忙請假從鐵獅子胡同跑到東皇城根，中法大學宿舍院空蕩蕩的，人去樓空，幸好遇見哪位師兄，過去沒有發生「聯繫」，但粗知他是地下黨的，說了來意，他明確地指告：上東單團市委找張大中，張原先就是地下黨學委的。謝過這位同

志，馬不停蹄地跑到東單美琪電影院東邊的團市委，可巧張大中在，立馬給我在印好的組織介紹信上填寫了姓名、事由——幾分鐘就把事情辦妥了，一是革命高潮期層級少，效率高，再是這類手續大約陸續不斷，經辦者極其熟練了。

我跟張大中同志只匆匆見過這一面。他嗣後在團市委任書記，似乎蟬聯很長時期，跟我在地下時幾個領路人都是合作密切的同事，文革時自也在「砸爛舊市委」的衝擊下，跟着彭真、劉仁等一道遭受持久的迫害。文革後竟無聲無息了。

我回到華大，把組織關係介紹信交到校部黨委，心裏一塊石頭落了地；一天半裏彷彿經歷了一次失掉關係卻又找到組織的驚心動魄的歸隊過程。長了不少見識，如同一次深觸靈魂的黨課，這就是為什麼在八年之後聽到「開除黨籍」的組織結論時，雖早有心理準備，心裏卻還像打翻了五味瓶，一時六神無主。

文革後引進社會學者馬斯洛關於人生六個層次的需要之說，其中有一個「歸屬」的需要。我早就把自己的未來寄託給革命，把靈魂交給了黨。後來更唯革命黨領袖是從，以其是非為是非，以其好惡為好惡。不可想像自由主義者胡適的「於不疑處生疑」，只能做一個跟着高呼「理解的要執行，不理解的也要執行，在執行中加深理解」云云的「諛者」，成為不折不扣的「愚者」。

不過以上云云，只是幾十年後的見識，回顧來時路，「蒼蒼橫翠微」，旁觀者清，當局者迷，當時的自己，卻自以為有覺悟，有信念，有革命激情，有獻身的熱忱，對身邊的同學，一視同仁地視為同志。不知當時的同學怎樣看我，不過從校方看應屬積極分子無疑。叫我和一位稍長幾歲的江南人胡延陵擔任班裏通訊員，給校刊寫報導，我已忘記寫過什麼，也不知道是否採用，因為入校以來一天到晚匆匆忙忙「連軸轉」，連《人民日報》也沒看過，三月二十六日毛澤東一行來到北平，也只是聽人説起，

一帶而過；似乎也根本沒看到校刊、校報，或許當時一切草創，因陋就簡，只辦了牆報也說不定，不知其詳。

班裏、小組裏有少數年紀較大的學員，在會上多聽而寡言，我理解他們的社會經歷使他們處處都在力求適應全新的生活方式，包括了前述的出操跑步、唱歌、扭秧歌，學習討論會和生活檢討會上的批評與自我批評，以至以年輕人為主的一派生活氣氛諸如急不擇言、沒大沒小的直話直說，發展到有如炮轟、圍剿，這一切的確近乎「史無前例」；小女生感到格格不入，只有暗中灑淚，最嬌慣的少數就拔腿走了。中年以上的學員，多是原先的小職員或失業者，沒有後路，便謹慎觀望。但這樣的時間不長，進入四月，先是吹風，接着傳達，為了給新招的學員騰讓校舍，我們這批在校生即將遷回河北正定天主堂，那裏是「進京趕考」前校本部所在。

我們，這些鐵了心跟着共產黨，準備打到江南去「將革命進行到底」的年輕人，和大多數有同樣精神準備的同代人，乃有「出發了」的感覺，不但沒有異議，而且滿懷好奇，躍躍欲試，與不久後五六十年代石油工人歌曲《打起背包就出發》同樣的心情。但對那些年長的，且有家小的人，首先是離開北平，前景是隨軍南下，就不免躊躇，還有許多家務需要安頓。校方體諒「下情」，不但給假，而且指定一些年輕人——應是「積極分子」分別進行家訪，既是幫助料理些具體的事務，同時也有「做工作」的意思，因為發現有的學員萌生退意，應該不僅是挽留，更是看看有什麼困難幫助解決，以動員他們還是把剛剛走上的革命之路堅持走下去。分配給我和另一同學的任務，是到一位常同志家看望，他約四十多歲，入學時穿一身舊西裝，對人和氣，但也不多話，跟他同時入學的一位青年婦女，二十多歲，兩人形影不離，據說是舅舅和外甥女的關係。按址打聽到那條胡同那個門牌，是典型的大雜院裏兩間陋室，室內雜物紛陳，但不像是為遠征整理

行裝。進了門不遑落座，好像也沒有能容四人坐下的空間，雙方都沒有慢慢敘談的從容心情。直奔主題，他們略顯尷尬地表示隨同遷校有困難云云。我們原來準備好的一套革命現實主義與革命浪漫主義相結合的說辭，一句也沒用上，鎩羽而歸。

一九四六年，我平生發表的第一篇雜文，《由口舌說起》，歷數戰國時期縱橫家以降，上上下下多有三寸不爛之舌，數落下來，似乎頭頭是道，還時有不屑之概，輪到自己出場，方知做說客亦不易。紙上得來終覺淺，紙上談兵，實戰敗績。

許多年後，想起歸途中我跟同去夥伴曾經議論，這位常先生不去也罷，如隨軍南下，先是他跟所謂外甥女的近於曖昧的關係，豈不麻煩。他既然不願選擇新的戰鬥的生活，就讓他留在這古老的北京城吧。回校彙報，領導也表示聽其自願好了，放棄對他們的「爭取」。此後二人也沒再來過，他們的鋪蓋在說是回家準備行裝時已經帶走了。

我沒有處世的經歷，待人接物缺少經驗，更不會察言觀色。但這位常先生，我直覺是不夠爽快，讓我想起小時候，我家後院出租，看房的人中有一位也穿着一套西裝，還挾個大公事包，父親接待，討他的名片，他打開皮包翻來翻去，才選定一張。他走後聽父親對母親說，看他有好多種名片，「看人下菜碟」（父親不會說老北京的熟語，這是我今天轉述大意），這樣的人不實在，再多出房租，也不能考慮。

相形之下，另一位年長的同志，我認為就比常某顯得實在。他名叫劉鳴鏑，但人不如其名之犀利迅疾，戴深度近視眼鏡，循規蹈矩，像中小學老師的樣子。果然他原在老家榆關縣——就是山海關，做了多年文書。解放大軍入關，他所在的衙門做鳥獸散，他有家小，必須找個飯碗。我們說，如果隨軍南下，會比現在當學員待遇好些，但也只是個人有少量津貼，無法養家；他說他離家到北平前，已經作了安排，現在一心參加革命工作，從一

入學就決心跟着隊伍服從調動了。遷校後我和他仍在同班，直到我離校回北平，分別時互致祝福，我知道他跟大部隊南下，頭一站在豫南雞公山集結休整，往下是徑去廣州，或留在兩湖分配工作，就不清楚了。

我們這一批學員，三月十六日前後報到，四月八日就浩浩蕩蕩奔赴北平西站。當時所謂東車站，在前門箭樓之東，今天仍保留着基本上原汁原味的客運車站建築，算是某一級文物保護單位吧，畢竟有百年沿革，在這裏既曾有過國家興亡、山河變色的滄桑大戲，也有過送往迎來以至生離死別的人生斷章。與東車站遙遙相對，在箭樓西邊，是經營貨運的西站。來到這裏，我們才恍然，不是乘坐旅客列車，而是魚貫登上沒有車窗的「悶罐子車」。想到當前軍運緊張，能撥出這趟「專車」給我們以代徒步行軍，已是十分照顧。我欣然，自有一種新奇的生活撲面而來。我沒聽到有人抱怨，自然，即使有人抱怨，也不會讓人聽見。

「依靠對象」：在革命語境中如魚得水

一九八〇年春，我從遙遠的滇西歸來，忽然想起三十一年前也是春天的一次出發：

那時

那時，沒有車票
我們走進北平的貨運西站
那時，沒有請柬
我們卻像赴勝利的歡宴

那時，搭上運傷患的悶罐子車
我們覺得是幸福的搖籃

那時，車停了散坐在鐵軌上唱歌
車開了飛馳過冀魯平原

那時，我們拋開舊日的一切
對家庭和學校絕不留戀
那時，津浦路一直通向前方
我們出發就不準備回還

那時，如果說到故鄉
我們都認定自己家在江南
那時，如果說到愛情
除了籠統的「人民」誰也不思念

那時，是一九四九年四月，
我生命中第一個春天
那時，我完全沒有意識到
那就是我將永遠親切地憶起的初戀

一九八〇年四月十七日

也許有失於空靈，但毫不誇張，是當時旅程和心路的如實描述。

我們從天津轉向南下，下午車速忽然漸緩，停車了，聽到口令，我們跳下車，風和日麗，還覺得陽光有些扎眼。巧得很，這裏的一站叫姚官屯，再過九個春秋，我戴着「右派」帽子下放勞動改造，頭一站就是這姚官屯，在這裏和相鄰的姜莊子往了半年。說一句迷信話，冥冥之中似對我的宿命有所暗示。但起初誰能參透這個天機？

說「我們出發就不準備回還」，宣誓了義無反顧的決絕，我

自己是這個心態，相信同行者也大都一樣，不期然而然地就自命為我「們」的代言人了。後來寫詩動輒「我們、我們」，固然是文藝思想皈依了「群眾化」，簡單地認為個人無足道，抒個人之情是應屏棄的個人主義，同時大言不慚地宣稱要當人民的歌手，人民的代言人，有幾分幼稚，有幾分狂妄，不經授權，卻儼然成了人民利益和意志的代表，何等僭妄！

但詩中以初戀比擬當時的「中心如醉」，卻還不失貼切。只是年輕人很少知道，初戀往往是不成功的，即使延續到談婚論嫁，那蜜月甚至也是短暫的。

現在回想，途中的停車，並不是給我們「放風」，而多半是到站加水，「站站都有上水的樓」嘛。接着入山東省界直到德州，中間沒再停車。想像繼續前行，到津浦路終點站浦口，隔江便是等待我們隨大軍去解放的戰略目的地南京了。可惜夜幕之下換了車頭，我們的專列西向德石線的終點石家莊而去。

車到石家莊，記得我在一九四七年十月加入民聯後不久，「石家莊解放了！」不知是上級具體佈置，還是校內黨組織的創意，我聽說有人給校長辦公室門縫裏塞進一封匿名警告信，以石家莊易幟為契機，說明中國人民解放軍正轉入反攻，收信人應認清大局，收斂自己的反動言行，大意如此。事後也沒聽到新的信息，不知校方和校長個人有什麼反應，估計沒有做出什麼反應吧。加入組織後，最初接受的組織紀律性教育，就是不該問的不問，不該說的不說，尤其處在地下活動的情況，單線聯繫，不應打通橫的關係。耳目所及，了解社會上的政治動向，群眾心理，越多越好，黨的指示則只能聽信直接領導這惟一管道，加上少量閱後收回的內部文件就夠了。

如今不過一年半，身到石家莊，竟有回到一個熟悉的舊地之感。不過在此沒有停留。從石家莊到我們原校本部正定，還有三十里光景，需要徒步行軍，而且是夜行軍。

一九四九 · 北平故人

我雖寫過抗日戰爭中夜行軍的詩（《望祖國》），但那是借助於耳食之言的想像，真正身體力行，這還是頭一遭。經過動員就上路了。北方春天，土地乾燥，滹沱河也斷流了。走着走着，口乾舌燥的感覺襲來，只能忍着。好在我有事情做，分配了幾個人一路宣傳鼓動，其中有我。指揮唱歌是一項，我是寫小傳單，短短幾句盡可能「詩化」的口號，在隊伍中傳看，今天回想，那一晚應該不僅是晴天，且有月光，否則傳單怎麼邊走邊寫又怎麼邊走邊看？

只有三十里路的夜行軍，比起在北平城裏所有的出操和短途步行，對我們這些初來者，更是名副其實的軍事化的一課。

我們一個月前入校的時候，有人穿着長衫，有人穿着西服，有人穿着學生裝。一個月後走出來，無論男女都換上同一款的制服。土法染成一色深灰的家織土布，上衣兩個兜，以鬆緊帶束腰的長褲，沒有插手兜。我們大家第一次換裝以後，無鏡可對，彼此相視而笑。我想起北伐時女兵謝冰瑩《從軍日記》所寫種種，恍然回到了二十多年前的大革命時代。

我現在隨口話舊，彷彿置身時間之外，幾十年間，自由往還，類似影劇結構中流行的「穿越」。有時風景依稀，有時時過境遷。近五十年後的九十年代中，我因要上冀西蒼顏山一帶去，正定是頭一站，稍稍逗留。曾佔作華大校址的天主堂已成廢園，大門上鎖。東側的隋代古寺隆興寺，早就斷了香火，記得院裏靠牆停厝着幾具棺材，不知已有多少年，遠看木質顯出裂紋，我沒走近。無神論者自然也是無鬼論者，不擔心罅隙裏冷丁伸出一隻枯手來，但擔心有迥異於《聊齋》某些溫潤氛圍的腐臭氣息，當時正是四五月，氣溫升高穿單衣了啊。

重來寺院，除了幾具棺材不見，院牆灰皮剝落更多，別處似乎一仍舊觀。天主堂則不然，變成一個面容憔悴、衣衫襤褸的老人，無精打采。略感悵然，想想也很自然。平常的居家小院，若

是幾個月沒人住，還不免落葉滿階，積塵不掃，經年沒人住，「暗牖結蛛網，空梁落燕泥」，若是主人逃荒、跑反，幾年不回來，注定了雜草叢生，甚至半人多深，狐兔出沒。

人氣是重要的，人氣是陽氣，人走淨了，陰氣就重了。我忽然想起了故宮。說那裏陰氣重，可不是一般的陰氣！從明清兩朝歷代九五之尊的皇帝，深居簡出的后妃宮女，他們身邊的太監侍衛，入宮覲見的朝廷重臣，多少心機，多少密謀，多少睚眥之怨，多少生死仇讎，言念及此，已覺陰風凜凜，鬼氣森森，有誰肯報名在暮色四合之際，夜深人靜之後，獨自穿行在昔日的冷宮永巷，或兀坐御花園樹陰石上，等候、諦聽、尋覓什麼動靜，而能不毛骨悚然麼？

這座天主堂，我們這屆一區隊到來之前，已經有幾期老聯大(北方聯合大學)的學員，按照「三大紀律八項注意」，盡「房客」的義務，「黎明即起，灑掃庭除」，是最起碼的要求，窗紙破了糊上，玻璃碎了補上，整飭內務，搞好環境。何況當時還一直有法國神甫，雖然不再召信眾做禮拜，但還在「看家」呢。

比較起來，一九四九年正定給我的第一印象是天朗氣清，正在北方春旱，黃土城牆內外，仰頭可見晴天大太陽。想着農民正着急抗旱，藏在哪方的好雨卻不知時節，當春也不發生。這當兒我卻心中暗喜響晴天好太陽，思想感情是不是脫離群眾了？

我除了寫家信報平安外，只給吳小如寫了一封信，說出京後雖沒下鄉，卻離基層近了，深感稼穡維艱，覺得城裏人養花休閒硬是脫離群眾。說我也只是報個平安，他事忙不必回信。[*]

我在正定這裏也忙啊。調了班，有少數是原在北平的同班，多數從頭結識，好在年輕人多，「見面熟」。班主任李青野，略

---

[*] 吳小如還是很快回信，告訴我沈從文先生自殺，但救過來了。這個消息很意外，但想先生康復以後，可能會冷靜對待一切，就不至於心窄而痛苦了。在華大對此也不暇多想。返京後聽說，沈先生被分配到「革大」去「學習」了。

　　　　　　　　　　　　　一九四九·北平故人

帶冀東口音，臉色白皙，可留了一大把連鬢鬍子，乍見顯老，幾乎不敢接近，相處幾天，平易親切，他有「隨軍家屬」，大嫂高潔，高挑的個子，帶個五六歲小女孩。後來才知道青野才二十五歲，但穩重老練，超過自然年齡，這是少年參加革命，鍛煉出來了，我想。日後聽得多，見得多，抗日根據地年輕幹部多得是。二十歲的縣委書記，也不少見。一九三八年帶隊伍夜襲陽明堡日軍機場大獲全勝的陳錫聯團長，當時正在二十四歲盛年。共產黨是年輕的黨，黨內只有吳玉章、朱德、董必武、謝覺哉、林伯渠等，青年時期經歷過辛亥革命，現在除了朱德通稱總司令以外，分別被呼為吳老、董老、謝老、林老，受到全黨的尊敬。我這裏提名排序沒按照歷來職級座次，把吳老放在前頭，只因為他是我們華大的校長，去年全校曾開大會為他祝賀七十大壽。打一個不盡妥帖的比方，他在校內就如一位被家人愛戴的老家長。為什麼說不盡妥帖？共產黨黨章定性是無產階級(後來取得全國政權，摘掉「無產」帽子，直稱工人階級)的先鋒隊，黨所領導的革命隊伍，是以遠大政治理想統領的自願參加的組織，絕然不同於以親緣血統為紐帶的家庭和宗族，毛澤東《湖南農民運動考察報告》中明確提出打倒「族權」，黨一貫倡導破除家庭－家族觀念，要以階級劃分親疏以至敵我，出身剝削階級——敵對階級的要跟家庭劃清界限，一般家庭出身的也應樹立「大家」重於、先於「小家」的觀念，「家事再大也是小事，國(黨)事再小也是大事」，因此忙於公務的幹部、堅持生產的工人，父母病不探視，死不奔喪，往往成為表揚的對象。到了文革時期「砸四舊」，世系宗譜、祖宗牌位都是「舊思想、舊文化、舊風俗、舊習慣」的象徵和物證，家廟祠堂成了反動的巢穴，把「湖南農民運動」中的「痞子」「先鋒」的未竟之業發揚光大，推廣到全國。這可比二十年代蘇聯「無產階級文化派(拉普)」唾棄一切既有文化，獨尊「無產階級」自我作古的歷史虛無主義，更徹底，更全面，更

深入，覆蓋了方方面面，滲透到遠近城鄉。

我們到達正定時，吳老已經進京。但口碑巍然，他經常被人提起，好像依然在校園走動，會見同學。這不奇怪，我們制服左襟縫着校訓「忠誠，團結，樸實，虛心」，就是吳老制定的。而吳老作詞、煥之作曲的校歌，「華北雄壯美麗的河山，是我們民族發祥的地方。取得了人民革命的勝利，新民主主義的道路無限寬廣！」（沒兩三年，毛澤東就揭櫫向社會主義過渡，新民主主義下課了，吳老的預言落空了。）「我們是新文化的先鋒隊，要掌握最進步的科學藝術」，「勇敢！勇敢！我們要表現人類創造的力量！」一唱起校歌，就彷彿吳老滿懷期待地囑咐我們：要學習和掌握人類先進文化，並進一步有所創造，我們屬於全人類，也要對全人類做出貢獻。但老校長啊，這個擔子夠重，這條路太長，走起來迷障重重，好艱難啊！

而一九四九年當時，只覺受到鼓舞，信心十足。人在風雲激蕩的年代，特別是作為敏感的少年，冷靜沉穩大不易。單是到正定才兩週，就傳來大軍勝利渡江的號外喜報，長江上萬船齊發，南京城安然易幟，紅旗插上「總統府」的樓頂。

接着是迎接五四運動三十周年。我負責班裏牆報，組織了紀念「五四」專號。班裏同學寫稿，加上我趕寫了一篇配合紀念的署名文章。出刊以後，校部一位教員曾找到我，肯定了這篇短文，同時指出一處不妥，我當然連連感謝他的指正。但出了校部，就想起忘了問這位老師的姓名，隨後「紅五月」的活動熱火朝天，我把對我的糾正也忘記了。

一項最大的活動，是開全校運動會，事前好久就從各班產生選手，還要演練，開幕式後，分多個運動場開賽。這是體育愛好者的節日，我把它當成自己的假日。趕着瀏覽了從校圖書館借來的丁玲的《太陽照在桑乾河上》，記得是東北新華書店出版的。丁玲是我早就知道的著名女作家。不過，並沒有讀過她的作品，

　　　　　　　　　　一九四九，北平故人

因為抗戰八年中在淪陷區的北平，學校的圖書館必定早就把它下架，甚至在一些節骨眼上銷毀了；抗戰勝利後，我們如饑似渴地閱讀八年裏大後方和解放區的新作，後者像趙樹理和馬烽、西戎的小說、吳伯簫和周而復的散文報告，以至鼓書藝人韓起祥的《劉巧團圓》，他們的書都有香港印行的版本，再就是解放區印的《一個女人翻身的故事》《紅旗呼啦啦飄》《李勇大擺地雷陣》等，在我們看來確是呈現了「新的人物，新的世界」，只在一本多人合集裏看到丁玲的短篇《我在霞村的時候》。我想，丁玲終於到了抗日根據地了。在這以前，我讀過沈從文寫的《記丁玲》，說他們早年的友誼，說胡也頻被捕後，他作文呼籲並營救，最後丁玲也被捕了……當時從這本書裏看到了丁玲投身革命後的艱難處境，也看到了沈從文這個湘西「鄉下人」對友誼的忠信。後來陸續看到訪問延安的人士們寫的花花絮絮，有一則說，著名女作家丁玲在一次延安招待賓客的茶話會上，把面前一份點心留下來，會後帶回給家裏的孩子。從這裏看到延安在封鎖下物質生活的匱乏，也看到丁玲不僅有戰士剛性的一面，還有來自天倫的母愛之情，讓人感動。

在《太陽照在桑乾河上》裏，我讀到流暢的敘述，還有在解放區作品裏久已不見的較細緻的筆觸，然而，以我已經改換了的口味來要求，就感到雖然寫的是鄉土的故事，土改的鬥爭，但作者的敘述語言還是「知識分子」的，不像趙樹理小說，一開口就透着泥土氣。其區別有如散文體的自由詩跟民歌或準民歌式的詩作的差別。我想，把丁玲的小說唸給一般農村大爺大娘聽，效果肯定不如《小二黑結婚》《李有才板話》，這大概就是能不能切實做到群眾「喜聞樂見」的問題。我甚至覺得這對我是個很重要的提醒：看來，在沒有真正熟悉群眾語言之前，寧可寫詩，也不要寫散文小說，字裏行間那弱點是掩藏不住的。

在這裏，我說的是我的真實思想，就是後來林彪所強調的

「活思想」，並無意於挑剔丁玲的長篇，她在那裏是嘔心瀝血，傾盡了她對土地、對農民、對土改鬥爭和對她塑造的人物形象（比如黑妮）的熱愛的。

不能說我在一九四九年後長時期多寫新詩少寫散文，全是因為這一讀後感的緣故，即使就我關於文學語言的感受來說，以上云云也是過於粗淺的體會。只因說到我夾着一本書逃離運動會，順便說起罷了。

我是在當時還大體保留的正定老城牆附近，找了僻靜的一角，來讀丁玲這本書。借書的動機，最初是想多了解一下解放區的農村、農民和土改；果然還能吸引人讀下去。讀着讀着五月的太陽曬人了，就躲陰涼，小風吹來，望一眼莊稼地在乾旱時節開始秀穗的麥苗，還是有一種無以言傳的欣慰：「有風自南，翼彼新苗」，「平疇交遠風，良苗亦懷新」啊！

過了點，感到餓了，進一家小店，要兩個沖雞蛋喝。看他們從灶上提起滾開的大壺，猛沖下去，原來攪拌勻了的蛋清立刻從液體變固體，熱騰騰的燙嘴。在家裏時，沖雞蛋是我自己能做的簡易吃食，我向來沖雞蛋，頭一道工序跟他們一樣，但沖用的水不是直接從灶上來的，甚至是熱水瓶裏的陳水，沖過後，蛋清不會膨脹，依然是一碗「雞蛋湯」。差了火候。大概因為我沒人點撥吧。現在經過直觀教學，一邊咬着像煮荷包蛋那樣有咬勁的蛋清，一邊想，僅僅是一個滾開的水和落開的水之差，就看出我不但缺少生產知識，而且連日常的生活知識也貧乏得很，實踐少，動手少，這不正是所謂「肩不能挑，手不能提」，「四體不勤，五穀不分」的又一小小證明麼？

經過華大的短期訓練，我（們）就會這樣隨時隨地反省着自己，深化着對自己「小資產階級性」、「知識分子性」的不滿，強化着向工農折腰，「改造思想」的決心。

這樣的思維方式，跟後來歷次政治運動中，按照孔孟「反求

諸己」的修身之道，挖思想根源，寫檢討材料、思想自傳，是一脈相承的；跟十年浩劫中成為重要思想政治工作方式的，對「毛主席著作」（毛澤東思想）「活學活用」的「講用」，也是前後呼應、互為表裏的。

捷報頻傳下，我們進入枕戈待旦狀態

班裏的工作，青野找了李公綽、楊稚新和我三個人當助手。李公綽是東北大學的地下黨員，比我大幾歲，政治上成熟多了，當然不僅是年長的緣故，他經過更多的歷練。許多年後讀滙文中學地下黨員們的回憶錄，其中有人要去東北，就通過李公綽接轉了關係，可見他的活動範圍已經超出東大。楊稚新大我兩三歲，高高個子，河北農村出身，跟我一樣原屬黨的「外圍」。我們成了青野的依靠對象，自然努力完成任務。那時校黨委還不準備在各個班裏發展黨組織，而適齡青年要求入團的很多，我和楊稚新重點做團的工作。校團委認為部分積極分子可以吸收入團，還有條件尚不成熟的，另行成立一個「革命青年聯盟」，歸團支部領導，這樣可以把青年同志分批接納到組織中來。這個任務主要由我承擔。

中共領導的革命隊伍，多年形成一個語言體系，「幹群關係」是指幹部和群眾的關係，一切黨政幹部以外的人都叫「群眾」，所以幹群關係實際上就是「官民關係」。「黨群關係」是指黨組織、黨員和非黨員的關係，非黨員統稱「群眾」。在「幹群關係」中，幹部是主導的成份，無形中就有了上下之分，領導與被領導之分；在黨群關係中，「黨是領導一切的」，那麼，每一個黨員雖說並不能就說是任何一個群眾的「領導」，但因黨一再教導自己的黨員和幹部，要在群眾中起「模範作用」「帶頭作用」，實際上是領導作用，更「不要混同於老百姓」，那麼不言

而喻，黨員(甚至包括團員)是異於亦即高於一般群眾的存在，這自然助長了他們公開的或潛在的政治優越感。「幹群關係」和「黨群關係」的交叉，又使「群眾」比「幹」和「群」都矮了一截。而從群眾方面看，一方面，在革命上升期，領導黨具有較好的政治信譽和向心的感召力，一個群眾入黨了，自發地產生榮譽感，叫作「光榮地加入了共產黨」，入黨者自己這樣看，別人也這樣看；另一方面，作為執政黨，享有分配和支配公權力，決定人們社會政治以至經濟地位之權，因此對不同的人們就有不同的吸引力。

而黨需要不斷擴大並鞏固自己的政治基礎和組織基礎，這是「黨(的)建(設)」的重要一環。在革命形勢大發展的時期，發展新黨員既要積極又要慎重(所以有過暫停發展組織的時段)。於是，各級組織都要啟發群眾的「組織覺悟」，培養積極分子，成熟一個發展一個地吸收他們入黨。

上黨課，是除了個別談話以外，最重要的培養積極分子的途徑。黨課總要講，為什麼要建立共產黨，列寧為什麼說「給我一個支點，就可以掀翻整個世界」，那就是組織的力量。當然，列、斯、毛更強調了黨的組織必須以鋼鐵般的紀律武裝起來。

《毛澤東選集》中有一篇題為《組織起來》的文章，不是講建黨，而是講農民的合作化、組織化的，後來他在關於農業合作化的多次講話裏，都說了一個道理，就是：必須把分散的小農，一家一戶組織成隊成社，就如把分散的一根根頭髮編成辮子，小辮子編成大辮子，細辮子編成粗辮子，這樣就好抓了。——從國家、社會管理、治理的角度，就要這樣「抓辮子」！

在已經有黨的基幹隊伍掌握了各級黨政大權，從中央到基層的領導權都已掌握在「我們」——「可靠的馬列主義者」手裏的體制之下，積極穩妥地發展新黨員(相應地建立和發展青年團)，經過思想改造和組織紀律，培養為忠實肯幹的「馴服工具」，使

黨組織成為社會多方面多層級的核心，把組織起來的全民像編成的辮子似的抓在手裏，就成為一支統一意志、統一號令、統一行動的得心應手而無往不勝的力量了！

在一九四九年那時的我，和跟我一起工作的年輕夥伴，當然沒想得這麼多，只是一心按照校黨委、校團委的佈置積極照辦就是了。發展新團員，建立「革命青年聯盟」的工作，都得到同學們的熱誠合作，進行得十分順利。沒有抵制，沒有干擾，甚至沒有說風涼話的譏議。想到幾十年後黨的政治工作者面臨的困難——主要是講的話沒人聽，沒人信，不抱功利目的而甘心情願來合作的人很少，不能不慶幸我們當時得天獨厚的「天時，地利，人和」，說穿了，那時黨的政治資本相當雄厚，諸多的美好諾言雖還沒有一一兌現，但絕大多數人想也不會想日後會遭遇信用破產的意外！[*]

這是後話，暫且不提。

歷史上的「紅五月」，要麼是沾滿血漬的「國恥日」，袁世凱簽署「二十一條」，日本在濟南殺害我蔡公時公使，以及「五卅慘案」；要麼是青年學生、工人、商家的罷課、罷工、罷市，遊行、抗議、示威，也要流血……而一九四九年的「紅五月」，則是在共產黨的軍隊渡江佔領南京以後，旋又佔領武漢、九江、南昌、以至與我有關的杭州、紹興，看來上海指日可下。

伴隨「軍隊向前進，生產長一寸」，我們——首先是我自感難以抑制的激情鼓蕩，熱血沸騰，好像隨時準備一聲號令就向南方進發，套用成語是「枕戈待旦」，說白了就是心浮氣躁，哪裏還坐得住？

---

[*] 請容許我舉一個七十–八十年代之交所謂「三信危機」的極端例子：一個男子在公車上由於擁擠，被人罵了一句「流氓」，他反唇相稽：「我一不偷，二不搶，三沒加入共產黨，哪點是流氓了！？」這是實事，不是近年流行的「段子」。一篙打翻一船人，自是偏頗無疑。但以憂國憂民憂黨之心處之，應該留心傾聽和思考，而不必急於駁斥和追究。

這時大課已經減少，進入了按時下說法是「社會實踐」的課程。大隊前往石家莊，該是讓我們別把眼光局限在農村裏，到較早攻克的一個有着工業的城市，並且接觸生產第一線的工人階級。我們今後隨軍南下，主要恐怕將是城市工作了。

石家莊市當時的市長是柯慶施。他是在一九四七年十一月那裏剛解放時的首任市長。他的中共黨齡頗長，大約二十年代初被派往蘇俄學習，一次什麼大會上，見到過列寧。這在中國黨內曾是稀有的機遇。二三十年代在上海活動時期，曾與瞿秋白一起來往滬寧之間。據說他在北方局工作中跟北方局書記劉少奇有些「過結」。後來延安整風審幹，他的妻子被迫投井自盡。當時在毛澤東領導下主持整風運動「總學委」的是康生和彭真。一九四七年讓他來主持石家莊這個新解放的重要城市的工作，也許有補償之意吧。一九五○年他又奉命從石家莊南下，先繼劉伯承之後任南京市長，接着繼陳毅之後任上海市長，饒漱石落馬，這個一度被毛澤東、周恩來、劉少奇在一九五○年致華東局電報中指為「政治上不成熟」的柯慶施，幾年之間，竟又成為中共中央華東局和上海市委的一把手，並成其「毛主席的好學生」的令名，紅極一時。一九五八年初，他拾起國民黨人中拍蔣介石馬屁的餘唾，把他們口中的蔣委員長換成他口中的毛主席，鼓吹「相信毛主席要到迷信的程度，服從毛主席要到盲從的程度」。這個好學生，據說一九五八年初差一步就要頂替周恩來作國務院總理了，只因中央政治局其他常委向毛澤東聯名挽留周總理，毛不能不考慮頂級「官意」，才沒騰出國務院那頭把交椅來。後來就是柯在一九六三年緊跟毛澤東關於文藝批示的意圖，比毛批評當時文藝舞台盡是帝王將相、才子佳人更進兩步，提出文藝要「大寫十三年」——即一九四九至一九六三，連共產黨領導的前二十八年都抹掉了。沒過幾年，柯慶施病死，他在上海開創的「革革命」的事業和遺志，遂由張春橋繼承。

說起石家莊，不由得提到柯慶施，因為這是柯某延安整風以後「再出發」的「龍興之地」，隨後步步高升。可能他在管理新解放的城市，恢復和發展生產、支援前線中，有着逐步「成熟」的表現吧。共產黨的幹部中不乏德才兼備之士，但也有不少德不濟才的幹練人物。

每個城市都有一本歷史，和有功過可記的歷史人物。這是比經濟發展數字更值得研究的城市文化和負文化的體現。

不過，我們在石家莊只停留了短短的一半天，就轉往藁城縣去參觀那裏有名的「地道戰」的地道。

在藁城，班主任李青野和李公綽、楊稚新，還有我，都沒去參觀地道。不是不想看看抗日軍民創造性的新戰術，而是因為要趕着為全班的學員手寫複製檔案。這顯然是校部的統一佈置，準備分配工作時隨着人走的。我這時已經跟兩個月前的懵懵懂懂不同，深知這份隨人走的檔案，不止是身份的證明，而且，它關係着一個人的政治生命，一個人的歷史和未來，它是一個人的靈魂之所寄啊！我和李、楊，都全神貫注地謄寫，力求準確無誤。

後來（又是後來），經過多次政治運動以後，聽說在檔案上有種種坑人害人的手腳，有些人利用職權，挾嫌報復，採取捏造、篡改和夾帶的伎倆，在別人檔案裏做文章，竟能置人於家破人亡的死地。由此可見，凡是暗箱操作，在群眾監督視野之外的，都有可能遲早成為上下其手的角落，甚至是罪惡的淵藪。

即使沒有壞人利用檔案搗鬼，人們也怕個人的材料「進檔案」。一點小事（多半是負面的）裝進「袋子」（檔案袋），實與不實，都會壓你一輩子。以致文革後，胡耀邦動員人們開口時，於「不抓辮子，不戴帽子，不打棍子」的「三不」之外，還加上一個「不裝袋子」的保證。關鍵出在組織人事工作中私人檔案的保密性，神秘性，「不與本人見面性」。這牽涉整個機制問題，不是一個孤立的現象。

天日可鑒，我們三個人當時只是按既定規矩如實地謄寫，絕沒有在其中添加任何一筆私貨。

這是在藁城縣的鄉下。回到校園，仍是白天忙得團團轉，晚上開罷大會小會，往大通鋪上放倒，呼呼一睡到起床號響。在正定五十天裏，只有一次半夜被一聲淒厲的絕叫驚醒，再聽，一切歸於沉寂。第二天聽說，政府半夜將留守教堂的一位法國籍神職人員捉走了，罪名應當與前年河北獻縣逮捕驅逐出境的外國神甫類似，是「披着宗教外衣從事反對我革命政權的活動」吧。這件事作為我正定那些日子裏一個小小的記憶碎片，再無相關的下文。

除了這一次，可以說我是夜夜睡死過去，後來有一天早晨在起床號聲中坐起，發現胸前被自己的指爪抓破流血了。原來已經不是一天兩天，胸前瘙癢，就在睡夢中抓撓，醒來若無其事，好久沒洗澡，也就沒注意，這回見血，不是癢而是疼了。原來我長了蝨子，蝨子作祟。生平頭一回跟蝨子打交道。別人沒把這當回事，可見視若平常，一驚一乍反倒不好。據說抗戰初期轟紺弩從延安出來，發表一篇散記，提到延安有蝨子，還惹得延安有些人不滿，說他暴露延安的陰暗面！

我親見親歷了這個以蝨子為代表的陰暗面，卻一點也沒動搖我對華大以至整個共產黨的信心，對廣大老解放區的光明面仍滿懷欣賞地充分肯定，從而也肯定了我現在是站在正確的立場，抱有正確的觀點，思想方法也正確對頭了。雖然我不喜歡把蝨子稱為「革命蟲」的阿Q式自嘲，但我也不認為對轟紺弩文字的不滿就來自無產階級博大的胸懷。潛意識裏這種沒成形的傾向，可能就埋下我幾年後對官僚主義等「陰暗面」寫雜文和諷刺詩「干預生活」的闖禍的禍根。

某一天，通知我上校部，原來是北平的新華廣播電台來人，

三十多歲，戴眼鏡，文質彬彬，自我介紹名叫柳蔭，非常和藹地說，他看了我的入學登記表，對我有了大概的了解。他知道我喜歡寫作。廣播電台進城以後，需要加強編輯力量，問我願不願意到電台去做新聞工作。我本來一直抱着服從革命工作需要的志願，對做什麼工作並沒有具體的設想，而幾年來寫作、投稿，跟我從小愛讀報紙雜誌有關，電台的新聞工作，也是文字工作，有什麼不願意的？我做了肯定的回答。柳蔭很高興，說他還準備找幾個同學談談，我的去向就這樣定了。柳蔭說很快下調令來，我們在北平再見！

我回到班裏，一方面為自己即將走上革命工作崗位而欣喜，一方面又對青野和同學們有些依依不捨。

我先找青野，告訴他這次談話。他好像料定會有這樣的事，也是，鐵打的營盤流水的兵，他還將繼續迎送一批又一批新學員呢。他好像早有準備的從容取出一本書來，封面四邊磨損不齊了，書脊用線重訂過：劉少奇著的《關於修改黨章的報告》。不知多少人翻過、讀過。翻開來是灰黃色的粗紙，新華書店印的。青野在扉頁上，用紫墨水鄭重寫下：「邵燕祥同志：努力學習，為實現共產主義的偉大理想而奮鬥！李青野」這是他，一位革命的兄長所能給我的最好的贈言，他相信我會像他一樣，成長為忠於黨、忠於革命的共產主義戰士。我相信，這是青野同志的由衷的祝願，這本書也是他所珍藏，而現在交到我手中的最好的禮物。

這本書(後來再版時改名《論黨》)，是一九四五年黨的「七大」會上，毛澤東作了《論聯合政府》的政治報告後，劉少奇作的報告，與他早年的《論共產黨員的修養》齊名。青野贈書所傳遞的心曲，就是希望我早日成為共產黨員。

很快，班裏就傳開了。

頭一個向我表示祝賀的是曹文冰，曹大姐比我整整大一輪，那年二十八歲。我們談過心。她是遼寧莊河縣人。她丈夫原任國

民黨警官，跑臺灣去了。她留在大陸，原來在北平法院當錄事（即文書），她決心參加革命，重新開始新的生活，申請離職，投考華大，做好了隨軍南下的準備。不能一道南下，但她仍然為我回到北平參加黨的宣傳工作而高興。她讓我給她在紀念冊上題詞，我寫上了充滿革命樂觀的短句。沒想到，一九九〇年代她從撫順來北京我們見面時，她還保存着這首由「太陽…天空…土地…人民…」這些意象連綴成的，今天看來有點空洞的小詩。

也是她，在南下不久後，寫信告訴我，我們班的徐先修在打海南島的時候犧牲了。沒有更詳細的敘述，但我記得這個徐先修，人高馬大，寬寬的胸脯，運動員似的，怎麼能跟死亡聯想到一塊呢。在班裏，他不是黨團員，但是支持班裏的工作，對我這個「小兄弟」，也滿懷着友好和善意。怎麼這麼快、這麼早就沒了呢！

我走後，班裏大多數同學都沿平漢路南下了。大概只有李公綽、楊稚新和薛瑞祥、張庸四人調進北平。李、楊我後面還要說到，而薛、張卻一直沒有聯繫。薛瑞祥這個打籃球的好手，聽說分到北平市政府，是西長安街電台的東隔壁，竟連一面也沒碰上過。

跟我有過書信往還的，除了曹文冰，還有參軍的黃宗憲，他幾年後已調遼寧軍區，這樣的通訊，一直到一九五七年我成為異類才停止，但願他當年不曾因跟我通信而受牽連。不過也難說，雲南一個中學生小朋友，名叫楊振奇，他祖父是辛亥革命時的同盟會員，統戰對象，他沒因之受什麼影響，卻因跟我通信談詩，反右時受到審查，並且沒能上大學，此後二十年在一個公車場子當辦事員。他寫詩很有潛力，過早地淹蹇了。我這個右派真是罪孽深重。他對周圍的人提過我，被揭發了；誰知道黃宗憲身邊有沒有人知道他跟我有聯繫？唉！

一九五四年我到撫順採訪，在一條街上邂逅了祖瑞麒，他年紀較大，在校時就不愛說話，異地相逢，他還是不多言不多語，

只知他是轉業安置在這裏，沒有留下地址就別過了。

同一年去長春採訪「一汽」（第一汽車製造廠）建廠工程，在省電台遇見了另一位較年長的大姐袁載，她也是復員轉業的，說她妹妹袁小宛轉業到新華社某個分社，工作很積極。

從袁小宛，我問起班裏一個叫石海琳的小女生，北平佑貞女中的，一入學就看得出身體很弱，跟着大隊南下，後來到什麼地方了？袁載很遺憾地說，不知所終。

又向袁載問起班裏一位年紀最大的女同志，李璞，原是中央社記者，平常話很少，像她這樣的履歷，面對全新的政治局面，難免有些心事，從青野到李、楊和我，談起來都認為可以理解，也並不窮追着去了解她的思想動態。我們相信她多花些時間來觀察，會接受新社會、新政權，因為我們有信心比國民黨幹得好，得人心，只要不是懷有頑固偏見的人，應該對「我們」也逐漸有所理解的。

但袁載也說，不知所終。我問，那劉鳴鏑呢，那個戴深度近視鏡的老頭？她也不知道。我想她是因為一路聚聚散散習以為常，再加上不是幹部，對別人的下落也就不大留心……

這都是後話。一九四九年夏秋之間，忽然有一天，華大同班一個胖胖的小女生來電台找我，說同學們都走光了，最後分配她到張家口去報到。不用問，我想準是她不願意隨軍南下，怕越走離家越遠；最後給她分配了這個離家較近的地方。她家在北平，普通市民家庭，可能初中還沒畢業，兵荒馬亂，大人不放心她遠走，但好像也很難供她接着升學了。張家口比兩湖兩廣近了許多，但還是要離家呀！這個女生在班裏不算聰明懂事的，甚至有些遲鈍，善良但顯得懦弱。她叫全淑芳，她問我有什麼意見。我不能對她講大道理，只能從個人前途曉以利害。我說這次分配到張家口，對你已經是相當地照顧，而且可能是最後的決定，組織上不會再改變，不會再遷就你了。我建議你還是服從分配，把組

織當成家一樣，到張家口，不是照樣有組織、有同志來指引你、照顧你嗎？你不走，在北平住閑，沒有工作，家裏也不能養你一輩子啊！你比班裏大哥哥大姐姐小，但也不是小孩子了，勇敢點，堅強點，過兩年也就是個像樣的戰士了。回家跟父母就這樣說，讓他們放心，到張家口報到以後，立馬寫信告訴他們。……我就這樣把全淑芳勸走了，也不知她聽沒聽我的勸，後來偶爾想起來，我當時好像也只能做到這裏，說到這裏。現在她也八十上下了，祝她好運！

時序走到了八十年代後期，居然又有一位華大女同學找到了我，讓我給她寫一個證明，證明她是在一九四九年的十月一日前參加華大，也就是參加革命的。我說那還用說嗎：咱們都是一九四九年三月十六日在北平的華大校本部報到，同年四月八日出發、十日到達正定華大老校址。一九四九年十月一日，咱們的一區隊早就走光了。我的證明要是不管用，還有李青野在北京市委黨校呢，他是班主任，更權威！這位女同學叫姜玉華，我有印象，東北來的中學生，小個子，壯壯的，挺活潑。原來她的檔案被不知什麼時候不知哪支部隊給弄丟了，到退休時，今天的人事幹部按她的年紀推算，「十・一」以前似乎年紀太小了，就以「十・一」以後入伍論。一九四九年「十・一」正是劃分離休和退休的分水嶺，這樣一來，她就享受不到離休的待遇了。她的老伴早年打海南島時，帶的部隊是登陸第一船，此刻又是北京集郵協會的骨幹和活躍分子，他有廣泛的愛好，可能在五機部的「神劍文學會」聽人說起邵某（我應邀到那裏參加過活動），於是姜玉華一下就找到了我，拿到證明，把問題不費事地解決了。

我曾經在離開華大時抄了一份全班的名單，但此後幾經遷徙，找不到了。那同時還注明了所在小組成員的名字，因為臨走時是他們給我做了鑒定，並且一個一個簽下自己的名字表示負責的。——不知道從什麼時候起，這類鑒定就只蓋某級機構的公

　　　　　　　　　　一九四九·北平故人

章，不再附最原始的參與者的簽名了。最近常聽人說「規矩、規矩」，其實規矩有好有壞，不能一概而論，怕的是好規矩弄沒了，走樣了，壞規矩留下來，發揚光大了。

好像高爾基說過這樣的話，理智傾向未來，而感情傾向過去，他講的多半是大事，我借來說我在回憶往事時，經常不由自主地集中到三個階段，一是學前和小學時候，一是上中學大學迷上革命的時候，再就是一九四九年在華大的兩個多月，任取一個片斷，都帶着親情或友誼——無論這種友誼是叫「總角之交」「同窗之誼」或強調政治叫「階級友愛」，總之是彼此都懷着友好和善意，關鍵是那時候還沒有互相咬嚙的內鬥。儘管比如在華大的學習生活方式裏，由於多是年輕人，急不擇言，初試「批評與自我批評」，肯定會有誤傷同伴的事，但那時大家一心想的是互相幫助，共同「進步」，而且上級的安排中沒有抓辮子進行「組織處理」的事，也就不會落下睚眥之怨。

因此，什麼時候回想起那時的人事來，仍然感到溫暖。

想起在校園裏，每人攜帶一個馬札，整隊去聽露天的大課，綠樹陰下，遠處傳來一聲聲斑鳩的咕咕叫，近處人人緊張地用筆記錄，怕遺漏下教員的每一句話。六十多年過去，當時聽講的內容，早忘得一乾二淨（但不排除有些滲透到血液中，值得反芻和回味，重新選擇去取），我承認，只有區隊長李新講的「領袖腦殼論」，的確也烙印在我的腦殼裏了。這一論，是他對國民黨有人吹捧「什麼黨國大計，都在蔣委員長腦殼裏」的概括。有什麼放之四海而皆準的真理，那就是「領袖腦殼論」對皇權專制主義的揭露和駁斥，包括前皇權和後皇權時期在內，一切以專制和獨裁為標誌的極權主義，都要鼓吹炫示「領袖腦殼」的天縱英明，永遠正確，以愚弄人民，奴役人民，概莫能外。我至今不知道李新此論的提出，是個人創見，還是另有淵源，重要的是這一範疇對我們具有的啟蒙意義。我離開華大以後，聽說華大的幹部和教

員多半轉入後來組建的中國人民大學，最晚在七十年代後期，李新就到了中國社科院近代史所，主持《中華民國史》的大工程，這是一個不好啃的酸果。但終於在他百年之前，付梓問世。他去世後，又見陳鐵健為他整理的口述回憶錄。我想，這個在中國史學界不顯山、不露水，絕不張揚的學者，終會逐步為讀者所了解。他的書我遠沒有好好讀，但他近七十年前講到「領袖腦殼論」時那詼諧風趣的口吻，高屋建瓴的姿態，對我仍是常溫常新的。

六月一日開始了三十個年頭的廣播緣

臨近五月底，我跟另外六個華大同學從石家莊上火車。離校前與大家告別，沒有「離情別緒」那些「小資產階級的調調」。大概我們誰也沒想到，此處一為別，也許終生不相見，甚至很快大家就互相忘記，連姓名都想不起來。根本沒有往那兒想。都太年輕了。

這回是正常的硬席車廂，而且直接從石家莊發往北平。一路還跟來時差不多的河北鄉村景色，每過一個村子，總看見土牆邊角上，保留着藍白二色相間的大字：仁丹！很扎眼。仁丹是日本藥我早就知道，廣告做到鄉下，如此普及，據説是為日本軍隊指路的標誌，有標誌處即可通行。真是可怕的處心積慮，蓄謀已久！這些侵略者的殘留，六十年代還能見到，與後來的大躍進標語共存。往後卻沒適當地有選擇地保留幾處，可惜了，不知道有關部門論證過沒有。

在前門東站下車，就到打磨廠路北一家旅店住下，進門一看，乾乾淨淨的院子，四面一圈二層樓，我們安頓在北面二樓。沒見住什麼旅客，原來變成中共中央組織部的招待所了，中組部的招待所不止這一處，最有名的是東華門大街的翠明莊。

通知我們不要隨意外出，就地等候，接收單位會來找我們，

如果到時我們不在，就會誤事。於是我們鬆了一口氣，像在華大過禮拜似的，端着臉盆到樓下接水洗衣裳。

　　同行除我還有七人，已經在車上作了自我介紹，以後多數成為大半生的同事。其中一對夫婦，男的楊龍飛，近三十歲，很外場，一看就在社會上闖蕩過的樣子，一問果然編過報，他愛人余大陶是賢妻良母型，文靜，但也開朗。在原先，被叫作舊社會的時候，已婚夫婦之間從不用「愛人」這個稱呼。進華大後，聽說國統區的民主人士們來到正定，甚至會見吳老——吳玉章的時候，乍一聽這位是誰誰的愛人，那位的愛人是誰，全都很驚異，不好答話：怎麼這些老同志還在戀愛哪？我們果然也是逐漸習慣了這樣的稱呼。

　　除了楊、余這一對，還有一位老大姐，不愛說話，叫佘希明，北京大學中文系畢業，一問，竟是我的恩師仇煥香的同班，我當時還不知道她是仇先生結拜兄弟「朋友圈」裏的人，一時也不好問她的婚姻狀況。其餘我們這些男的都還沒結婚，依年齡為序，孫庶玉居長，也戴眼鏡，近視不淺，在國軍裏當過幾天文書，其實學究氣十足，後來一頭鑽進資料工作，一輩子默默奉獻，我們多年住在相鄰的社區，快九十歲他才不出來買菜了。婁才傑，一口四川話的老夫子，幾乎不像朝陽學院的學生，倒像教授或講師。江瀛華，也是大學生，說話細聲細氣。盧居帶着冀東的口音，侃侃而談。最後是我。

　　儘管大家個性不同，各如其面，一次看大家簽名，有的一筆一畫，有的一揮而就，我發現有個共同點，字都寫得滿好。許多年後，柳蔭告訴我，在華大看學員檔案選人時，他想：既是選編輯，總要有文化，字寫得蟲兒爬似的文化必定高不了，這樣他就挑入學登記表上字跡工整熟練的，從中篩出我們這些人來個別談話，證明他這個捷徑有效。說的時候挺得意。

　　我們在招待所「候場」的時候，見到另外一位來北平報到的

人，是個姓吳的女同志，二十左右，白白淨淨的，整潔利落，來我們房間串門，脫鞋便在床上盤腿坐下，我猜她像是老區中學出身，以至幹過基層群眾工作，很大方，爽快，健談，她問了我們的去向，大概認為可以信任，便告訴我們，她是機要局調來的。我想，機要部門選拔的人員，必定是出身好的，政治上強的，聰明能幹的，別的不說，如果學收發報，是該能把密電碼倒背如流的呀。對她不能不另眼相看。但我們受到過初步的保密訓練，知道不該說的不說，不該問的不問，涉及機要部門，也只好光聽她說了。匆匆一見，記得誰在剛見面時問過她貴姓，她姓吳，叫什麼名字記不起了，但她說她準備改名叫「吳穹」，我卻記住了。這個新名字，既與「無窮」諧音，又讓人想像蔚藍的天穹，有曠遠幽邈之致，夠「小資味兒」的了。機要局人事部門能批准她改名嗎？這位陌生的青年女同志，跟我們「萍水相逢（又萍水樣錯過）」，感謝她對我們的信任，說了這些話。不知她後來是不是一直在機要部門工作到老。論年齡也早該離休了，把她擬改的名字公開，或許不算洩露個人信息，造成什麼不良影響了吧。願她平安快樂！

一九四九年六月一日，我們一行八人到西長安街三號廣播電台報到。是中央廣播事業管理處的幹部科長陳競寰和總編室秘書白金把我們接去的。

這是個老宅院，盡後頭有座民國期間修建的兩層別致小洋樓，從陽面看並不大，進門後，沿着走廊環繞一圈，中間繞出兩個小天井，天井裏的喬木高出房檐。抗戰前張學良的中央軍委北平分會在此，淪陷後日偽的廣播電台，勝利後國民黨官辦電台先後設在這裏，一九四九年二月二日，由陝北新華廣播電台派員接管，並由齊越開始播音，使用北平新華廣播電台呼號。進城不久，播出過齊越尋找失散的妻子的啟事，果然很快找到了，可見當時廣大聽眾都在注意傾聽這個新電台的聲音。

我被分配到以左熒為科長的資料編輯科，左熒是我的第一個上級。已經給我擺了一張辦公桌，上有一應文具，比我在家裏的書桌正規多了。左熒帶着河南口音向我一一介紹了科裏的同事，坐在他對面的是副科長胡懋德，廣東人，小個子，金邊眼鏡後的眼睛透着精明，後來我才知道他曾在大後方的《民主》週刊當過編輯；還有坐對面桌的兩位老大姐，黃芍和高虹，我的對面坐的是比較年輕的劉朝蘭，都是解放區來的老同志，後者如她八十年代寫的劇本題名，還是「喝延河水長大的」。進入這樣一個環境，我想我一定會從大家身上得到政治上和業務上的教益，只要我虛心向她們學習就是了。

多年後聽説南京「和平解放」的前前後後

在打磨廠住招待所，離家很近，但我聽招呼，守規矩，沒有回家，簡直有點「匈奴未滅，何以家為」的意味。上過兩天班，到星期日，我走出安定門內麻花胡同宿舍，從廠橋乘有軌電車，繞了半環，到東單下車回家。父母見我，有點意外，自然很高興。父親仍在「總醫院」（原屬國軍聯勤總部，叫北平總醫院，現被接管，不知叫什麼，多年後先後改為解放軍華北軍區—北京軍區總醫院），屬於原職原薪的留用技術人員。

我問起哥哥燕平的情況，説在中共南京地下黨領導下，參加了保護原《中央日報》設備資產等工作，現在成為《新華日報》的工作人員了。我心裏一塊石頭落了地。

北平以和平方式易手後，早在三月九日，就實現了華北與江南通郵。燕平好像是南京易手後，四五月間才寫家信來。他體念老人心理，基本上是書報平安，具體的事都略而不詳，也許是工作太忙的緣故吧。至於他在南京實施戒嚴後半年多的日子裏的經歷，我是後來從別人印發的材料看到片斷，問他核實的。

南京從一九四八年十一月就實施戒嚴了。燕平所在的政治大學醞釀遷臺可能更早些。很長一個時段，只知道在一九四八-四九年之交，燕平跟少數堅決反遷校、迎解放的同學留守校園。這時，《中央日報》遷臺出版，中共南京地下市委通過潛伏《中央日報》的秘密黨員李廉控制了《中央日報·南京版》。一九四九年一月，李廉經過考察，把燕平吸收到《中央日報·南京版》採訪部當記者，除新聞採訪外，並做了我們可以想像的一些必要的工作。解放軍進城後，地下黨主辦過渡性的《解放新聞》，燕平是主要成員之一。接着，軍管會正式接管，李廉把他帶領骨幹，並團結原有員工保護下來的全部設備、資產，完整地交給中共。地下黨創辦的《解放新聞》工作人員，跟來自解放區的各路新聞戰士匯聚一堂，就在這裏用原有的印刷機，印行了《新華日報》創刊號。

邵燕平參加《新華日報》工作後，正式改名叫邵平(當時他們打入《中央日報·南京版》的幾個同志都把雙字名簡化成了單字名)。他是讀新聞系的，幹的是本行業務。他在《新華日報》的頭一份工作是副刊編輯。

大約在九十年代，新華社離休老記者、《胡耀邦與平反冤假錯案》一書作者戴煌，在談天憶舊時發現邵燕平——邵平是我哥哥，便說邵平很好，他一進南京時，摸不着頭腦，邵平曾給他的採訪以幫助。

本世紀初邵平來京，特意去看望了老戴，後來他們還有書信來往。但誰都沒對我說，他們的傾蓋之交後面，有過多麼令人不快的往事。

最近披閱近代史所研究員唐寶林先生編著的《拒絕奴性·中共秘密南京市委書記陳修良傳》，其中縷述了一九七九年中共江蘇省委和南京市委聯名鄭重平反的陳修良和以她為首的秘密南京市委的冤案始末，同時還提到了一個插曲，是從戴煌說起的：

　　　　　　　　　　　　一九四九·北平故人

南京市委學委書記王明遠在渡江前就與國民黨《中央日報》社內部的共產黨員李廉等人研究好等南京一解放就出報，以儘早地把解放後的聲音告訴南京市民，並把這新生的報紙命名為《解放新聞》。四月二十六日，第一份包括新華社電訊、當地新聞的新型人民報紙《解放新聞》就呈現在南京市民面前。正在新華社江淮前線工作的戴煌(後曾任新華社高級記者)在四月二十六日來到這裏時，看見一群報販子從裏面拿出來的《解放新聞》，所登內容幾乎都是新華社的電訊和南京市民歡呼解放的新聞。他也曾懷疑國民黨機關在搞反革命「應變」，於是就向李廉等人問訊。李熱情地握着他的手說：「我叫李廉，奉我們南京市委的指示，與幾位革命的同志在這裏組織《中央日報》社願意投向光明的人，臨時出版《解放新聞》，宣傳我們的勝利，安定人心⋯⋯」戴即釋懷。當時戴煌手中有幾篇稿件，因沒有電台，南京的電報局還沒有與北平或其他新解放的城市恢復聯繫，所以發不出去，正在發愁，李廉就讓他在《解放新聞》上發表了。當戴趕到中山北路的兵團分社時，卻立即被總社和中宣部召回，給予嚴重處分。社長對他說：「你一進南京，就犯了嚴重的政治錯誤，立即終止你在南京的採訪及其他一切活動，並接受審查處理⋯⋯」後來才知道，戴煌犯的是「認敵為友」的大錯誤。中宣部與新華社所屬各分支機構，轉發了八兵團分社經三野總分社轉報總部的電報，說戴煌「與偽《中央日報》改頭換面的《解放新聞》發生了聯繫，認敵為友，嚴重喪失了革命立場」等等。一九五七年，組織上把戴打成「右派」時，還翻「南京事件」這個舊賬。

原來燕平參與了那年四月二十六、二十七、二十八、二十九共四期《解放新聞》的採編。他跟戴煌的相遇，應該就是在這四

天之內，而他當時幫助剛進城的隨軍記者戴煌採訪，自然也是受李廉的委派，並非個人行為。唐寶林的《陳修良傳》書中，對於造成戴煌一時小小冤屈（比起他後來長達二十一年導致破家入獄之難的冤案來，這件事相對小了），說是「這類南下幹部與南京幹部『大水冲了龍王廟，自家人不認自家人』的事例，在當時就時有所聞，其實，本來是一些很容易就可以搞清楚的問題，卻能流傳不息，且被放大歪曲，甚至成為十幾年，乃至幾十年的『歷史包袱』加在無辜者的身上」。

我這才懂得了戴煌跟我哥哥相遇的這個插曲，都不僅僅是個人的經歷，而是與南京地下黨那一段有爭議的歷史聯繫在一起的。

唐寶林在《陳修良傳》中揭開歷史帷幕的一角，說來話長，我試求長話短說地轉述一下。

中共秘密的南京市委，是一九四六年四月全面內戰即將爆發之際，由中共中央華中分局決定成立，派原華中分局城（市）工（作）部南京工作部部長陳修良任書記，潛入南京城內工作。陳修良為一九二七年由共青團轉黨的老黨員，一位忠誠堅韌的女戰士，她和精幹的秘密市委一班人，在上海局領導下，整合了被多次破壞的南京黨組織和當時的二百名黨員，在國統區政權的心臟開展鬥爭，在鬥爭中求發展，他們一九四七年發動的「五·二〇」反饑餓反內戰學潮，影響及於全國，曾被稱為「第二條戰線」。到一九四八年底，他們已積極又慎重地發展到兩千名地下黨員，分佈在百萬人口的南京多個社會層次，成為革命力量的酵母，在國共兩黨戰略大決戰中，發揮了無可替代的作用。

大決戰前夕，為全面配合軍事鬥爭的需要，南京市委把情報、策反和建立廣泛的統一戰線作為最重要任務。南京市委的策反工作由陳修良單線領導。一九四八年末到一九四九年春，上海局和南京市委聯手策劃了相繼發生的國民黨三軍起義：國民黨空軍B24轟炸機起義（四八年十二月十六日）；「重慶號」巡洋艦起

義(四九年二月二十六日)；首都警衛部隊九七師師長王晏清起義(三月二十四日)。打擊了敵人，振奮了民心。解放軍總前委因之撤銷了原定「攻佔浦口，炮擊南京」的方案，六朝古都得免於炮火的轟毀。

一九四九年四月二十一日，江陰要塞國民黨守軍官兵起義。南京政府京滬杭警備司令部總司令湯恩伯於二十二日下午匆匆決定南京守軍全線撤退，棄城而去。四月二十三日，國軍海防第二艦隊司令林遵率領艦隊千餘官兵與二十三條戰艦宣佈起義。從而最後徹底瓦解了南京城的江防。

與此同時，中共南京市委一方面指揮城內工人、學生、店員以及警察等有組織的力量，團結市民群眾一起，控制住無政府狀態，保護了人民生命財產和社會秩序；一方面更組織力量以機動船迎接解放軍渡江。四月二十三日，從清晨到中午，終於把打到了江北浦口一帶的解放軍三野八兵團第三十五軍全體人馬運過長江，浩浩蕩蕩進入南京城。

四月二十四日，陳修良前往暫駐中山路三十七號原「勵志社」的三十五軍軍部，在那裏，會見了解放軍三野八兵團司令員陳士榘、政委何克希，這標誌着南下部隊與地方黨組織的勝利會師。

最先進入南京城的陳士榘司令員多年後回憶說：「南京實際上是『和平解放』的，地下黨起了裏應外合的作用。」他高度評價南京市委和陳修良同志，說在軍警林立的國民黨政權心臟，居然能夠在陸海空三軍和警察部隊中都發展起、安插下中共地下黨員，甚至在(國民黨)保密局、國防部和美軍顧問團這樣極其重要的機構內，陳修良也都發展和安插進我們的同志。這不僅需要勇氣，更需要智謀！正是由於以陳修良為首的中共南京市委獲得大量絕密軍事情報，如《京滬杭沿線軍事部署圖》《京滬杭作戰方針及兵力部署》《長江北岸橋頭堡封港情況》《江寧要塞彈藥儲運數量表》等等，這些情報為我軍的渡江作戰提供了巨大而獨特

的幫助。沒有南京地下黨的富有開創性的卓有成效的工作，解放大軍注定將會遭遇很多麻煩，會增加大量的人員傷亡。這是非常實在的中肯之論。

而在南京實現了區別於北平方式的另一種「和平解放」的這個地下黨的南京市委及其書記陳修良，應該說是對南京易幟和古城保護功不可沒的，卻很快就遭到來自主要接管方上級單位權威方面的致命打擊。

撇開身居高位的主要當事人僅憑夾帶偏見的官兵反應，甚至捕風捉影的流言，不調查核實，就主觀武斷的作風不說，也撇開軍隊入城後，如劉伯承將軍所批評的軍紀鬆弛，居功自傲，驕橫腐化，引起地方黨的同志不滿不說，溯本追源，一句新解放區的安排要「以南下幹部為主」一錘定音的決策，不但助長了南下（部隊）幹部中的不健康傾向，及至它所形成的建國後黨政組織建設、幹部安排的格局，一直延續到八九十年代以至這個世紀。回顧歷史，延安時期所謂「就是讓你這沒文化的，去領導有文化的」，五十年代「反右派」所謂「就是要外行領導內行」，這是黨內反智主義的通俗口頭版，可以說淵源有自。由於城市的地下黨，其主要成份是青年學生、知識分子，文化知識以至理論水平普遍高於以農民成份為主的部隊幹部，像南京市委陳修良和她領導下的秘密黨員們，一旦「秀才遇見兵」，就碰到槍口上了。大局底定，原南京市委領導的地下黨，被責以「組織不純」「作風不純」，要以「聯共在每次大發展後就要清黨」為榜樣，進行整頓，直到次年初結束。其間，除已調離南京隨軍去西南等地工作的以外，留在南京參加整黨總數一千四百名原地方黨員，有四百六十六人受到處理，佔全體參加整黨的三分之一，其中又有二〇五名被開除黨籍，佔受處理人員的百分之四十四。據悉，已隨二野西征南下的知識分子幹部也不能倖免。但許多年後證明，原南京一九四九年的二千名黨員，沒有一個是混入黨內的「反

革命分子」。他們在「歡慶解放」後一年間開始體驗了對地下黨「降級安排，控制使用，就地消化，逐步淘汰」的政策精神。他們成為「南京經驗」的悲劇性主角，這一經驗後來陸續施之於從浙江到雲南沿海和邊遠省份的地下黨及其武裝，有些游擊隊竟被指為土匪，遭到取締監押。

原來以為南京解放之初部隊和地方黨的一些碰撞，是來自觀念的分歧。繼續追問下去，單是觀念的分歧不夠了。這類事情聞見多了，從後果找前因，則有深刻的政治根源。遠的不說，全國勝利前的一九四七年底，權威人士就已設想，「在中國革命取得徹底勝利的時期，要像蘇聯和南斯拉夫那樣，所有政黨，除中共以外，都應離開政治舞台，這樣做會大大鞏固中國革命」，「等到蔣介石及其反動集團一經打倒，我們的基本打擊方向，即應轉到使自由資產階級，首先是其中的右翼孤立起來」。這預告了後來所謂從中華人民共和國一成立，就進入向社會主義過渡時期，緊接着跳躍式地完成「社會主義改造」，消滅私有制，再接着反右派，將政權中的民主黨派人士，以及社會上數以千百萬計的知識分子劃為異類。這是全國範圍歷史倒退的大悲劇。

而「南京經驗」，只是在陳修良這位老資格的黨內知識分子，以及她領導下忠誠奮發地為黨工作的知識分子黨員們身上，「小試牛刀」而已。誰叫你們不自覺知識分子是屬於資產階級範疇，是與「工農兵」，與「無產階級」你死我活，勢不兩立的呢！這才是更大的悲劇。

從這一歷史的角度鳥瞰，一九四九年四月二十三日解放大軍入城，二十七日隨軍記者鄒健東「擺拍」了第一批入城的解放軍戰士登上「總統府」門樓，拔下「青天白日滿地紅」的中華民國國旗，插上代表中國共產黨和中國人民解放軍的紅旗的著名照片，在歷史大劇的後景上，這是個喜劇，還是鬧劇的鏡頭？

廖承志、李強、徐邁進……印象和傳説

走進西長安街路北三號大門，左右分兩股道，向左一個老式朱門，裏面是中共在電訊方面的元老之一王諍管轄的範圍，不久建國後正式成為國家郵電部。往右有一個不那麼排場的邊門，寬可進車，門前掛着白底黑字豎寫「北平新華廣播電臺」的匾額。過了門崗一直進去，右手是從南向北的東牆，隔壁為北平市領導機關的大院(先為軍管會後為市政府，是西長安街一號、二號吧)。沿着甬路走過舊式兩層小樓，便是正經的後院，屬於辦公區了。

新華廣播電台，是這個機關對外的稱號，這個機關的實體，也確實是每天代表中共發聲的三大宣傳單位之一(另兩個是中共中央機關報人民日報和新華通訊社)。而在這個後院裏駐有電台的上級機關，中央廣播事業管理處，作為黨內領導機關，不掛牌。入城伊始，共產黨的組織機構，以至黨員身份，都還處在保密狀態。就是説，當時中國共產黨在北平，除了代表黨出面的政治人物外，一般黨員還都是秘而不宣。直到十月一日「建國」後，這個情況才從整體上改變，只有特殊情況的黨員，才將他們的身份隱蔽起來，例如傅作義將軍身邊長期「潛伏」着一位姓名叫閻又文的機要秘書，就是中共秘密黨員，有電訊管道通往周恩來。他是在抗戰初期打進傅部，深受「宜生先生」信任。而這位「宜生先生」——國軍第十二戰區司令長官傅作義，在一九四六年秋，十月十一日攻佔戰略要地張家口之前，也許為表示先禮後兵吧，讓閻秘書代他起草一封致「潤之先生」的電文，借反對內戰來指責中共。閻在向自己的黨中央請示後，就代筆一封既符合傅的身份，又流露輕狂之氣的公開信，在九月二十日《奮鬥日報》上發表(南京《中央日報》次日轉載)，儼然平起平坐，分庭抗禮，甚至「口出不馴」。而共方摘要報導後，卻因其對自己領袖毛澤東顯示了不能允許的大不敬，而起了從反面激怒中共黨政

軍幹部和廣大士兵的效應，替中共作了一次成功的戰鬥動員。

閻又文，這位華北剿匪總司令身邊潛伏的「匪諜」，在一九四九年北平易幟以後，遵照中央指示，繼續保持灰色身份，不但前總司令至死也不知情(傅作義只知道女兒冬菊成了中共的「臥底」)，就是閻秘書的妻子兒女，直到他本人去世後多年，才因黨史部門有限度地公開檔案，知道他們的親人竟是這樣一個藏身敵營的神秘人物，一直忠於中國共產黨，一九四九年後跟着總司令成了並不那麼光彩的「起義人員」，不但享受不了「勝利者」的榮光，反而承受了與敗軍之將的追隨者相應的政治待遇和輿論壓力，看着全家在歷次運動中遭到歧視而仍一聲不響，忍辱負重到最後一息，這是真正心甘情願為黨做出的沉重犧牲啊！

本世紀初，我因一項版權官司委託一家有名的律師事務所代理訴訟，竟不知道這個律師所領銜的合夥人就是那位閻秘書之子，他本人當時也還不知道這一切，直到幾年之後，當事人和我們這些局外人差不多同時聽説這一系列長期掩蓋着的真相。後來見到這位獻身法治的敬業的律師，我竟因好像洞悉了別人的隱私而感到歉意。我相信他是一個極其冷靜的理智的人，但想到他面對父親和全家人的悲劇性命運，不可能不感到強烈的震盪，我沉默了，一時不知説什麼好。

可能因為中共是一個「革命黨」，長期在武裝鬥爭和秘密工作(也就是後來約定俗成説的地下工作，從而把秘密黨組織叫作地下黨)狀態，時時要防止破壞，加上領導機構的地址也往往是流動的，所以一般不掛牌。這種風習延續到進城以後，黨中央毛澤東駐節香山靜宜園時，香山的代號叫「勞大」，「勞動大學」之謂也。遷入中南海，只在新華門前掛一塊「為人民服務」的招牌，後來加上「偉大的中國共產黨萬歲」「戰無不勝的毛澤東思想萬歲」兩幅巨型標語，多少年來沒有像省市以下的黨委那樣，亮明「中國共產黨中央委員會」。要説向敵對勢力帝修反保密，

不讓他們找到目標以實施轟炸、爆破，但是他們不用實地踏訪就知道你們的所在呀！若説是怕老百姓上門告狀，擾亂工作秩序，不是不遠處已經設了接待來信來訪的站點，足可分流了嗎？再説，文革開始，有組織的「革命群眾」就圍着中南海組成「揪劉火線」（有的還喊着針對周恩來的口號），那不是明擺着嗎？後來影響最大的一次是「邪教」法輪功信眾在中南海西門靜坐請願求見，誰不知道中南海是什麼所在地呢？那末，不掛牌，諱莫如深，只能解釋為「不言而喻」，大家知道這裏是哪些人所在，是幹什麼的地方，就不必掛牌了，是這樣嗎？

但我親眼見過，莫斯科的蘇共中央委員會，在自己的大樓門口，並不姑隱其名，而掛了一塊小小的長方形銘牌，用印刷體寫得明明白白，哦，這不奇怪，他們那裏無書法藝術之可言。那麼，以金文甲骨篆隸行草特別是奉楷書為正字的書法傲世的中國，卻何以惜墨如金，不一揮毫，多留一件革命文物呢？

從我進了電台這個院落的門口，四個月後，因十月一日宣告中華人民共和國成立，中央人民政府組成，原屬中共中央的廣播事業管理處劃歸以周恩來為首的政務院，相應換了牌匾，叫作「中華人民共和國政務院廣播事業局」，電台的呼號也從「北平新華廣播電台」改為「中央人民廣播電台」。

我來報到時，機關一把手是廖承志。一開國就任命為政務院華僑事務委員會（簡稱僑委）主任了。其實他原來也不是光在這裏當他的「廣播事業管理處處長」，他是那年春天全國青年第一次代表大會的籌備工作主持者，隨後就任中華全國民主青年聯合會（簡稱青聯）[*]主席。在當時的中央委員裏，要論年輕，活潑有朝氣，能跟年輕人打成一片，他似乎該是首選。我看到他時約四十歲已略見發福，可一點不擺「首長」架子（我是到這裏才從解放

　　　　　　　　　　　　　　　一九四九‧北平故人

區來的勤務員嘴裏聽説「首長」一詞，是取代「長官」這一舊詞的）。在電台院裏，廖承志跟年輕的播音員們説説笑笑，他能用五個手指各頂着一顆水果，讓你想像不出他會在國民黨監獄中抽獄卒的耳光，表現出何等的剛正不屈，氣壯山河！他多才多藝，但也有才華橫溢——「滿則溢」的時候，當時一期《中國青年》封底刊發了他一大幅政治漫畫，是宋美齡倚門賣笑，勾引嫖客「美帝」的醜態。這一創作受到周恩來嚴厲批評，我們聽到傳達的不是批評的全文，其要點：把嚴肅的政治鬥爭庸俗化了，云云。從此，廖承志的漫畫遂告絕迹，他的繪畫天賦，只偶爾在太夫人何香凝工筆重彩的花卉翎毛國畫上加幾筆點染罷了。

廖承志另有高就了，他原來的副手們繼任了廣播事業局的領導，如果我記得不差的話，局長李強，副局長徐邁進，梅益（兼總編輯），另有副總編輯溫濟澤，以及主管行政事務（不久後成為秘書長）的李伍。

我因為是到中央台編輯部工作，跟局一級的領導沒有接觸，竟不記得李強是什麼時候走掉，去當了對外貿易部副部長、部長（在外貿部工作達三十九年）；徐邁進又是什麼時候走掉，去當了政務院文教辦公室副主任（主任是林楓），都是周恩來身邊的重要負責人。

但他們人走了，關於他們的履歷我還是略知一二。

李強可不是現在你一般聽説的部級幹部可比。他出身上海某大學，理工科的，據説卻是能玩槍的公子哥兒，公子哥兒在北京天津上海不稀罕，稀罕的是他屬於上海時期的中央「特科」，而且據説對大叛徒顧順章執行死刑的那一顆子彈，正是從李強的槍口射出的！[*] 我也很難想像，從這樣一位槍法如神的狙擊手，到

---

[*] 關於李強是處決中共叛徒顧順章的神槍手一説，是我初入廣播電台時所聞，後來迄未得到求證的機會。近年看到的揭秘材料，顧順章是後來被蔣介石下令處決的。然則李強可能是受周恩來委派到顧順章家執行任務，因而誤傳的。

操辦全國對外貿易經濟交流外匯調劑……中間該有十萬八千里，他只用十幾年的時間，是怎麼走過來的？我不懂經濟，且絕少這方面的興趣，但在報上看到李強部長有關的消息，還總是瀏覽一下。毛澤東死後，北京各機關團體都陸續從放鬆到取消了一些迷信陋規，那時李強已經恢復工作，但我聽說外貿部還保持着「早請示，晚彙報」的習慣。我不禁淒然，一位馳騁洋場如入無人之境的老革命、神槍手，如今是這樣規行矩步，戰戰兢兢，如臨深淵，如履薄冰！真是莫測高深。記得同在電台上班那幾個月裏，我沒聽過李強開口是說上海話還是國語，只見他總是戴着眼鏡，挾着皮包，一臉嚴肅地下車走向辦公室或走出辦公室走向停車處。在他晚年經歷了十年浩劫以後，儘管還是不動聲色，他心裏究竟想些什麼呢？

　　——上文寫就，查了一下，李強同志生於一九〇五，一九七七至七八年間已過古稀之年，想來主抓有關國計民生的外貿大事，至於機關內務，只能委諸他人了。

　　另一位走掉的領導徐邁進，也是戴着眼鏡，但圓臉，彷彿時

二〇一五年四月二十七日《文匯讀書週報》摘載《中國秘密戰》（郝在今著，金城出版社出版），其中說到周恩來一九二七年十一月在上海建立了中央特科，下面先後設立四科，一科總務，科長洪楊生；二科情報，科長陳賡；三科「紅隊」（打狗隊），隊長蔡飛、譚忠余；四科無線電台，負責籌建秘密無線電通信，負責人李強、陳壽昌。
一九二八年十月，周恩來指派李強自行裝配電台，一九二九年冬，李強在英租界裝配出電台設備，次年初，帶着電台潛入九龍，從香港溝通上海，實現了中共首次遠端無線電聯絡，中共的第一部無線電電台悄然誕生。隨後在上海為各地蘇區和紅軍部隊培訓無線電幹部。
在此之前，一九二七年五月至八月，周恩來在武漢出任中共中央軍事部長，同期組建軍委「特務工作科」，下設情報、保衛、特務、匪運四股。其中特務股負責懲辦叛徒、奸細，兼理中央交辦的特殊工作，負責人李強。這個特務股成員只有蔡飛等數人。在特務工作科存在的三個月中，這個行動組織曾經處死一名企圖接近蘇聯顧問團的英國間諜，刺傷蘇聯顧問團的內部奸細尤金皮克。
我未讀到《中國秘密戰》全書，不知是否涉及顧順章被處決，以及執行人是誰。姑存疑。（十，二二）

　　　　　　　　　　　　　　　　一九四九·北平故人

時帶着笑模樣，在電台時他常是跟愛人方瓊一起來去，方瓊聯繫廣泛，「群眾關係」挺好，一路上招呼不斷，我們對習稱的「邁進同志」也就更感親切了。

關於邁進，當時就聽說抗戰時期在武漢和重慶周恩來籌辦《新華日報》時，就是叫他負責管理工作包括解決印刷設備的。抗戰勝利後在南京，他也表現了出色的辦事才能。想必他是在白區工作中周恩來身邊一位得心應手的行政幹才。我所知僅限於此。

後來讓我痛感失之交臂的，是我從四九、五○年之交注意搜集革命者的獄中詩，卻不知道邁進年輕時就曾經坐牢，沒有向他採訪。我記得有一句囚徒之歌讓我一讀驚心：「鎖得住我們的身，鎖不了我們的心！」只得斷句，未獲全詩。直到五十年後，邁進已經去世，我才從溫濟澤的回憶文字中，發現這一警句就出在一九三○年杭州陸軍軍人監獄裏坐牢的徐建三筆下，而徐建三出獄後用名徐邁進！

這首《囚徒歌》詞曲皆邁進所作，共三節：

> 憑他怎樣地壓迫，熱血仍舊在沸騰！鐵窗和鐐銬，堅壁和重門，鎖得住我們的身，鎖不住我們的心！
>
> 死的雖然犧牲了，活的仍舊在鬥爭。黃飯和苦菜，蚊蠅和蚤虱，瘦得了我們的肉，瘦不了我們的骨！
>
> 失敗是成功之母，勝利在最後的最後。努力呀鍛煉，勇敢呀奮鬥，總有一天，那紅旗／跟着紅日插遍全球！

我沒能在邁進生前向他說，我曾從那「鎖得住我們的身，鎖不了我們的心」的斷句，猜測這首《囚徒歌》是某一位烈士的遺作。但在一九七九年後，他曾不止一次召我到他家，那時他剛出獄不久，已經傴僂其身，老態龍鍾，卻還意氣昂揚。他向我介紹一位女工姜文岩的詩作，原來姜的愛人，是文革中跟他同一牢房

的年輕的「現行反革命」，他們結下的友誼一直延續到平反之後。他一定從這位難友的身上看到了早年的自己。那時候我在《詩刊》工作，經手刊發了姜文岩悼念遇羅克的情思深長的長詩。

在徐邁進那代人裏，頗有一些職業革命家，在革命勝利當權後卻以革命為名，以整人為業；邁進少年許國，在革命勝利前也已是職業革命家了，他一生卻只是工作，坐牢，工作，坐牢，坐牢出來還是工作。我想，他在六十年代坐牢的日子裏，心中可也曾響起三十年前的《囚徒歌》？

再一個局一級的領導幹部李伍，在我印象裏是管機關內部行政事務的，為什麼說只是我的印象，因為實際上，至少在李強、徐邁進走後，他就是廣播局的大管家，「不管部」部長。包括黨委系統，人事保衛，即編輯和技術部門以外基本上全交給他了。

李伍跟我們很少在工作上打交道，但在院裏碰上，只要他好像閒遛躂的時候，都會跟你打個招呼，嘴角帶着不自覺的微嘲的笑意。我後來悟到，他有着豐富的社會經歷，好像什麼都經過見過，不錯，聽說他在川軍裏混過，怕不是一般的混，而是「臥底」吧？經常見報的一位名人柯柏年，曾是從上海「社聯」到陝北的學者，建國後當了駐外大使，就是李伍的親哥哥。我猜李伍是由柯柏年領路參加革命的。不知柯和李，哪個是他們家的真姓氏，也許都不是？那時候我們對於參加革命時改名改姓都習以為常。在武裝鬥爭和秘密工作的年代，隱姓埋名參加革命，是為了避免父母家人受牽連啊！

李伍的兒子我們都認得，進城那年七歲，跑來跑去挺淘氣，名叫「小廣播」。我一直以為是因為李伍和她愛人韓建國都在電台，隨口給孩子起的名兒。許多年後回想，不是的，一九四二年這孩子出世，延安還沒建廣播電台呢。那麼這個小名兒只能是從

當年延安追查「小廣播」來的。那是個不叫運動的運動，或者說是有名的整風這個大運動裏套着的小運動，甚至是整風中「搶救(失足者)運動」的序曲。直到本世紀初，耄耋之年的老延安曾彥修回憶說：

> 上邊的整風，是整教條主義，我們絲毫不知道。
>
> 下面的普通黨員整什麼呢？……下面整風從查「小廣播」開始，「小廣播」是指延安的青年人之間互相傳遞意見和看法，有些看法是對上層領導有意見，對領導不滿意。這些意見在某種意義上就是王實味《野百合花》裏面的東西，不過沒有王實味講的那麼尖銳。上面的聽到了，「不得了，雖然這些小青年在延安，但他們不是來革命的，他們是(來)反革命的」。
>
> 於是開始要求填小廣播表，人人要填，填了再填，搞了大半年。後來發展為「搶救運動」，就是從這個事情幹起來的，青年統統都變成了特務。填「小廣播表」是哪一個人發明的？康生一個人發明？他恐怕沒有那麼大的力量。
>
> 小廣播表填了之後就互相批判、揭發、告密，開始叫半條心。後來一揭發，就說你們是兩條心。
>
> 整風後來就是每個人寫檢討。檢討教條主義、個人主義，這是過不了關的。後來從小廣播到半條心，開始有點升級了。懷疑這些青年，是不是像他們講的那樣，出於抗戰熱情到延安來的呢？究竟他們是來幹什麼的？成千成萬地往延安湧，這背後是不是有什麼東西？是不是國民黨送來的？有那麼多人真會犧牲一切到延安來找共產黨嗎？

接着曾彥修敘述了當時那些年輕人一遍一遍被逼得沒辦法了，就開始編造，如說自己在白區加入的地下黨是所謂「紅旗

黨」，是國民黨特務成立的，等等。於是進入了「逼——供——信」的惡性循環，有人招認，就要進一步逼出他的同黨，上線下線，像滾雪球越滾越大，人人自危，曾彥修自己也在劫難逃，指他為國民黨特務，隨波逐流，他也承認了。

李伍夫婦當時該是在延安吧，那麼，即使在整風、搶救中沒受到嚴重的傷害，但對追查「小廣播」的事該也是印象深刻的。據另一位老延安韋君宜在《思痛錄》裏回憶，她當時因夫婦兩人都身陷整風，無法顧家，繈褓中的兒子竟在炕上憋死了。這樣看來，一九四二年出生的「小廣播」真是命大，留個名字作紀念，也沒什麼不妥。

李伍雖不管技術部門的事，但附設在技術部門的機要處，卻由他代表廣播局黨組、黨委直接來管。這個機要處的業務，聽命於中共中央辦公廳。凡是在中南海開的會，需要錄音的，連懷仁堂裏的擴音設備，都歸他們管。聽說，又是聽說，後來他們被捲入所謂「竊聽毛主席」一案。

現在回想，一九六六年八月，我被關進所謂「政訓隊」（全稱是政治訓練隊，怎麼看怎麼覺得像是國民黨機構的名字）。分了班，發現跟李伍是鄰床。頭一回過這種類似監禁的生活，有點誠惶誠恐之感。但看李伍表情如常，風度如常，嘴角仍掛着不自覺的微嘲的笑意似的。那時候，一個班六個「黑幫」，配了六個監督員，他們的任務，一是傳達原部門文革小組當權者的佈置，出題目叫我們寫檢查交代的作業；一是開會叫我們就這樣那樣的問題交代自己的認識，供他們回去彙報。班裏分兩組活動，我這邊，我和侯寶林，都已經經過部門的批鬥，知道了文革革命派的定罪口徑，大體上按這個口徑給自己頭上扣屎盆子，半真半假地表示認罪。李伍則大大咧咧地對待之，甚至有一次對我們的上綱上線透露不屑，似乎意謂你們算什麼，根本不夠格，把自己高抬了似的。監督員也不説什麼。大家都做戲。四個月以後，政訓隊

一九四九·北平故人

解散，各自回家，我從文革小報上看到了一些真真假假的內幕。在「彭(真)羅(瑞卿)陸(定一)楊(尚昆)」一案中套着「竊聽」事件。我恍然大悟，李伍雖與其他局級領導一起關了進來，他本人的問題的重點卻不在廣播局的日常工作中，如謂有什麼走資本主義道路的罪行，端在於此，而這件事上掛楊尚昆專案，涉及中央機密，廣播局的文革當權派管不着——他們沒這權力！所以李伍才格外的有底氣，才能譏笑我和侯寶林似有妄自尊大之嫌，冒認反黨反毛主席之罪，從一定的視角、一定的邏輯來看，你侯寶林一個老藝人大言不慚地説是反黨反毛主席，真的是「你也配」！侯寶林一個當紅的一級演員不配，我更不配。這話不錯，當時我如果真有所謂「矛頭」，的確不會越級指向遠隔十萬八千里的偉大領袖，頂多是指向本單位那位原團級轉業軍人、劇團政委兼文革領導小組組長罷了，當然，反對基層黨的領導就是反黨，這也足夠再劃一次右派了。

中國是一個官本位的國度。李伍的思路是從實際出發的。只是那些鬥紅了眼的積極分子們缺少歷史常識，不知道社稷之憂，「不在顓頊，而在蕭牆之內也」。

梅益、溫濟澤二人是主持編輯部工作多年的老領導，後來與我多有交集，在他們身後，我都曾寫有不止一篇紀念文章。我是把他們當作前輩來看的，其實一九四九年他們才三十四五歲，而在今天官場上、文場上還都該稱作青年呢(從這個角度看，把中共新政權説成年輕的政權，也還是可以的)。他們雖然也出入大場面，但是至少給我的印象，他們不像官，更像知識分子。而李伍雖然在局裏並沒看到他大擺官架子，給我的印象卻是官員——帶着「領導幹部」相。人對人的「印象」往往來自直覺，説不清楚。十幾年後，在被稱為「三年自然災害」的大饑荒時期，不是搞運動的年月，廣播局卻鬧了一陣「李馬劉」事件，事涉「滄

黃賬」，多半是行政部門跟滄縣、黃驊二地搞協作(不知以什麼從那裏交換漁產品)的某些「貓兒膩」，其中的「李」，就指李伍。因為全局一般幹部並沒從這一協作中真正獲益，一度民怨沸騰，不能不查。我那時是「摘帽右派」，有意遠離各類矛盾，故不得其詳。

第一個月，逐漸適應了廣播電台的機關生活

一九四九年六月六日，從報紙上看到，那一天是普希金誕生一百五十周年，立即寫了一首《普希金和他的劍》。我「發現」這位俄羅斯詩人，是前年得到一本戈寶權譯的《普希金文集》，一下子為普希金詩作傾倒。不覺得跟他有百年的時間距離，而如獲知心的兄長。我這首詩裏響着的，是為他「復仇」的戰叫：「生命是一盞恩仇分明的寶劍，閃爍在愛人和敵人的中間！」詩中「假如死在決鬥裏，寶劍就送到未死的兄弟們跟前」，化用了詩人生前寫給「西伯利亞礦井的底層」十二月黨人囚徒的詩意，而「任何的拷打，不能把寶劍的靈魂/ 拷打出寶劍的身體」，取自徐邁進的《囚徒歌》，「一個人倒下去，千萬人起來」則是直接抄自聞一多的最後一次講演！幾十年後回想，當時寫詩還處在摹仿階段，而詩中那「復仇」的激情，卻是從我自己的靈魂迸發的；其中固然有老解放區搞「土改復仇」的宣傳影響，更主要的卻是設身處地的幻覺，我的靈魂沾丐了十九世紀俄羅斯的風雪，又巡遊到三十年代杭州監獄、四十年代昆明禮堂，一道憤慨、激昂，一道歌哭、吶喊！

《普希金文集》是上海時代出版社出版，這家出版社與《時代日報》一樣，名義上都是蘇商，實際是蘇聯領事館經辦的，有多位中共黨員在那兒工作。清點蘇共的「革命輸出」，也還給我們輸入了一些俄蘇的文學，其中的成色多種多樣，普希金應該是有

一九四九·北平故人

獨立價值的。他的詩，像屈原李杜一樣陪伴我一生。二〇一二年秋天，我又一次經過彼得堡，還冒雨去了皇村中學，並留下一首詩。

但一九四九年這首詩，當時根本沒想投稿，因為寫在紀念日當天，「晚了」。那時報紙偶爾發表文學性作品，都要求有所配合，這樣的題材不可能配合國內的政治時事，那麼錯過了誕辰忌日，「為什麼要紀念一個外國詩人？」不是師出無名嗎？

那一年的六月份，下旬吧，我還寫過一首歌詞。懷仁堂開了新政協的籌備會議，除了徵求國旗、國徽設計外，還徵求國歌。我一時興起，馬上寫了一首，雖然合轍押韻，也堆砌了一些鮮亮的詞藻，但自己看看，不夠，不夠什麼，說不清，總之是難當一國之歌的重任。我會唱莊嚴悲壯的《國際歌》，學唱過大聲鏜鞳的《馬賽曲》，也聽過抒情的《延安頌》，特別是前二者，氣局闊大，充盈天地。我們應該有一首什麼樣的國歌，才能上超「卿雲爛兮，糺縵縵兮」，「三民主義，吾黨所宗」？才能跟我們新生的偉大祖國相稱？

用不着想得這麼多，就能看出我的筆力不足，手稿擱起來再也沒動。一點自知之明，使我知難而退。九月新政協正式開會通過以《義勇軍進行曲》代國歌。朝野上下均無異議。誰知三十年後，十年浩劫剛過，不知哪位頭頭腦腦提議，說田漢原作的詞已經過時，要拋開原詞重填。當時已故的田漢尚未平反昭雪，但有關當局顯然認為沒有一個人能單獨寫得比當年的田漢更好，於是按照「集體創作」的成規，指定了張光年、李季等名詩人限期就聶耳的曲譜填出新詞，以備隨後的某次什麼大會通過頒行，此事不見後續報導，好像無疾而終了。

參加工作，是我嚮往已久的「走出校門，走向社會」，一種全新的生活方式。可我上班沒幾天，就故態復萌，手癢難耐，又像原先迷戀「課外寫作」那樣開始「業餘創作」了。下意識裏是

以為自己已經完全融入了新環境，乃至工作任務也應付裕如了。

　　表面上看也確是這樣。住在麻花宿舍，盡後頭一排平房。我的東隔壁是孫庶玉、盧居他們，再往東住着幾位年輕的女播音員；我那間有兩張空床，沒兩天就住進來吳克泰、*葉紀東，都二十七八歲的樣子，操南方口音，我辦不出是哪裏人，一問，原來是臺灣人。他們作為臺灣青年代表來北平參加了五月的全國青代會，會後就被廖承志給留下來，準備將來籌辦對臺灣廣播（電台的傳音科長黃雲原是南開大學教師，也是一九四七年一進解放區，就被廖承志給「截留」的）。我沒深沒淺，見他們從臺灣來，而且參加青代會，必是「我們的人」無疑，於是說你們都參加「二·二八」了吧，他們諾諾，也沒多說；我進一步問：「你們都是黨員吧？」他們當時沒置答，我想這是不言而喻的，不等他們說，我就自我介紹了我的光榮歷史，於是好像打成一片。不久，「七一」宣佈團組織公開，黨組織還遲遲未動。我才想起，我當時給吳克泰他們的提問，是給他們出難題，承認則洩密，否認則騙人，只好支支吾吾過去。我叮囑自己，以後再別幹這樣讓別人尷尬的冒失事了。

　　吳克泰先從集體宿舍搬了出去，原來他年輕的妻子、圓圓臉的高純真也輾轉來到大陸。他們有了一間「家屬宿舍」。

　　我在中央台，他們在國際台，後來多年是「點頭之交」。分別在自己的「崗位」上成為「老運動員」。歷盡劫波，到了上世紀八九十年代，我和吳克泰走動多了起來。每回看了電視劇《三國演義》，他們夫婦都要討論一番，深有所感，恍然接觸到傳統政治權謀這個領域的一些密碼，皆前所未知未聞，發現自己在日據時期疏離了中國歷史文化。我說「三國」還不算源頭，你要看看《東周列國志》，就會歎為觀止。而韓非子之學（涵蓋商鞅李

---

*　吳克泰（一九二五－二〇〇四），後來知道他生於臺灣宜蘭，原名詹世平。他的妻子高純真，原名高蓮子，也是臺灣人。

　　　　　　　　　　　　　　　　　一九四九·北平故人

斯)作了理論總結，已經初步集其大成。不過，吳克泰並沒有沉浸到這個發現裏去，他被顧準《從理想主義到經驗主義》深深震撼了。他開始回盱自己的一生。

吳克泰曾經是上世紀四十年代後期介紹大學生李登輝加入中國共產黨秘密組織的革命領路人——以他在臺灣從事秘密活動的資歷和經驗看來，上述在麻花宿舍遇到的姓邵的孩子式問題，是多麼幼稚！——他從電台離休後，仍在臺盟擔負一些工作，多次赴臺，聽說也曾會見過李，詳情我沒有打聽——我總算「成熟」一點了。

知道吳克泰的傳奇人生後，我就建議他寫回憶錄。我高興的是，他是在我敦促下第一位寫作並出版了回憶錄的作者。

二〇〇二年十二月二十五日，我寫了兩首舊體詩七言絕句《贈吳克泰高純真(蓮子)伉儷》：

勸君笑眼對斜陽，憂國憂民夢幾場。
六十年間經九死，一身正氣滿頭霜。

蓮子千年猶發蘗，一荷如蓋立秋風。
昔同患難今扶病，盡在如嗔軟語中。

那時吳克泰體力已衰，終於帶着滿懷憂思和未竟之志以去。

人，都老了。我也在二〇〇七年秋，因冠心病住進阜外醫院。我女兒前此援藏時結識了葉琳，這時在阜外任護士長，她給我當了一回「醫導」，使我找到了潘世偉醫生主刀做「搭橋」手術，對我的心血管進行了四處「改編」，完成一次優秀之作！而我的「醫導」就是葉紀東的女兒。這時距我和葉紀東在麻花宿舍裏相逢，已經五十八年了。我們兩家豈不是可稱「世交」了嗎？

吳克泰和葉紀東先後另住以後，我的那間宿舍住進了一位

趙斯金，他山西口音，來自晉察冀邊區的。但他不帶「泥土氣息」。我這樣說，是從他學拉小提琴判斷的。那個夏天，天天傍晚，他都要取出小提琴，在琴弦上「拉鋸」。潯陽江頭的琵琶女，是「未成曲調先有情」，老趙卻是不見有情又不成曲調。室內電燈光線不好——當時所有集體宿舍都這樣，是只為讓你睡覺，不是讓你還讀書或幹什麼用眼睛的事的。而我竟沒想到自己去買一支瓦數大些的燈泡換上，供給制下的「一根筋」吧？因此，到了「法定」的熄燈時間，即使根本沒人吹熄燈號，也就上床就寢，其奈老趙還在鍥而不捨地拉他的鋸。隔壁鄰居都有涵養，沒反應，我也就不做聲，面壁數數兒給自己催眠。整整一個夏天，我每晚都在練「忍」功中度過。入了秋，老趙興趣轉移了。我們有時過過話兒，他發現我偶爾發表小詩，告訴我，「紅楊樹」是他要好的戰友。恰好我知道這個詩人——從一九四六年張家口的《北方文化》上我讀到過一首較長的抒情詩《寄張家口》，署名就是紅楊樹。還要再等兩年後，一九五一年春，一篇題為《誰是最可愛的人》的戰地通訊紅遍全國，我才知道通訊作者魏巍就是早年寫詩的紅楊樹。

我跟趙斯金有了共同的話題，又從紅楊樹說到別的，原來他是個很有趣的人。我暗自慶幸一夏天飲忍未發，否則我會永遠地失去一個朋友。知道了老趙的戰鬥史，對他後來任中央台開創部隊節目的第一任軍事組組長，就一點也不奇怪了。

一九五一年，中國醫學界有兩條大新聞，一是婦產科的無痛分娩法，一是眼科的角膜移植，都是向蘇聯學習的成果。其中有一位女醫生高培質，是在哈爾濱學習並從事角膜移植成功的一人（算不算第一人，我不確知），後來調到北京。因我那時辦「文化生活」節目，組裏有人採訪她，播出有關的錄音講話，故有較深印象。忽然聽說，趙斯金跟高大夫結婚了，這是一樁想不到的千里姻緣。不過，從那往後，趙斯金的大名遂為高大夫的盛名所

　　　　　　　　　　　　一九四九·北平故人

掩。好像有不少人找老趙，都是想諮詢眼睛的事情。再後來，在老三○二院裏，可以看到趙斯金的小女兒，長得很漂亮，我沒怎麼見過高大夫，但我認準她女兒那副雙眼皮下的明亮的眼睛，首先是像他爸爸。因為我第一次見趙斯金，就注意到他長着明顯的雙眼皮。這是閒話了。高大夫今已九十高齡，還在廣安門中醫院眼科應診。他們的女兒也應該到了花甲之年。祝福她們。

老人話舊，常常由點及面，挖掘出一些沉埋的記憶。慢慢也有了「憶當年」的興致。有人分析，這是因為年紀大了忘性也大，近事糊塗遠事清；也有人說，人的記憶有選擇性，不愉快的都篩掉了，剩下些值得懷念的人和事；說的都有一定道理。我卻發現還有一條，在追憶往事的時候，本人也隨着回到既往的時光，既往的心情，那時久未重溫的年輕時的心態，連同那時的調皮、搗蛋、惡作劇！於是彷彿自己也回到青少年時代了，不是意外的際遇嗎？

我雖然直到現在有時也不加檢點，胡說亂道，瞎開玩笑，但這類不拘形迹的表現終歸少了。而想起一九四九年我們幾個來自華大的同事，每天結伴上下班，在廠橋和六部口之間，必乘有軌電車走個來回。在環行線的這小半環裏，我總是旁若無人地在他們幾個身上抓哏逗樂，苛薄挖苦，語不驚人死不休，一路嘻嘻哈哈，頗不寂寞。現在想想，真不知同車的乘客們，特別是比我們年長的人，怎樣看我們這些穿着一色草綠四個袋制服的小青年。但我們，特別是我不怕失態的這種輕狂，的確有人注意了。還好，不是政治性的敵對分子，而是技藝超群的小綹（現在都叫扒手）。那天，六月底或七月初，我回到麻花，伸手上衣右側口袋想掏出平生第一次的月工資（那時還叫津貼），傻了，空空如也，想不起在什麼時候什麼地方把它掉了出去。反復摸索，右貼袋下緣挽到裏側的一窄條上，有個迎面看不見的刀痕，該是刮臉刀片

幹的，想必是先看見我口袋臌脹，又見我只顧說笑，這就下了手的。細法活兒，熟練，慣偷也。

我們上班之始，就聽了一個傳達，說當前北平城裏，階級鬥爭形勢依然嚴峻，不但有潛伏的敵特，還有各類不滿分子，包括散兵游勇，隨時隨地可能進行破壞活動，務必要提高革命警惕性。我們，主要是我，只想着在公共場合不涉秘密、不談政治就行了，沒想到我們身邊，還有眾目睽睽，眾目之中，有的眼神是帶鈎的！敵對行為，不光是在南下進軍路上，沿途新解放區才有，像我每天從地方報紙上看到的；我真得提高階級鬥爭、對敵鬥爭的覺悟：感謝小綹給我一個提醒！

緊接着，機關裏又發生了一件事。有一天上班，見通道左邊牆上貼了一紙告示，怎樣行文已經記不清楚，要點是對進城幹部鹿野予以「取消候補黨員資格」的處分，同時對同案犯了事的留用人員趙某（女）予以開除。鹿野和趙某我都有印象，那時六部口院裏人不多嘛。鹿野粗壯，中等個兒，臉黑黑的，戴眼鏡，不像別的老幹部那樣樂意跟我們這些新來的打招呼，他好像有自己的心事。那位趙某似是在文書科，一頭燙髮蓬鬆着，還擦口紅，在「解放」前大街上盡是這樣的仕女，可「解放」後崇尚樸素儉妝，她這樣就顯得稀罕，顯得有點不合時宜了。她跟鹿野間發生了什麼事，不知道，但機關裏的主流輿論，認為是留用人員「腐蝕」了進城幹部。這類事，後來從「三反五反」揭露資產階級罪惡開始，時有所聞，群眾「腐蝕」幹部，非黨員「腐蝕」黨員的案例，「史不絕書」。我那時年輕，只覺得這只是一個鹿野「犯錯誤」（潛意識也就把那個遭到更重處分的趙某完全忽略了），事不關己，高高掛起。

從人們的議論裏聽說，鹿野是個單身漢，也早參加了革命，但好像帶些江湖氣，直到進城以前才通過為候補黨員，這下全吹

· 150 ·

一九四九·北平故人

了。我跟鹿野有些接觸，是他發現我在報上發些小詩小文，主動跟我談文藝，記得談起過端木蕻良的短篇《憎恨》和長篇《科爾沁草原》，有所共鳴，談得很投契。聽我說三四十年代小時候住在禮士胡同，他說他在北平流浪的年月，不止一次從禮士胡同走過。我想，可能他在找到革命以前，流落古城的生活狀態和沾染的一些習氣，被革命同志們看作江湖氣了吧。又見他不像一起進城的同輩都有個一官半職，卻還是說笑話所謂的「白丁」，不免對他有些同情。後來，鹿野、高而公都已去世，有過來人告訴我，在一九四八年「三查三整」運動裏，對出身於上層家庭、抗戰初期失掉了黨的關係、進了解放區後在軍政大學期間重新入黨而不是恢復組織關係的高而公，同志們都給予同情的理解，偏偏這個鹿野揪住他脫黨後的經歷不放，好像非把高打成個什麼敵對分子不可。──那個「左」呀！那位老同志如此感歎，帶着對鹿野的不屑。

我也在一九四九年結識了高而公，並成了忘年交。他對我絕口不談自己挨整的事，更沒議論過鹿野一句。但他一九五一年精神錯亂以後，人們紛紛說起他在「三查三整」中的無妄之災，認為那次對他的傷害，就是他真正的病根。我對鹿野的同情就又打了折扣，甚至想，鹿野之在一九四八年一度入黨，也許就是靠的他鞭撻高而公的戰績吧。高而公在一九七六年秋去世，八十年代初他在美國的親屬來了，廣播學院為他補辦了追悼兼平反的儀式。在學院編輯出版的紀念文集裏，除了有我和幾個廣院的年輕同事講我們交往的文字以外，生前老同事中只有鹿野寫了一文。這該是他對早年傷害一個善良人的補過，不管當時是不是違心的。晚年心裏能有所自責，也是良知猶存了。唉！對一個人，且僅僅是他做的一件事的認識，評價，竟經過了幾十年。可見知人與待人之大不易。

而就鹿野來說，這還沒涉及他和所謂趙某的關係，因為我們

不知道究竟是怎麼回事。他們兩人都是單身，除非另有禁令，否則兩人接近並不違法違紀。俗說「一個巴掌拍不響」，能簡單斷定誰「腐蝕」誰？但當新舊政權易代之際，這個鄭重的(或許實際是輕率的)組織處分的後果，對鹿野不過是終生沒有入黨，或也影響了提拔重用，而對從留用人員除名淪為失業人員的一個弱女子來說，會不會使她一生不能見容於「新社會」？這該由誰負責呢？

就在這個六月，意外地接到曹文冰大姐從河南寄來的一封信，說我走後很快整個華大一區隊也就結業南下，他們現在雞公山休整。她的革命熱情很高，對勝利進軍抱着一往無前的決心和信心。她這時很想念參加革命前在北平法院裏一起工作的同事小溫——溫述珍，她有一封給溫的信，讓我按址送去。我找到那裏，溫到收發室接過信就掉頭回去了。她的冷淡令我愕然。不過一轉念，毫不奇怪，我知道溫述珍是曹大姐的好朋友，可溫並不知道我這不速之客是什麼人，且不知道帶來的信裏說的什麼事，急於看信了解曹文冰現在的情況，顧不上聽我來介紹，何況我知道的都是曹大姐南下之前，新聞已經不新了。我從法院往回走時，進一步想，我們單位裏的留用人員，都是一副謹小慎微的樣子，那麼這個曹大姐叫作「小溫」的，雖然年紀不大，但她的身份已經淪為「留用人員」，比起新老「幹部」，無形中低了一頭，在陌生人面前寡言少語，也就是自然的了。

當時也還不是每個辦公室都有電話。新聞科卻有不止一部電話，有一天新聞科的人叫我聽電話。原來李公綽也調來北平，他來電話不是敘舊，是有公事。他調進中南海，在政治秘書室的田家英領導下工作。他們正在擴展業務，需要訂閱國外的書刊。知道我們電台既有對外廣播，必定有國外書刊，想問問我們是通過

一九四九·北平故人

什麼途徑聯絡的。我當即向領導請示，結果很簡單，讓我告訴李公綽，請備介紹信來電台，有關部門會向他們介紹。他們正好公事公辦，我的任務就完成了。我和李公綽一直沒見面，也沒再聯繫。一是我們都忙着「幹革命」，再是中南海也的確「庭院深深幾許」，屬於保密單位中的保密單位，我們「高山仰止」就夠了。一九五七年我一轉眼成了賤民，自覺離中南海更遠了。一九六三年在報上看戲曲廣告，有個山東呂劇劇目，編劇署名李公綽，沒想到李公綽竟成了我的同行。直到九十年代，紅牆內的秘辛陸續有所透露，我意外地看到文革前有所謂「八司馬」事件，涉及政治秘書室成員多人(甚至就是針對他們這個部門吧)，其中赫然有李公綽其名，原來他並沒到山東去編呂戲。在中南海工作，看着是「美人如花隔雲端」，原來也不那麼安逸。

　　到本世紀初，那一九四九年在正定華大被班主任李青野倚重的三個積極分子中的另一個，楊稚新，棄絕幼「稚」，改名叫楊志新了，從石家莊來北京，找到我，又找到已經調到社科院世界經濟研究所的李公綽，一起去看望了在市委黨校離休的李青野，並且拜見了他的夫人高潔。楊志新，一九四九年也早就調到中央警衛團(後來叫作八三四一部隊，在中南海歸中央辦公廳直接領導)，卻也在一九五七劃成右派，下放勞改。我們跟李青野見面，只是憶舊，只談早年的意氣風發，只談高興的事，不說敗興的話，盡歡而散。我和楊志新，在兩人都淪為異類之前不久，曾在路上相遇，相約改天去黨校看望李青野，沒想到，這一約定三十多年才實現。我們近年來總還有書信往還，互報平安。但李公綽那裏，我有他的通訊地址，卻一直怯於聯繫。他雖比我大幾歲，其實五十年代也還是小青年，但到了那個「高處不勝寒」的去處，他所遭遇自是無處可訴，然則心靈上的創傷會成倍於我。既不該去觸動他的痛處，更要避免「刺探」高層故事之嫌，就把這位兄長冷落了。在這裏祝他健康！

上班的頭一個月，只能說是適應了按部就班的機關生活。要說作為一個知識青年適應「新社會」的需要，那可還遠得很。因為我實際上並不知道整個「新社會」——首先是這個「新社會」的領導者具體地需要我成為什麼樣的人。積極工作，完成任務，這是最起碼的要求，幾乎不用說。樹立理想啊，為共產主義奮鬥啊，由於過分遠大，有點近於凌虛蹈空，只須拿着務虛的宣誓和保證，任何人都可以應付過去。而有些沒有形諸言語的不成文法，才是實實在在的生活規範，需要新來者用眼觀察，用心體會，或索性不用眼也不用心，只是隨波逐流，化入其中。

　　黨一直說，這次革命跟歷史上所有的改朝換代不同，是翻天覆地，是「把顛倒的歷史顛倒過來」，為此要改造世界觀。許多年後才悟到，《共產黨宣言》裏的「徹底消滅私有制」不是白說的，「與傳統觀念徹底決裂」也不是白說的，而後者正是徹底消滅精神的「私有」，要化私為公，所謂「興無滅資」，「鬥私批修」，「統一思想」，「統一意志」，這就是改造客觀世界的同時改造每一人的主觀世界，最後成為一代「新人」。掌控政權者不但同時掌控整個社會的經濟，人們的物質生活，而且掌控所有社會成員的精神，人們的精神世界：這是二十世紀才有的新實驗。比清初「留頭不留髮，留髮不留頭」的簡單以暴力相脅，更加深謀遠慮，全面深透，就是讓人們從根本上「換腦筋」，爭取(據說是讓馬克思列寧主義)一勞永逸地佔領每個人的頭腦這個陣地，也就是對全民的「思想改造」了。很長時期人們以為改造思想只是針對知識分子的，其實把這件天大的大事的規模和意義看小了。

　　而我在不經意間接觸了一些陌生的新字眼，其中有的是日常生活裏的，如丈夫和妻子互稱愛人，前面已經說過，只是一種對於帶着夫權色彩的又是煩瑣的舊稱謂(如拙荊、賤內之類)作了矯枉過正的改變，不足為病。小孩對長輩女性稱「阿姨」(擴大到保姆也稱阿姨)，則是北方人不知南方對姨太太多稱「阿姨」的

　　　　　　　　　　　　　　　　一九四九·北平故人

習慣，就把習慣上稱的大姨、二姨……稱阿姨了；至於從南方蘇區帶來的稱小兵、小孩為「小鬼」，開始很不習慣，習慣了也會產生親暱之感……

進城幹部還帶來一些新詞涉及政治生活，就值得認真對待，像「小廣播」產生的背景已見前述，「鬧情緒」「講怪話」都是會招致批評的消極表現，組織上要設法防範杜絕，個人也要努力克服的毛病。

還有一些有特色的詞彙，已經成為廣泛應用的政治流行語，如「翻身」「解放」「清算」「鬥爭」，從黨的政策文件，到土改運動裏農民口頭，長盛不衰。它們已從一般的中性詞，如「客至雞鬥爭」（杜甫）、「未敢翻身已碰頭」（魯迅）轉化為富有階級鬥爭傾向涵義的詞，不但極富生命力，而且極富殺傷力。

這就預示着，一個由黨文化主導的語言體系已經或正在形成。當全民納入這一語言體系之日，也就是全民的「思想改造」大見成效之時。

在當代史上，這個對全民進行的「換腦筋」進程，貫串了整個的五十、六十年代，並緊隨着接連不斷的政治運動，持續掀起高潮。每一次政治運動在總結時，都要重點縷述人們在思想和精神面貌方面的改變。

從一九四九年起，中國進入了史無前例的對全民精神大控制、大改造的時代。

1949 | 第三季

不尋常的七月，給不同的人留下不同的記憶

新事物、新名詞，紛至沓來。新的節日是過去沒過過的，比如「七一」，緊接着是「八一」，而且再過三個月就會出現一個「十一」了。於是充滿了好奇。

馬上到來的「七一」跟我——跟我們有關。這一天機關裏上午要開個全台大會，公開「新民主主義青年團」組織。進城以前，電台在鄉下時，團組織跟黨組織一樣是秘密的。現在黨組織還沒有公開，團組織先行一步。我不知道在北平其他機關裏我那些原來的「民聯」同志們是否也要履行這個程序。但我想，分配到北平市級和各區黨委、團委以至派出所的，身份本來就不保密，也無所謂公開了。

來電台這一個月，早知道有個團支部或團總支，負責人一個叫張弋，浙江人，一個短髮很幹練的女同志叫王元。說起七一開大會，除了公開組織，還要改選。給我們佈置了候選人名單。這一來，像我啦，新從燕京大學來的盧惠芬啦，還保存着在學運裏爭奪學生自治會領導權的時候，搞競選熱火朝天的記憶，卻不知那屬於另一個語言系統。於是提出我們的改選，也應該有一個競選的程序。張弋聽了有些驚愕，但他畢竟也是從大城市來的學生，覺得我們的提議不無道理，或者加上他來解放區時間也還不長，對於從上到下發名單、等額選舉等於指定，可能也並不習慣，答應向上請示。很快回覆下來，同意我們在會上作競選演說。記得「七一」上午十點開會，不在崗上的人都來了。聽過黨政領導關於公開團組織的報告以後，宣讀了全體團員的名單。

為了產生新的領導機構，加上競選一項。記得走到前面發言的有我和盧惠芬，還有什麼人不記得了，反正張弋、王元都沒參加競選。我最初只是以為應該有這樣的民主程序，但並沒準備自己競選，臨時可能就說了些原來在學校為地下黨的同志競選編了節目助威一類可憐的一點小經驗。整個程序走完以後，開始寫票、投票、唱票，開票結果跟原先上級佈置的候選名單完全一致。大家鼓掌，散會。

會場就在大食堂。團支部辦公室和黨委政工系統就在大食堂的二層上。我們開會的時候，大師傅們已經在為節日聚餐忙活。把食堂的桌椅擺放格局恢復原狀，聚餐就可以入席了。在供給制的時代，對於吃大灶的人，聚餐是每個節日最富節慶色彩的活動。

我們在那天的競選，是一次當事人無意於挑戰的，對「新社會」語言系統的挑戰。感謝當時到會者的寬容，從來沒有人拿這個話柄來譏笑我們的幼稚和冒失。

五年以後，記者部的鄭佳在選舉局黨委委員的全局黨員大會上，嘗試了一次對現行選舉成規的挑戰。她在大會主持者發下選票但並未徵詢有關提名的那一刻，臨時動議提名欒木爾為候選人。欒木爾是機關食堂的老炊事員，原是河北望都縣一個農民，在老區擔任農村黨支部書記多年，戰爭時期在領導支前、生產和民主建政上做出過貢獻。鄭佳提名的理由，是歷屆黨委其委員清一色為高、中級幹部，應該有像欒木爾這樣屬於基層又是服務部門的黨員參與，有助於發現和克服機關的官僚主義。結果，欒木爾這個忠誠樸實的工農黨員，大概只獲得提名人鄭佳一票（我當時在東北採訪，不然會加我一票）。

鄭佳有意識的挑戰失敗了。這不但證明習慣勢力是多麼頑強，更證明當時廣大黨員的民主意識多麼薄弱。這件事過後不久，第一次全國人民代表大會就通過了第一部《中華人民共和國憲法》。憲法的公佈對於提高廣大公民的權利意識起了多大作

用，印證以後個人迷信的盛行，也就大體可知了。

回過頭來說「七一」。許多年來講黨史，都像煞有介事地說中國共產黨於一九二一年七月一日建立。近年才非正式地更正，確切的日子在之後二十多天，把建黨日期定在「七一」，是事後多年當作象徵取其大概，為了好記吧。第一次黨代會的參加者，每一參加者的具體身份，如同後來遵義會議的參加者和確切的決議內容，多年宣傳也跟歷史事實頗有出入。這些，在一九四九年，可能只有少數曾經在場者心知肚明，我們後輩哪能知道，想也不會朝這方面想啊。

下午接通知，提前吃晚飯，飯後黨團員集體乘車去參加慶祝建黨二十八年大會。看到當天《人民日報》頭版發表的《論人民民主專政》，毛澤東的專論，也無心細讀，心想反正會組織學習的。

中午聚餐吃得飽飽的，並未放假，等於放假，人在班上，一下午就混過去了。興沖沖攀上卡車，半路才發現密雲布雨，來不及取雨具，豁出去了。好在路不長，到了先農壇體育場，我們登上了臨時搭就的主席台右側看台。這時運動場內被各路隊伍填滿，已是紅旗林立，人聲鼎沸，天上開始灑下雨絲風片，有備而來的撐開了雨傘，沒帶傘的也沒大動靜，秩序依然。一霎裏雨勢凌厲，但很快過去，是夏天常見的過路雨，隨着大塊烏雲轉移了，西斜的夕陽又露頭，在收傘的同時，幾乎是同聲的歡呼。

七點整，全場響起掌聲，我們這排人裏，有敏感的先叫出「毛主席來了」，趕緊轉過頭看，我雖沒見過毛，但看過他的畫像，跟畫像給人的觀感一樣，身量很魁梧，跟畫像不大一樣的，是沒有隨性地敞開領口，中山裝穿戴整齊，甚至顯得有些拘束。他走到主席台中間，舉手向會場致意，於是掌聲又起。他可能說了幾句什麼話，但我沒聽清恐怕聽清也不懂得他那湖南方言，關於那天的會，就記得這些了。我估計毛的出現給了大家意外的驚喜，接着會上還有什麼人發了什麼言，似乎都不在話下了。

後來《人民日報》副刊刊登過一首詩《七月一日紅旗的雨》，如果我記得不錯的話，好像是俞平伯寫的，然則可能是當天也邀請了參加政協會的黨外委員們。到老都因書生氣而天真如童稚的俞平伯，已經很久沒寫白話新詩，此後也沒再寫過新詩。

過兩天我卻聽到一個傳達，周恩來批評七月二日天津《大公報》子岡的專題報導，這位國統區著名的女記者，熱情敘述先農壇場內一派興奮中驟然下雨，忽有神來之筆，說滿場撐開雨傘，像雨後猛長出遍地的蘑菇。沒想到周恩來認為在建黨若干年大會的莊嚴場合，這樣的比喻，這樣的趣味是不嚴肅的。這個今典我銘記了六十多年。因為這涉及「文章做法」，正是我需要加強訓練的。毛澤東早在延安整風時就對「小資產階級知識分子」說：「你們那一套」不行了，當然「那一套」所指廣泛，不止是文章做法，也不止是文風、學風，更不止是文中一兩處小小的比喻了。

我知道，我原來那點筆墨，寫些叫作文藝的小東西，在舊時代報屁股上補補白是可以的，到了「新社會」，比如現在資料編輯科參與改寫一些新華社專稿，就發現，另有一套不成文的規格、口徑，我那份自由抒寫的小伎倆豈止不夠用而已。二三月間，我幾次向《人民日報》投寄詩稿，都沒採用，自審詩中的革命立場、政治態度絕無問題，可見光從形式上說，我也似乎已經不入時流，要被淘汰了。

而柳蔭當時調我來，希望我能為黨所用，來到六部口，老同志們也都對我寄予希望，我該怎樣決絕地把曾經熟悉的舊東西拋掉，向老同志們學習，從頭做起，全身心地融入新時代，新文風。

我自覺地靠攏、投入黨文化主導的話語體系，並顯得那樣急切。

我在七月上旬寫了一首《唱吧，紅色歌手們》，我給自己的定位，也就是這紅色歌手隊伍中的一員：「千萬人的心跳在你們口裏，你們的聲音是千萬人的聲音」，「人民是大海沸騰，你們

不過是貝殼，你們的聲音是海的回聲」，「當你們以歌聲擁抱人民，你們的歌聲才嘹亮，當你們以歌聲證明你們是戰士，你們的生命才閃光……你們要唱遍新的中國，最好最好的毛澤東之歌，勞動的少男少女之歌！」我給這首詩署上筆名「漢野平」（不是喻意「漢冶萍（兵工廠）」，而是借指「我們祖國多麼遼闊廣大」的意思），刊於七月十九日的《光明日報》，這家報紙據說是各民主黨派聯合的機關報，一開始是由胡愈之主持，他是中共資深的統戰幹部，又是幾個月後開國第一任出版總署署長。

這首詩有可能是當時聽到全國文代會開幕的消息有感而發，副標題卻是「為紀念『七‧一七』而作」，七月十七日，是轟耳溺水逝世的日子，我是把他當作「紅色歌手」第一人的。從他的作為民族和同胞的代言人，到我詩裏表達的集體主義志願，似乎跟文代會的宗旨、「文藝戰士」的改造目標相一致。

這首詩刊發時，文代會已經閉幕。我於這次被稱為「解放區和國統區兩支文藝隊伍的會師大會」的細節所知有限。只記得毛澤東曾經到會，並有個題詞，如是而已。後來翻看過一本大型資料性紀念冊，發現老朋友張慶仁、王金陵名列工作人員，但我從來沒聽他們充滿感情地或哪怕是淡然地說起這次大會，可見也就是把它當作一件例行公事罷了。

整整五十年後，一九九九年七月五日香港《大公報》發表了魏荒弩一篇《無題》：

> 一九四九年七月六日，在中南海懷仁堂召開第一次文代會。解放區和國統區文藝界代表在北京大會師。應該說，這是一次團結的大會。

> 毛澤東、朱德、周恩來等國家領導人都出席了大會。毛澤東致了簡短的歡迎詞便退席了。在郭沫若、茅盾等發言以後，民革代表邵力子走近了講台。邵老一頭白髮，態

度穩重，語調低沉而徐緩：「……當年中山先生……中山先生……」剛說了幾句，也聽不清他說了些什麼。這時坐在台下的何其芳同志騰地站了起來，疾言厲色地向邵力子一陣斥責。接着，趙樹理同志也站起來衝着台上大聲嚷嚷。這時，台上台下鴉雀無聲，有的只是一片令人難堪的尷尬。

令人不解的是，提提孫中山，甚至提提他的主張，有什麼可指責的？！我們不是都公認他是「中國革命的先行者」嗎？毛著裏不也經常提到他嗎？後來他的巨幅畫像不是也同馬、恩、列、斯一起矗立在天安門廣場嗎？！

初識老區來的「鬥爭精神」，着實令人敬畏！

這篇短文，讓我久久不得安心，讓我想起司馬遷說的：「此人皆意有鬱結，不得通其道，故述往事思來者。」

此文作者魏荒弩，即北京大學俄文系退休教授魏真，涅克拉索夫等舊俄詩人的研究家，和把他們的作品譯介到中國的詩人。他是我早年摯友、文革中被迫害致死的魏紹嶸的胞兄，我前面提到過他。他是一位忠厚耿直的老知識分子，可以信賴的人，四十年代他在北海後身府府藏胡同二號的家，曾經是鐵道學院地下黨和親共同學的聚會地點。他當然是抱着對中共領導的信任、對解放區作家的歆慕之情，來參加文代會的。但會上這一件事令他深感意外，五十年後也令我深感意外，甚至驚詫！何其芳和趙樹理都是我早年就傾心嚮往的人，前者後來在運動中特別是反胡風的戰鬥中充當了打手，我還曾曲為之辯，給以「同情的理解」，歸之於他一生中的「遺憾」；後者我更為他在進城後遭到同僚的歧視，特別是不顧個人利害向上如實反映農民的疾苦，為此遭到圍剿，而深感不平。他們在一次文代會上申斥邵力子的表現，幾乎讓我不能置信，但我又絕對相信魏荒弩不會憑空捏造。

從《新民主主義論》開始，把中國的民主主義革命分成了新

一九四九·北平故人

舊兩段，我們就牢記住辛亥革命的主要領導者孫中山先生代表着「舊民主主義」那一段。那麼，這位十九世紀末到二十世紀初的革命先行者，為什麼不能見容於後來的「新民主主義革命」的積極分子，而且連累其後繼者也要受到當眾申斥呢？

讀了不見於「雄文四卷」的毛澤東文稿，才知道早在一九四七年秋，中國人民解放軍開始全線反攻之際，中共中央曾有在中國革命取得徹底勝利的時期，「所有政黨，除中共外，都應離開政治舞台」之議。此議被斯大林否決，才有了一九四八年發佈「五一」口號，準備重開政協會，邀請在香港等地的民主黨派團體的各界人士們一起來解放區議政這一連串的事情。

何其芳、趙樹理顯然沒有參與以上的決策過程，甚至有關的信息也沒有傳達到他們之間，但對勝利的信心，追求「徹底勝利」的豪情，大反攻時期解放區黨政軍中的政治氣氛，都是有助於形成獨佔政權這一構想的土壤。當時如果實行全黨公決，絕大可能是一邊倒地傾向中央的原議。何、趙二位對邵力子的不屑，有他們對現當代歷史的隔膜，[*]也有在現實中對民主黨派人士的漠視。他們不過是直截了當地說出了一些同志沒說出的話罷了。

歧視民主黨派和黨外人士，其來有自，包括「唯我獨革」的優越感在內，相當一部分幹部中有這樣的心理，我也不例外。大概是一九五一年春，我去中山公園參加一次由民革葉恭綽先生主持的記者招待會，關於文化活動的。去得早，見那裏操持一切的，是華大同班的蔡定詢同學。我臉上可能掠過一絲驚異，並馬

---

[*] 近年有中共黨史研究者撰文披露，在中共建黨之前，作為國民黨中央宣傳部負責人的邵力子，曾在他所主持的國民黨中央黨報、陳望道主編的副刊上宣傳社會主義，其中有他親自寫的文章，並發表陳獨秀等的文字，這等於為中共建黨進行思想上的準備；後來並曾參與中共建黨的具體計議和籌備，甚至第一次中共黨代表大會從上海轉移到嘉興繼續召開，也還緣於邵力子利用自己的職權與私誼，取得嘉興地方當局負責人的安全保證。後來中共早期中央決定，邵力子雖參與建黨，但不保留中共黨員名義，可便於他從黨外從事對中共有利的工作，云云。

上感到這讓他很尷尬。我一刹那的思想活動，判斷他不是由統戰部派到民主黨派工作的，然則是他沒服從華大組織分配，或是中途離隊，通過私人途徑到民革工作了。這在當時被認為是很不光彩的。後來每想起給這位平時和和氣氣的華大同學帶來的不快，總有某些歉意，但這細微的心思是不容解釋，也無從解釋了。

政治優越感，不光表現在對民主黨派和黨外人士的實際態度上，甚至在詩裏也掩藏不住，都說「言為心聲」，是不錯的。紅是革命的顏色，後來一九五八年「拔白旗，插紅旗」的運動裏，提倡「又紅又專」「紅透專深」，可見知識分子包括我這樣的知識青年，要達到「紅」的標準，也頗不易，而我在一九四九年既沒入黨，也沒有任何突出的政治表現，卻自命「紅色歌手」了，豈不有僭妄之嫌！黨開八大時，我的獻詩裏炫耀少年時追隨共產黨，用「報童」來自喻，其實想說我也如艾青那樣，是傳佈《黎明的通知》的！當然，有人說我們是政治童工，語帶譏誚；不錯，是不成年的童工，不過不是饑寒所迫不得不爾，我們這童工百分之百是自願報效而且「自帶乾糧」的。

那時心目中不僅要作艾青，還要作中國的馬雅可夫斯基。這不奇怪，年輕人立志高遠，是受到各個時代的鼓勵的，儘管立的什麼志，高遠不高遠，尺度不同。八十年代我在安徽遇到來自延安的老詩人瑪金，他解釋他的用名，乃是年輕時熱愛馬雅可夫斯基和普希金，就採擷他們的字頭字尾拼出這個讓人一下就能記住的名字。當時我暗想：其實我也是個瑪金！

只要有一枝筆，即使沒處發表也還要寫

「私人空間」，是包容廣泛的。我這裏只取其狹義，指個人業餘可以由自己支配的空暇。比如魯迅說他用別人打牌、喝咖啡的時間來寫雜文了。

　　　　　　　　　　一九四九·北平故人

一個人從事一種職業，時間長了會得職業病。業餘愛好的寫作成了習慣，也一樣。寫作成了一種病，想寫不得寫，或寫得不稱心，就會積鬱在心，睡不安枕，食也無味。愛好是「癖」，是「癮(嗜好)」，積重難返就成病了。

我耽於寫作，其實也只有幾年，卻已成了放不下的心病，不過沒到沉痾不起的程度罷了。

開年以來，總想在寫作上有一個轉換，有一個突破，《唱吧，紅色歌手們》像是呼喚別人，首先是砥礪自己。明知天空已是「解放區的天」了，但在國統區時積累的詩情，還有許多沒有釋放，怎麼辦？只有一泄為快，就是寫出來。

於是七八月間寫了《賣兒謠》。這首詩的緣起，得自金帆詞、馬思聰曲的啟發：「賣兒郎，賣兒郎，兒郎價賤糧價漲……」我把時間地點具體化了：

　　家有半顆糧，爹是爹娘是娘；家無半顆糧，光景好淒惶。

　　兒的肚腸軲轆轆轉，爹娘肚腸一寸寸斷：五月裏苦菜連根薅，一紙文書連根爛。

　　天荒荒地黃黃，不是爹娘沒心腸；東家老爺逼得緊，小命頂上半斗糧。

　　兒你生來跟娘親，如今叫娘好酸辛，淚水都朝肚裏淌，至死不能忘。

　　你爹吐血落了炕，熬不過今晚上，你娘沒了指望，死活在你身上。

　　活不了，死不成，誰先走，誰後行？誰賣誰的親骨肉，誰能不心疼？

　　你的親生姐，賣去十五年，那年也是逃荒走，咱家離開高碑店。

　　大戶人家收糧米，受苦人家賣兒女；什麼日月人吃人，

什麼人領着人賣人？

你姐不大整十歲，賣了出去回不來，十年河東十年河
西，流水流啊流不回去。

好容易熬過十五年，又把我兒頂了錢；賣給人家聽人
使，在人手裏一張紙。

心肝心肝你別哭，越哭越哭氣不出；雪上加霜一陣陣
緊，人越有錢心越狠。

臨走把爹看上一眼，燈油耗乾沒了亮；走吧走吧，死路
當成活路走，怨就怨你的爹和娘……

在長達數百行的《哭長城》的開頭，有三句題詞：

年老的捱槍崩，
年青的拉了兵，
姑娘媳婦充了公……

這三句民謠是我從《平明日報》二版上各地新聞裏摘引的。
《平明日報》為傅作義系的報紙，這個民謠據說就在他的轄區綏
遠一帶流傳。反映的正是當地國軍也就是傅作義所部荼毒百姓的
路數。我還根據《平明日報》上一個國軍士兵隨意槍殺無辜的案
例，寫了一篇散文體小說，叫《太平願》，就刊發在一九四八年
六月《平明日報·星期藝文》版面上。今天的讀者會覺得很奇
怪，其實在「舊社會」這是常事。魯迅的雜文經常在《申報》副
刊上加花邊刊出，那家報紙可絕對不「左翼」啊。

《哭長城》的敘事，是長城下、黃河邊一對農民夫婦的悲慘
遭遇，通篇用的是北方口語，學艾青當年寫的《吳滿有》，又適
應短促的節奏押了大致相同的韻，轉韻也較自然，是從孫犁的
《山海關紅綾歌》《小站紅旗歌》和紅楊樹的《兩年》借鑒的。

　　　　　　　　　　　　　　　　一九四九·北平故人

而因篇幅長，怕一口氣下來太沉悶，中間穿插了七言四句的歌謠體。末尾一首歌謠，寫「長城倒了，日月好了」，受難的農民過上了好生活：

> 走到地邊上猛抬頭，／一片莊稼沒盡頭，／老玉米結下了金棒棒，／奔拉着紅須顫悠悠。
>
> 穀子穗兒是大老鼠，／黍稷穗子小苕帚，／高粱眯眼笑眯眯，／青紗帳裏藏下頭牛。
>
> 春天耩地撒下種，／八月翻身好收秋，／一串串芝麻一串串油，／一串串山裏紅吃個夠。
>
> 交下公糧還剩幾斗，／喜在心頭樂在眉頭，／患難夫妻最長久，／恩愛黃河沒個頭！

到此，我的詩結束了對人民苦難的抒寫，開始對工農兵幸福生活的歌頌。*

《吳滿有》是在延安文藝座談會後，艾青轉變詩風的第一次嘗試。他採訪了當時陝甘寧邊區勞動模範吳滿有，並以近似當地方言寫成十分樸素的詩體。我在一九四六–四七年初讀時想，「五四」後的初期白話詩，徐志摩等偶亦採取勞動人民如人力車夫的口氣寫過短詩，都不如艾青這首成功。這是當時的想法，不知今天如果重讀，感受會不會如舊。只是因為胡宗南佔領延安後，曾經綁架吳滿有到南京，接見記者，廣播講話，說了些他們強迫他說的話，連累了艾青這首長詩的繼續流傳，也敗壞了吳滿有原先的令名。有些原來大力表揚他的人，轉過臉來聲討這位昔日的勞動模範、土著農民的時候，走了題，說當時誤把他捧紅

* 不過，上引《哭長城》最後的「暢想曲」，作為光明的尾巴過於廉價，頗似九年後一九五八年「大躍進」中「新民歌」之走向浮誇以至荒誕。可見不是動機好必然效果就好。

了，其實他走的是一條新富農路線，云云。一篇打翻了一船人，在邊區響應號召發家致富的農民，特別是其中佼佼者成了模範標兵的，一下子都跌到「新富農」的陷坑裏去了。

孫犁一向以散文和短篇小說聞名，詩寫得不多，但篇篇有詩味。剛才提到的《山海關紅綾歌》《小站紅旗歌》都是進入天津這個大城市以後寫的，字裏行間洋溢着平頭百姓由衷的喜悅和濃厚的人情味，歸類可入「歡呼解放」的主題，卻來自生活，沒有公式化概念化的毛病。

紅楊樹的《兩年》，則是兩年多以前寫的《寄張家口》的姐妹篇，而中間隔着一個撤退和收復的小滄桑。由於張家口地居衝要，在戰後成為解放區政治軍事中心之一，國共兩黨歷次談判中，國民黨明確表示同意中共軍隊佔有這個城市。國民黨一九四六年九月發動進攻，十月十一日攻佔張家口。

八路軍忍痛撤退時，指戰員們宣誓「我們是一定要回來的」。紅楊樹拋下他幾年前內戰烏雲壓頂時寫《可愛的人喲，密約改期吧》的繾綣悲涼之筆，改唱壯歌，記錄下「英雄且退張家口」後，念茲在茲，滅此朝食，輾轉兩年打回來的歷史腳步。

孫犁、紅楊樹的詩都刊登在《天津日報》上，孫犁在那裏擔任編委，主要是管文藝的版面。那裏的《文藝週刊》很有特色，讓人想起三四十年代天津幾家大報的文藝週刊。自然，時代不同了。但若干年間上面出現過的名字，首先如王林、方紀都是當代文壇上值得注意的人物，版面上有過一些關於他們作品的爭議，也是當代文學史關注的事件或問題。

我在本職業務中處理的一些通訊專稿，在歌頌新政權方面，基本上都是用的新舊對比手法。我的《哭長城》也是這樣的敘事，不過篇幅的什九給了昨日之哭，只有什一以今日之笑結尾，就是上引的幾段四句頭歌謠。

「新社會的文藝要以歌頌為主」，這已是我周圍人們的共

識。我這才發現寫頌歌的難處，難在怎樣不讓歌頌流於空泛。「文章合為時而著，歌詩合為事而作」，配合時事，既起「鼓動作用」，又避免標語口號化，難了。而短小的詩歌所能敘之事，又要寓意深廣，更難了。

攔下《哭長城》，我寫了幾首因事而發、略有情節的短詩，都嫌瑣屑，自己也通不過，只有一首《我的表要快二十分鐘》，虛構了把手錶撥快二十分鐘，以免遲到，並激勵自己珍惜時間的「本事」：

> 我的錶要快二十分鐘／ 這不算怪脾氣，因為我年青／ 我喜愛工作，我喜愛時間／ 我要把任務完成在時限之前
>
> 假如我參加大小集會／ 我提前二十分鐘先到／ 假如我上火車站也會趕早／ 決不讓車站的大鐘嘲笑
>
> 假如有時我空暇太多／ 看看表我就趕忙去工作／ 二十分鐘造成的緊張／ 佈滿我弓弦上的生活
>
> 時間這東西最快也最慢／ 這個狡猾鬼最長也最短／ 最可愛也最可怕／ 使人驕傲也使人可憐
>
> 我將走在時間的前邊／ 快樂而驕傲地挺起胸脯／ 還是將被時間甩在後頭／ 為失去了的時間而痛苦？
>
> 上夜班時提前來到十二點／ 早二十分鐘迎接新的一天／ 更好的早晨有更好的陽光／ 我開始新的二十分鐘的趕場

這首詩投寄給當時讀者眾多的《中國青年》雜誌，沒有刊出，想來是覺得有點矯情吧。

林賢治在論及我當年一些失敗的詩作時，曾經寬容地指出，他（就是我）「五十年代寫了不少政治性很強的詩，多為頌歌之類，但在當時同類作品中，明顯地看出他對詩美的追求」。但那都是刻意「做」詩。不管多麼認真地構思，字斟句酌，終是沒法把硬攀的詩美跟實用性粘到一塊，更別說天衣無縫了。

把三叔的信面交給臺灣籍政協委員謝雪紅

那時我向報刊投稿，留的都是東單船板胡同三十八號的地址。舊日朋友都在新的革命征途上，顧不上寫信來。母親收了寄給我的信，都原封不動擱着，等我周日回家時拆看。她對誰來信、說什麼，也從不過問。現在這些信多半是退稿，我自己或保存或棄置，沒有第二人看到。這也是我的用意之一；如果在機關，頻頻收到退稿信，惹人注意，要麼會嘲笑我是個眼高手低但「鬥風車」不停的堂・吉訶德，要麼因見我一廂情願、心高命薄而生憐憫之情，我內心好強又好面子，這都是我不想見到的。何況周圍沒有業餘寫作的風氣，你這樣孜孜矻矻，好像不安於位，果然後來許多年間，不光是我，有新調來的年輕人，總也會因為給外單位寫東西，招致什麼「名利思想」「個人主義」的指責。儘管在生活檢討會上，因這個招致的批評成了家常便飯，大家當作口頭禪，明知不致命，不必太在乎，但總歸老聽也不舒服。後來跟收發室熟了，我也沒把通訊處改到機關來。

一天，收發室送報刊時，遞給我一封信，從上海來的，字迹是三叔邵季昂的，過去見慣他寫平安家信給父親，他的筆體。他得知我已分配到電台，勉勵我積極工作。隨後說，臺盟主席謝雪紅是他的老友，多年睽隔，寫了一封信致意，讓我親訪面交。隨附的信沒封口，我看了，說一九二六年同班候船，準備同船赴蘇學習，不意因病滯滬，云云。我知道這個「因病」指的是被捕，謝雪紅當然會懂得這個隱語。

當天中午，我就乘電車去了臺盟中央所在的東城一條大胡同（似是無量大人胡同，即後來的紅星胡同），進了敞開的紅門，在客廳外間等候，同時候見的還有一位中年人，好像曾在《掃蕩報》當過記者的。不一會，謝雪紅出來，一個沉穩的中年婦女，穿着布面列寧裝。她很快看完我帶來的信，沒有多問，也沒有讓

一九四九・北平故人

我帶什麼話，就表示她知道了，應該是指她知道了三叔留給她的通訊處吧。我於是完成捎信的任務，告辭出來，一路想，一個成熟歷練更不用說飽經滄桑的人應該就是這樣老成持重，不苟言笑，今後要格外注意，別老是吱吱喳喳，當「快嘴李翠蓮」了！

我和哥哥姐姐從小就知道有個三叔（在家裏管他叫「三爹」），有一張六吋的老照片，是他跟三嬸（我們在家裏叫「三媽」）的合影，三媽坐着，穿旗袍，還戴着圓頂的女帽，宋慶齡也戴過的那種，三叔坐在椅子左扶手上，這是挺時髦的。照片旁邊有三叔毛筆題詞，說是「病後」照的。

我們長大些，才知道三叔是在上海被統治南方五省的直系大軍閥孫傳芳逮捕，當時三叔做新聞工作，又往後才知道他是共產黨人，由大伯設法營救出獄後，去南洋友人的橡膠園避禍。

關於三叔的行迹，我們所以是這樣一段一段湊起來，一是因為我們年紀小，不大知道世事，一是當時在日本統治下的北平，什麼「北伐」啦「革命」啦「共產黨」啦「國民黨」啦都是大忌諱。最後才聯繫到抗戰中父親和三叔的家信，郵路上要跨越封鎖線。三叔先曾在河南，後來的通訊處換了重慶兩路口一家店鋪轉交給「邵季航」，改了一個字。抗戰勝利了，這才知道他隨以蔣鼎文為司令的一戰區從鄭州轉洛陽，洛陽失守去了大後方，一直回歸早年的醫衛專業，最後的職級是國軍聯勤總部軍醫署的少將銜副司長。

我讀上海一位黨史學者、中共「一大」會址紀念館副館長任武雄所著《黨史研究文集》（上海古籍出版社，二〇〇四）有關建黨初期國民通訊社一文中，找到了邵季昂的簡歷：

邵季昂（一九〇六—一九七〇），又名邵駒、邵安橋。浙江蕭山人。一九二五年浙江醫專畢業。同年二月，擔任共青團杭州特別支部書記。曾任國民通訊社負責人，南京新京日報採

訪部主任等。抗戰時期在國民政府軍醫署工作，上海解放前夕拒絕去臺灣。新中國建立後，長期在蕭山臨浦衛生院行醫，熱忱為鄉民服務。於「文革」中的一九七〇年被迫害致死。

邵季昂的次女靜怡補充了兩點：

邵季昂曾被反動當局逮捕過。一九二六年九月二十八日《申報》的「本埠新聞」欄內標題為：《國民通訊社記者前晚被捕》，其中云：「社長邵季昂及社員姜長林、楊尚昆、周德洪、趙冶人等及稿件、信件等，一併解(警察)廳看管。」「姜長林、楊尚昆、周德洪、趙冶人四人交保釋放。至邵季昂暫為拘留⋯⋯」同年十月五日，國民通訊社被查封。邵季昂被關押八十多天後，同年十二月被釋放。邵季昂在一九五九年所寫材料中也談及此問題。

邵季昂被釋後，去南京新京日報擔任採訪部主任，與該報記者楊尚昆成為至交。大革命失敗後，邵去南洋工作，可能是抗戰前夕回國，「文革」期間，邵拒絕寫所謂揭發楊尚昆的「材料」。邵季昂在「文革」中被迫害致死。一九七九年予以平反。「文革」結束後，時任黨和國家領導人的楊尚昆對邵的情況甚為關切，曾派人到蕭山去了解，但是時邵已去世。

邵季昂和出生在臺灣的謝雪紅，想來就是在邵被捕前，一起準備赴蘇時有所交集。一九四九年夏天，三叔該是從全國到處宣傳政協委員們的生平事蹟中，發現了謝雪紅的蹤迹。一時出於政治激情，給故人寫了致候一信，雖寥寥數語，應該飽含着對青春的追念。不知已經政務繁忙的謝雪紅有沒有回信，邵季昂很快就離開上海，到了基層鄉鎮的衛生院站，消息怕也閉塞了。

因有這麼一件事，我對謝雪紅的消息也就比較注意。但也只知她成為民主黨派的頭面人物後，經常列席一些場面上的社會活動罷了。一九五七年忽然聽說她淪為右派，很意外，但因自顧不暇，也沒有去弄清始末。

據說，從一九四七年到一九五七年，謝雪紅作為在大陸的臺灣人，十年間配合中國共產黨的對臺政策，可以說殫精竭慮。許多年後，偶然讀到一篇類似記錄的文字，謝雪紅這位老革命的遭遇還是叫我大吃一驚——

一九五七年十二月初，已是反右派鬥爭高潮過後，在臺盟「整風會議」的第七次會議上，會議主持人李某某說：「我們已經認清了謝雪紅的反動面目和她的本質了，今天我們堅持(要)謝雪紅承認她的一切罪狀。」

謝雪紅回答：「我謝雪紅有什麼罪？同志們聽吧，黨與毛主席要把所有留在大陸上的臺灣人一律下放，並且要一放到底，歸農落戶，對臺灣人來說這是極殘酷的，試問臺灣人民生長在一個亞熱帶地方的，住在大陸北方寒冷地帶，已經有些受不了，今天要他們到東北，要他們到西藏，要他們到……倒不如把他們早點弄死，反而乾淨。」

「我是臺灣人，向黨要求留一點臺灣人在大陸的根，他們雖都絕望，卻希望黨不要逼死他們。今天把臺灣人一律下放，這不是把天上飛的鳥送到水裏，水裏的魚兒送到岸上一樣嗎！」

「因此，我覺得下放太可怕，我在替大陸上的臺灣人，向黨要求，饒他們一條垂死的命，這樣你們就指控我反黨、反社會主義，我倒要請問一聲：是不是把臺灣人都搞死，才是共產黨，才是社會主義，我真不知道你們是怎樣想法的。」

謝雪紅用倔強的聲音答覆了主持人，這個鬥爭會就在幾個積極分子的喝罵聲中草草結束。同日下午，會議繼續進行，會議主持人指定：「謝雪紅，我現在要你交代一件事，你說過，臺灣人

不了解共產黨，不喜歡共產黨，是嗎？你是反對黨解放臺灣的政策嗎？」

　　謝雪紅說：「讓我重複一遍，我對同志們這樣說的：過去中共聲言要解放臺灣時，用我做對臺灣的宣傳工具，現在解放臺灣有困難了，就對我不滿，既然共產黨和毛主席對臺灣沒有辦法，甚至蘇聯對臺灣也沒有辦法，叫我謝雪紅有什麼辦法呢？即使我能再到臺灣去開三美堂、大華酒家也沒有用呀，我老了，我的時代過去了，我是不願把我這條老命再到臺灣去丟人的！」

　　反右派鬥爭，留給謝雪紅一條命，到了一九六八年五月，紅衛兵到謝雪紅住處抄家後，把她押往臺盟總部。她一生最大一次也是最後一次遭受的人格侮辱與肉體折磨就此發生，我不忍在這裏抄錄。六十七歲的謝雪紅病況急劇惡化。兩年以後的一九七〇年夏，身患肺癌的老人死於隆福醫院走廊，終年六十九歲，遠遠低於她那個級別的新老幹部們。

　　這個話題，到這裏還沒說完。我和從臺灣來北平參加青代會的吳克泰，一九四九年初識曾有同室之誼，到了上世紀九十年代成為知交。他告訴我，建國後不久，北京市公安局派人來廣播局，要抓捕他和從臺灣同來的葉紀東。機關保衛處不敢做主，讓他們稍待，立即請示梅益。梅益說：你告訴他們，吳、葉二人是從臺灣來的，是中央分配他們來電台工作的，工作得很好，我們沒有發現什麼問題。如果要逮捕，你們向政務院、公安部彙報，由公安部來執行。這樣給市局打了回票。後來，此事再無下文。這表明五十年代初，一部分公安人員中還保留着戰爭時期的所謂游擊習氣，實際上是不講程序，沒有規矩。然而若不是梅益以他的膽識敢於擔當，頂住，吳克泰他們倆至少要遭受一段或長或短的牢獄之災。

　　這件事倒也不是公安局無事生非，他們是接了臺盟的舉報，說吳克泰、葉紀東二人曾經組織暗殺團云云。吳克泰說這一誣告就出自謝雪紅。歷次運動翻來覆去的審查，早已證明這一誣告在

　　　　　　　　　　　　　一九四九·北平故人

法律上不能成立。是謝雪紅誤聽了傳言？讒言？還是吳、葉二人在什麼情況下開罪於她，或是她基於宗派情緒排斥異己？這是執法執紀的專案組或執筆修史的寫作組的工作範圍，我無權也無力來追尋答案了。

據說謝雪紅臨危留下三句可憐的遺言：「一，我不是右派。二，我仍然擁護黨，擁護社會主義。三，我也有錯誤。」如果她說的「錯誤」涵括了上述問題，那麼可以認為，在當時地下工作條件下，內外鬥爭複雜交錯，因情況不明而致懷疑誤會，是完全可能發生的。然則也就可以給予理解，世上本沒有不犯錯誤的人，沒有工作中全無缺點的人。

記得多年前初讀「毛選」中的整風報告，他嚴厲批評王明路線在黨內搞「殘酷鬥爭，無情打擊」，不知是王明他們當時作為正面號召的口號，還是後人所作的概括。但由此一端，就使人對王明不生好感。劉少奇有《論黨內鬥爭》，建國後好像沒有重印，影響不大。在黨內鬥爭不斷的中共，這位黨內理論權威有關著作逐漸埋沒無聞，不知什麼緣故。

人們認為「知無不言，言無不盡」，「有則改之，無則加勉」，「言者無罪，聞者足誡」這些古話，由毛澤東引用為批評與自我批評應該遵循的原則，首先適用於黨內生活；加上「從團結的願望出發」這個出發點，還有一九五五年重新標舉的「團結得像一個和睦的家庭，像一塊堅強的鋼鐵」，是與「殘酷鬥爭，無情打擊」絕緣的讓人神往的黨內民主生活的境界。言猶在耳，為什麼那麼快就把這遠未真正付諸實踐的諾言完全徹底地拋棄了呢？

有人說，這裏只強調了團結的一面，還有鬥爭的一面呢，毛澤東的辯證法是對敵狠，對己和。這個六字訣原則在革命過程中也是不錯的。連雷鋒的名言「對同志像春天一樣溫暖，對敵人像冬天一樣殘酷無情」，也承認「殘酷鬥爭，無情打擊」是適用於敵對者而不適用於同志間的倫理，然而這是以分清敵我為前提

的，到了有政治特權的人(像延安整風時的康生等人)可以隨意濫劃敵人，到處把人當敵人對待，就不知伊于胡底了。

中國共產黨，按毛澤東的說法，是信奉「鬥爭哲學」的群體，而在鬥爭中往往又堅執到必欲「你死我活」，不留餘地，這樣一路下來，以階級鬥爭和路線鬥爭(黨內鬥爭，卻經常擴大到黨外)為職志，發展到十年浩劫，「紅色恐怖」，到處是撕裂和敵意，追捕與逃匿，過來人至今猶有餘悸，就無話可說了。

機關是一個小社會，也連接着外面的大社會(一)

七八月間某一天，新聞科的人又來叫我聽電話。一接電話，是我姐姐，高興地劈頭就告訴我，「我分配工作了！」

姐姐邵燕生在一九四九年暑假如期從輔仁大學生物系畢業。這一屆北平的大學畢業生，都到清華園集訓，這我聽母親說過。無非像我們上華大，灌輸新理論、新觀點，樹立革命人生觀。沒想到，一個月不到就結業了。

我好奇地問：「分到哪兒了？」

「華北人民政府，就在外交部街。」

「幹什麼工作？」

「當秘書。」

「你還能當秘書吶？」我質疑。接着又說了一兩句話，姐姐只是報個信，就掛斷了。

這時從辦公桌後站起一位老同志，問我：「你跟誰通電話呢？」

我說是我姐姐。

老同志批評我：「對你姐姐，怎麼能這樣看不起！」大概是指我說「你還能當秘書吶」的輕視的口氣。

「對什麼人說話，都要有禮貌。」老同志說。

我訥訥而退。

質疑我姐姐之做秘書工作，說是輕慢也罷，不禮貌也罷，是因為在我心目中，如果機關有三個官，一正一副的主官之後，第三位就是秘書了。我坐井觀天有限的見識裏，過去官府衙門裏的秘書，似乎都屬於上層。即使不參與決策，也代表官長的意向、態度、聲音。後來，我才發現，從解放區帶進城來的體制中，秘書一職普泛化，設一個秘書科、秘書組，所有的幹事都叫秘書，所以到一個機關，常見「秘書」們幹的是跑腿的活兒，這多半是所謂行政秘書，更不用説還有生活秘書，完全是服務性的。——我不是看不起服務性，還有什麼比「為人民服務」更崇高的呢！

一時我也擇不清姐姐的工作和我的認知的關係，當然更不會跟左漠野同志去狡辯。

大家都叫他漠野同志，當時似是代表編輯部來管新聞廣播這一塊。跟我沒有直接領導關係。可以說，此後幾十年他除了代班看看我發的稿子，從來都沒當過我的頂頭上司。但他幾十年來一直關注着我。不知道是不是就在聽我電話時，我就以一個沒禮貌的野孩子進入他的視野。估計後來對我的印象逐漸好轉，幾十年以長者的慈愛待我。當他到了古稀之年，聽說我陷入一個低谷，竟不顧體力，從復興門外真武廟輾轉換車到和平門外虎坊路，來我家存問，什麼時候想起，感到溫暖的同時，總有一股歉疚之情。

當年在接觸中，他一口湖南官話，書生氣十足。有時，比如他在辦公桌上找稿子，或什麼文件，半天找不到，又手忙腳亂翻抽屜，好像忽然才發現了面前還有人等着，就會連聲念叨着sorry，sorry……一九五九年彭德懷案引發全國的反右傾運動，他正為這位舊日的直接上級深感不平，卻偏偏在食堂犯了書生氣，隨口念叨了一句「長鋏歸來兮，食無魚」，一下子淪為「攻擊三面紅旗導致生產凋敝、供應匱乏」的「右傾機會主義分子」，

是繼續為彭德懷發放炮彈，遭到批判是「合理的」，即合乎當時邏輯的。

漠野是「一二·九」運動時北平師範大學的學生，抗戰開始不久到了八路軍總部。這個大學生很受總部首長的器重。那時重慶派駐八路軍總部一個聯絡官，就由左漠野負責接待和應對，自然也要不斷彙報其動向。漠野認真地幹這件工作，是總部裏日常跟這人接觸最多、談話最多的一個。此人忽然有一天不辭而別，原因不明，毫無預兆，事前我方完全沒有察覺。因而漠野便淪為審查對象。似乎這個審查持續久久，沒有結案。漠野雖然另行分配了工作，但「遺留問題」始終掛在那裏。這不是漠野本人說的，是我從老同志高而公、鄭佳他們那兒聽來的。

我劃成右派以後，儘管回原單位工作，對與工作無關的同事尤其是領導幹部，都主動疏遠，以免給他們招惹麻煩。但每逢跟漠野在路上碰見，他總要駐足，問兩句近況，而最後總是握住我的手勉我以三個字：「向前看！」這恐怕也是他在遭受懷疑和閒置時用來支撐自己的口訣。

這種盡在不言中的默契，是我和漠野忘年之交的常態。十年動亂結束後，我們反倒也用不着像一些人那樣互傾積愫。這時解除了他身負的枷鎖，一度任他為中央人民廣播電台台長，不久就離休了。稍閒下來，他從多年暗暗寫下的舊體詩精選一冊《十年詩草》，囑我為序，我才真的洞見他光明磊落的內心世界。你看他懷念彭德懷：「識得廬山真面目，人間長憶故將軍」；他思考的結果：「前車三覆長征道，仍恐沉舟在左傾」……在漠野留下的百多首詩中，晚年那種不「悲逝水」，而「望前頭」的氣概，就是他勉勵我、也用以自勉的「向前看」，請注意這跟某些人以「向前看」忽悠人淡忘歷史迥然有別，他是要求「補牢不許再亡羊」的。他返顧平生，「許身蠟燭應無淚，到老春蠶尚有絲」，但可惜屬於他的時間已不多了。最後他因病住進復興醫院一間雙

　　　　　　　　　　　一九四九·北平故人

人病房，另一患者是呼吸系統病症，他因交叉感染終告不治。又是許多年過去了，願他安息。

因這裏說到左漠野竟是因為跟國民黨方人員的工作關係受到懷疑，我又想起一個級別遠遜於他的高天真。

我來電台時，高是從鄉下進城的行政人員，似任科長。時間長了，一個個認人，人家告訴我，高天真原是從農村出來參加工作的小青年，因為聰明又可靠（「可靠」的標準，在未經重大政治考驗之前，多半是指的聽領導的話，辦事認真牢靠吧），大約在一九四七年調他去劉善本身邊工作。劉以當年國民黨空軍飛行員起義飛往延安的第一人而聞名。調高去他身邊服務，估計高已入黨，而且不言而喻，會交代給他一定的任務。大約一二年，高的工作就換班了，有人接崗，他離開劉善本，就來到同樣受重視的中央機關的廣播系統來。一切如常。高天真的這一段經歷，大家當作佳話傳說。讓人發生某些聯想的，是過了幾年，在某一次政治運動之後（或說是兩次政治運動之間），高天真悄悄調離了，據說回到他的故鄉山西忻縣。如果不是出於他個人的原因請調，例如回老家照顧老人什麼的，這樣的調動，就不甚符合當年的常規，於是下面有些議論，儘管高回到故鄉仍在地方享受原有級別待遇，乃至因是中央機關下放，而委以相當的負責職務，但議論中總感到是不是檔案中夾帶着不利的內容。熟悉左漠野因檔案中掛賬而坎壈一生的先例，這樣聯想也是順理成章的。十年浩劫之後，聽說劉善本已在某年自殺，聯想到高天真在山西忻縣，恐怕當時也免不了要受審查，但願他歷劫無恙。至於他當年是否因曾被分配到劉善本處服務，並因被懷疑而成為中央機關內部清理的對象，已經不重要了。在這樣一個以階級鬥爭為綱的大時代，活下來就是幸運的。——我這樣說，不會被譏為「活命哲學」吧，那可是劉少奇的罪名之一。還是那句話，在那「鬥爭哲學」統治

的年代，誰知道一個人什麼時候獲得什麼罪名甚至死於非命呢！

　　大約在四十年代初，有一位犧牲在貴陽監獄的「無名烈士」（當然是被懷疑或確認為共產黨人的死難者）留下兩首詩，我能從頭至尾背誦其中一首：

　　走盡崎嶇路幾程，寸心原欲救危傾。
　　黃花寂寞鎖深院，濃霧迷漫罩古城。
　　忍受折磨堪礪志，相關痛癢見交情。
　　勸君正向光明面，心自安詳氣自盈。

　　應該承認這首詩對我起的正面教育的作用，是我受用一生的。他另一首遺詩我還記得兩句：

　　殘酷並非今創舉，鬥爭何處不留痕。

　　這裏的殘酷和鬥爭，指的都是發生在與國民黨之間的敵對狀態和行為，烈士生前再有想像力，也不會預料這些同樣會發生在他嚮往的勝利之後。待我們另有了一番經歷，發現在某種意義上說，這兩句詩類似咒語，竟是「放諸四海而皆準」的，還不可怕嗎！？
　　而在我們遠沒有這另一番經歷之前，在一九四九年的下半年，「殘酷」這兩個字一度成為我的口頭語。
　　絕無深意，只是我們才從華大調來的幾個人之間，聊天鬥嘴，語不驚人死不休似的，就像「國罵」之成為「話語零碎兒」，從我開始，常把「真殘酷」這個詞兒，當作對一些極致現象的形容，動不動就：「真殘酷！」既沒有政治涵義，也沒有政治影射，例如，在街上看到一個醜女人，不一定是長得怎麼樣，

而是打扮或表情或行止特殊，就輪到我們説「真殘酷」了。

先是我們五六個人之間默契，後來因有幾位分到新華社籌辦新聞訓練班的華大同學，也受了傳染，開始説「真殘酷」。據説可敬的陳翰伯同志(他是新華社新聞學院前身，這個新訓班的創辦者和首任主持人)，居然也在開大會作報告時，説什麼事情「真殘酷」了。

所幸後來此風適可而止，也許是説者嫌「頻」(所謂「耍貧嘴」之「貧」)了，也許是誰悟到這樣傳説本身就「真殘酷」，於是，不像人為地制止，而是自發地生滅。這種語言現象其實很平常。近年一些網絡新詞就是證明，它們的「應運而生」，或是為了加重語氣，或是為了引人注意——從正面説叫「吸引眼球」，從貶義説是「嘩眾取寵」，也是其興也勃焉，其亡也忽焉，某個詞典也許正要將之入典的，忽然就從網絡上消失了。

半個多世紀後回望，沒經過真正的殘酷的人，把殘酷兩字説着玩兒，有了可稱殘酷的閱歷的人，倒往往諱言殘酷了。

機關是一個小社會，也連接着外面的大社會(二)

在機關這個小社會裏，每天足足八小時，長於今之所謂朝九晚五。我們單身，一般在機關食堂吃罷晚飯，才回宿舍。

在我，只有星期天回家一趟，這父母之家還屬於大社會的一部分。舊日同學包括地下黨的朋友們，忙於自己崗位工作，也已很少發生「橫的關係」，這時早結束了秘密狀態，其實不限制我們之間打通「橫的關係」了。

現在回想，關於沈從文先生，還是四月在正定接到吳小如的信，得知他一度自殺未遂。我回到北京，就沒再跟小如見面，他回天津工商學院(後一度改稱津沽大學)任教(直到一九五一年到燕京大學作高名凱教授的助教，當時高名凱跟他合譯的《巴爾扎

克傳》剛從上海海燕書店出版)。在天津的小如對古城的動向已經隔膜。沈從文到了革大(全稱華北人民革命大學),這個消息不記得是誰傳告給我的。我想,能去革大學習,表明沈先生的健康大概恢復了,這就好。許多年後,也只是聽說沈先生在革大,最不習慣的是扭秧歌,云云,是當作軼事談資相傳的。直到二〇一五年春,才在《南方周末》上看到一篇林建剛的鉤沉文字,說沈從文曾著文「統戰胡適」,根據的是馬逢華(我在五十年代初讀過馬四十年代的詩集《北望集》)的回憶。馬逢華當年在沈先生處看到他寫的《給胡適之先生的一封公開信》,曾說不如不寫,勸他不要拿出去。沈連連搖頭,似乎有難言之隱,可以看出受到精神壓力。不過我不記得當時報上刊出過,該是沒有過關,胎死腹中了。

文章還提到著名的史學家陳垣《給胡適之一封公開信》,說刊發在《人民日報》上。我有些模糊印象,但當時沒有細看,以為一篇時文而已。據林文說,陳垣老先生在信中描寫了北平的新氣象,並慷慨激昂地告訴胡適,「你應該正視現實,你應該轉向人民,幡然覺悟,真心真意的向青年學習,重新用真正的科學的方法來分析、批判你過去所有的學識,拿來為廣大的人民服務。」

人總是事後聰明,請今天的讀者看看,以胡適的智商,他看了這封老友署名的公開信,能相信這封信出自與陳寅恪齊名的「南北二陳」之一的史學大師陳垣之手嗎?這封公開信直呼其名,連個敬稱「先生」都不肯寫,這是老一代學人的風度嗎?居高臨下的語勢,平時的陳垣對學生也不會這樣,明明是最後通牒,勒令其「轉向人民」,這口氣也不合陳先生大學校長和學者的身份。至於「幡然覺悟」云云,借用了佛家「覺悟」一詞,卻是要受信人「批判過去所有的學識」,舊日學術之不存,那位舊日的胡適之安在?一個空空如也舊皮囊,讓他拿什麼來「為廣大的人民服務」?拿這封信一樣的空話嗎?

　　　　　　　　　　　　一九四九·北平故人

偏偏這封一看就不是陳垣親筆的贗品，通過審查，登諸黨報了。而沈從文的親筆信落選。

據馬逢華回憶，沈信大意說，中國大陸當前的局面，是由中共領導，犧牲了幾百萬生命，換得來的。他自己過去既沒有對「革命」盡過力，現在只要還能對中共有些好處，那麼即令把他犧牲進去，似乎也是應該的。

這幾句話，像是沈先生在革大學習會上的發言，卻不是一般的表態，而近似他在取得全國政權的勝利者面前的懺悔。

據說沈信接着勸說胡適和其他離開大陸的中國學者們，國內大勢已成定局，你們若還心存觀望，等候國際局面變化，恐怕只是一種幻想，最好及時回國，來「為人民服務」。胡適也好，別的熟悉沈先生的人也好，從這樣的聲口，便可斷定文若其人，包括沈自己對國內局勢的判斷，對對方心理活動的揣摩，以至對對方的期待，都是留有餘地的，尊重對方選擇的。

比起陳垣那封信來，這封信顯得更真誠，但同時也顯得「統戰」對方的底氣不足，雖說曉以利害，卻並非理直氣壯。設想胡適若能看到此信，一定相信這是沈從文親筆，但要像沈從文那樣，自己認可追隨這場革命中的幾百萬犧牲者，把自己「犧牲進去」，胡適做不到，沈說「似乎也是應該的」，胡適肯定認為不應該。

北平主管統戰宣傳的人士沒有批准沈信發表，顯然認為這是一個舊知識分子無可奈何的哀鳴，什麼「似乎」啦「恐怕」啦「最好……」啦，過於消極，達不到預期的效果。

他們批准陳垣的公開信發表，就以為能夠達到預期的效果嗎？如果他們真是這樣想，那就是不稱職。看看周恩來這位統戰老手，他筆下寫給統戰對象的信，例如他跟鄧穎超聯署寫給宋美齡的信，那是何等的委婉，曲尊紆貴，哪裏像這樣虛聲恫嚇，盛氣凌人！明明是昭告天下，此乃《敦促杜聿明等投降書》的翻

版，但陳垣先生並不是人民解放軍抓戰犯的代言人啊！

胡適如果看到這封信，肯定一眼看出這是有人捉刀代筆炮製出來的，他怎能相信多年故人，居然「士別三日，當刮目相看」，連文風也倏然大變！而竟期待胡適就此完全否定了自己，也太低估了胡某自尊自信的人格！本來已經有敕封胡適為戰犯的公告在前，加上這樣的「故人」來信，儘管又托人帶口信去，許胡適以北京圖書館館長之職，等等，等等，在胡適眼中，豈不形同兒戲！

想來，能合這類審稿人口味的文字，只能讓胡適反胃。

這樣的統戰宣傳，維護了主持者的戰鬥形象，也許在嗣後政治運動等內部鬥爭裏抓「投降主義」典型的時候，得以苟全了吧。但從統戰的效果來檢驗，卻該承認是不折不扣的愚蠢之舉。

一九四九年下半年，我在電台的資料編輯科工作，主要是按領導指定的篇目，來處理新華社和各地方報上的專稿，壓縮或綜編；此外，登記各地見報的，許多是新任的地方黨政軍領導幹部名單。每天瀏覽大量的地方報。當時報上主要內容，一是「軍隊向前進」，一是「生產長一寸」，但除了東北和上海、天津外，關於工業生產報導較少，大量是春耕秋收的消息。政治新聞則多是各界群眾特別是新區群眾的表態，以「基本群眾」即工農勞動者對新政權的擁護愛戴感恩為主。老知識分子能上新聞版面的，多是頭面人物。像陳垣這樣的隔海喊話，並不多見，想是經過慎重遴選的。當時沈從文在革大改造思想，叫他給胡適寫那封信，帶有考驗其改造程度的意圖吧。

黨報上大登特登高校知識分子中知名學者的「自我批評」——實際是認領「原罪」的自辱供狀，是以抗美援朝名義在朝鮮參戰之後，意在「清理後方」的鬥爭的一部分，接上一九四九年批判美國國務卿艾其遜《白皮書》的舊案，那位美國

佬引中國的民主個人主義者為同道，可把大陸上留學美國的，去過西方的，受過「五四」新文化運動思想啟蒙的一代知識分子害苦了。在新的執政者眼中，這不是潛伏大陸的「第五縱隊」麼。終於在對美國開戰以後，勒令他們一個一個交代歷史和海外師友等社會關係，承認曾有「崇美，恐美，媚美」等反動傾向，藉以同帝國主義劃清界限。那才正式開始一個「知識分子思想改造運動」，是兩年以後的後話了。

在十月一日正式建國之前，忙的是建國，先要通過發表言論，派出使節，爭取蘇聯這個「沒有共產國際的共產國際」尤其是斯大林大元帥的理解和支持。十月一日以後，又忙於在國際上建立外交關係，且不說華南、西南、西北的內戰還在進行。從報面上，幾乎看不到有關一般知識分子的報導。之前內戰時期在共產黨領導或影響下的左派報紙上，經常大量報導青年學生在「第二條戰線」上鬧學潮，進步教授紛紛發表口頭言論、書面聲明堅決支持的盛況不見了，自然是有大批學生參軍南下，那麼留下的青年們都回到課堂，在老師們教誨下一心讀書去了嗎？

當時我不大知道學校裏的事情。後來才知道，青年學生都被組織起來「教育」老師們去了。「子教三娘」的事情並不是一九六六年「文革」以後才發生的，早就預演過一遍。只是其中的細節來龍去脈，要到本世紀初才從例如陳徒手們梳理檔案的著作裏看到個大概，以及一些令人驚悚的細節。

又是「後來才知道」，一「後」半世紀！要等到上不了「新聞紙」的新聞，變成上不了歷史書的歷史，還虧得有人揭開歷史帷幕的一角。

就以我們所關注的沈從文來說，他所在的那個革大，跟我所上的華大並列的政治訓練班性質的單位，有同也有異。華大學員的主體是青年學生，經過短期學習就南下接管「新解放區」，充當各條戰線的基層幹部了。而看看革大畢業的名單，竟多是中年

以上的社會人員，有不少中老年知識分子，且是在各界有成就的知名人士，在某種意義上都是統戰對象吧。他們的學習期限，似乎比華大長得多，一年，兩年結不了業的都有，最後分配工作單位，也比分配華大的學員要難。其間的「學習」過程和主要課程又如何？

華大學員走光了以後，在此基礎上成立了中國人民大學。革大把學員們分配走了以後，似乎就消失了。

沈從文教授結業後分到了故宮博物院。女詩人陳敬容分配到最高人民法院，據説用其德文。書畫家黃苗子分到人民美術出版社，總算還對路吧。

革大的學員中不乏能文之士，但半個多世紀以來，也許是我孤陋寡聞，總未見有人較為翔實地説説那一段生活，既沒有歌頌其以嶄新的學習方式促使自己在思想改造的大道上高歌猛進，也沒人憶及在西苑那方舊軍營裏，因思想鬥爭而苦惱，彷徨，懺悔，覺醒或迷茫。都埋在內心深處了。

我跟陳敬容、黃苗子二位前輩，應該説過從較多，但不知怎麼，從來沒有涉及過革大的話題。見面有很多談資，我竟從來沒問過這件事。苗子先生不憚憶舊，但只見他寫過二三百字短文，説起在革大時一次與牆報有關的小事，我也看過就忘了。

這就是直到「後來也不知道」。

也許世界上有些事，是有人不願意讓人知道的。有些事，是當事人不願意説，或想説卻有人不讓説的。

是不是世界上有些事，是不必讓當事人以外的人知道的？

如果是好事，更多的人知道有什麼不好？如果是壞事，多數人都不知道，無從汲取教訓，難保不會重複發生吧？

我剛參加工作那陣，一心想的是做好本職工作，同時也不甘心無以一鳴此盛世，總想能寫出公認的好詩來。

這樣心無旁騖，説得好聽是一心幹革命，挑剔的話，就是兩耳不聞窗外事了。

時間有限，要讀讀寫寫，時間全被佔去。跟過去的同學、師友都疏於聯絡，有個藉口是大家都忙。這倒也是。

不過，如果有同學師友的消息，還是樂於聽説的。

在電台小小的圈子裏，有一天居然説起了周定一先生。

電台播音科那時一群年輕的女播音員，吱吱喳喳的，差不多都是北平的大中學生，去年奔赴解放區的，立馬轉回來接管了。那個剪成男孩子髮式的叫劉淮，原是北京大學中文系讀一年級的，我就問她，教你們大一國文的，是周定一先生吧？她説正是，她問我怎麼認識的，隨後説，有些進步同學説他「思想反動」。我心想，這不奇怪，他跟沈從文聯名主編《平明日報》的「星期藝文」，沈從文已經被郭沫若斥為「反動文藝」的代表之一了，跟他走在一起的能不「反動」嗎？北大西語系教師裏的詩人袁可嘉，不是已經被「進步」同學斥為「無恥之尤」了嗎？

不過，劉淮顯然並不認為周定一「反動」。劉淮的愛人是寧可，因為人瘦瘦的戴眼鏡，大家管他叫「甘地」。其實他這個「寧可」也只是去解放區的化名，就這麼沿襲下來了。我猜他化名寧可，是因為劉淮原名劉寧的緣故。寧可原名黎先智，哦，我想起來，就在周定一負責編輯的《星期藝文》上，我見過他寫的有關屈原的考證文字，那應該是在周先生寫作課上的作業吧。

我在黎風編發的《詩號角》一九四九年三月出的總第五期上，還看到寧可不久前去解放區路上寫的詩。不過，他後來棄詩從史，直到在北京師範學院(後改為首都師範大學)的教學崗位上終身執鞭，不斷在歷史研究類的刊物上發表論文，我看仍是從志趣出發的智力勞動的結晶，不像後來為評職稱而寫作的貨色。一個人一輩子保持專一的方向，不為名利而「戰」，不同流俗，該屬於「老派」了。

劉淮是熱愛她的播音工作的，卻沒讓她貫徹始終。五十年代初期，她就調到新建的少兒廣播部當編輯了。起初我沒大注意，以為是要用她中文系的功底，她的編寫確也不弱於她的播音，能夠很好地完成任務。但後來恍惚聽說，她的工作調動，是因為家庭關係，不適於在播音第一線。當年錄音器材有限，不少節目都不在事前錄音，而是直接播出的，播音員處在「第一線」，必須是「政治上可靠」的人，否則他(或她)在麥克風前面胡說些什麼，影響多麼嚴重！那時候倒還沒有像洞察一切的偉大領袖那樣要對「通過廣播搞政變」防患於未然，但領導上傳達蘇聯廣播工作的先進經驗裏，可就有一條嚴刑峻法的先例：一個播音員在結束晚間廣播的一刹那，關掉播出按鈕之前，打了一個哈欠。這個播音員被判了有期徒刑。我們聽了沒感到有什麼不妥，用來惕勵自己吧。

　　劉淮家庭有什麼問題？好像聽說他父親抗戰時期在陝西公路方面做過小官，大約在五十年代初期，可能即所謂「(各級黨政機關)清理內部」時，宣佈為不適於擔任公職的人。我也沒以為是什麼事。我的三叔就是這樣的情況，他以國軍少將軍銜在上海向第三野戰軍辦了交接之後，先分配到浙江省衛生廳，工作了兩三年，就遣散回鄉，後來到老家鄉鎮去當鄉村醫生了。

　　又過了幾年，劉淮又不容於廣播電台這個被認定的「要害部門」，索性調出，還好，去跟「甘地」為伍，上師院中文系教書，是不是也像周定一先生當年那樣，教大一國文和寫作課？而她的處境，怕就不如定一先生的後半生了。

　　劉淮家庭到底有什麼問題？記得她說原名劉寧，是因為出生在南京。她家的孩子都以出生地命名，如她一個妹妹生在重慶，就叫劉渝。這個劉渝，大約一九五六年我去一個高校(可能是北京鐵道學院)參加活動，曾經遇到過在那裏學習的劉渝，那時劉淮還沒調出。……也許由這裏可以看出，她們一家是隨着國民政

府內遷的？然而，這能說明什麼？我也只能是循着審幹人員的思路猜測罷了。

又是「後來才知道」，八九十年代間，湖南老友楊弘征介紹一位雜文作者劉克定與我通信，這是一位十分懂得老派規矩的中年人，不久他去深圳打文化工，並不廢讀書寫作，其雜文走了文史隨筆的路子，頗有可讀。通信多了，我才知道他是劉淮的堂弟。劉淮去世後，我在通信中表示了哀輓之情，後來從他處，我了解到他們一家的詳情。頗像龍應台的《大江大海一九四九》，這也是個五兄弟因國內政治而離散但親情不泯的大家庭的故事。

劉淮的父親名叫劉亞東，湖南華容人，曾任過國民政府不大不小的官，包括短期縣長。母親趙如璋，兩人曾同去日本留學，分別就讀於明治大學社會系、日本大學新聞系。趙回國後做過報紙編輯。當然都是民國年間的事。

劉淮的父親一輩共五兄弟，彼此感情很深，劉亞東居長。因此劉淮有四位叔父。

二叔劉召東，保定陸軍軍官大學畢業，中國遠征軍二〇集團軍參謀長（中將），指揮收復騰衝，獲青天白日勳章。一九四七年安排遠征軍士兵回川，未及赴臺，後擬趕往海南島搭船去臺，在途中火車上被捕，關押重慶。初時待遇優厚，每週可以回家一次。一九五〇年風雲突變，被處決。起因據說是何長工（也是華容人，曾替毛澤東上井岡山打前站，建國後任地質部領導）家人在革命時期被殺，疑為劉召東部下所為。而何長工昔日曾是劉亞東的好友。

三叔劉漢東，軍統新疆地區負責人，新疆「和平解放」前夕，中共做了大量工作，包爾漢等新疆負責人準備簽字聲明和平解放。但劉漢東說：你們簽字我不反對，但我身不由己，惟迴避一途。當時包爾漢等以及中共方面表示理解，派出一個連護送劉漢東一家從山路出境，據說他的妻子硬是拽着馬尾巴爬過高地，

輾轉出境，後飛經帕米爾高原經巴基斯坦印度泰國抵香港。五十年代，被臺灣任命為保密局情報處處長。大陸第一屆全國政協會上，包爾漢有一個講話，歡迎劉漢東回來，據説給他留了一個全國政協副主席的席位。劉漢東與大哥劉亞東感情深厚，他的就讀於日本警官學校，是因大哥保送。一九八三年病故。

四叔劉旭東，老實本分，在湖南鄉下當教師。後病故。

五叔劉鎮東，在五兄弟中最小。湖南大學政治系畢業，學士學位，在湖南國民政府法制室供職，解放後在湖南省商業廳工作。因家庭影響，一九五一年被「勞改」五年，躲過「反右」。出獄後生活無着，代課為生（他的數學相當好），因勞改過勞傷身，體弱多病，死於長沙。

有一首我從小時就能背誦的白居易詩，七律的後四句：

吊影分為千里雁，辭根散作九秋蓬。

共看明月應垂淚，一夜鄉心五處同。

這不正像是千年前預為他們一家而寫的嗎？*

---

* 劉克定保存了他的三伯父即由新疆輾轉去臺灣的劉漢東的兩封信。一是他從香港寫給大哥劉亞東的覆信，日期不詳，總是在他一九八三年去世之前的二三年間：

長兄如見：

三十八九年間（邵按：指一九四九──一九五〇年間）在香港曾接兄自北平來信，從此確知兄嫂已安抵北平，生活得由侄輩照顧，弟心大慰。為照顧兄之環境，深恐因弟所累，強忍不予回信，但此心所繫，未能一刻忘也。後來陸續得知大姐去世及國童之不幸，雖均不悉其詳，而兄之悲傷欲絕，自在意料之中。弟與玉意均同感哀悼。南京一別，距今已三十七年，父母弟現僅兄我兩人倖存。兄已八三高齡，弟亦七十六歲之老年，世事如幻，惡夢一場，夫復何言！兄一生忠厚，在生活極度艱困中培育子女，提攜弟輩，已盡其為父為兄之最大責任而了無遺憾，務希開朗豁達，安享餘年，一切均已過去，不再追憶。弟三十七年秋攜眷越帕米爾高原經巴斯坦印度泰國抵香港。乃康兄妹均已大學英語系畢業；乃康任德國航空公司經理，妹妹原任英航秘書，前年患腦膜腫經開刀手術恢復後現在家休

一九四九·北平故人

這個大家庭，有「殺、關、管」對象，有去臺的軍統特務，子侄們自然也被視為危險分子了。

　　劉淮是大哥劉亞東的女兒，劉克定是五弟劉鎮東的長子。六十多年間，這堂姐弟先後成為我的同事或文友，他們的人生道路都曾受到家庭背景的牽連，他們的心，遠不是周恩來反覆申說的

養，兄妹均未完婚，至今仍是四口之家，一家生活完全由乃康負擔。弟因盲腸、頸項內腫瘤、膽結石先後三次開刀；膽囊已完全割除，健康仍甚良好。兄性情爽朗而能長壽，弟當自勉，期能有生之年與兄重聚，不幸事與願違，亦將追隨兄於地下。兄之於弟，天高地厚，無兄之帶領，即無弟之成長，弟之一切皆兄所賜，刻骨銘心，永難忘懷。寥寥數行，不能盡其萬一。唯一可資安慰者，弟知兄在侄女照顧之下生活安定，看到相片健康並不太差，相片上之親筆簽名，筆力仍甚蒼勁。前聞兄手臂顫抖，不便作書，似已大有進步。乍見之下，雖熱淚盈眶而仍滿心喜悅，但不知身旁之年輕人為誰？茲寄上相片四張，兄看到弟雖已老而侄輩均已成長，必甚感欣慰也。
　　專此敬祝
健康

三弟道中上
玉意候安

　　弟至今不知兄之確實通訊處，轉來轉去非常麻煩，請來信告知。弟之通訊處為「香港九龍官塘康利道十一號樂意圍二四〇四」
　　另相片四張

第二封信是劉漢東寫給侄子劉民初（即劉克定）的覆信，一九八一年一月二十五日收到：
民初賢侄：
　　來信均已收到，細閱字跡語氣，似係汝父執筆，但並未說明汝父母之情形，甚為掛念。卅載別離，得知家中概略，倍感安慰，亦平添幾許哀愁。往事如煙，不堪回首，已成追憶。大伯現在何處？健康何如？希告其詳細地址。四伯一家現住何處，情形如何，信中未見提及。二伯母（素容）現住何處？大姑情形如何？均盼詳告。我等均安，生活差堪維持。茲寄來港幣貳佰元，聊表心意。馮伯伯熱誠幫忙，十分難得，非常感激，已再三道謝。專此順祝
闔家安康

三伯手啟

邵按，此信中的馮伯伯，看來人在香港，當為收轉信件的熱心人。

「有成份論，不唯成份論，重在現實表現」幾句話所能安撫的。

　　播音科還有一個杜婉華，也是從北平到解放區去，然後回來的。她在學校時已經入黨。她那時黨組織關係的聯繫人是胡泓，我認識，一個年紀略長於我們的大姐。

　　那是一九四七年春天，「五‧二〇」運動之前。滙文地下黨的周世賢知道我愛好文學，帶我去參加一個跨學校跨行業的文學團體的活動，團體叫「文友聯誼會」，集會地點在地安門西一個叫做「學生公社」的院子裏，這個學生公社可能是輔仁大學一個非政治性的活動場地。讓我內心驚異的是社團裏有許多「大人」，從現在看來頂多三十歲左右，當時我覺得這些成年人屬於兄長一輩，比如惠中女中的白大姐，就彷彿我中小學時的老師。還有在北京大學當職員的何挹彭，在一家銀行當職員的管文熊，因後來還有一點來往，記得非常清楚。如何挹彭，我讀了他在《華文大阪每日》上一篇關於知堂的讀書隨筆，文字十分老到，幾無煙火氣，讀其文，想不到作者會來參加我們這樣的集會，一起高談馬凡陀的山歌，聽朗誦艾青的《索雅》（詩中的索雅後來通用的譯名是卓婭）……主持者叫老陳，在美國新聞處工作，後來聽周世賢說起過，他似乎不屬於地下黨的學委，而是負責社會人士那一部分的，當然聯繫面廣泛得多。朗誦艾青詩的叫黎陽，意氣風發，後來知道他和五十年代《文藝報》的楊犁是一對，所取化名換字不換音，從西南聯大並翅飛到古城的北京大學，又一起去的解放區。誰知反右派鬥爭中楊犁折翅，兩人被迫勞燕分飛。楊犁已故，願他安息；黎陽(李鳳儀)聞在山西定居，祝她健康。

　　這話說遠了……在座的還有輔仁大學的學生，因我姐姐也在那裏讀書，我記住一個孫樹蒨的名字，是想問我姐姐認識不認識，誰料「八‧一九」大逮捕時，就在報上公佈逮捕學生的黑名單裏看到了這個名字，為之憮然。大家在會上討論很熱烈，我怯

　　　　　　　　　　　　一九四九‧北平故人

陣，沒發言。會上決定辦一個會員互相交流的小刊物，向大家徵稿，我會後很積極地立即寫了一個短篇小說《太平鼓》，交給了周世賢，不久，反饑餓反內戰的學潮起來，我們各自參與校內的活動，這個以文會友的跨行業團體就息影了，沒再恢復。

我在會上認識了胡泓，一位微胖的大姐，挺憨厚的，不知為借書還是什麼事情，我到過她家，在北池子路西，一溜相似的小門中的一個。進門的院子，北房住着書畫家兼篆刻家王青芳，我在報上見過他的作品和介紹文章。胡泓住在裏院西房，和老母親住在一起。老太太對晚輩非常和氣。聽說胡泓還有一個妹妹，在中學，我沒見過。原來胡泓不是本名，她們姐兒倆，一個叫胡令蓉，一個叫胡令怡，我因只叫胡泓，她們二人各用什麼本名一直沒弄清。

這年暑假以後，我從船板胡同家門口的滙文，轉學到燈市口的育英，下午放學，經常去沙灘北大紅樓的「子民圖書室」還書借書，完了，時間還早，我出門往西，不遠轉入北池子，到胡泓家裏串門，小坐聊天，我只知道她在家養病，不知道她一邊養病，一邊也還有組織生活和組織活動。我更不知道她的母親也是一位共產黨員。我沒把已經加入民聯的事告訴過她們，她們更不會跟我打通橫的關係。現在想想，胡泓沒有把我當作積極分子來培養的任務，她知道我在滙文歸周世賢他們帶領，到育英也有人管。那麼我們之間完全是私人的過從。在她和老太太眼裏，這個政治上幼稚的孩子本質還好，政治傾向也沒問題，聽我毫無遮攔的談天說地，大家都可以解解悶兒。這樣的過訪，應該也沒耽誤他們母女嚴肅的正事吧。

老來回首，我當時該是有一種傾訴的願望，在家裏沒有機會，在育英，跟民聯小組的人，反倒要疏遠些，以免行迹為人注意，一般同學因是新來插班，無人可以深談；寫詩作文可以抒情也可以敘事，畢竟隔着一層紙。找到胡泓，她能容忍我的海闊天空，幸好我是個孩子，街坊鄰里也都不會格外的注意起疑。其實

我這是沒有任何政治意味的走動，看來革命歷史上通過小孩搞交通傳「雞毛信」，確是有些道理的。

　　沒有根據，但我猜想，胡泓和她母親，同為秘密黨員，她們應該是彼此知情的。而我後來一九五一年一度同事的余鳴玖大姐，卻不知道她母親在為黨工作。她原是北平的學生，因學校地下黨的影響到了解放區，學習，工作，然後遇到沒有精神準備的審幹(一九四八年的「三查三整」)。對於從大城市來的，又是非勞動家庭出身的學生，年紀不大，歷史清楚，那還不是重點審查其家庭的階級成份嗎？家庭的經濟來源，家庭成員的政治表現，余鳴玖如實地報告，老是通不過，因為她說她母親政治上進步，包括支持她來解放區等等，大家不相信，一個家庭婦女，能有那麼高的政治覺悟嗎！說得連余鳴玖都有點動搖了，但無論如何，母親不可能是在她面前假裝進步的，這還有錯嗎？於是「三查三整」運動給她留下這麼個問號。這個疑案，一進北平城就全解決了，因為她母親是共產黨員！當年大家懷疑她女兒所說她的進步傾向，其實她在女兒面前恐怕還是有保留的，沒有把自己全部的政治觀點都說給還沒入黨的女兒聽啊！

　　在共產黨領導的革命歷程中，像這樣的母親不少，她們走上革命道路的情況有同有異，但她們表現出的堅韌，不下於黨人中的鬚眉男子。後來海默(他是四十年代育英的校友，十年浩劫中被打死在北京電影製片廠批鬥大會現場)寫過一個電影劇本《母親》，就塑造了一個這樣的典型，拍成的影片大量使用了古城的外景，如北海白塔等，我們北京人看來十分親切。與此相映的，在南方，電影《革命家庭》，記錄了上海一位老媽媽陶承和她兒女們奮鬥犧牲的事蹟。另一位，從白區跋涉到陝北，後被稱為「人瑞」的任銳老太太，孫敬文烈士的遺孀，孫維世同志的母親，不也是這樣的典型嗎？這些決心為共產主義獻身而義無反顧的革命母親們，在國民黨和日本統治下拋頭顱灑熱血無怨無悔，

永遠值得我們紀念。後代們應該加深對她們的理解。但我不願深想的是，假如任銳同志在天之靈，俯瞰到愛女維世六十年代在北京半步橋監獄中的遭遇，將何以堪！將何以堪！而我們這些追隨共產黨的革命後輩，又何以面對先人！？何以訴諸先人！？

這也是我許多年後避而沒敢打聽胡泓的媽媽五六十年代情況的一些活思想。

說起中共在白區的地下工作，我雖然只是沾那麼一點邊兒，但因時逢地下黨公開的劃時代巨變，又經歷其後歷次政治運動，眼看着那些曾經「把腦袋拴在褲腰帶」上，出生入死的老地下黨，如何遭受毫無根據的懷疑，莫須有的陷誣迫害，每每不能不頓足三歎。

由於黨的地下工作，無論在當時，甚至在後來長時期都處於保密狀態，遠不像武裝鬥爭那樣，在相當程度上得到公開的宣傳（儘管公開宣傳又有公開宣傳的問題），可以說除了些淺顯的小故事流傳，大多數人和事堙沒無聞。當時的實際參與者，有老於此道的幹將，也有初出茅廬的新手，都曾以全部生命迸發的激情和智力，不知疲倦的鬥爭，壓根兒就甘於作無名英雄；然而，他們投身的這一部分歷史進程隱去後，另有欺世盜名之徒卻可能掩蓋或偽造歷史，還有些後人為了某些小利（或大利），在例如標榜地下鬥爭片的影視劇裏，又以荒唐無稽的情節去消費這段歷史，真是令人無奈。

在這部分歷史中，無論在情報、策反等上層活動領域，還是在工人、青年、職員和平民工作等基層群眾運動領域，除了適於「諜戰片」、「警匪片」渲染的一套秘密工作方式的細節以外，大量的是意識形態與統一戰線相結合的工作，做這樣的「說客」，不是靠乾巴巴的說教，而是曉之以理，動之以情，還要有理有據，且這裏的理據都來自對象可能親炙因而好懂的現實是非和利害。

因此在共產黨的地下鬥爭中，不但有黨的組織力量，還贏得大量黨外的人甘為所用，擴大了隊伍，才取得實效。各條戰線上，秘密黨員的數量總是有限的，「縱令渾身是鐵，能打幾根釘？」但在他們周圍團結起來落實黨的意圖的人，多種多樣，簡直想像不出來。而能夠「網羅」——不，該說是吸引人們參與這一危險的事業，費過多少唇舌——不，該說是傾吐真情，是面對面又心貼心的以身示範，才能攜手奔一個目標。

我想到了電台的徐澤義。一個文靜的甚至有些蒼白的，瘦瘦的知識分子，總是文質彬彬的，從不疾言厲色。一九四九年夏天我見到他，是在青年團公開之後，在現有的團員之外，要發展個別的超過入團年齡不多的青年同志為「團友」。徐澤義是首選。他當時二十八歲，是前幾年從中國大學畢業的。私立中國大學校址在西單二龍坑，日本佔領北平的八年裏，中國大學跟有天主教背景的輔仁大學一起，保持了一定的獨立辦學空間（其校長何其鞏，抗戰勝利後，曾被國民政府任命為北平市長，時間不長去職，他在北池子的住宅前些年聞由「國管局」分配給朱鎔基居住。近年聞何氏後人申請討還房產，長期未得解決）。徐澤義聽過俞平伯、常風這些先生的課。他畢業後進入當時西長安街的電台供職。一九四九年初，中共進城人員來接管電台的時候，徐澤義和一位老梁（這是位誠樸的工程技術人員，請原諒我忘了他的名字）是代表中共地下黨（北平城工部），負責保全電台全部設備、資財，保持正常工作秩序的僅有的兩人。老梁是地下黨員，老徐並不是黨員，也不屬於中共哪個外圍組織，他們二人同心協力很好地完成了這個不能不說是艱巨的任務。

我聽徐澤義說起他的父親徐凌霄，好像一下子距離就拉近了。這位我從未見過面的老人，可是我剛上小學就知名的老報人，專欄作家。那時候家裏訂着一份大報一份小報，我們跟着母親叫「小實報」的，就是管翼賢辦的《實報》。四開對折，第三

版名為《暢觀》，版頭是一方黑底陰文草書，我開始還不認識，認了字以後，又不明白是什麼意思。緊靠着版頭，頭條位置是個方塊，每日文題變換，署名不變，是手書製版的五字人名，別人姓名兩個字三個字，這位作者卻是「凌霄漢閣主」，我也是問了大人才明白的。他的文章我看不懂，這塊版上多登些舊聞軼事，有些甚至是文言半文言的，卻盡量使士大夫趣味靠攏市民趣味，這是我今天的歸納，當時只是挑能看懂的看。記得從張篁溪、張次溪的名字，發現他們是兄弟，又發現他們住在泡子河一帶，有個小園，泡子河離我們盔甲廠小學不遠。後來長大些，對着老們寫的掌故文章逐漸發生興趣，怕是多少受到徐凌霄所編這個版面的薰染。文革中我不記得為什麼──可能是替在幹校的老徐捎信，到宣外達智橋他的舊家老屋去過一次，這是一個不成格局的小院，幾楹北房，就是已故老人家齋號所指的「凌霄漢閣」了。又四十來年過去，徐澤義兄亦已化煙而去，我卻看到了徐家後人據原稿為凌霄老人出版的長篇小說《古城斜照記》（吳小如作序），這本記述古城故事的大作，充分利用了作者作為報人的信息優勢，比一般過去的社會小說作者，視野更廣，立足更高，與張恨水的某些作品達到相應的境界，是歷史，是掌故，也是一曲時代的輓歌，或亦成為作者的自輓吧。

徐澤義生在這樣一個日常生活方式是「老北京」，職業生活和信息源又接通現代的家庭。父親是舊學根深的讀書人，飽覽了辛亥以來幾十年的世事浮沉，這不能不在家裏影響於子女的生活態度吧。

在後來的日子裏，徐澤義成了我可信賴的朋友，我什麼話都能跟他說，他從來沒有也根本不會出賣我。但有一點我卻沒有問過他，就是他在全國易幟之前，能夠冒着風險參加地下工作，為什麼走回地上，卻並不要求入黨，終身做一個當時所謂的「白丁」。

那時剛進城，黨組織停止發展，不可能吸收新黨員。但黨團

領導讓他做了「團友」，是表示另眼看待，使之區別於其他「留用人員」。留用的原電台職員，還有一個稱號是「舊人員」，儘管按約法八章原職原薪，那無言的歧視是顯而易見的。

老徐比我大一輪，對我如兄長。不但我，而且我們所有的年輕人，都體會到其人的善良。這不僅表現在他與世無爭，更在他對人對事，都抱有好心和善意，好脾氣帶來好人緣。事後我才明白，地下黨物色他這樣的人，來穩定原電台面臨大變動時期的局面，真是有眼光。

老徐這樣的表現，在當時「有用」，到了搞政治運動的節骨眼上，他當不了積極分子，降格以求跟着走也跟不緊，絕對不合潮流，與「鬥爭哲學」南轅北轍啊。後來老徐自己固然不提入黨要求，黨組織也把他看成化外之民了。

在我們都是供給制的時候，老徐雖也原職原薪，但從領導到群眾沒人歧視他。把他留在編輯部就是證明。但他並不想長期在編輯部呆下去，他的理想去處是行政處、總務科。行政處也好，總務科也好，留用人員多，老徐跟他們相處得融洽，在那裏有説有笑，如魚得水。相比之下，編輯部的人不斷增加，來自四面八方，人事反倒顯得複雜些。但這也許還不是主要的，老徐這份工作並不太緊張，也能應付裕如，但編輯部整天離不開時事，對圖內心清淨的人，有一種意識形態的甚至可説政治的煩擾。別的部門是搞運動才涉及政治，編輯部壓根兒在政治潮汐裏。

在我後來接觸和聽説的師友裏，有幾位在一九四九年前後頗有不同尋常的表現。

參與或獨自介紹了當代國際上一些重大著作的董樂山先生，四十年代在上海一度加入中共，但大約一九四七或四八年就自動離隊。據説他在地下活動期間，發現了代表組織的聯繫人有嚴重的專斷和強制傾向，看這苗頭不對，他急流勇退了。但他後來大半生從事他選定的專業，鍥而不捨，雖劃為異類而不改其志，在

思想前沿做出卓越的貢獻。數一數他的譯著，不但有十分著名的
《一九八四》，也有不那麼著名的《蘇格拉底的審判》，更有與
李慎之等合譯的《第三帝國的興亡》，從六十年代上半着手，中
經文革也沒有擱筆，終抵於成。

　　王元化夫人張可同志，一位非常受學生愛戴的祖母型老師，
原來是跟元化並肩戰鬥在地下工作第一線的女將。但一九四九年
從地下回歸地上，她認為國家從革命的非常時期進入建設的正常
時期，遂一轉身就脫黨回到書房和講堂，繼續研究她鍾愛的莎士
比亞戲劇去了，至今雖去世多年，她的所有學生都念着她為人為
學的風範。

　　我妻子在上海時的同學張佩芬也是把學業看得更重。聽說她
當年家境富裕，四十年代後期，她讀中學，曾經在經濟上支持中
共地下黨的同學，那些同學也常借她家掩護活動。可能她就在這
時入黨。但後來組織要求她中斷學業參加革命工作，她卻寧願放
棄黨籍，考入聖約翰大學後轉復旦大學，讀德語文學並終生從事
這方面的專業。五十年代來北京參加《譯文》雜誌編輯部工作。
八十年代有了業務職稱可評，她完全有資格申報譯審，但因為她
先生李文俊正在本單位——《譯文》改稱《世界文學》編輯部任
主編，為了避嫌，她沒有申報。就是這麼迂闊，又這麼清高！

　　我的老友徐澤義不汲汲於革命，但跟這三位都不盡同，屬於
另一類型。他是我見到的從地下鬥爭第一線走來，卻不求入黨，
總想遠離政治，同時也不要求從事專業工作，而要遠離文字工作
的唯一一人！要說「明哲保身」他是真的明哲，若說「放得下」
他也是真的放下了。是不是太消極了？何以致此？我現在還不明
白。但也請先不忙着給他扣「犬儒哲學」的帽子。我知道，他這
個境界，竟是許多熱誠入世，摸爬滾打，折騰過大半輩子後，說
自己大徹大悟，企圖達到而望塵莫及的。世事真是難說，人人有
權選擇自己的人生道路，走得通走不通是另外的問題了。

徐澤義説他的退守是因為身體不好，也是確實的。他神經衰弱，常年鬧失眠。為此他練太極拳，成效應該是有的，卻也改變不了多少。幸虧他愛人常玉潔是協和醫院的護士長，又是一位賢妻良母，照顧着他雖似病病怏怏卻也還算安穩地度過晚年。願他安息。

按照儒家的説法，亂世退而不出，不算錯誤。難道在一九四九年，我們千千萬萬人都歡呼迎接一個新的治世的當口，徐澤義竟預感到又一個亂世的迫近麼？

回到那個當口，怕不能跟一九六六年踴躍投入那場新的「大革命」相提並論。雖然我們這一茬人，有點像後來的紅衛兵，搖旗吶喊一陣，但紅衛兵一轉眼就被趕着上山下鄉，遠離中心，而我們在迎來「天翻地覆慨而慷」後，一時看似登堂入室，栩栩然有了「天下者我們之天下」的感覺。

我最初到電台，是陳競寰和白金來招待所「認領」的。我很快問明他們的出處。

中央廣播事業管理處幹部科長陳競寰，四川口音，原先在重慶《新華日報》，是報社的工會主席。因了他最初接我來電台，見面總會打個招呼。他不是那種長於交往，舌粲蓮花的人。為人沉靜寡言，是做政治工作常見的一種類型。

我從一九四九年到一九五六以至一九五七年，一路順風順水，在行政體制內得到重用，如我自述的「由於少年參加革命這個光環，而得到許多優越於同輩的既得利益」，其間，固然有一些領導同志、負責同志的提名，但也都是經過當時幹部科（後來改為幹部處）審查這一程序的。一九五三年支部大會通過接納我入黨後，就是陳競寰代表機關黨委正式找我談話，宣佈批准我為候補黨員。他那一番諄諄的勉勵，不是套話，我切實感到他像兄長一樣，真誠期待我成為一個不僅是夠格的黨員，而且是好黨員。

　　　　　　　　　　　　　一九四九·北平故人

一九五七年夏天，我正請了創作假在宿舍整理訪蘇詩稿《第四十個春天》，支部通知我座談。到了會上，我才知道是讓大家給黨提意見。看到陳競寰也來了，顯然是代表黨委，並且認真作記錄。大家發言不積極，在一次冷場時支部書記何光點了我的名。我隨口說了幾句，帶着牢騷性質，自以為沒有什麼分量，說過也就拋到腦後。沒想到反右派鬥爭開始後，這些親口說出且記錄在案的話，成為我「反黨反社會主義」的「現行」材料。

我作為定案的右派分子，發配河北黃驊縣中捷友誼農場勞改時，領隊是幹部處一位非常老實的訥於言的王青峰，到農場辦了交接以後，這位王同志宣佈，今後大家的生活和思想改造，都委託農場管理，但廣播局不是把大家送出去就不管了，如果有什麼意見和要求，仍然可以提出來，局裏指定邵燕祥和李楓二人負責向幹部處轉達。我和李楓原來是黨員幹部，對這種習慣式的安排大家也早就習以為常了。

那時候，陳競寰正在滄縣縣委，作為廣播局下放幹部領導小組的組長坐鎮。一九五八年「整風補課」階段，先於我下放到滄縣馬落坡鄉寶店村的謝文秀，也隨隊集中到縣裏來。於是又動員鳴放，又開展大字報，然後又從中選出典型，補劃右派。謝文秀存不住話，她從房東一戶的經濟處境說起，說着就讓人抓住辮子，上綱為宣揚高級化不如初級化，也就是反對農業合作化的升級；何況她的言論中還包含了對邵某劃右派，從人民內部變成敵我矛盾想不通，這不是翻案嗎？

提名到領導小組，討論到謝文秀，表決時，五位成員中，據說陳競寰、王治本、馬映泉三位投反對票，這樣把文秀保了下來。而他們投反對票的理由，據說只是「他們家已經劃了一個了」！

李楓比我入黨早，從上海去蘇北解放區的路上，是跟後來成為姚文元妻子的小金扮假夫妻同行的。他經過的歷練比我豐富，應該更加善於估計形勢，但也許反因為他見過大風大浪，沒料到

小溝渠也能坑人。還是他太把廣播局幹部處留下的幾句話當真了。他認同班裏一些人的看法：本來說我們是敵我矛盾按人民內部矛盾處理，但在農場管理的態度和方法上，實際上還是把我們當作敵我矛盾對待的。他寫信發回北京。我們不在一個班，當時像在監獄一樣，以彼此串連為戒，互不知聞。可是過了一段時間，恍惚聽說李楓那個班出了什麼事，從我們班的農工班長嘴裏漏出的口風，是李楓他們班裏鬧出個反改造小集團。這是夠嚇人的。但也無從問訊。許多年後，甚至是李楓已經去世後，我才大致弄清，是廣播局把李楓反映意見的信轉給了中捷農場，總場層層下轉到我們所在的三分場十四生產隊。隊領導一看，這是越級上告啊。後面就由現管的這一級來處理了。廣播局(幹部處吧)以為已經轉達農場，事情當然應由農場調查處理，以善其後。總場、分場也都各有充足理由，交代來信人所在單位具體辦理，這是多年形成的工作程序。十四隊據此批判李楓等人，屬於照章辦事，似乎也不僅無可指責，而且正是繼續堅持政治思想戰線革命的方向，把右派分子不安於「位」的囂張氣焰打下去，這是執行黨的勞改政策的需要，不但沒錯，還該受表揚呢！

這後來的一切，廣播局包括局幹部處是不知道的。一九五九年秋天，「十年大慶」前夕，中央給了廣播局兩個摘掉右派帽子的名額。廣播局黨委通過幹部處通知農場，摘帽的對象確定為邵燕祥、李楓二人，行文到十四隊，對李楓的提名打了回票，上報說他在改造期間組織小集團進行反改造活動，不同意他摘帽。廣播局倉促間顧不上核實複查，便另提一名。這樣，到九月某日在十四生產隊宣佈摘掉右派政治帽子的，就是邵某和沈紀了。

直到一九六一年間，廣播局的勞改分子全部從黃驊的農場撤出，分配各地工作，李楓也才被釋放，分到了內蒙古，做了一段中學教師和校長，一九七八、一九七九年頃才調回北京廣播學院。這時任廣播局局長的張香山，不是老廣播，對電台反右

一九四九·北平故人

派情景沒有切身感受，對錯劃為右派的人更乏同情，他採取萬無一失的辦法，即請示中辦主任汪東興，然後遵其指示，決定局裏過去劃的右派一概不再調回。李楓之成為例外，應是原黨委和幹部處的舊人，依舊記得李楓這一舊案，記得過去的欠債。早在一九五七、一九五八年反右派鬥爭後期，毛澤東在拒絕對運動依慣例進行一次例行的甄別時，說，「都戴上帽子，以後再摘嘛」。而哪些人劃右確屬無據，本應及時甄別，卻只好等將來優先摘帽，黨委（在處理人事上相應的行政單位就是幹部處）其實是心中有數的。

遺憾的是，李楓回北京，到廣播學院工作不久，就以後期肝炎不幸棄世。願他安息。

反右派以後，我跟陳競寰又一次交集，是在十年浩劫中的第二次「牛棚」。那時他已經被軍管小組「奪權」（其實在那之前，一九六二年十月毛澤東擔心廣播電台會成為政變工具，於是周恩來命楊成武調來時任六十三軍政委的丁萊夫率百名軍人進駐廣播局，由丁取梅益的一把手而代之，並重新建立黨委、政治部。陳競寰當時名義上不算被奪權，實際已經奪過一次了），跟我先後淪為專政隊的成員，相對默然，復何言哉！

八十年代，我已經離開了廣播局這個「傷心地」。甚至不願提起舊人舊事了。卻聽說五十年代我原所在中央台第三支部書記何光，在文革後一度主持廣播局工作的吳冷西手下，起草計劃、條例之類的公文，極為得力。只是口碑不好，原來他早年整我，還只算初試牛刀（當然在此之前他還整過白坪，但當時沒趕上運動，故只是以領導妥協，把白坪調開告終），後來，光是我認識的中央台組長一級幹部，就有方舒、林冬、柯雲等，都先後挨過何光的整。因此，吳冷西要提他任中央台副台長時，中央台所有部主任一致反對，只好提他到部總編室當副主任，老主任一出缺，他就順勢扶正了。艾知生代吳冷西後，也欣賞他，又要

提他為副部級，總編室全體幹部一致投反對票。那時候中組部還要搞搞「民意調查」，這一來就作罷了。何光在總編室主任任上退休之前，致力於誇稱自己在重慶《新華日報》時就已正式參加革命，以此爭取「離休」的待遇。台上的好處，下台後的好處，他都要佔着。這回遇到一個硬碰硬的阻力，就是當時新華日報社的黨委委員、工會主席，為人正派的陳競寰出具證明：何光當時只是僱傭關係，一度在報社派過報，不在固定的正式工作人員之列，且報社結束時就結清了斷了；就是說，如果讓他享受離休待遇，那麼同時許多跟報社有過聯繫的人，都應該先於何光享受這一待遇了。於是此議遂寢。

何光嗣後又在廣播局的什麼學會蟬聯一兩屆頭頭，終以病退，鬱鬱以終。大半輩子為了名利，折騰別人，也折騰了自己。不知安息也未？

當初跟陳競寰一起到招待所接引我們的白金，是總編室秘書。一段時間，工作性質決定，他在編輯部裏出出進進，上傳下達，顯得十分活躍，也十分幹練，很快我就聽說他來自上海，在那裏已經涉足社會，做過店員之類的事情，看來他的行政（包括潤滑）能力，跟一般出學校門進機關門的學生相比要強多了。他從上海到了華北解放區，在正定的華北聯大學習，是文藝學院陳企霞的學生（陳是教師，又是評論家，又是組織家，進城以後參與文藝界許多活動，很快與丁玲並列為新創辦的《文藝報》主編。那是陳企霞的黃金時代，一九五四年以後就不行了）。一九四九年時，不少大中城市裏，大大小小的出版社，還有叫書局的，文教當局還來不及都予接管、合併乃至關閉。特別像上海，本來就曾是全國的出版中心，各出版社不但繼續出新書，也還冒出新雜誌，有一種《小說》月刊，好像之前沒見過（也許早就有，只是我孤陋寡聞），裝幀、版式都不錯，上面刊發了署名

　　　　　　　　　　一九四九·北平故人

白金的小説，我去問白金，得到證實，原來他在工作之餘，還堅持文學創作，我從此對他另眼相看了，這是我小小「文青」的視角吧。

不過，沒有機會跟白金深談。一來他寫的是小説，我自知從生活積累到語言習慣，不適於再寫小説，而我又看不出白金對新詩有什麼興趣；二是他忙；再就是我的羞怯，見成年人有些怵頭，況且白金不僅是一般的成年人，看着就是善於周旋的人，有一次，我說他像「大首長」似的，這是我新接觸的詞兒，他笑説，「什麼手掌，是腳掌」，應對得敏捷而詼諧。

領導當然更早就看中他的辦事能力和交際能力，很快他從總編室消失了，原來被派去接管北平市各私營電台，轉手之間，白金把這些台整合為一個商業台，地址選在王府大街南口三間門面房，鄰近燈市口，相當於今天中華書局涵芬樓書店左近。並且說開播就開播，以文藝節目貫穿，中間插播廣告。用今天的行話，獲得很高的收聽率。特別是沿街的商家，一家捱一家地對過路人放送着這家電台安排的歌曲、曲藝、戲曲中的流行曲目，隨時更新，廣告也就跟着力求吸引各方顧客。該是白金的點子，他們及時出版袖珍本的《人民歌聲》，主要選登革命歌曲，如當時滿城飛揚的郭蘭英梆子腔韻味的《婦女自由歌》，「舊社會，好比是、黑古龍冬苦井萬丈深，井底下、壓着咱們老百姓，婦女在最底層」，還有王昆高亢的《陝北道情》《夫妻識字》*，手此一編，可以按簡譜學唱，極受市民包括工人學生歡迎，連着出了許多期，那時《歌曲》還沒創刊呢，白金他們填補了這個空白。一兩年間，怕是「獨領風騷」的暢銷小冊子了。

---

* 　《夫妻識字》頭一句就是「黑古龍冬天上出呀麼出星星，黑板上寫字亮晶晶」，跟《婦女自由歌》裏的「黑古龍冬苦井」相輝映。我一九四九年十月《歌唱北京城》詩裏「日月無光黑古龍冬」那一句，很可能就是受了這兩句歌詞的影響。

白金偶爾來六部口電台彙報或聯繫工作，他努力謙抑，但抑不住意氣風發。他是只要領導放手，就真能發揮出主動性和創造性的那一號人。誰知禍福無常，在他們這個商業台的「社會、經濟效益雙豐收」時，「三反」「五反」來了，有棗沒棗打三竿子，白金上了機關頭一批「隔離反省」即單獨關押的名單。商業台有經濟收入，獨自核算，而且進出賬不小，犯貪污罪行的嫌疑自然也大，誰敢給你打保票？運動的口號和術語是「打老虎」，按金額大小劃分大中小等級。折騰一陣以後，案情澄清，白金沒有任何經濟問題。我不知道他是否表示感謝組織上還他清白，但好像從此雖然恢復原職，卻偃旗息鼓，沒再幹出什麼動靜來。

　　白金也不再搞什麼文學，這樣，反胡風，反丁陳，以至反右派，他都遠離了是非；有些不久前在肅反中被「擴大」、受傷害的幹部群眾，反右號召鳴放時起來訴說冤情，都戴上了右派帽子，而白金對三反三緘其口，一字沒提，因此沒事，這是他的明智，還是可悲？

　　六十年代，白金負責節目部，應該說還是用他的辦事認真周密，後來什麼時候好像調到唱片社去了，從此離開編播第一線，似乎帶着投閒置散的意味。為什麼，我也不得其詳。後來不但跟他沒有工作關係，連日常接觸、碰面也少了。但每想起初進廣播電台，白金和氣的面影就浮現出來，那第一面，他是代表組織，代表黨，來迎接我這個新來者的啊。通觀他的一生，我遺憾於他沒能在文學寫作上發掘潛能，他是有這種潛能的。

　　從一九四九年六月，直到年底，左燊是我的第一個上級。他去世後我在紀念文章裏，在我的人生實錄《一個戴灰帽子的人》裏，都寫到了他對我的教益，他傳達給我們的延安生活中光明面的影響。因他一家也住在麻花宿舍，日常閒談裏知道他是河南人，參加革命前就是文學愛好者。到延安進了魯藝。他愛人黃

药，也是魯藝的。我後來猜想他們可能上的是戲劇系。一九五一年「七一」的時候，台裏的群眾性慶祝活動裏，他們還自發地演出了一台獨幕劇《同志之間》。他們雖不做文藝工作了，但熱愛文藝的初心不變。他甚至説過，進城時很想跟幾位志同道合的同志一起辦個文藝刊物。因為當時剛進城，出版管制的一套還沒建立、健全，社會上好像還保留着某些出版自由的空間；不過畢竟他們工作上一貫服從組織分配，此類願望不過説説而已。但就是説説而已，如果在一九五七年，就會惹禍上身。南京的方之、高曉聲、葉至誠、陸文夫、陳椿年等幾個人，只是説想辦個同人刊物，起個名兒《探求者》，遠沒付諸實踐，當地領導也沒視為仇讎，可叫康生知道了，不得了，立即下令追究，搞出個全國聞名的同人刊物《探求者》反黨集團來。這話説遠了。

左熒先還在編輯部，沒多久就去主持新成立的地方廣播部，管理地方台，後來又在全國範圍建立和發展有線廣播網。他還兼管國際聯絡部，那時國際事務，還只限於蘇聯和東歐的社會主義陣營。記得有一次，我去中南海開什麼會，散會出來，在停車場看到幾位老幹部，他們不認識我，我卻認出其中一位延安來的詩人，他們正談到左熒，我想到他們大概是魯藝的同學。我無意竊聽，但也沒避開，一聽，不對了，他們正在議論當天《人民日報》頭版上一條消息，好像對左熒的升遷不以為然，流露出不屑的意思。我還沒看到當天報紙，不過我想，沒聽説左熒有什麼高升的事啊？回來一看，是一條左熒參加領導人接見外賓的消息，記者寫到左熒所在單位，只怪前置主管機關名字太長，在廣播事業局之前，寫了「國務院文化教育委員會」，該寫到具體的廣播局，漏掉了，直接寫上對外聯絡部主任，被他的老同學、老戰友誤會他成為國務院文委的外聯部主任了。在已逐漸健全的行政機構序列裏，顯然官高了不止一級。我暗裏歎息，有名的革命詩人和那些老延安也不能免俗。老朋友如果真的得到擢升，大家本應

該為他慶幸，這才是人情之常啊！而如果左燊倒了楣，這些「同學少年多不賤」的昔日同窗，會不會充當幸災樂禍的角色呀？我不禁為左燊擔心了。毛澤東在《反對自由主義》一文裏，明確指出所謂老同學、老同事容易成為利益共同體，看來偉大領袖不必過分擔心了，只須在待遇上略加區別，就能把曾經的感情結合分化瓦解了。此後，讀到這位詩人的新作，總不禁想起這件芥豆小事，而對詩裏的崇高多少打點折扣。可見我的心胸之狹窄了。唉！

又過了十幾年，在河南淮陽幹校，文革中期吧，偶然聽廣播學院的人說起，運動爆發，其勢甚猛，廣院創辦者又是第一任院長的左燊首當其衝。那時率眾狠鬥他的一個亮相到一群眾組織的「革命幹部」，原是跟他朝夕共事的同僚，但謀劃刁難，用心良苦，窮追猛打，無所不用其極，問起名字，很是陌生，也就撂到一邊。左燊總算活了下來。又過了幾十年，他身後出版了紀念文集，我一翻看，那個陌生的姓名赫然在目，洋洋灑灑的一大篇紀念文章。讀來不僅是同僚，且是生前友好了，不知在哪年哪月「相逢一笑泯恩仇」的。我無意於挑撥離間，讓相隔生死的人們結仇銜恨。但名為大革命，當時也罷，後來也罷，兩造所爭，即使各有是非，也總有個是非吧，難道偉大領袖親自發動並領導的一場席捲全國的群眾運動，是從延安以來一貫反對的「無原則糾紛」嗎？群眾運動的狂潮巨瀾裏，魚龍混雜，整人者大有人在，其中固然也有不少是不動腦筋，心無定見，又膽小怕事，僅圖自保，隨大溜湊了這場「打便宜手」的熱鬧的人；更不乏頗有心計，估算利害，借此機會，以遂私心的投機之徒。他們也跟着大唸「宜粗不宜細」的經，以求脫身，乃至搖身一變，儼然「當時（條件下）是正確的，現在（條件下）也是正確的」，一貫正確的老形象了。幾十年來，這樣的戲我們看得還少嗎？誰指出這一點，反倒成了鼠目寸光，執著小節，不顧大局，斤斤於個人恩怨的可

　　　　　　　　一九四九·北平故人

憐蟲了。新時期代替了舊時期，而「娘打兒子」之類的「『整人有理』論」依然盛行一時，不是這樣嗎？

　　從我最初接觸的三四十年代參加革命的知識分子老幹部身上，我找到一個很大的共同點，百分之八十以上，都曾經是文藝愛好者，後來所謂的「文青」。他們多半在二十歲前後，甚至更早一些，由親身經歷而對當時內憂外患的現實萌生不滿，有的偏重物質方面，如經濟拮据，衣食不周，或者面臨失學失業；有的偏重精神方面，如痛感日本帝國主義的入侵，國內政治生活中的專制壓迫，家庭包辦的婚姻，其他各樣的苦悶……在他們要為自己找出路，也為國家、社會找出路的時候，求助於書籍，從當代的甚至是古典的文學作品中，發現了古今中外的前人，有反叛，有追求，有失敗，有成功，從而得到了啟發，鼓舞，也有些家境富裕的人，可能先是愛好讀書，從文學或戲劇作品接觸到現實問題。又趕上時代風雲動盪，這兩部分人都要走出家門，走出校門，走向社會，走向人生的搏鬥。在現實生活裏，他們從淪陷區走向大後方，也走向陝北或後來加上蘇北，許多人成為革命者了。其中多數人不可能幹文藝這一行，而是從事所謂「實際工作」（這種說法似乎並不準確，文藝或其他意識形態是不「實際」的嗎？）。然而，千千萬萬那一兩代青年，心目中始終保持着對魯迅、巴金，以至茅盾、曹禺等的好感和敬意，因為在他們苦悶求變的青春年華，這些「五四」作家的書曾經陪伴過他們，溫暖過他們瑟縮在寒夜裏的心。

　　這是今天的作家們得不到的忘年之交，今天的年輕人也很少從書本上去找到可能維繫一生的精神支撐或精神寄託了(但也還有讀過鐵凝《哦，香雪》的山鄉青少年立志走出山外，有路遙《平凡的人生》的農村讀者終身服膺小說主角的奮鬥道路)。時代丕變，社會更多元也更複雜，前景更分歧也更迷茫，多樣的傳

播媒介，助長了消費主義、快樂主義，精神的追求被譏為虛妄，精神的空虛甚至不知該用什麼來填充。也許那些有滿足感的人知道用什麼填充，甚至他們根本不承認自己有空虛感。只是我們這樣的落伍者成為局外人罷了。

這裏說的左熒、白金，更不用說梅益、柳蔭，他們都是從「文青」走向革命的活生生的例證。電台播音科(播音部)第一號種子齊越又是一個。抗戰時期，他在陝西漢中的西北聯大(與昆明的西南聯大相輝映)讀俄文系。一說余振的名字，我們這一代「文青」都知道這是大厚本的《萊蒙托夫詩選》等俄蘇名著的譯者和研究者，他就是俄文系的老師。齊越在那裏的同學，有詩人牛漢，還有從四十年代末就在電台工作的編輯老手楊丹。他們在校內不止一次舉辦詩歌朗誦會，朗誦俄羅斯和蘇聯的詩，也朗誦中國當代的詩，這些詩燃燒着年輕同學們的心，也招來國民黨情治部門的注意、防範和搗亂。在反覆的較量和鬥爭後，對方出手發動對學潮為首者的大逮捕。牛漢、齊越、楊丹等都撤退了。

這樣一個齊越，現在又分配在日夜面對話筒的崗位上，他能把愛詩之心和對朗誦的愛好收起來嗎？

我剛來電台時，對這位「中國的列維丹」*、著名的播音員也是仰望的，不過齊越為人也較矜持，所以我們的交集，還在往後的日子。我們的詩歌緣是注定了的。

而電台最初的播音科裏，還有一位老播音員，是從陝北台來的孟啟予。一九四七年十月，正是孟啟予以昂揚而渾厚的女聲，從陝北台向全國播出了《中國人民解放軍宣言》，當時聽過廣播

---

* 尤利·鮑里索維奇·列維丹（一九一四–一九八三），是蘇聯人感到親切的名字，長期為莫斯科電台播音員和主持人，在衛國戰爭時期他的聲音即為廣大聽眾所熟悉，一九五三年斯大林逝世的消息也是由他播報的。

　　　　　　　　　　　　一九四九·北平故人

的人們，還記得她飽滿的激情，高亢的語調：「我偉大祖國那一天能由黑暗轉入光明，我親愛同胞那一天能過人的生活，能按自己的願望選擇自己的政府，依靠我們的努力來決定。」這是她代表中國共產黨做出的鄭重許諾，當時打動了千百萬中國人的心，到一九四九年的今天，依然響徹在一切愛國者、全體同胞的心裏。

我聽孟啟予說話，一口標準的國語，很難想像她原是講一口吳儂軟語的蘇州人。她個子不高，人瘦瘦的，老同志叫她小孟，恰如其份。我和播音科的小播音員熟了，我們晚輩不能這樣叫，總要依常規稱為「孟啟予同志」。她也知道了我的名字，有一天，她叫住我，說「你是地道老北京，聲音也還可以，想把你調到播音科來，怎麼樣？」這很出我意外，我一時語塞，只是連說「我不行，我不行」，支吾而退。後來我一直想，她如果誤會我說「不行」是一種謙退之詞，就糟了。我從華大來，說好做文字工作，我願意繼續當好我這個見習資料員，可不想當見習播音員。用不着深挖思想深處，我內心裏是沒把播音工作看成跟編輯一個檔次的，無意識地覺得那不過是唸唸別人寫的稿子，而我好歹能編稿子，將來電台也該能播出我自己寫的稿子吧。再深挖，可能跟我姐姐前兩年在私營電台和軍中電台當過一陣業餘（或該叫課外）播音員有關，她只是為了掙點零用錢花，好像不用動腦筋也就對付過來了似的。左漠野聽我接聽姐姐電話時的輕慢語氣，批評過我，其實老根在我認為她沒跟我一樣關心政治和投身革命。

我姐姐在舊電台「玩」了一陣不玩了。但她在私營國華電台的同事萬書玲一直在那裏幹活養家。隨着私營電台的結束，歸到了白金主持的商業台。不知是白金，還是播音科的同志發現她的音質音色和播音質量都好，把她調來了。萬書玲起了播音名字：萬里，在一九五七年之前的幾年，成了中央台新一代女播音員中的主力。齊越對她也很器重。不幸的是她與我同命運，淪為右派

分子。我和她的交集，特別是有關她劃右以後和恢復名譽以後的生活，我在為其回憶錄《一個女播音員的命運》作的序裏詳説過。沒説到的是，她之劃右，齊越是不同意的，不但此也，反右中，齊越本人也面臨危機。因為一位從西南大區台撤銷後調來的女播音員，擔任了播音科的黨支部書記，從而在某種意義上掌握了生殺大權，往下的事情就不必多説了。

一九四九年時播音科的新一代播音員，還沒有男生。關於劉淮已經説過，還有個劉涵跟她先後去了少兒部，劉涵也略大我幾歲，對我是友好的，善意的，反右派後仍然如此。她的丈夫喬谷一直在中央民族學院和民族歌舞團工作，作曲家，他所譜的民歌風小調《朱大嫂送雞蛋》，是反映軍民關係的，曾很流行，一九四七年學潮裏，改詞成了《朱警察查戶口》諷刺那時的世情，給人印象很深。劉涵晚年在美國定居了。杜婉華是五十年代上了林業大學，在那裏的反右派鬥爭中挨過整，但保留了黨籍，後來沒有回電台，但因她早就跟楊兆麟結婚，總還住在電台宿舍，九十年代我們幾個老廣播不時聚會一下(有時孟啟予也熱心參加)。播音科一九四九年時有個最年輕的女中學生閻小雲，各方面不如她們幾位成熟，但很天真。市台有個醫藥衛生節目回答聽眾的提問，她寫了一封信，問道「我的頭髮又黃又稀，有什麼辦法」，也許落款用的是實名，也許市台回饋給她，流傳出來。播音科不知誰開的頭，一時管她叫「黃又稀」。這又可見我剛還説這些大姐姐成熟，就掌嘴了。後果是嚴重傷害了閻小雲的自尊心，她後來要求調出去，大概這是個重要原因，至少是原因之一。她離開電台，再也沒回來過，她改了行，許多年後聽説她跟一位留蘇的水利工程師結婚了。

數下來，從一九四九年起終身從事播音事業的，只剩一個費寄萍了。費寄萍是個從小就胖墩墩的姑娘。胖胖的臉蛋白裏透紅，準是從小營養好乃至營養過剩。人胖，底氣足，她的聲音像

　　　　　　　　　　　一九四九·北平故人

是發自丹田，沉穩的女中音。她去莫斯科電台一段不短的時間，聽莫斯科台華語廣播的，都熟悉她的聲音。一個她，一個稍晚來並且也去過莫斯科台不短時間的林如，她們最適合播一些文藝性的專題，娓娓敘述的，或如影劇剪輯的說明、旁白等，不屬於照本宣科的，也不是當眾公告的，而是需要靜靜收聽的節目，她們的聲音好像本身就有深度，把你帶到一定的境界裏去消化和咀嚼。

我認識了行政部門一個很有禮貌的年輕人傅錫泉，先是叫小傅，後來成了老傅，他告訴我，他從小在費寄萍家「當差」，他父親就在那裏，主人家對他們很好。費寄萍家的先人，老老年在清朝當過大官，什麼官不知道。可費寄萍這大宅門出身的小姐，一點架子也沒有，對人客氣善良，沒有任何城府，小傅就是她介紹來的。可能要適應新時代的社會氛圍，費家陸續把傭人辭退。但不是簡單的給倆月工錢遣散，還盡可能有所安排。……這樣的家庭，不遇到暴風驟雨，一時不會塌架子。一九五八年，反右以後，大躍進期間，全國快挨餓了，北影開拍《青春之歌》。導演認真，服裝道具不肯糊弄。女主角林道靜，三十年代的女學生，由謝芳扮演，旗袍好找，一塊大圍巾，標誌性的，當時商店早已斷貨，最後，還是在費寄萍家箱底裏翻出來的，可救了劇組的急。至今愛看老片子的人，想起林道靜的形象，總少不了那一條大圍巾。

費寄萍終老於電台的新三〇二宿舍。她的愛人老王，原也是北平地下黨，後來長期在市立二中當校長。文革中勢所必然地受到野蠻的衝擊。衝擊之後，他的思想據說長期逗留在五六十年代。他的女兒在大局「撥亂反正」以後，卻沒只「反」到五六十年代，她突破成見，跟一個歐洲的留學生戀愛結婚，那青年來自南斯拉夫，該是塞爾維亞人吧。一個老式家庭，經過費寄萍一代的過渡，成了一個國際家庭。誰說時代沒有進步？而一直沒聽說費寄萍是滿族八旗，然則她家是漢官了。後來我跟她沒有什麼過

從，不知她是否親見第三代，那該是「遠緣」因而格外優異聰明的混血兒了。

機關是一個小社會，也連接着外面的大社會(三)

「七一」團支部建立後，組織生活一開始是很經常的。我不記得是一週一次團小組會，還是雙週一次了。行政的生活檢討會還沒這麼密集。團總支書記張弋沒來參加過我們的小組會，但他的身影常在院裏走動，不是成天坐在食堂樓上那間團總支辦公室裏辦公。還有一個女同志叫王元的，跟張一起做團總支的事，短髮，總穿一件藍土布褪色的上衣，人挺樸素，說話爽朗明快，也許因為她說北方話，不像張弋帶着濃重的浙江口音。不過王元不久就調回新華社的團總支。好像張弋就唱獨角戲了。

我跟張弋沒有深談過。我知道他也是學生出身，大學生或高中生，後來進入華北解放區，就這麼簡單。當時我們周圍的年輕人，多半都是這麼簡單的。倒是一個又一個政治運動不斷地豐富了我們的個人檔案袋，自己填的表格，組織寫的鑒定，會議記錄，檢查交代……越弄越複雜了，人事幹部也就有永遠幹不完的事情了。我們人事部門乃至保衛部門的進城幹部，必是在我們剛來時，就看過我們的也許只有一張紙兩張紙的個人檔案，保持了第一印象，所以後來若干年間，在我戴着各種罪名的日子，也沒把我視同仇敵。我說的是像陳競寰、李先候這些「老人兒」。

大約一九五一、一九五二這兩年，忽然院裏出現幾個小女生，有時還互相追逐打鬧，原來播音科又補充新人了。其中一個劉桂英，跟張弋要好了，後來結婚了。

張弋沒找我談過話，不管是以團支部(團總支)書記的名義，或是個人間的聊天閒話，是一個空白。但在一九五五年八九月裏，有一天我正朝電台開向西長安街的大門走去，他從郵電部那

邊散步過來，叫住我，說：團中央要開積極分子大會，已經批准你參加，等正式通知吧。我一愣怔，笑説「是嗎？就怕哪天又變成消極分子了」。張弋可能沒想到我説這樣的話，沒「然茬兒」。

我也沒想到我會説出那麼一句話，最大的可能，是對「積極分子」這個稱號的直覺反應，因我事前全無所聞，沒有精神準備，忽被冠以嘉名，觸發我習慣的自嘲神經，就蹦出那麼句讖語似的預言來。

但從當時我的境遇看，根本不可能對自己的政治前途失去信心，失去安全感。也許真得挖到深層的下意識。

記得小時候，不知深淺地瞎玩的時候，像所有的孩子一樣犯過「人來瘋」，比方就地轉圈圈，轉不了幾圈就失控摔倒。這時候母親的口頭語是：「多樂沒好喜」，「樂極生悲」，起初根本聽不懂，長大一點就懂了。小時候也跟別的孩子一樣，喜歡熱鬧，家裏來客呀，逢年過節呀，燈明火旺的，人聲嘈雜的，可以滿足好奇心，見識平常見不着的人和物，還有吃的、玩的種種實惠，但是熱鬧一過，人散了，燈熄了，小小心靈也會感到四顧空茫的失落，當然這也一眨眼就過去，睡一覺就忘懷了。上小學後，有一次印象頗深，就是偶然在寒暑假期間到校，走進平時擾擾攘攘、歡聲笑語一片的校園，竟是空無一人，所有教室門窗緊閉，跟平時上學的反差太大。原來熱烘烘一下就能變成冷清清。以後到了熱烘烘的場合，也會突然想到，很快就會冷清清了。

這還只是隱隱約約的感覺，而明確的讓我感到心裏一冷的，是在小學一年級下半年的一天。——上學的第一個寒假，從郵差手裏接到上學期的成績單，只有兩三門課，國語、算術、唱遊吧，都是「五分制」的五分，跟成績單同時寄來的，有一張也是鉛印的一至六各年級前五名的排名榜，我是一年級的第一名。家裏大人看過也就是了(許多年後得知這可能給大我五歲，正在六

年級的哥哥造成一點無形的壓力）。——寒假後，照例上學。放學以前，教室門外照例聚着一些婆婆媽媽等着接孩子。誰是誰的家長，我們也早認識了。其中有一位朱兆麟叫她「阿姨」的，實際上是朱兆麟同學的生母，她姐姐先嫁給了這同學的父親，好幾年沒有生育，妹妹隨後也嫁過來，生下我們這同學。她疼愛自己的孩子是可以理解的，這個同學在班裏表現也比較突出，敢於出頭露面，不像我和一些同學那麼羞澀，性格屬於爭強好勝的一型。那天，家長們大概正在議論上學期的名次，我聽朱兆麟的阿姨說：「那個叫邵燕祥的在班裏，我們的孩子就老上不去。」現在想想，不記得她孩子排名第幾。我當時也沒關心注意過。我趕緊趁她沒看見，就躲開了，但我長久地記住了她當時說這話的樣子，在這之前，我有限的經驗告訴我，所有的大人，所有的家長，都是一視同仁地看待我們，把我們看成他們孩子的同學，小朋友，因為他們是大人，是家長嘛。看來我的經驗確實太有限了。但平心而論，我多麼不願意增長後來的許多新經驗啊。

從保留下來的老照片看，小學二年級我和朱兆麟還在同班，他，胖胖的，挺着小胸脯，英氣逼人。我們下了課一起玩的時候，他不是跟我特別接近，但我自覺他也沒有有意識地拉開距離，六七歲的孩子，誰有那麼多心眼？關於他家的情況，我也是後來陸續聽說的，包括他父親不在北京，是在北票礦務局，大約不是礦長就是工程師，總之是「管點事情」的。再後來，四年級時我有一次從第一名降到第二名，但好像我和朱兆麟已經不在同班了。但我想像得到，他在家裏恐怕不斷承受着因鍾愛而來的期望的壓力。許多年後，聽說小學校裏不許搞排名榜，我舉雙手贊成。

說真的，我寧願不「獨佔鰲頭」，而擁有真誠友愛、互不設防、更無機心的同學——玩伴。

話說遠了，從小到大，凡事往往從壞處着想，甚至畏葸不前，而後來尋章摘句，以毛澤東說的「做最壞的準備，向最好處

努力」來辯解這種偏於消極的心理，那就是既不理解毛澤東思想，也不正視自己的弱點了。

　　一九五五年「十一」前，我還是心安理得地參加了「全國第一次青年社會主義建設積極分子大會」。一時間相安無事，沒有出現「積極分子」變成「消極分子」的迹象。倒是第二年，毛澤東在蘇共二十大之後，有意適度地調整國內政策，在黨內下發了《論十大關係》的名文，又通過中央宣傳部部長陸定一之口傳達了「百花齊放，百家爭鳴」的方針，不但在知識分子中，而且在全民範圍，要「化積極因素為消極因素」，落實這些政策，就不愁積極因素會轉化為消極因素了吧。

　　我這個一九五五年夏秋認定的「積極分子」，一朝正式成了當時笑談的「消極分子」且有甚之的「資產階級右派分子」，是在兩三年後的一九五七、一九五八的年尾年頭。

　　中央台新聞部三個領班之一的楊龍飛，一九五七也劃成右派了。他出缺，而新聞部的新聞節目是一天也不能中斷的。這時人手緊缺，連忙把張弋調了過來，他的文字功夫沒問題，人際關係也不錯，又來自黨務部門，政治上當然可靠，說是救急，卻再沒調回團委書記的崗位。他就在新聞部崗位上經歷了熱火朝天宣傳運動中的反右傾、大躍進、人民公社、大煉鋼鐵這些人人必經的階段。這時在不作宣傳的經濟困難、糧食緊缺、饑民遍地的背景下，開始機關的精簡機構（可能捎帶有人員清理的任務），這一波卻落在了張弋身上，不知是他說了什麼不該說的話，還是做了什麼不該做的事，要麼是有關他的家庭、社會關係或個人歷史，組織上接到什麼舉報，不及仔細調查，就把他列入了下放的名單。看他被下放浙東老家，也還帶有照顧的性質吧，強似一些「支援」內蒙古、大西北荒涼邊徼之地的調令。張弋和劉桂英一家就此南下了。

　　這時卻正是我作為摘帽右派，有幸從勞改場所調回原機關的

時節。我只聽說張弋走了，我甚至想，他離老家近了，又是魚米之鄉，離開北京，也許是塞翁失馬。但劉桂英是老北京，這下子要請探親假才能回來了。不過，雖說也是「外放」，比起劃了右派後驅趕出京，還是好得多多。張弋下去，照樣是黨員幹部嘛。

我不願意拿我這不祥的履歷去比附別人。但還是不得不爾。一九七九年初，我的「右派」結論得到改正，這時全國上下一片落實政策之聲，聽說張弋也早就向廣播局黨委、政工部門打了報告，要求審查導致他下放的舊案，遲遲沒有下文。而他和劉桂英兩人，好像在文革十年當中已經又層層下放到鄉村去了，大概經濟情況也不允許他來北京上訪，面對面解難釋疑。一個月兩個月，三個月五個月，盼着郵遞員來，盼望着北京的機關來信，有時跑到離家不近的大路上去等候按時而至的鄉郵員，總是失望。他在焦慮渴望之中過日子，又發出一封掛號信，懇切陳詞，然後又陷入苦等。終於等到了這一天，張弋終於在家門口等到了鄉村郵遞員的身影由遠而近，並且老遠就喊「北京來信嘍」，因為這鄉郵員也知道這一戶一年兩年地盼着什麼……張弋喜不自勝地撕開信封封口，卻告訴他當年下放屬於正常調動，不存在落實政策的問題……

不是失望。而是絕望！

張弋手持着這封北京來信，大步地向對面的山下跑去。一面口裏喊着什麼。劉桂英聞聲追出來，他已經跑遠，遠了，遠了。並且再也沒有回來。

每念及此，我彷彿還聽見山野上的喊聲，冥冥中悲風四起。
……

就這麼一個人，三十年前一個熱血青年，千里迢迢奔赴陌生的北方，獻身革命，兢兢業業，成為體制內的一名認真負責的幹部，從來不知道他對這個社會、這個政權有過什麼異心異動。然而在舉國(我在這裏着重地用了這個幾被用濫的字眼)迎接「新時期」

一九四九 · 北平故人

的時候，就這樣高聲喊着卻又是悄無聲息地結束了自己的一生。

張弋啊！

說這樣的往事，是使人傷懷的。換一個不那麼陰暗的鏡頭。說說我們團小組裏的女同志盧惠芬。她是一九四九年從燕京大學應屆畢業，翩翩飛來的。她出現在電台院裏的時候，大家眼睛一亮。她高挑的個子，衣裙素雅，戴着小涼帽，還擎着一把遮陽傘。不能說是奇裝異服。若在去年夏天，本也平常。但時為一九四九年，連我們這一批「學生仔」，連街道上胡同裏的家庭婦女，更不用說，機關裏留用的職業婦女，全都換了裝，她這樣的穿章打扮，顯得格外突出。她絕非有意為之，想要驚世駭俗，獨樹一幟，不是，她只不過沒注意別人的反應，因為她覺得這一切都很正常。

正像「七一」那一天，團支部選舉前，她也是主張應該先自由競選，而不是按照上級所定的名單辦事。她也是以為這樣才正常的。

因此，她是正常的，按自己的意願，而不是看大家怎麼着，看領導怎麼着，來決定自己怎麼想，怎麼説，怎麼穿衣服。倒是我們悄悄地大驚小怪的同志們不太正常了。

不過，盧惠芬並沒把她的我行我素貫徹到底。在我們的團小組會上，她看待各種現實問題、人和事的發言，相當高調，想來已經過初步思想改造的過濾，於是我相信她也跟我姐姐一樣，進了應屆大學畢業生的那個什麼班，接受了諸如劃清敵我、樹立革命人生觀一類教育，並且不走樣地接受下來。不過其間只抓了大的原則，沒有具體到支部書記產生的慣例啦，不是什麼場合都要講民主選舉啦這些老規矩，更沒來得及提醒，儘管沒有規定制服，但着裝也以隨大溜為好，「入境問俗」嘛，如果下過一兩次鄉，做過「群眾工作」，就能對此有所體會了。

盧惠芬出場，客觀上有點「挑戰世俗」，其實完全是無意的。而且確屬小節，本不值得在幾十年後說來說去。但印象太深刻了，因為當時當地，她在團小組會上的發言，我們聽來，是一段又一段的「原則話兒」，「正確話兒」，反差太大了。她說的話，都無可辯駁，但你想想，我們這些絕對心向革命，服膺革命道理，堅信「小道理服從大道理」的團員們，都聽着覺得像是言不由衷的教訓人，按捺住心裏的反感（主要是屬於逆反心理的膩味），過來人大概都可想見了。

　　但這些，她當時沒有感覺到，恐怕後來也沒人跟她說過。而她一定以為，她說的是她信的，她在任何場合，更不用說在團內，就應該這樣知無不言，不是嗎？

　　幾十年後的今天，她已在異國他鄉，我想公開一個從未說起的小秘密。在當時當地，我曾經想以盧惠芬為主角寫一個短篇，這位主角的名字我都想好了，叫陸和風，幾乎要動筆了，但嫌有些細節過分瑣碎，不是身臨其境的讀者未必能體味出來……於是蹉跎，於是流產。幸虧流產，不然，這將是一個專以攻擊個人的東西，不是正派的人幹的事。上起綱來是「泄私憤」，大體上跟我在夏夜宿舍聽趙斯金「拉小提琴」時睡不着的不滿，是一個檔次的，算得上「私憤」嗎？

　　公平地說，盧惠芬當時真心要革命，後來在工作中也肯學肯幹，她英文好，又在業餘補學第二外語俄文，已經可以幫助梅益以俄文版校訂《鋼鐵是怎樣煉成的》一書譯文，說一聲缺少西班牙語力量，她又去學了西班牙語……聽黨的話，說一不二，因為黨說非無產階級出身的人必須好好改造思想，她沒二話，拒絕了還在香港的「資」字號的父親的殷切招喚，堅定地留在大陸，準備革命到底。她真心地「跟剝削階級家庭劃清界限」，跟西方資本主義世界劃清界限，大節俱在，無可厚非，我還津津樂道她的一二佚話，不是境界太卑微了嗎？

　　　　　　　　　　　　　一九四九·北平故人

反右時期，盧惠芬跟我不在一個部門，可能還正在重進大學，作為調幹生學習第三外語。文革時期她已經回到國際台，在西班牙語組，歸對外部副主任羅東分工領導。羅東，五十年代中後期從廣東台調來，為廣播局黨組成員。反右派時因黨組成員、編委、對內部主任顧文華病休，羅東以黨組成員來管中央台第三支部(工農財三個編輯組)的業務，不過是簽發一下稿子，與此同時掌握運動，就是來坐鎮反右了。在批鬥我的會上，他做過總結性發言，沒有稿子，口若懸河，汪洋恣肆，而又不離知識分子改造的大題目，富於針對性。發言中涉及廣播工作很少，他着重打我的業餘寫作，我印象深刻的，大意是說你能寫幾首小詩，就驕傲自滿，狂妄得不行，欺世盜名，什麼著名青年詩人，就不得了了。我們在你這個年紀，投身抗日游擊戰爭，在槍林彈雨裏，編寫劇本，演出，我們不為名，不為利，比起來，你就算有點成績，有什麼了不起！說得在理，我心服口服，我在這之前，在這之後對晉察冀邊區的革命文藝工作者，對晉察冀詩人群，一直抱着尊敬的心情，那是一種靈魂的相通，這可能是羅東所不知道，也未必能夠理解的。

　　文革期間，我在大字報室裏逡巡，發現盧惠芬一份大字報，是貼給頂頭上司羅東的。揭發羅東在某個場合，恐怕是「得意忘形」時，不小心流露的私房話，大意說他在反右派時批邵燕祥，不過是打一個翻身仗。──哦，我明白了。翻身仗云云，指的是五十年代初，他任中南大區廣播電台台長時跌過跤(這是「犯錯誤」的委婉表達)，為了順應輿論挽回影響，不得不給予處分，但因不是政治性問題，雖受處分，仍受信用，調往廣東任省台台長，只是降級安排而已。然後調到中央台，因位子已被佔滿，只掛一個黨組──編委會成員的名，沒有實職實權，在他看來這不算「翻身」。經過反右派，坐鎮主持了對邵某的批判鬥爭，批倒鬥臭，並進行了組織處理，表現出羅東同志的階級立場堅定，政

治上是非分明，隨後分配到對外部，雖是副職，但按分工也是獨當一面，這就是所謂「打翻身仗」了吧。後來，就在反右第二年夏天，整風補課熱潮中，對外部又揭批所謂「溫鄒張反黨小集團」，這三人都是對外部的主任、副主任，溫濟澤且是副局長，局黨組副書記，這是不是又給他提供了進一步打「翻身仗」的機會？我不在北京，沒有躬逢其盛。羅東有沒有再作落地有聲的發言，就不得而知了。

不過，我從盧惠芬這張要言不煩的大字報，窺見了一點有關羅東個人歷史背後的秘密。這也不重要。重要的是盧惠芬能記住羅東這一句話——我相信是她親耳所聽，用心記住，這樣一句透露內心隱秘的話，編是編不出來的。她打破情面披露出來，我卻從中看到她對我該是保持着關心和善意的。不然，反右時她不在場，事隔多年，聽也當作閒話聽了，誰把這些「閒事」當回事呢？

年輕的時候，我們都有過幼稚的表現。能夠記得早年的朋友，並且懷着善意，是晚年的幸福。遙祝萬里外的盧惠芬女士健康快樂——我六十多年前同一個團支部、團小組的「革命戰友」！

機關是一個小社會，也聯繫着外面的大社會（四）

我們的團支部，在短短的一個夏天，也經歷了小小滄桑。

一個新來的年輕人，我們一起開了一兩次會，知道他叫李銳，後來知道他本名李義武，取名李銳正在報請批准。他可能覺得「義武」太老氣，而「銳」字精進可風。這或許也是我的師友中，年長的老革命家李銳，年輕的小說家李銳所以取名的理由吧。

我們這個李銳，所從何來我還沒鬧清，忽傳他病了，不能來上班了，再過些時，聽說他退職了。他比我略大些，七八月間調來電台，來時就帶着團員的組織關係，多半也是原屬「地下」的。記得他說他家在府右街路西，正好在中南海西牆外，我曾提

議支部幾個人去看看他，慰問一下，什麼病以致不待養好，就須退職呢？但終於沒有去成，據說他患了精神病，恐怕也不在家裏，去住醫院了吧。我們跟他相處，可從沒發現他有任何的精神病狀，人很正常，跟大家都友善相處，不然短短的相聚，萍水相逢，就不會想着去探望了。

真是世事難料，尤其像這樣的禍起無端，莫名其妙的疾病突然來襲，幾乎無法防備。

還有一個似乎臨時在我們支部過了幾次組織生活的小周，跟大家告別，說要到香港去了。忘記給沒給他做鑒定，大家說了些送別的話。南方的戰爭還在進行，整個中國版圖在震盪着，這時誰南來，誰北往，都是革命需要，上級安排，每一成員都是無條件地服從組織，欣然就道。尤其年輕人沒有家室之累，迎頭向未知出發，充滿好奇，我們原崗位不動的人，甚至對將遠行的同志不勝羨慕。怎麼會像老年人那樣，前思後想，甚至預想到，這一道別，或許再也不會見面了呢？

不但再也沒有見面，而且連小周的名字也忘記了，若干年前好像還記得的。他當然也已是耄耋老人，我仍稱他小周，不是因為他負着秘密的使命，照例應予保密，倘在幾十年前，連他的姓氏，也許還不該說呢。現在他如果不是留在香港落戶，也必然回到內地某處養老，遠離應該保密的職業了。

關於小周，我知道的就是這麼多。從他這裏聯想所及，也頂多不過是早在建國之前，大陸就在向尚屬英國統治的香港派送像小周這樣年輕的並顯然是低級別的「地下」工作人員，這是準備長期潛伏的有遠見的部署。其實，這不是秘密，「兵走詭道」，不僅公開的黨史、革命史早有記載，例如周恩來、葉挺等在一九二七年「八一」南昌起義失敗後就先撤往香港，抗日戰爭初期香港就成為潘漢年等開展情報工作的一個重要據點，內戰那一段更不用說了……就是從我們個人的體察，四十年代後期我們

讀到的一些左派的或稱革命的、進步的書刊，有多種就是從香港進口的。

這一條與武裝鬥爭並行的，對敵鬥爭的「秘密工作」戰線，是由周恩來在一九二七年大革命失敗後，首先在武漢的中共中央設特務科所開創的，它包括了情報、策反、行動，與統(一)戰(線)和群眾運動相配合，在一九四九年前的二十多年間，發揮了極大的作用。如在抗日戰爭中，中共的閻寶航首先獲得關於德日法西斯的重要戰略情報，當時就曾得到斯大林的表揚。[*]至於在國民黨高級軍政機關「臥底」的人員所起的重大作用，人們早已深知。

國民黨以特務治國，然而他們的特務機關，也有中共的秘密工作者。大家熟知，中共核心領導成員顧順章被捕叛變的消息，在第一時間就由中共黨員錢壯飛「截獲」，因而使當年上海的黨中央得免於被國民黨完全破壞，周恩來等中央領導人亦得以安全脫身。

前些年浙江江山縣(屬衢州市)為了擴大旅遊宣傳，在開放國民黨「軍統局」(全名是軍事委員會調查統計局)局長戴笠故居時，封他為「亞洲第一大間諜」，其實有些誇張了，說他第一，恐怕未必。

話說遠了，回到我們青年團來。

我們這些來自北平等大城市的學生，在團的生活裏，跟來自解放區的團員們相遇。應該說我們相處得很好。有一位年紀略大的楊峰，像大姐姐似的，來自山東老區，她還曾裹腳，但剪短髮，很開朗，很精神。她在行政部門幹總務，不但幹練，跟所謂留用人員也處得不錯，因為她能以平等待人。我沒跟她深談過，但我看來她的作風，該是在農村就做過群眾工作，善於聯繫群

---

[*] 閻寶航的情報來自德國駐華使館。據說潘漢年獲取過同樣的情報，來源是日軍駐上海的情報機關。當時亦及時上報延安。至於得自兩條管道的同一情報孰先孰後，待考。

一九四九‧北平故人

眾，不是出於工作需要，做出親民的樣子，而是作為群眾中的一員，從而把黨政上級的政策方針以至具體意圖交給大家，化為行動。我後來也接觸過一些像她這樣的來自基層的婦女幹部。但一般地說，都在瑣屑的行政事務工作中埋沒了，一強調要有文化，他們就沒有用武之地，不得施展了。起初，在人民大學還辦了一個示範性的工農速成中學，後來不知為什麼不辦了，工農幹部不需要提高知識文化水平了麼？這樣一來，就堵死了她(他)們繼續前進的路，而這也是整整一代人啊！

直到一九五七年我劃了右派，直到我摘了右派帽子回來，直到十年浩劫我又重新落難，直到我被「改正」、被「恢復名譽」，這麼多年裏，只要在電台院中碰到楊峰，總是見她友好的表情，不用過話，互相心照，她相信我是好人，這就夠了。一九七八年我離開電台，後來偶爾過舊地，在路上遇到她，彼此都老了，他的愛人李克鰲也因為癲癇加重，回了山東老家，但我們執手互道珍重，好像還是同在一個團委領導下的團員似的。不知道她還記得一九四九年「七一」青年團公開，解放區和國統區的團員會師那天，我曾「競選」團支委的冒失行為否？

韓慶餘、郭樹芳，都是石家莊的中學生，都帶着一身的樸實，這不僅指他們的着裝，更是指他們待人接物，絕不張揚，絕不虛誇，一是一，二是二。這使韓慶餘成為稱職的團委書記。這也使郭淑芳成為一名好會計，但她也太樸實了，我似乎沒見她穿過一件適齡女孩子的漂亮衣裳，即使在一九五六年團中央號召青年們穿花衣服，並且流行從蘇聯傳來的「布拉吉」(即連衣裙)款式的時候。

跟我們年紀差不多的，還有石堂貴，不知他是否也在石家莊讀過書，他家在平山一帶。人也極樸實，誠懇，但似有一種別的青年人沒有的壓抑的表現。過了很久，才聽説他在家鄉已經結婚，他的愛人沒能作為家屬來共同生活，可能要在家伺候老人

吧。又過了很久，聽說他回家鄉一趟，辦了離婚。這是人家的私事，我也沒打聽過。只是從人們的閒言碎語裏，得知好像她妻子在當地又有了相好的，石堂貴才回去把夫妻關係了斷。他再往後也在北京結婚成家，過得很好的。事隔多年，又涉個人隱私，本來不該在這裏插話，但我想告訴讀者，在漫長的城鄉隔離的年代，家人首先是一對夫妻兩地分居幾乎成為參加革命者的常態。在戰爭年月，比如抗戰期間，人們難免離鄉背井，我認識不少前輩，特別是出身農家早婚的，參軍走了，不可能拉家帶口，家屬包括父母也只能留下，像郭沫若從日本上船回國，參加抗日，詩裏痛說的「別婦拋雛」，在國內更是常事。一仗打了八年，消息不通，有些出門在外的男同志，就在「革命隊伍」的戰友裏，另尋了革命伴侶。而家鄉的妻子，還在苦苦等待。抗戰勝利接着又是三年內戰，到了一九四九年大局底定，遠行的，留守的，兩造重逢，淚眼相向。這就是所謂「普天同慶，薄海騰歡」的開國之年，在成百上千的革命家庭裏演出的小小的私人悲劇，為什麼說「小小的」？因為那時流行的革命倫理，叫作「個人的事再大也是小事」，「小道理服從大道理」，多半是認定這裏的重婚是整個大形勢造成，承認既成事實，而要求留守的女方來承擔苦果，付出代價。未能達成協議的，終於在建國伊始就以立法形式推動了第一波離婚潮，一九五三年初頒佈的新婚姻法，以結婚自由、離婚自由的現代觀念，批判並打擊了舊式包辦婚姻、買賣婚姻，是一大進步，這部法典，是「新中國」第一部正式生效的民法，可能也是五十年代惟一的一次立法成就。而由於它產生的背景，在一段不短的日子裏，被人們謔稱為「離婚法」。

小說家浩然在一篇自述文裏，說在五十年代初掀起一股離婚潮，就是革命幹部換老婆。那就不單是發生在早先分別在解放區與敵佔區，革命隊伍與民間長期不得音訊的夫妻之間，而有許多是幹部和隨軍家屬，有的雙方都是革命幹部，但女方出身農民，

　　　　　　　　　　　　一九四九·北平故人

那多半是男方(他們多半比女方級別高)見異思遷，在「新朝」中有了強勢的地位，想找找更年輕的、漂亮的、有文化的對象來取代曾經共患難的「糟糠之妻」「黃臉婆」了。浩然那時也已從一個青年農民成了區鄉幹部(隨後成了活動範圍和眼界更寬的記者)，他眼看着周圍上下不少比他年長些、參加革命稍早些的幹部都在這股離婚潮裏當了弄潮兒。已經結婚的浩然，頂住了這陣風，他在例如招待所女服務員向他示愛時，也有片刻的動搖，但賴有傳統的道德觀念，他與妻子終得相守幾十年白頭偕老。——當然，我這樣說，並沒有跟「離婚自由」的法律對着幹的意思。

石堂貴的家事，不盡如上面所說，而主要是在和平時期長期兩地分居產生的新情況。現行的法律都規定夫妻分居達多長時間，就可構成離婚的理由。當然，還有主動分居和被動分居的不同。總之，分居會使得雙方感情淡化，都說「小別勝新婚」，久別就難說了。我們不可對任何一對普通夫妻，要求他們像古代的典範人物甚或文學典型中的夫妻那樣，不管遠在天一涯，而伉儷情深，死生不渝。那是一種浪漫主義，可遇而不可求的。何況，浪漫主義有它的邊際，一般情況，柔性的浪漫主義碰上剛性的現實，不碎也會變形。

這裏就說到差不多五十年代到七十年代，整整一兩代人，在工作、生活一切服從組織分配的長時段裏，往往遇到「被動」型的，也就是人為的兩地分居。我可以舉出不止一例，在調動工作或畢業統一分配時，遭到官不大、權不小、足以一槌定人終身的幹部官僚，硬是把按政策可以照顧的夫妻分到兩處，不知是為懲罰，還是為報復。反正給當事人——青年以至中年牛郎織女造成了許多本可避免的困擾(住房問題，子女的養育等等，還且不說感情上的，日常互相照顧上的需要)，又增加了探親假的開支。我總懷疑這方面工作的背後，有某種不成文法，以及不成文法背後的某種變態心理。恕我「以小人之心度君子之腹」了。

幾十年後，這幾位來自老區的年輕人，也都離休了。祝他們健康長壽。

　　那時從解放區進城，跟我年紀相仿的，有一個叫高□武的小勤務員，很好學，勤懇，守紀律而又活潑，不久以後卻不見了，不知調往何處。有一個調皮的勤務員鄭□□（不是姑隱其名，也是多年不曾想起，忘記了），說他調皮，是委婉之詞，應該說是有點「油」。他好像是從重慶新華日報一起撤退到解放區的，年紀不大，卻算得經過一番歷練。他說話隨口而出，經常看不起這看不起那，有一次因對廖承志夫人有所不滿，說出極其不堪入耳的話來。那時我雖然與廖承志同住麻花胡同，但在院裏很少相遇，廖夫人經普椿更沒見過，怕是見了也不認識。但我認為即使對她有什麼看不慣，但僅僅從對年長者的禮貌來說，在革命隊伍裏也不該有這樣的人身攻訐的。

　　我們的高級幹部家裏或者身邊，時有像鄭這樣的年輕的工作人員。他們成天在這樣的環境裏，見慣了甚或可說也「過慣了」那種「談笑有鴻儒（首長），往來無白丁（小兵）」的場面，或者叫「世面」。他們眼界也高起來了。但是領導幹部並沒有時間和精力考慮他們成長期的教養。而領導幹部家人（包括同為革命幹部的夫人），已經不在他們眼裏，頂多保持表面的尊敬，把她們的話當作耳旁風。而如鄭這樣，連表面的尊重也蕩然無存了。

　　後來不知是他自己請調，還是組織調動，他回四川了。兩年不到，開始三反五反運動，忽然在西南大區的重慶新華日報頭版頭條位置，看到點了這個鄭□□的名，真是大出意外。不過，想想他的「油」，想想他的滿不在乎，不把紀律放在眼裏，恣意妄為也不無可能。後來我們在機關裏也要參加「打虎」了，就把鄭的事放到腦後，也不知道這個鄭後來做了什麼結論，因為頭一個被拋出的，未必是最大頭兒的，這在後來運動中多次應驗了。不

　　　　　　　　　　　　　　　　一九四九·北平故人

過，即令最後把他解脫，如果他不從這次運動中接受教訓，以他的脾性，到一九六六年的造反大潮，他必定會跳出來，而且跳得很高。——這是我在那動亂十年裏，一方面心中為高校學生反工作組暗中喝彩，一方面又以自己的待人處世之道來看待一切常態已被顛倒的人和事時，想起當年的鄭，還為他捏把汗。卻沒有想到，世事至此，不但客觀的一切需要重新評估，重新認知，而且對自己的人生哲學（如果我也有人生哲學的話），也該翻出來晾晾，重新檢點，該堅守的堅守，該揚棄的揚棄了。

鄭的身體不錯，如無意外，也到八旬以上，心態會平定了，我想他該諒解一個年輕時的小朋友在他背後發了這些直言不諱的議論吧，祝他健康！

還有一個小勤務員，因有一個像女孩子的名字，我記住了：趙旺蘭。可能比我當時的年紀還小些，是典型的「小鬼」了。人也「鬼」，聰明，會說話，頗討人喜歡。記得劉淮跟他長談過，準確的說是「採訪」。劉淮當着播音員，但不忘寫作。他採訪趙旺蘭，從他那裏了解他的家鄉和他的童年，是從這個角度切入農村生活，我們所不熟悉的農民生活。我相信劉淮是有收穫的。而且慶幸她抓得及時，因為不久這個小趙也調走了，可能是調到山西太原，他可能原就是山西人吧。

可沒想到，比對那個鄭口口上了新聞更出意外。他，這個未成年人被捕了。他的罪名是故意縱火。——可能嗎？小趙甚至不但名字，連面相、體格都有點像女孩子的，怎麼想像他幹出放火的暴行，這是從古以來跟「殺人」並提的罪惡勾當啊！

卻原來是他想要獲得表揚，他是先引火，再救火，如果沒被識破，那就是一椿捨身救火的英雄行為了。真沒看出小小的趙旺蘭竟在做着英雄夢，而且不光做夢，還身體力行地佈置實施了。他是從什麼時候開始豔羨英雄，垂涎榮譽，並且從哪裏受到啟發，萌發了這樣一個完整的構想呢？

幸虧火勢沒有釀成大災，及時獲救，未造成人身的傷亡和巨大的經濟損失。那時雖還沒有正式法律對未成年人觸犯刑律的特殊條款，但並不在政治運動期間，政法部門或可根據常情常理，給予相應的寬貸吧。

劉淮曾經採訪過小趙童年在農村和革命隊伍裏的生活，那都很一般；她若有機會採寫一下趙旺蘭怎樣走上犯罪的道路，倒是頗有啟示意義的。可惜，她那時不可能得到這樣的機會，當時的報刊也極少這類的選題。

從小趙這件事，不僅引人思考青少年思想教育一類的現實問題，還能發現，「好名如渴」這四個字，也許不僅是古今讀書人的通病。不過，名與名不同。中國古代的讀書人，從「患人之不己知」，到追求名標青史，是文化傳統一脈下來的，最正統的觀念，是以名節為重；而為了保持名節，爭取「流芳百世」而不是「遺臭萬年」，是要付出代價，甚至犧牲生命的。周恩來晚年強調「晚節」，其表現是要維護毛澤東的一切既定之規，不敢稍有違拗，不惜忍辱含垢，正是這一意識的異代傳承。甚至可以説是異化，因為一味地為避其鋒芒而委曲求全，某些情況下已經淪為「逢君之惡」了。

在古代，在任何時代，的確都有想以最低的付出得到最大收益的人，於是出現不少欺世盜名之徒，正也就是「好名如渴」這四字成語流傳不絕的緣故。他們對名的嚮往，早拋掉精神上自慰的需要，而是認定名之所在即利之所在，不惜用種種手段去攫取。偽君子啊，兩面派啊，極端的，要掩人耳目，以至殺人滅口，篡改歷史，不一而足。像上述小趙的作為，形同兒戲，比起來簡直不值一提。不知道其犯罪根源，是不是由於耳聞目睹的對英雄模範的表揚獎勵的虛誇，乃至他發現了這類表揚中弄虛作假的做戲，起而效尤，才有了低級的幼稚的表演。幾十年過去，固然這類騙取榮譽的醜聞一經拆穿，也還不時見報，但更多的是，無論

哪一界，充斥着赤裸裸的利益攫取，他們早置名聲於不顧，公然無恥，恬然自安，且裹脅整個社會江河日下。想起孜孜於求好名，保令名，所謂「愛惜羽毛」的古人，真不得不歎一聲書生氣了。

說完同代以至同齡的小朋友，再說一下從解放區來的，不屬於領導層，也不屬於編輯部而我印象殊深的幾位老同志。

一位是葉培生，大家都尊敬地稱他為葉老，一九四九年怕已經年近半百，或還要大些，這在今天不算什麼，但請算算，那一年毛澤東不過五十六歲。

葉老一口上海話，他在三十年代或更早在二十年代，就從工廠出來，「住機關」，住的當然是共產黨的秘密機關。他長時間跟着陳雲。說是負責照料陳雲的生活，他說，有時陳雲外出，一走就是一天或大半天，到飯時只從街頭買個燒餅充饑，而他之所謂照顧其生活，並不是今天人們想像的照顧領導同志一日三餐那回事。除了為陳雲跑交通以外，也看家，特別是從安全保衛方面做工作。葉老從來不說自己為革命、為黨做過的工作，偶爾有人問起，他總是簡單地說起陳雲同志的工作的繁鉅和生活的艱苦。

這樣一位老同志，對黨的貢獻可謂大矣，但他幾乎是我所見的廣播局裏最謙恭，最尊重人的人。他一人負責機要室各種文件的收發，按不同範圍分送到人。說好閱讀時限，準確無誤地按時回收。你在辦公桌前，他悄悄走到你身邊，等你抬起頭來，他含笑攤開簽收簿，幾乎一切都是在默契中進行。他就是這樣體貼着腦力勞動者和所有正在工作着的人。每當他走後，你會覺得如果你在辦公桌前偶有走神（更不用說偷懶），都對不起這位老同志的關切。

我又該說到，六十年代，我從勞改農場摘了右派帽子回來，黨籍已經沒有了，沒有從葉老手裏拿黨內文件的資格了，但我在樓裏樓外遇到葉老匆匆走過時，擦肩之際，總會看到他臉上掠過

微微的笑意。那是友好，那是善意，那是理解，那是慰藉，那是人性，也是我當時理念中以為的真正的黨性！

我從葉老這裏，懂得了一種無聲的語言。

有一位女紅軍，李政芳，卻完全是另一種性格。她是四川人，是紅軍過境時參軍的。經過陝北時期，晉察冀時期，直到「進京趕考」，一路當然是合格的。他的丈夫是比他老的老紅軍，前些年過世了，李政芳一個人帶着三四個未成年的孩子。但她很能幹，把孩子送到幼兒園*，她照樣上班幹活。不像有些學生出身的女同志，享受着供給制相應的級別待遇，家有保姆，還因有了孩子而影響上班。看她們兩頭緊張，甚至焦頭爛額，也很值得同情。但相形之下，李政芳仍然從容應對，夠得上今天人們愛說的「舉重若輕」。這就是勞動人民出身，沒一點驕嬌二氣的典型了(這說法取自一九五八年反對「五氣」之說，所謂五氣除官氣、暮氣和驕氣、嬌氣外，還有一氣我忘記了)。那時大家就都讚她能幹。她的幾個孩子，看着像放羊，但並非沒有教養的。一九五八年我打成右派後，起初是跟着一般幹部下鄉「勞動鍛煉」，李政芳的大女兒已經參加工作，在同一小隊裏，跟她媽媽一樣肯幹且會幹，難得的是也跟她媽媽一樣大度地對待我這個被黨指控的異類，在日常生活中，該怎麼待人就怎麼待人，並沒有兩樣，在開會的時候，更沒有惡語相加。在不正常的年月裏，能保持正常的心態，令人想像不出這個二十歲的孩子竟能一片天真！也許，她有一個真正的「紅二代」的護符，使她得免於被指責為落後，右傾，不關心政治！如果是這樣，那這就是她從這個政治身份中得到的僅此而已的一點好處了。幾十年來，沒聽説他們一家還享受過什麼優惠。

---

* 一九四九年年由解放區進入北平的中共黨政機關，往往附設托兒所以至幼兒園，後者多分大中小班，收二至七歲學前兒童，日托或全托。社會上原有不多零散的民辦幼稚園，限於主客觀條件陸續關停。劉少奇岳母主持的「潔如幼兒園」，一度成為名牌，文革前後也停辦了。

　　　　　　　　　　　　　　一九四九·北平故人

廣播局還有一位老紅軍，老安。請原諒我們從來這樣稱呼他，而我從沒問過他的全名，也因為他作為幼兒園園長，並不在西長安街，因此，在把孩子送幼兒園之前，我們十幾年間只聽說老安老安，跟本人從來沒有對上號，就是他來局裏，一位瘦瘦的貌不驚人的老頭，我也認不出這是當年的紅軍戰士來。而我送兒子上幼兒園，已經是在反右之後的六十年代，孩子回家說起「老安伯伯」來，顯然老安對他們是一視同仁的，直到十年動亂。幼兒園沒有亂。文秀作為右派（或摘帽右派）的家屬，必得在工作上格外努力，有時假日加班不能接孩子（鬧鬧和甜甜），就只能把孩子留在園裏，讓園裏加班看管；孩子生病隔離也是這樣。後來知道，這樣的家庭，這樣的孩子，這樣的情況並不多，因此往往是老安和他的老伴當了全天候的保育員和教養員，他們那時已經五六十歲，老安還是殘病之身，讓他們辛苦了。一九六八年大運動套着小運動，開始「清隊」即所謂清理階級隊伍，五歲的甜甜回來告訴我，她們的某老師告訴她：「你爸爸是壞蛋。」可能意在讓孩子「劃清界限」？但這止於個別老師的自選動作，絕非統一的佈置。好在時過境遷，事後也沒對孩子繼續施壓。這跟老安以老紅軍的權威在幼兒園掌控局面是分不開的，不只是保護了一個兩個孩子；換一個人壓不住陣，讓極左思潮在園裏氾濫，或放任一些人胡來，那更多孩子大人包括一些年長的老師都要倒楣。……對於老安和他的老伴，我也只能在心裏這樣默默地感謝，至少我的身份不宜出面感謝，而文秀即令表示感謝，也只是一句兩句話罷了，哪裏抵得他們的情重如山！

再說一位從解放區來的，電臺醫務所的醫生齊保華（也許是齊葆華）。我們這些年輕人，極少去醫務所，沒病去幹嘛？但齊保華的醫務所，一間小平房，從一九四九年到一九五四年，一直就在西長安街後院，編輯部樓前必經之路邊上。因此，一天要跟齊大夫碰上幾次頭。他又格外和氣，對人總是笑臉相迎，可能每

天除了患者，在那小房間裏沒有別人，唯一的他是醫生兼護士兼藥劑師，而患者又不太多，不免寂寞吧。

當時電台的人，至少在一九五四年春夏遷址復興門外之前，在西長安街工作過的，後來都稱為「老廣播」了。這批老廣播，沒有不認識不記得齊保華，也沒有齊保華不認識不記得的，不管你當時有沒有病，找沒找他看過病。他就是這麼個好人緣，活檔案。前幾年，我有事到西便門外濱河路的廣電總局醫務所去（總局幾經改組改名，所屬這個醫務所也幾經搬遷，升級換代），在掛號處遇到了齊保華，他也已成了掛號隊伍裏的患者。我們一見面，好像有說不完的話，聽他還是平山那一帶的口音，一點沒變。看來只是年過八旬，卻並不見老，例行取藥，並沒有器質性的病變，而且他家就住在這個醫務所東面不遠的宿舍大院裏，平時並不上醫務所來，偶爾來了，跟我這偶爾來的人邂逅，真也是緣分。

說實話，我乍一見他，直覺喚起的不是「齊保華」，而是「黑求恩」，這是早在一九四九年至遲五十年代初由我創意給他起的諢號，在我電台的「朋友圈」叫開了，我至今都不知道他本人知道不知道。那時候口無遮攔，看齊保華老兄臉面黧黑，而他忠於職守，熱心治病救人的精神，是向白求恩大夫學來的，叫「黑求恩」，也就順理成章了。

這裏，我還想說一件舊事，當時我們曾經當作笑談。左漠野的胃不大舒服，但也不是需要上大醫院的病，就去醫務所找齊保華，想拿點安胃的藥。齊保華問診以後，把藥給了漠野。漠野是個認真的人，隔着近視眼鏡把藥品說明看了一遍，發現是安胎的藥。讓一個老頭吃安胎藥，這個反差太大了。大家口口相傳，不過沒有貶低齊保華的意思，只是覺得有趣，也只是面對這樣一件具體的事，認為是無意拿錯也好，沒看清藥品說明也好，不過一時失誤，沒造成什麼嚴重後果，即使漠野吃了，當然無益，也未

一九四九·北平故人

必有害……相信這樣的差錯不會一犯再犯。於是大家當笑話說完就完了，沒有誰聯想到這個偶然背後或有的必然，那就是像齊保華這樣滿腔熱情為人民服務、為患者服務的人，缺少足夠的專業訓練。他在戰爭期間，急需醫衛人員的情況下，大概經過短期學習就頂崗作衛生員，跟團隊配合，也能完成一時的任務。但長遠地看，獨力支撐一個醫務所，本來應該只是暫時的安排。而如有更好的安排，是趁他年輕，先送他到例如人大工農速成中學補一下基礎文化課，然後爭取上專科或本科的醫學專業，以他的肯學肯幹、奮發向上的精神面貌，假以時日，一定會學出來的。可能當時百廢待興，百事待辦，從上到下，都沒顧上讓過早參加工作的青年幹部繼續學習深造的問題。本來辦起的人大工農速成中學也很快就停辦。當時教育體系的改革要照搬蘇聯的一套，——而蘇聯沒有工農速成教育嗎？不知道。我只看過蘇聯一個很風行的影片《馬克辛的青年時代》（應該是《馬克辛三部曲》之一，據說三部曲有一部的拷貝和原版都因戰爭而失毀，三部曲中還只存另一部叫維堡區的什麼，維堡區是彼得堡一個工人區），寫青年工人出身的布爾什維克馬克辛，「十月」後奉派去接管了一家大銀行，並留下當銀行負責人，他本對金融業務一竅不通，鬧出不少笑話，但他以高度革命熱情克服了巨大的困難，終於勝任愉快。這個故事不知是虛構的，還是有真人真事的原型，但此片能夠成為電影的經典，表明它說服了蘇聯的電影觀眾，影片的示範意義至少為蘇聯當局所信服。這也恰恰合乎我們中國從五十年代到七十年代輕視系統教育，強調「在幹中學」，所謂「在戰爭中學習戰爭」、「在游泳中學會游泳」。就這樣，不但導致後來砸爛「舊」學校、「舊」教育制度，「停課鬧革命」的「教育革命」，打倒「師道尊嚴」的無知造反，踐踏知識，滅絕文化的極端言行，而且在這之前，有形地打擊和鬥爭了從事教育的廣大知識分子，在耽誤一代青年學生的同時，無形中已經耽誤了一代至

兩代出身工農的在職青年幹部的學習和成長。後面這一點，往往被人們忽略了。

我把這番心裏話說出來，齊保華老兄當就明白我前面說他笑話，不是為了揭短，而是什麼時候想起來什麼時候感到痛心的。

在電台，從一九四九年起，有一個傳統沿襲下來，就是由梅益代表領導層宣佈的，「一切工作為編播服務」的原則，一切工作，首先是政治工作方面，按照上級規定，機關黨委要對全局工作「起監督保證作用」，而不是後來的黨政不分，以黨的名義隨意干預一切；技術工作和行政工作更是明確要全力保證編播部門工作順利進行，特別是行政部門不能像後來那樣坐大，反讓編播人員變成有求於他們，高踞於專業人員之上。

當時，在電台長期負責行政工作領導的李伍，對這一點還是明確的。

一九四九年時，行政處長是蔣建忠。他是一位任勞任怨的革命幹部。早年是上海的工人，參加了黨的秘密工作。四十年代初，梅益翻譯的《鋼鐵是怎樣煉成的》出版時，是蔣建忠拉黃包車(或是騎三輪車)從印刷廠運出來的。進城後，他接管了原先舊電台的總務一攤。由於不涉意識形態，這一攤的留用人員最多，他以工人的樸實作風和共產黨人的原則性，在原先對黨不無疑慮的人們中贏得了信任。他手下也有一兩位從解放區來的助手，如老陝蘭際成，後來跟我一起去蘭州土改的，但那年土改以後他就調回老家了。

轟轟烈烈的三反五反運動開展起來，總務行政部門首當其衝，蔣建忠作為虛擬的「老虎」，是最早被宣佈「隔離反省」的一個，怕也是其中級別最高的一個。我不知道當時對他的「打虎」行動過程。但知道經過運動對他的折磨和糾纏，運動之後，他的威信反而更高了。他在各樣壓力下，對組織真誠坦白，堅持

一九四九 · 北平故人

實事求是，絕不「順竿爬」，更不亂咬別人。全台的人對他投過欽佩的目光，他好像沒有覺察，一切如常，還是認真地克盡職責，整個行政部門在他的領導下，也一如既往地兢兢業業地為編播服務。

那裏的所謂留用人員，本來都是為了養家餬口，找職業當飯碗的，讓他們不多言不多語，做好本分工作並不難。但他們並不是泥胎木塑，他們對人對事各有自己的看法。比如有一位孫凱，管理房產，人很精到，口才也好，辦事交涉，無往不利。我接觸過他，知道他目光犀利，有時出語尖刻，比如他形容一個能力不強卻亟亟鋪攤子攬權的人，曰「狗攬八脬屎，脬脬舔不淨」，真是形象之至，有力之至。但他對蔣建忠，卻沒有一句微詞，是從心裏敬服的。這使我想到，人們常說「解放初期」怎樣怎樣，共產黨毛主席的威望如何如何的高，常常忘記了正是有一大批正派的基層和中層幹部每日每時在群眾中以身示範，為這個黨積累了信用資本。他們不算早期的共產黨人，而主要是抗戰時期的幹部黨員，數十年後回首，或也可以視為早期的、古典的共產黨人了吧。

我跟蔣建忠沒有直接的工作關係。五十年代中期以後，他就成為電台(廣播局)的基建處長，在當時可真算得上委以重任，他和黃雲工程師一起，自始至終參與了廣播大樓的興建，廣播大樓是把籌備中的電視台包括在內的。他們從向蘇方的設計部門提供有關資料，直到擔任工地主任，日日夜夜，櫛風沐雨，以抵於成。那已是一九五八年，五月間北京電視台試播，這是中央電視台的前身。此後他就跟黃雲一起，到電視台工作。

一九八三年，我住到虎坊路宿舍，那排樓裏給電視台留了四套單元房，其中「老蔣」遷來住了一套。那時他還沒離休。他就在那裏去世了。每天仍見她的愛人繼續到廣播局上班。我後悔沒有在蔣建忠同志晚年，就比鄰之便，多去看望看望這位正直而被冷落的老人，領會他對人生的感悟，或也多少可以破解他一些寂寞吧。我都在忙什麼亂七八糟的事情呢！

說起黃雲，這是個典型的知識分子，也是絕對正派，如像表揚別人那樣說他一句清廉自守，都好像帶有侮辱的意味，因為清廉總是跟貪婪相對的，一般說，清廉者是自覺地與貪婪劃清界限，有所不為，這已是難得的好人了；但在黃雲，恐怕壓根兒沒想到什麼貪婪的。他只是一本初心，光明磊落。對工作也是這樣，不能說他「不偷懶」「不馬虎」，因為他根本不知道偷懶和馬虎為何物。他身上一是一、二是二的科學精神，嚴肅認真的工作態度，不是簡單地歸結為參加革命、樹立了革命人生觀一句話能概括的，甚至也不能簡單地歸之於學電機專業出身養成的作風。當然，你要說這一切是與生俱來，也許失於偏頗，但從小的家庭教育，隨後的基礎教育，這些後天的教養，是能決定一個人的終身的：今天的為父母者，今天的學前和小學教師，你們意識到這一點了嗎？

　　我在一九四九年，一到電台就認識了黃雲，他雖在技術部門（當時叫傳音科），因與播出聯繫式緊密，他也像是半個編輯部的人，跟播音員熟悉，也樂於跟編輯部的小知識分子招呼，臉上帶着斯文的微笑。當時我只知道他是南開大學出身，在那裏執教期間，去了解放區，等待分配工作時，偶然遇到廖承志，這位代號「三〇二」的青春煥發的首長當即拍板，請黃雲到他任職的廣播事業管理處報到。隨後成為隨軍進城接管電台的技術方面負責人，跟原在電台搞技術的地下工作者老梁，保證電台按計劃如期於二月二日以「北平新華廣播電台」的呼號啟動發聲了。

　　五十年代，我們青年團員每期必讀的《中國青年》雜誌上，刊登過主編韋君宜一篇談知識分子思想改造的文章，舉例說到她的妹妹對革命的態度是遲疑的，不能果斷拋棄個人和家庭而毅然投入革命的熔爐，這樣就落在了許多參加革命的同學和同輩人的後面，貽悔不已。後來從側面聽說她的這個妹妹就是黃雲的妻子。文章雖沒點黃雲的名，他卻分明也在「落後」之列，是不是

　　　　　　　　　　　　　　　　一九四九·北平故人

還包含着黃雲拉了老婆後腿的意思？我沒問過他是否看到過這篇文章，那就太不懂事了。黃雲調去籌建廣播大樓不久，我也在反右中落馬，直到一九六八年我們才在「專政隊」重逢，並在一個小組裏「勞動」過，他幹活仍是那樣一絲不苟，什麼活兒都要保質保量地完成。我們對上眼神的時候，他臉上依稀帶着往日的笑意。我想，這份友好和善意，並不是因為他這一時也墮入賤民境遇的緣故。

那極端的十年過去，韋君宜曾想調我到人民文學出版社去，又因我跟她的清華老同學黃秋耘成了忘年交，我有時去拜望患病臥床的「韋老太」，但我也沒提起過黃雲。九十年代韋老太寫出了檢點平生的《思痛錄》，其中說到她的妹妹和妹夫，已經不是幾十年前的口吻了。人活得長些，我想惟一的好處，其實不是別的，而是能看清更多的真相，看清別人也看清自己，更接近真理，活得更明白一點，也還來得及糾正或補救一些過去的失誤。

其實，無論從專業來說，從思想品質來說，以至從政治態度來說，黃雲這位工程師，都是無可挑剔的。當時還沒有「又紅（政治達標）又專（業務達標）」一說，這個口號或說改造目標，是一九五八年在知識分子首先是高校和科技界中「拔白旗，樹紅旗」時提出來的。而在一九四九年剛進城時，共產黨根本說不上自己的科技隊伍。在電台傳音科裏，除了黃雲當時算得上「可靠」者外，只有一位不懂技術的管理幹部景潤身，年紀不小了，據說抗戰前是張學良或誰的舊軍隊中的人員（顯然並不是屬於張學良的嫡系，因為他是河北人，不是東三省的人）。大約抗戰後參加了八路軍。他的日常工作是負責調度有關人員和安排有關工作日程，記得要找錄音員錄音，須通過他。這個傳音科裏的骨幹，當時還都是「留用人員」，明知這裏也跟編輯部一樣屬於「第一線」即要害崗位，但工作離不開他們。好在其中的人員，並沒有被原先的國民黨當局所「黨化」即馴化，沒有人死抱着舊

政權不放，都各安其位地為新政權工作，也還很負責，很認真。我印象較深的，有一位姓朱，據說是在西單一家開電料行的少掌櫃，二十多歲頂多三十出頭，卻也是斯斯文文的，對人和藹客氣，這一點還像是當時老北京商家作風——不過話說回來，舊時的「老北京」，士農工商，哪一行的人不是和藹客氣？動不動橫眉豎目的也只有地痞無賴，再加上某些軍警憲特吧？到一九五三年我辦新婚姻法特別節目時，台裏有人告訴我，傳音科裏那位姓朱的「小開」，家裏有大太太，還有位二房，這回麻煩了。我說，新法規定，凡是解放前既成事實的妻妾關係，當事人不提請離婚的，可以維持現狀，對男方不按「重婚」論。後來朱家的情況，我沒打聽。也不知道他是否一直在電台呆下去。

　　在我接觸所及的那些中年以上的「留用人員」裏，一般都不像這位「有故事」，也許有故事我不知道。五十年代一度傳說文書科來了一位偽滿洲國的掌璽大臣，下班路上我注意看了看，做派是像旗人，中等個兒，背頭梳得光光的，臉上表情不陰暗，也不明亮，四五十歲不顯老，若走在路上，絕看不出有什麼異常。不知從什麼地方調來的，不像曾被拘留，看來歷史審查清楚，不過不久又不見了，不知調到什麼地方去了。看來曾有人認為，文書科的工作，是凡念過書的人都能做，年輕些的須會打字，不會打字的，手抄也用得上。那時的讀書人，做到書寫工整無誤，且有一定速度，並非難事。所以進了人沒處安置，也許就弄到文書科來。所以時有調進又調出的事。而在一九四九年接管的文書科老班底，似乎一直沒動。記得那時的科長叫何磊，是位中年人，高高的個子，冬天還穿大棉襖，對人謙和有禮。歷次政治運動都順利通過，可見當前的工作和言論，過去的歷史全都沒有辮子可抓。只是到了六十年代，有一位復員軍人似乎帶有「摻沙子」性質，進入文書科，對編輯部來送待印稿的人，擺小小的架子，編輯部年輕氣盛的不吃這一套，常生口角。這時何磊也只埋頭幹他

　　　　　　　　　　　　　　一九四九·北平故人

的例如校對之類的事情，絕不參與。不記得什麼時候何磊不見了，那位轉業軍人取代他成為科長。據說何磊調到外地，雖屬河北的地界卻還是鄰近北京的，該是有所照顧吧。

　　跟他幾乎同時調往河北的，至少還有一位資料室的趙以文。這也是一位四十多歲的所謂留用人員。平時少言寡語，工作認真負責。現在想想，多半是為了完成每過幾年就來一次的「精簡」，或「清理」的任務。精簡云云，本是延安時提出的「精兵簡政」的簡稱，後來沿用，多指「精簡機構」，自然涉及「精簡下來」的人。所以過幾年精簡一次，必是精簡以後又膨脹了，又臃腫了，周而復始。被「精簡」的人，拉家帶口到外地去，自會感到不便，就如下鄉之所以叫下鄉，是因為城市在鄉村之上；那麼從中央機關「下放」地方，當然也就被人們看成類似「降級使用」了。但當時因「精簡」而到地方上去，一般還會有適當的安排。比起因政治或歷史原因受到「清理」因而下放的人，境遇會好得多。一九六二年前後，因大災荒造成經濟緊縮，各級機關團體都有「精簡」任務。往往是中央機關的下放到省級，省級機關的下放到地(區)市，依此類推。有的許以經濟好轉後再把你調上來，誰料文革一起，全國大亂，這大亂的十年當中，又有以各種名目趕下基層、趕下鄉鎮的人群，待到大局略為平定後，當初做過許諾的人，死的死，退的退，倖存沒有離散的，有的不承認自己做過的承諾，有的不否認但因時過境遷，已經無權兌現當年的承諾，有心而無力。後繼者只繼承前任的權力，卻不繼承前任留下的未了事宜，吃虧的是當時聽信了領導的老百姓或小幹部。這也算得是中國特色，既有決策制度問題，也有政治倫理問題。

　　我在一九四九年底調離資料編輯科時，同科的老同志，左熒的愛人黃药也調出，她帶着我的華大同學孫庶玉、佘希明等，去在原有的一個小圖書室基礎上建立了正規的圖書資料室。分為兩部分，圖書方面將原先電台遺留的，和口播部從新華社分立時

帶過來的小量圖書編目整理，準備添置新書；資料部分則依照新華社的樣子，從剪報、做索引卡片開始積累各項新聞工作必備的書面資料。我因工作需要也因感情的關係經常去這個新的圖書資料室。到小小的書庫(當時只有幾個書架)間翻舊書，有原先電台甚至是日偽時期留下的書，我在裏面看到了原《北平日報》編輯陳菱君署名金谷翻譯的一本日本作品(一九四九年二月間，等待接管的《北平日報》刊發了我駁斥美記者的文章，編者陳菱君曾約見)；又在解放區出的書裏，看到東北新華書店出版的藍色布面精裝一卷本《毛澤東選集》，哈爾濱出版的黃歲著《動盪的十年》，其中寫到我來電台認識的老同志顧湘在延安跟張晉德的革命婚禮，她當場唱了「延河水，清又清……」，以及十七年後進入中央文革小組而大走紅的王力其人，在山東解放區時寫的小說《天晴了》(或《晴天傳》，二者必居其一)……書不多，卻也長見識。

在這個小小的圖書部分，由一位從舊電台留下的謝頂老漢李永元管理。說老漢，可能當時只有四十多歲，他直到十年動亂期間或稍後才退休，我是這樣倒推的。戴一副近視鏡，對我如長輩，大概看我愛讀書，故極友好，總是表示歡迎的樣子，但不多說話。我也對他如對長輩，同樣不多說什麼。我們這樣好像心照不宣的關係，從我這方面說，是我父親也屬於「留用人員」之列，將心比心，看到他的謹小慎微，也就想到我父親也必是這樣在做人。不過我看到黃药對他也採取平等態度，於心稍安。反右中後期，我到書庫去，他的態度沒有改變。但我發現我出版的有限幾本書，都已悄悄下架了。而比我名聲大得多的，無論是早年嘉名還是當前惡名，淪為右派的名人，他們的著作還都安然無恙。我心裏忽然掠過一句「近水樓台先得月」，這不像統一的佈置，而多半是李老的避禍措施，別的外單位的右派，他沒有名單，而電台裏面的右派，他不能裝不知道，知道了，你還把他的

「毒草」放在那兒不動，是什麼意思？……想到這裏，我彷彿聽見了老人家心底的歎息。

在正式場合，我總是叫他李永元同志。這位戴着深度近視眼鏡，儀態像個和藹可親的老教授的李永元同志，多半早已作古，願他安息。

還應該提到一位老大姐，叫周婉。她在播音科，是從原先的電台留下來的。平時不多言語，不排除性格和傳統教養的因素，而後來的事情表明，她之謹小慎微，也因為怕「犯錯誤」。

這個「犯錯誤」，當時也還算是新詞兒。過去小孩有心的、無心的過失，都有具體的指稱，比如撒謊就說撒謊，打架就說打架，摔碎了什麼、損壞了什麼，或是跟別的孩子發生糾紛，也說「捅漏子」、「惹濫兒」；成年人的問題更是這樣，幹了什麼壞事，包括好心把事辦壞了，有什麼失態失禮，有損公德或私德的表現，大家當面或背後加以譴責，有一說一，有二說二，不會籠統地說是犯錯誤。現在不然了，有了「犯錯誤」這個籠統的概念，不管什麼性質的，什麼程度的，什麼原因造成的，一扔進這個筐裏，真如泰山壓頂。好像從說錯話開始，到處都有錯誤等着你犯，還有人等着對你進行批評。我們有團內的組織生活會，還跟非黨團員一起參加基層行政單位裏的生活檢討會，連我有時都產生動輒得咎的感覺，何況對這種「批評和自我批評」尚未習慣的上年紀人。劉少奇在關於「修養」的書裏，引用曾子「吾日三省吾身」的訓誡，後來只能從曾國藩、蔣介石的日記裏看到他們經常自省，他們的日記是準備留給後人看的呀！其實古往今來能向聖賢看齊的人，恐怕未必很多。……後來，周婉要求調動工作，決心不幹播音這一行了。她是現在所謂資深的播音員，讓她留在這第一線的崗位，也表明「組織上」對她的政治歷史審查清楚，是信任她的。但她說她每次開播的頭一句呼號，「中央人民

廣播電台！」有時都會緊張得張不開嘴，怕播錯了，形成心理上的強迫性壓力。大家理解，這是因為她在舊電台工作過，播過不同的台名呼號，萬一播串了，就是大錯。

而在一九四九這一年裏，已經有兩次前車之鑒。一是夏天，美國國務卿艾奇遜發表了《白皮書》，在中國引起軒然大波，毛澤東親手寫下幾篇駁文，現在「毛選」第四卷裏依然可見，當時以《人民日報》社論發表，一般不知是毛澤東的手筆，但所有的黨報社論都是學習文件，會上會下，依據文件精神，批判艾奇遜，檢討個人主義和資產階級民主觀點。因為這位艾奇遜拉攏中國的「民主個人主義者」，引為同調，可就給中國的知識分子加了壓，都要強調改造思想的決心，好跟美帝國主義劃清界限。沒想到，有一位解放區來的老播音員，因為對艾奇遜聽也聽熟了，說也說熟了，在播出《社會發展史講座》時，把節目開頭的「請艾思奇教授播講」，播成「請艾奇遜教授播講」，這可是敵我不分的政治錯誤啊！到了秋天，建國不久，周恩來就任政務院總理，幾乎每天要上廣播。一位從舊電台留下的女播音員，一不小心，播成了「周恩來總經理」，自然是出於無心，因為過去「總經理」常掛在口頭，而總理這個職位，早在國民政府取代北洋政府之後就不設了，國民黨當權二十二年間，只有「總理紀念周」要唸《總理遺囑》，那指的是孫中山，孫總理去世多年，總理二字已在平常的口語中消失了。

學習蘇聯經驗，對播出工作中的差錯要嚴格處理。我們看不出這兩例有多大的不同，但前者批評檢討過關，後者調出播音科，後來好像調到經濟台(這是商業台的「學名」)去了。這樣的雙重標準，從周婉的角度看來，如不趕快離開這塊「陣地」，隨時有「犯錯誤」的危險：也是容易理解的了。

若干年後，周婉平安退休，用今天的話說，「軟着陸」了。

　　　　　　　　　　　　一九四九·北平故人

以詩控訴，鄭重地向「舊中國」告別

在我接觸的人裏，像周婉這樣的「從舊社會來的知識分子」，畢業以後曾經就業，到了一九四九年新變之際，都難免有一種惶惑之情，以致不能免於恐懼。這從他們的謹言慎行達到謹小慎微的地步，可以明顯地體察出來。我雖然閱世不深，但這點敏感還是有的。周婉過去的工作例如播報新聞，總是離不開時事政治；即使是「留用人員」中的後勤事務人員，職務遠離意識形態，似也多少涉嫌「為國民黨服務」甚至「為日偽服務」；而像沈從文這樣的學者，他私心並不以自己為「反動」，不是也不得不自愧對共產黨的革命沒盡過力嗎。那些聽說過解放區負面傳聞的人，就在底氣不足之外，加上一份擔憂了。

從東北新華書店的《毛澤東選集》中，看到毛澤東對外國記者的談話，表示欣賞和信服林肯的「民有，民治，民享」和羅斯福的「四大自由」。在我當時底氣十足的自我認知裏，四大自由中「免於恐懼的自由」，在日本統治時期和國民黨統治時期，這份自由我是沒有的，而現在，對我來說，「解放區的天是明朗的天」，我當然「免於恐懼」，沒有任何恐懼的理由；而在我周圍的人們當中，解放區來的，從幹部到勤務員「小鬼」沒有恐懼，我們新參加工作的青年學生也沒有恐懼，沒能免於恐懼的主要是所謂留用人員，而我認為他們有恐懼感，是緣於對共產黨還不信任，有懷疑，早在圍城時東北野戰軍就發佈「安民告示」了嗎，你還心懷恐懼，就是疑心生暗鬼了。

於是我只管自己安然地、坦然地、自得其樂且滿懷信心地生活和工作。七八月間，每天上班，在資料編輯科，綜編或壓縮專稿的工作很順手。下班後，有時先不回宿舍，步行不遠，到西單逛書店。那時上海大量的私營出版社都在做「迎接解放」的生意，首先是請人翻譯蘇聯的小說趕着出版，如果我記得不錯的

話，有曹蘇齡譯蘇聯女作家潘諾娃的《旅伴》，出來不久，《人民日報》就在副刊「人民園地」連載了；還有葉至美譯自蘇聯一個加盟共和國(可能是亞美尼亞)作家寫的《薩根的春天》……曹蘇齡是曹靖華的女公子，葉至美是葉聖陶的女公子，都是嚴肅的翻譯家，因此我斷定這是跟曹、葉二老熟悉的出版人所為，不光是為了謀利。記得當時上海有海燕書店、文光書店等等，一直延續到五十年代中期，到一九五六年「三大改造」後，才終於都不見了。一九四九年時，原有的文化生活社開明書店和時代社似乎倒並不太活躍，也許是囿於原來一板一眼的出版計劃，沒有「趕任務」。更主要的恐怕還是觀望：時代社受蘇聯外交政策左右，保持一貫的「蘇商」作派，喜怒不形於色；文化生活社仍由巴金主持，在這「更新換代」的時刻應對比較謹慎；開明書店與文教界聯繫緊密，其中有無中共地下黨員我不知道，也不知道像郭沫若《斥反動文藝》會不會影響到他們的經營方針，因為他們一九四八年秋冬還加印了沈從文若干本書，而沈是郭在當年春間就點名批判的，然則或是頂風而行。但再過一兩年之後沈從文作品竟成為開明銷版的第一批，那大勢所趨，書店主持者還能怎麼樣？我是今天回過頭來憑想像這麼說，因為一個普通讀者對出版界的內裏只能是管窺蠡測而已。

那時候《人民日報》《光明日報》和繼續經營的《新民報》都有副刊。——《光明日報》於六月創刊，是由中共決定其為各民主黨派聯合機關報的名義，正配合了新政協籌備會的召開，也藉以表示中共統一戰線的誠意。——七月文代會後傳出毛澤東的題詞「希望有更多好作品出世」，接着說文聯要創刊《文藝報》和《人民文學》。洶湧不息的政治熱情又把我的寫作熱情鼓蕩起來。

北平易幟已經半年，最初一片搖旗吶喊的「解放熱」已經沉澱下來，大家都投入百業待舉的工作中去。我人是進入了「新社會」，但我心中那人民苦難的影子並沒有退去，那些生離死別

的哀歌還在心裏縈繞迴響。如金帆作詞、馬思聰作曲的《賣兒郎》：「賣兒郎，賣兒郎，兒郎價賤糧價漲……」曾經哀鴻遍野的中國大地，今天又成為兩軍決戰的戰場，這個戰場南移了，「賣兒郎」的歷史就此絕迹了嗎？將來的人們還會知道那「母別子，子別母」的痛斷肝腸的苦況，還會知道往日的災難，像河南人說的「水、旱、蝗、湯(恩伯)」嗎？

七八月間，我借「賣兒郎」的舊題，寫了一首民歌體的《賣兒郎》，在原來那首歌的基礎上加強了敘事性。

寫過以後，那馬思聰的旋律仍然在我的耳廓裏迴旋不去。他們那首《賣兒郎》可能是在香港寫的，但我彷彿還是聽出了《思鄉曲》裏的主題，那是綏遠「爬山調」裏的「城牆上跑馬(你就)回不了頭，遠瞭近看(他就)沒有一條路……」馬思聰抗戰時期從那裏走過。而我聽說那一帶有幾句歌謠，卻是前幾年的：「年老的挨槍崩，年輕的抓了兵，姑娘媳婦充了公」。什麼都會戛然中斷，中國人民的苦難一直延續不斷。長城內外，這是從孟姜女哭長城兩千年來中國的宿命嗎？

我要寫一首《哭長城》。不是哭的老長城，是直至今天二十世紀四十年代長城下的哭訴。

二

幾千年了。長城橫絕起伏的山地，有人詛咒它，咬掉過牙。

幾千年了。長城底下有兩怕，一怕貪官，二怕清官。說什麼貪官、清官，城關原是鬼門關。

說那城門洞呵，三天三宿過不去，堵滿人肉人骨頭；說那長城的大磚呵，扔起一塊來，大半個天空全遮黑……

長城萬里，好長好長呵！萬里長城，好高好高呵！口外的天，三百六十日，好冷好冷呵！

城牆上，炮樓掛着黑眼睛。十里、八里、三十里，沒有人煙……

好荒涼呵，好荒涼呵──人到哪裏去了？沒有下落；山頭接着山頭，不動聲色。山高、城高、天也高，日頭照着城缺口，照不進山坳嶗。黃沙風，風沙黃，沒血色的日頭像月亮，好一片白紙鋪在山地上。

日頭照着長城，長城是道符，沉甸甸地，沉甸甸地/緊壓着山地的生靈兒，生靈們的脊背。

就是它，長城，像一道冷冰冰的鐵鍊，鎖着淒涼的口北，鎖着黃河……

黃河水，沒日沒夜地/滾滾流過。你為什麼嚎啕哭？你為什麼奔波？

三

十月天氣涼，天咬破衣裳；西北風，賽虎狼，竄到馬家墳，人人叫爹娘！

馬家墳在哪裏──哪裏是馬家墳？

東一片/沙梁/灰蒼蒼，/西一片/沙窩/灰茫茫，沙梁好比隊跑口駝，仰脖臥着；沙窩裏樹條/像討命的冤魂，嘩啦啦搖動瘦巴掌……

繞着馬家墳，天地都發慌。大人不敢吭聲，娃兒不敢哭叫，就為出了一個/侯保長！

侯保長/有錢、/有房、/有地，/鼻孔出大氣。

三九的冰渣，/刺人一寸，/侯保長，/刺人一尺。

他一板臉，/誰家遭難？/他一搖頭，/鬼見愁。

他使咱男子，/像使牛馬，/待咱女子，/不如馬牛。

要見血，/他割你一塊肉，/不見血，/拿根繩拴了走。

要糧，/他斗大，/抓兵，/他繩粗。

　　　　　　　　　　　　　　一九四九·北平故人

不怕老天／壓住頭，／就怕保長／咬住毬！
不怕／黃河決口，／就怕／保長臨頭呵！

　　壓在勞苦人頭上的，「長城」是現官，那有錢有勢的土豪侯
保長就是現管了。我當然不能站在侯保長那邊，而是站在貧農連
鎖一家三口這邊。他們無力抗爭，只能是心懷仇恨，把復仇的希
望寄託在明天。也是綏遠一帶抗戰時有一首《紅彩妹妹》的民
歌，我記得一頭一尾：開頭是「紅彩妹妹，長得好……」，中間
說她被日本鬼子糟踏了，最後是「此仇不報，怎為人！」
　　在《哭長城》，喊出的也是這報仇的聲音：

天下的苦人，不只咱三口！
報不了這仇，該忘不了這仇！
是仇，至死不到頭。是路，終能爬到頭。
……
不到黃河不死心，／此仇不報怎為人？

連鎖媳婦被逼瘋了：

十

我剜你的心，我喝你的血，我咬你的肉！
一個女人，跑在山溝，亂髮披滿頭：
你剜了我的心，你喝了我的血，你咬了我的肉！
兩隻老鴉，老遠飛走，經霜小樹搖了幾搖。
——我的娃兒，是你搶走，是你崩了他的頭！
山風好緊，上上下下，穿透山溝溝。
娃兒的爹，是你坑害，是死是活沒定數！
一聲兩聲，三聲四聲，東邊山頭起塵土；

我的衣裳，是你剝去，逼得我走投沒有路！

五發六發，七發八發，西邊山裏，劈劈拍拍……

天是棺蓋，地是棺材，我是死人，也要站起來！

褲帶，你不能/ 勒我脖子，樹杈/ 你扎我一身刺！

高山呵，窪谷呵，哪裏有條活路呵！哪裏有槍？哪裏有刀？我和誰央？我和誰告？頭頂的冤仇/ 幾時能報？

五聲十聲，千聲百聲，劈劈拍拍，槍聲亂如麻；山風緊，像刀扎，日頭西頭落，槍聲大了，哭聲小了：

哪裏有槍？哪裏有刀？我和誰央？我和誰告？頭頂的冤仇/ 幾時能報？

……

我寫到這裏，猶如我就是那瘋婦，我替她哭喊。心底的理性告訴我，個體的自發的反抗，會被那「長城」一樣的體制壓得粉碎。我也知道，臧克家《鄉土的歌》由於據説只寫了農民的受苦而沒寫農民的革命覺悟與革命行動，遭到了林默涵的批判；我也聽説在老區土改時強調「報仇」——不是個人的仇，而是千百年的「階級仇」，「血淚仇」，導致一些「過火」鬥爭……

但我已一吐為快。我相信這是為中國最底層勞苦的工農大眾爭取反抗的權利，為他們反抗壓迫和剝削的正義性辯護。

我沒有像許多作品那樣接着寫他們的「解放」，他們面對面的對敵鬥爭。而以浪漫主義的暢想，一下子跳到他們馬上就開始了的幸福生活：

十二

往年裏，二月天/ 青黃不接，叫苦連天；今年山倒石頭爛，咱打脊樑上/ 翻掉個山！

二月天，風箏天，侯家大院的風箏/ 抖不起來啦！侯家大院的門上，掛上農會的牌啦！

　　　　　　　　　　　　　一九四九·北平故人

咱農民，／笑盈盈，／走進農會門。／開犁快啦！播種快啦！

　　連鎖媳婦，從集上回來，一頭小黃牛／跟着回來，一家一條腿，四家圍過來，連鎖拄拐棍，打院裏出來，打滾的娃兒，喜滋滋爬起來，白鬍子老漢蹣過來，摸摸頭，摸摸腳笑道：日子一天一天發起來……

　　藍格朗朗的天，綠格纓纓的草，嘶溜溜的春風吹，日頭多好！

　　多時一場雨，春雨滿地油，黃蘇蘇地裏冒出綠苗苗！

　　乖乖，地喲！

　　噴香噴香的地，踩一腳，踏踏實實的！

　　這首《哭長城》手稿後注明寫於一九四九年八月二十三日，北平。

　　魯迅在逝世前不久在一篇文章中說，「無窮的遠方，無數的人民都與我有關。」當我重抄六十多年前筆下那個瘋婦的復仇誓願時，我又想到了這句話。當時理解的「革命」和「解放」，不是書本上說的「一種新的進步的生產方式和社會制度取代原來落後的生產方式和社會制度」，而是跟每個被壓迫被剝削，受到不公不義不平等對待的最底層人民的血肉生命、喜怒哀樂密切難分的。

　　具體到《哭長城》，它不僅是我接受共產黨新民主主義革命綱領的產物，它的遠因，甚至可以追溯到十九世紀俄羅斯的民粹主義，以及民主主義的，人道主義的包括老托爾斯泰的文學作品的影響，乃至像雨果《悲慘世界》這樣一類英法作品。我小時候不能從宏觀上和深層上觀察和理解社會分層和生產過程的細節，只能從直觀的貧富對立現象來看待周圍的社會和各種人情事理。

　　再具體一點，那連鎖媳婦哭訴的句式和節奏，更受到田間敘事詩《她也要殺人》的有形無形的影響。田間的這首詩，我大概

是一九四九年才讀到的，我認為從這首詩看，田間可能受到的胡風文藝思想和社會思想的影響表現得比較突出和明顯。這或許也是這首詩後來長時間不大有人提起的緣故（胡風是最早在大後方發表田間詩作的人。田間的夫人葛文卻在八九十年代猶有餘悸，矢口否認田間跟胡風有任何關係）。

人們，還可以從我一九四九年寫的《馬車》這一短詩，看出我在語言上一度受田間後來作品的影響（主要在吸收民間歌謠諺語方面），那已經有點走上彎路了。

我高度評價田間在抗戰初期以《給戰鬥者》為代表的作品包括他所致力的街頭詩、村頭詩，這不光是由於聞一多的宣揚，而更多來自個體閱讀的感受。他在抗戰期間寫的《她也要殺人》也屬於這一類。但田間後來寫的詩，主要是在「延安文藝講話」以後，即強調「民族形式」之後，不管是外部因素還是內部因素，他的詩急轉直下，許多已經失去詩味。他跟比如當時與他齊名（聞一多曾經並提）的艾青不一樣，艾青也試圖改變詩風，但大體上保持了一定的藝術性和可讀性，並沒有嚴重地喪失詩味；這可能就跟田間對民族形式和「人民群眾喜見樂聞」這一要求的理解有關，是不是鑽了牛角尖，理解得偏頗了，結果某種程度上「誤入歧途」，以致寫出的不是詩了。五十年代時讀書界就嘖有煩言，有些詩人也跟讀者一樣有些議論，傳到田間耳邊，但他可能沒有沉住氣找知交朋友好好談談，就都加以拒絕了。甚至傳出他說的，「整個詩壇不喜歡我，我也不喜歡整個詩壇」這樣的話，自己把自己在藝術上孤立了。

即將從「天堂的門臉」跨進門檻

去年，一九四八年夏天寫過一首小詩，《天堂的門臉》，門臉是地道的老北京土話，叫「門臉兒」，指的城門前面那一帶。

　　　　　　　　　　一九四九·北平故人

如果把中國的革命當作建設人間天堂的實踐，進入一九四九年，北平和平解決，我們就站到天堂的門臉了。[*]

經過七八個月的緊鑼密鼓，當年十月一日由新政協訂為建立中華人民共和國的日子，那麼就是正步邁進天堂門檻了。九月裏，一天我騎車來到無數次經過的天安門前，見金水橋南北一片熙熙攘攘，就停下來觀望。

歷來沒有人把天安門前叫成天安門的「門臉兒」，大概因為天安門是皇家禁地，從無小民立錐之地。所以「哈德門」「齊化門」這些草民出入之地的門臉兒之說，高攀不上。然則「天堂的門臉」怕也不能成立了。天堂應是莊嚴肅穆，不能那麼「從眾」，那麼「通俗」吧。

我後來一直反對對老北京濫拆一氣，但回顧一九四九年九月的天安門廣場，我以為經過深思熟慮的、有限度的擴建改建是值得稱許的。

我發現金水橋南，分立左右的一對華表，已各向東、西方向移動了恰到好處的距離。遠遠看來，便不那麼局促，顯得天安門的眉目更加舒展開了。從這個特殊角度解釋「美是距離」，也會稱讚這個距離的「適當拉開」：想得好！計算得也好！

環顧四周，那使廣場緊縮成山西式長方四合院的舊格局，也正在打破中。與天安門遙遙相對的中華門以北，兩側原「千步廊」東西兩邊的長長短牆一經拆除，廣場豁亮多了。據說天安門前的長安街還要拓寬，那東西「三座門」（分別同太廟即勞動人

---

* 恕我在這裏插上兩句掃興的話。

許多年後，我讀到老詩人牛漢寫於七十年代的幾句詩，大意說：「我面向天堂，腳步總走向地獄；我面朝地獄，為什麼邁不進天堂？」

德國詩人荷爾德林（一七七〇－一八四三）的幾句話，似乎回答了牛漢的問題：「總是使一個國家變成人間地獄的東西，恰恰是人們試圖將其變成天堂。」

民文化宮和中山公園的南門對應的位置)也將拆除。*這就適合今天的需要，因為幾十年前皇家不會舉行有大型機動車輛通行的盛大閱兵式，更沒有萬眾蜂擁的群眾遊行，文武百官頂多有一小部分在千步廊等候，到時候隨大流魚貫進入天安門、端門、午門入朝，有金水橋南那個「四合院」就夠用了。

我歌頌「北京城裏有東方的紅場」，那是作為政治符號，而作為實體，天安門廣場的面積大過莫斯科紅場五六倍。

我欣賞在這個重大歷史關頭對開國大典現場進行設計者的宏闊胸懷和審美眼光，雖然我不知道他們是誰。

我望着正在施工的現場，遙想一朝在廣場中心升起嶄新的紅旗，鼓樂齊鳴，開始閱兵和遊行的時刻，就預支了一份自豪。

其實，我一年多以前就預見會有這樣一天，當時我寫了一首《彩牌樓》。我曾在長安街上見過國民黨為了什麼喜慶搭建的彩牌樓，那時天安門前張掛着蔣介石的戎裝照。我一九四八年五月二十九日寫那首詩時，他已從蔣委員長變為蔣總統了：

> 這座堂皇的/ 張燈結綵的牌樓/ 是多少懷恨的手懷恨地/ 搭在這蒙羞的土地上的！/ 當音樂響起來時/ 多少高舉的手在痙攣/ 多少低弱地呼喊萬歲的喉嚨/ 顫抖得好像哭泣……
>
> 從不自由的路上走來/ 我不止一次地走過這彩牌樓/ 彩牌樓有如絢麗的侯門/ 而沒有一條法律會更暴戾：/ 奴隸們臉上必得掛着笑容/ 哭泣就是背叛/ 一切呻吟都要埋在心底
>
> 失去了一切權利的我們/ 為什麼慶祝你們的節日？/ 這

---

* 近期偶然看到北京城區幾座城門的始建和拆除年月，未經核實，抄在這裏聊備一說：
中華門，一四一七年建，一九五九年拆；
地安門，一四二〇年建，一九五四年拆；
崇文門，一四三六年建，一九六五年拆；
東直門，一四三九年建，一九六九年拆。

　　　　　　　　　　　　一九四九·北平故人

歡樂不是我們的／這彩牌樓不是我們的

　　告訴你：虎背上的騎者／你們的末路已到／森嚴的戒備是枉費心機／吉星不在你們頭頂

　　新的日子在開始中／我們將可炫耀地走向前去／在屬於我們的彩牌樓那邊／迎面走來／等待我們迎接的／數不盡的美麗的黎明

　　追求真理的／終將獲得真理／歌唱光明的／終將聽到回聲／當我們做了一切應當做的以後／我們才對得住自己的誓言／我們的良心不必用淚水揩拭／在陽光下閃耀着光芒／我們從更加輝煌的彩牌樓下列隊走過／展開從未有過的笑容／展開一片祝福和歡唱／歡呼我們的彩牌樓萬歲／頌揚我們的節日萬壽無疆

　　現在，一九四九年九月，我們在天安門和長安街修飾着「我們的彩牌樓」，那創意超過了老式的彩牌樓。

　　現在，二〇一六年一月四日，當我重讀幾十年前寫下給「虎背上的騎者」的，近於詛咒的《彩牌樓》，忽然聯想起在那前後寫下的同樣是咬牙切齒的《金菩薩》。記得一九八〇年夏，同一辦公室的吳家瑾從《獻給歷史的情歌》讀到它，這位經歷過崢嶸歲月的上海地下黨員，會心地說：這個「自身難保」的泥菩薩，適用於一切末日的獨裁者偶像。她賦予我的詩以普遍性的意義，讓我茅塞頓開，這是我從來沒想過的。

　　在天安門城樓的正面，如何佈置，大概頗費設計者的苦心。在坐北朝南的城門上方，張掛領袖毛澤東巨幅標準像，這一點是既定的了，只是用哪一幅的問題(很長一段時間，一度掛像是毛澤東敞着領扣那一幅，十月一日掛的是不是它，忘記了)。標準像兩旁的一色紅牆，卻還是空蕩蕩的，怎麼辦？據說原想把毛澤

東手迹「人民的勝利」五個大字寫在牆上，後來可能因為中間有像，五個字安排不開，遂改為在畫像下邊留一橫條，用紅筆在素底上複製了這五個字……後來正式定格，這五個字也不見了。

這年十二月，我投入俄文夜校的學習，認識了在中南海工作的漫畫家鍾靈，後來熟稔以後，知道他參與過開國時天安門廣場的設計，兩個大幅燈光標語的藝術字(幾年後又改簡化字)就是他的手筆。

一九八九年初，我寫過一篇雜文《話說「人民的勝利」》，從當時的印象說起，全文是這樣的：

> 想到今年是中華人民共和國建立四十周年，按照一個已經進入老境的過來人的思路，一下子就想到開國大典，想到天安門。記得在那年九月間為慶典佈置廣場的時候，聽說毛澤東謙辭掛他的畫像，而答應把手書「人民的勝利」五個大字寫上天安門。
>
> 不知經過怎樣的過程，方案定下來，仍在原先張掛過蔣介石大半身戎裝畫像的天安門正門上方，高懸起毛澤東的畫像；畫像下邊，留一橫條位置，白底紅字，複製了他書寫的「人民的勝利」的手迹。
>
> 後來，這「人民的勝利」不見了，我猜是出於審美的考慮，而沒有別的象徵意義。因為在天安門城樓正面，又有人像，又有題詞，後來還加上美術字的兩行燈光標語，要想搭配得疏密相間，諧調大方，頗不容易。隨後，「中華人民共和國萬歲」、「世界人民大團結萬歲」兩條標語夾着一張標準像，維持至今。雖文革到處折騰，這個格局也沒有變。
>
> 一九四九年七月一日，毛澤東發表了綱領性的論著《論人民民主專政》，對人民和非人民作了界定。那天傍晚，在先農壇慶祝中國共產黨建立二十八周年，雨過天晴，毛澤東

　　　　　　　　　　　　一九四九‧北平故人

到會，群情沸騰。我那天第一次見到了眾口一詞、歌頌已久的人民領袖毛澤東，連長久不寫新詩了的俞平伯也寫了充滿激情的白話長詩《七月一日紅旗的雨》。那時我自然絕對想不到有朝一日會被摒於「人民」之外，我想俞平伯也想不到僅僅四五年後要用同一枝筆來寫檢討。雖然他還僥倖留在「人民」的「隊伍」之內。

我差不多是從一九五八年以後，才以含英咀華之情來咀嚼和回味「人民」這兩個字的意蘊，並以「當時只道是尋常」的失落感來緬想身在人民內部時的種種，再也不敢掉以輕心，視為類乎概念遊戲。我想後來大量所謂「拉一拉可以拉過來，推一推就推過去」的處於「人民」和「敵人」的邊緣的人物，已被「人民」（？）「拉」過來的所謂「屬於敵我矛盾性質、按照人民內部矛盾處理」，實際還是各類「（敵人）帽子拿在群眾手裏」的人物，以及已被「人民」（？）「推」過去但還「給出路」，號召其「回到人民隊伍裏來」的人物……們，都會體會到在我人民共和國，在我們生於斯、長於斯、勞作於斯的國土上，想作一個「人民」有時候比某些人入黨、升官還難，難到令人身心交瘁，臨死之際欲為人民一分子而不可得！

這怎麼解釋呢？在五十年代以至六十年代初期，還有一個「佔人口的絕大多數」與「百分之五」對立論可以權充解答。但到了「四清」直至「文革」倒行逆施發展到極端，再回過頭省視我們奉為經典的有關人民的理論，這才發現，在貌似莊嚴的外衣下面包裹着絕不莊重嚴肅的權變：沒人反對對人民實行民主，對人民的敵人實行專政吧？然則我要「專」你的「政」時，只要事先甚至事後宣佈你不屬於人民內部，就一切名正言順了。

這就是天真的人們奇怪——為什麼趕走了「人民公敵蔣

介石」，消滅了包括消化了他的八百萬軍隊之後，在人民共和國裏各種各樣大小「人民公敵」竟越來越多的緣故。

有誰統計過，在「人民的勝利」寫上天安門以後，有多少不折不扣的人民遭到了「專政」——包括由「人民民主專政即無產階級專政」的國家機器如軍隊、警察、法院施行的「合法」專政，由「合法」的群眾組織、「合法」的軍工宣隊和「合法」的革委會等政權組織所進行的打砸搶抄抓和私設公堂、侵犯人權的「非法」的或稱「半合法」專政。作為中華人民共和國的公民，在共和國成立四十周年的年頭，撫今思昔，想到「人民的勝利」之說，能不聯繫到涉及權力、民主問題的政治體制改革的必要性和艱巨性，好好想一想嗎？

從四十年前，我就很喜愛五星照耀着天安門這一國徽的構圖，折服於它的深邃感、厚重感和由此產生的莊嚴感。當然，這同最初因「人民的勝利」而懷有的自豪感是不可分的，早已形成了情感定勢。所以雖當我的「社會存在」已屬「化外」的時候，對於「人民的軍隊」、「人民的警察」，也不曾有過異己之感；對於所見玷污紅星和警徽的人和事，也總以「個別現象」視之。可是最近聽了一段廣播，忽然產生了一些別樣的想法。陸忠的姐姐再也頂不住、受不了流氓的威脅和傷害。廣播中說，人們在安全失去保障的時候，自然想到軍隊和警察，但接着說——大意是，比方說在日常生活中，也還不能完全指望警察云云，那意思是好的，寄希望於麻木圍觀的人群裏出現更多見義勇為之士。但我不能不想到近年來多次聽說的執行公務中的警察見死不救、見「火」不救一類事情。

人民的民主的政權應使人民群眾有免於恐懼的自由。這個命題自然有極其豐富而深厚的內涵。從最低層次來說，對社會秩序和公民人身權利所受的威脅，相應職能部門有義

　　　　　　　　　　一九四九·北平故人

務進行干預；眼看着流氓團夥橫行而不過問，聽任壞人囂張，好人受害，則什麼「民主」啦、「專政」啦，不都成了空話？如果民主不像民主的樣子，專政不像專政的樣子，恐怕不能算是完全意義上的「人民的勝利」。只有億萬人民以自己的手，把自己的名字寫在憲法和選票上，寫在中國大地和天安門城樓上，這勝利的果實才不會丟失，不會腐爛或變酸變苦。

這篇寫於一九八九年一月二十三日的舊文，擔心人民的安全得不到國家機器例如警察、軍隊的有力保障，引發這個擔心的，是一件普通公民陸忠說她姐姐受到流氓惡棍的威脅和傷害，求助於她信任的人民警察，結果是警察不做為。可見我當時所見者小。不過，文章寫到這個程度，已經不易刊出（在一家晚報刊出後，收入文集時就被抽掉）。因為八十年代已有一條禁令，不許媒體對軍隊和警察工作中的問題進行公開批評，這是很令人遺憾的事，不知這個禁令後來解除沒有，不過，我筆下沒有這方面的內容，因為我遠離穿制服戴制帽的人，既不能做什麼批評，也沒法做什麼表揚。

九月下旬的某一天，藍天明朗，太陽照在身上暖暖的，微微有些風，吹拂到臉上，十分怡人。

我們按時在午後向先農壇體育場集結。我們在圍成圓圈的看台坐等蘇聯文化代表團來。兩位團長是我們熟知其名的法捷耶夫和西蒙諾夫，到場的群眾多數都讀過他們的小說。法捷耶夫的名著《青年近衛軍》，我最初讀的還是上海時代社舊版的中譯本，還沒按斯大林的批評意見修改的。後來在西四紅樓電影院的「循環開演」（就是一場一場間不清場，可以連續觀看）中，看過《青年近衛軍》改編的電影，華語配音都帶着旅大的實際是膠東的口音。法捷耶夫早年在內戰時期寫的《毀滅》，毛澤東在延安講話

中表彰過，那裏就已開始把知識分子美諦克寫成了對革命軟弱、動搖以至背叛的典型。但在國統區已經絕版很久了。愛好文藝的朋友們多半讀過蘇聯外文出版局版的西蒙諾夫著名小說《日日夜夜》，寫斯大林格勒大血戰的，還會熟悉他的詩《等待着我吧》，戰時曾譜成歌曲在蘇聯軍民中十分流行，但在中國沒唱開，不知什麼緣故。我印象深刻的是，這首詩在中國先後有好幾個譯本，但第一個是戈寶權用完全的口語譯的：「等待着我吧，我會回來的，當那淒涼的秋雨／勾起你心上的憂愁的時候……」綿綿的細語有一種穿透人心的力量，也許你讀一遍就能記住兩句，多讀兩遍就把全詩記住了。這樣的詩不是「做」出來的，是從心裏流出來，或迸發出來的。

我們在真正是如雷的掌聲中迎來了二位心儀已久的作家，文化代表團的其他成員都變成了背景和陪襯。法捷耶夫鬢髮灰白，表情凝重，含而不露，更像一位沉穩的學者，看不出那位遠東游擊隊員的身影了。西蒙諾夫顯得年輕生動，頭髮厚而蓬鬆微捲，臉色稍深，濃眉大眼，眉眼間有點像中東的人，想像不出他對後方的妻子會發出那樣略帶感傷的求告，他是為前線千百萬的紅軍戰士代言吧——那時，誰知道詩裏確實流動着他對作為名演員的妻子的愛、關懷以至混雜着幾分莫名的擔憂或不祥的預感呢！？

大會主持者在經久不息的掌聲中，宣佈請代表團團長講話時，更熱烈的掌聲又起。

當法捷耶夫以訓練有素而不失熱情的語調講過開場的話，進入比較大段且是長句的陳說的時候，那嘹亮的女中音的譯員的翻譯，如此流暢，如此語法結構完整，如此聲情並茂，鎮住了全場的聽眾。這位高挑的譯員就是孫維世，也許這是孫維世在這座古城公眾場合的首次亮相。會後大家紛紛打聽這位譯員的名字，不過當時能夠知其姓名和身份的人不多。此後很長的歷史時期，人們也都還不知道，這個孫維世，是孫炳文烈士的女兒，是周恩來

和鄧穎超的義女，在蘇聯經歷了整個的衛國戰爭；這次會後，十一二月間毛澤東率團由陸路赴蘇會見斯大林，孫維世作為工作人員隨行。她的本行卻並不是翻譯，而是在蘇聯戲劇學院學的導演。十幾年後，我因一項戲劇有關的工作，結識了她，那是後話了。——更後的後話，則是她在十年浩劫中死於非命，情狀至慘……

兩位蘇聯的當紅大作家，在跟即將成為首都的北平人見面後，又參加了開國大典，然後作為應邀來中國拍片的蘇聯電影製片廠攝製組的顧問，在中國一路採訪，一路拍片。我記不太清，大概法捷耶夫帶的攝製組拍了大軍南下的足迹，西蒙諾夫帶的攝製組拍了新解放區的生活面貌，一個片名《中國人民的勝利》，一個片名《解放了的中國》，解說詞可能是二位動筆寫的，後來在中國上演，讓中國觀眾見識了「老大哥」的彩色紀錄片。

1949 | 第四季

十月一日取代十月十日成為「國慶」

十月一日。

終於到了這一天。這一天以「彼可取而代」的案例成為歷史的節日。

這是中國現代史上的一個分水嶺：中華人民共和國取代了中華民國。

十月一日「國慶節」取代了十月十日「國慶日」——我們從小牢記的「雙十節」。

中國共產黨取代了中國國民黨。

毛澤東取代了蔣介石。

北京取代了南京。

「起來，不願做奴隸的人們」取代了「三民主義，吾黨所宗」。

五星紅旗取代了「青天白日滿地紅」。

一九四九年十月一日，下午三時，毛澤東在天安門城樓上宣佈，中華人民共和國中央人民政府成立了！五星紅旗在代國歌《義勇軍進行曲》樂聲中冉冉升起。

這個中央人民政府，據稱是按照新政協的《共同綱領》，由中共和各民主黨派聯合組成的聯合政府，取代了信奉「一個主義，一個黨，一個領袖」的國民黨的國民政府。

這個中央人民政府主席為毛澤東，副主席除中共的朱德、劉少奇、高崗之外，還容納了非共產黨的宋慶齡、李濟深、張瀾；政務院總理周恩來，副總理中也有非黨人士如黃炎培。他們此刻

都站在天安門城樓上。此景被畫家董希文整個兒納入了他的巨幅油畫《開國大典》。後來，董希文隨着人事變遷，又曾經從畫面上先後刪去了高崗、劉少奇等人。

如果董希文當時畫的《開國大典》，是以天安門下洶湧如潮的人民群眾為主人，就省卻了一改再改的麻煩。

一個慘綠少年，十六歲的我，按照後來帶貶義的說法是共產黨的「政治童工」，而我自己無褒無貶的說法是個心甘情願的包身工。這一天提前吃飽了中飯，隨同機關隊伍，在天安門西側中山公園門前的金水橋邊，蹲坐休息，場上一有動靜，馬上起立統一動作。因為現場沒有任務，心情非常放鬆，在這大場面裏，反倒沒有獨處時會有的心潮澎湃。我早已認定自己是一個舊世界的送葬者，一個新時代的歌頌者；現在不過是一個為舊世界送葬，同時迎接新時代的標誌性的日子，行禮如儀，同賀隨喜。

那時根本沒想到，也不可能想到，一九四九年十月一日這個日子，不但具有重大的歷史的政治的意義，它還將籠罩到許多俗世生活的方方面面，牽動許許多多的利益考量。比如，八十年代初為了便於勸退年長的老幹部退出舞台，規定了在這一天之前參加革命的叫離（職）休（養），之後的叫退休。離、退一字之差，待遇頗有不同。弄得有些人趕緊偷改檔案。而最令人糾結的，是在一九四九這一年，大軍南下，九月卅日前所到之地，當即參軍參幹的就算離休了，哪怕十月一日當天參軍參幹的，也不能算離休。我因是一九四七年讀中學時加入中共外圍組織，到老也算離休。但略有自知之明，常為李慎之先生指斥的「於建國無尺寸之功」，而感到慚愧。聽說有不少參加朝鮮戰爭的老兵，為「保家衛國」出生入死，卻因參軍稍遲於「十·一」，待遇竟遠不如像我這樣於建國、於「保家衛國」無尺寸之功的離休者，而不平，而呼籲，而有所訴求，我聽了不免產生共鳴和同情，但我也知

　　　　　　　　　　一九四九·北平故人

道，這是牽一髮而動全身的事，恐怕當局難以清償這類歷史積累的債欠，最後難免只能是「讓時間來解決問題」了。

十月四日，我寫了《歌唱北京城》這首通過歌唱新的首都北京，來歌唱革命政權，歌唱毛澤東的詩。

我沒有查看萬年曆，但我當時只能在回船板胡同父母家中才有條件從容寫作，故我想這一天應是星期日。是共和國建立第四天。

開國大典塵埃落定，那些紅旗飄飄、萬眾歡騰的鏡頭轉瞬逝去。列寧説，「革命是全世界被壓迫者的盛大節日」，具體的節日pass了，革命仍在進行。「將革命進行到底」，底在哪裏，革命將永無盡期，歌唱革命乃是我終生的天職吧。

《歌唱北京城》從「將革命進行到底」的概念出發，呈現了李自成進京而終於失敗的具象。一九四六年我見到郭沫若《甲申三百年祭》一九四四年問世後在大後方引起轟動的有關報導，卻還不知道它曾得到毛澤東的肯定。我先是對李岩、紅娘子這一對沉潛三百年的歷史人物發生興趣，進而去體會李自成從「闖賊」到「闖王」的翻案文章，到了共產黨進京勝利建國後的此刻，這個歷史事件在我心裏醞釀為這樣一些變幻的畫面：

黃河水破金堤一眼天下黃，
雲從龍，風從虎，人從闖王；
萬馬千軍那滿地殺聲起，
一條路奔北京長也不長！

這是進京路上，那麼北京城怎樣迎迓了這支農民革命的隊伍呢：

想當年，好個北京城門開九面，

闖王從西來，一掠馬鞭！
九丈九城樓披紅掛彩，
闖王的隊伍，像子弟歸來。

來來來，給隊伍量豆看馬！
英雄的隊伍萬口齊誇。
想當年鼓樓擊鼓鐘樓鳴鐘，
百姓山呼那九城雷動！

然而，由於沒有「將革命進行到底」，在北京城裏耽於安樂，招致的結果是「闖王烏駁馬飛馳出宮」——

回身向承天門射了一箭，
失敗的教訓，後世來聽！

讓李自成充當了毛澤東喜歡賜人的封號「反面教員」。不過當年李自成出宮走的可能是西華門，我有意改為「承天之門」，就是今天天安門之所在。

如果我的詩只寫了這一片斷，那顯然是通不過的，而我接着寫道，從此北京城陷入長夜，日月無光，「不表那先烈死不闔眼，三十年前有一人來自湖南省，想當年這來者胸懷日月，他要教日月大放光明」，畫龍點睛，點出了「這人的名姓喚作毛澤東」，就使失敗了的李自成化為陪襯了。

按照歷史唯物主義，我們不是「英雄史觀」，必須不忘人民群眾，於是我說中華民族有萬萬千千好兒女，同時有千千萬萬真英雄：

千萬個美名寫成一個，
寫上天安門，大字毛澤東。

一九四九·北平故人

這不就是原先在那「第一紅牆」上放大毛澤東題詞的構思麼？

中華人民共和國萬歲，萬萬歲，
咱們有了領袖毛澤東！

這樣才中規中矩地完成了一首典型的頌歌。

我伏在家中那個深紅色八仙桌上，心中迴響着單弦牌子曲、京劇戲詞裏「三三四」的節調，從三百年前唱到當今。草稿上甚至還多處綴有「太平年」的過門襯字兒。一氣呵成，頗有一些滿足感。謄清以後，就封發給將要創刊的《文藝報》。我以為，對日報來説，節日已過，這類配合的稿子成了馬後炮，而《文藝報》在草創中，也許詩稿正可為大塊文章補白吧。

沒想到，沒幾天就收到《文藝報》署名蕭殷的覆信，肯定這首詩「有泥土味」，但《文藝報》主要發表評論文字，故已將詩稿轉給了《光明日報》。後來我才知道蕭殷是《文藝報》與丁玲、陳企霞並列三主編之一，在解放區時除了編《冀中導報》，還在華北聯大文學系教過書，白金、劉朝蘭都是他的學生。在他看來，「有泥土味」，應該是個很高的評價，泥土味就是民間味，就是人民群眾「喜聞樂見」，就是向工農兵靠攏了呀！

但《光明日報》編輯部是否欣賞，能不能發表，也還難説。不久前，夏天吧，他們副刊上刊出一首署名康栗的自由詩，寫一帶灌木林，有些艾青《曠野》的味道，詩藝相當純熟，但作者名字陌生，我猜想是哪一位成熟的詩人的化名，也許想試探一下編者取稿的藝術標準。但刊出後，一下子碰上了讀者的政治標準，報上發表了讀者來信一類的批評文字。我也從而看出，自由詩，再加上非政治題材，是很容易被視為「小資產階級」的「自我表現」的。在這樣的氣氛裏，我的詩能通過嗎，那需要怎樣的政治標準和藝術標準？我自己做不得主，也就由它去吧。

十月十七日，《光明日報》的文藝週刊上，闢欄刊出了《歌唱北京城》。隨後聽到一些好評。這意味着我的寫作得到了當前主流文藝界的認可。

　　我正步走上了「為政治服務」，「以歌頌為主」的道路。

　　最近讀報，才知道二○一五年適逢蕭殷百歲生辰。他是一個為眾多作者感念的老編輯，他不但把着手教導一些青年作者，並且扶掖許多作者走上文壇。我在此後若干年沒有再跟蕭殷老師聯繫，但因他的介紹而得以在「新中國」冒頭，對我個人實在是一份值得紀念的文字緣。他本來在北京生活得好好的，住在東城趙堂子胡同一個四合院裏——後來臧克家住進那個院，我才聽説原是蕭殷家所在，不知他為什麼被調去嶺南。不過想想走了也好，不然到一九五五年反對「丁(玲)陳(企霞)反黨集團」時，他跟丁陳同為《文藝報》主編，怕也難逃干係，就算他確因是「書呆子」，只知看稿，不與世事，到了揭批高潮裏，人人須發言，你又往哪兒擺？

　　我沒聽文藝界有誰講過蕭殷的「壞話」。人心還是公平的。以他對我的「一言師」來説，他用來稱讚我的詩之「有泥土味」這一句話，作為褒義詞，到哪裏都站得住，説得過去，總比鼓吹「衙門味」、「銅臭味」、「脂粉味」好得多吧。人是離不開泥土的，即使到了後後後現代，新新新人類，乃至地球人的末日。

　　在以後的日子裏，天安門廣場，不止一次進入我的筆下。那是因為我的父母住在內城的東南，我工作的電台先後位於西長安街及其延伸線的復興門外，天安門前是我經常穿行之地。幾十年間，它的變化，它在我心目中的變化，它成為我詩中意象的角色變化，可以説歷盡滄桑不亞於幾百年的涅瓦大街之於聖彼德堡——彼得格勒——列寧格勒——彼得堡人，但涅瓦大街在俄語中的喻義，大概只不過是「康莊大道」，天安門和長安街可就不同，就像永定河又稱無定河，長安街也常使人不安。

天安門城樓是明清兩代經過改建沿襲下來的古建築。單純從建築美學的意義上考量，你說它莊嚴閎偉是不錯的。然而，從它在整個皇城佈局設計說，那是符合所有專制皇朝一以貫之突顯皇家威儀的政治意圖的。我不知道前兩代帝王家，有什麼人曾君臨天安門城樓俯視群黎，卻知道一九四九年後，這裏成為國家級的檢閱台，而這個檢閱台的高高在上，不用丈量，就知道它距離檢閱台下的軍民實在過於高而遠了。我不止一次參加被檢閱的群眾方隊，除了勢所必然地感到自己相形之下的渺小無力外，也深感自己的目力不足，想要端詳一下城樓上的領袖和貴賓群體的面目，對不住，模糊不清，很是無奈。但這不妨礙檢閱台上的聲音通過高音喇叭號令全場，餘音在空中顫動不息。

多次被檢閱的感受，激發了我這不安份的心靈的逆向心理，一九九一年寫了題為《檢閱天安門》一文：

　　一九八二年我在長詩《我是誰》裏面寫了「天安門檢閱我，我也檢閱天安門」這樣一句，當時有人看了，曾經好心地質疑：「檢閱天安門，這樣寫合適嗎？」

　　《我是誰》的抒情主人公是我，也是「我們」，詩裏接受天安門檢閱和檢閱天安門的，既是我，也是「我們」。

　　許多年來，習慣於接受天安門的檢閱，我如此，「我們」也都一樣；因此，說「天安門檢閱我」，大家全無異議。天安門上是領導人，天安門下是群眾，領導在上，群眾在下，在上的檢閱在下的，彷彿是天經地義。一說「我也檢閱天安門」，就好像有點「犯上」的嫌疑了。

　　然而，翻開現有的章程，不是都寫着領導要接受群眾的監督嗎？監督應該比我們所說的檢閱更加經常，更加深入，無時無地能夠例外，而所謂檢閱，則不過逢到節慶，列隊一過而已。

如果不鑽牛角尖、摳字眼兒，那末放眼看去，「我」之「檢閱天安門」其實是更基本的不可改變的事實。說這個「我」只是筆者個人，或頂多是曾在節慶隊伍中參加遊行接受檢閱的軍民群眾，都嫌太拘泥了；「率土之濱」，莫非人民，中國人民在「四海之內」的中國國土上世代蕃衍，生生不息，始終在檢閱着政壇上來去的風雲人物，也包括當代曾登上天安門或未登過天安門的政治領導人們。在這個意義上，人民是不朽的，作為一個巨大集體的人民群眾歷史地檢閱着、監督着、審視着「天安門」；不過，作為億萬人民群眾的每一個體的公民，對這一點的自覺意識或有或無或強或弱而已。

認為自己只是接受「天安門」的「檢閱」，無權「檢閱天安門」，是長期形成的思維定勢，客觀上助長了某些人認為自己有權像「天安門」一樣「檢閱」一切，而被檢閱者沒有同時「檢閱天安門」的權利這樣一種思路和習慣──這種思路和習慣，是到了改一改的時候了。

其實，從一九五八年之後，我連到天安門「接受檢閱」的資格也沒有了，一九六六年後更不待言。但到了一九七六年，從悼念周恩來開始延至四月人稱「丙辰清明」的天安門廣場的鎮壓，我正經是另眼看城樓了。

十年之後，我在一九八六年寫了長詩《天安門廣場》。

這裏有英雄紀念碑，在碑前，我悼念死者，也「悼念生者」：

那是曾作為英雄／ 冒着紛飛的焰火匍匐前進／ 或是邁着從容的步子／ 走過地下鬥爭歲月的同志

仍然活着，卻已經死去／ 死在背叛原則也背叛自己的一刻死在把自己人當作敵人的一刻／ 死在怕死貪生、避害遠禍的一刻

一九四九‧北平故人

死在怯懦地垂下頭顱的一刻／ 死在面對人間的是非、人民的疾苦／ 但閉上嘴唇、閉上眼睛的一刻／ 死在不再背負着人民的希望而把瑞士銀行的存摺揣進口袋的一刻

肉體的死亡還沒到來／ 但，在死亡面前是人人平等的／ 不是來詛咒／ 我是來悼念你的前半生／ 悼念你隨着早歲的輝煌而隱去的／ 理想，道德，自覺的紀律

接着，在八十年代國內形勢的背景下，我對體制內反對改革的政治力量，以體制內的語言提出指控和質問：

沒有理想的人有福了／ 沒有理想／ 也就沒有上下求索／ 而久久不得的痛苦

沒有滾燙的希望／ 也就沒有失望的徹骨的寒冷

那麼／ 沒有理想而侈談理想的人有福了／ 沒有道德而侈談道德的人有福了／ 踐踏紀律卻執行紀律、玩弄法律卻執行法律的人有福了

蔑視文化、鄙棄知識的人有福了／ 在一片愚昧麻木的群氓的頭頂／ 才正可盡情地舞弄權杖，懸掛經幡

自稱人民公僕而凌虐主人的惡僕有福了／ 用來自人民的權力去魚肉人民的人有福了／ 輕鬆地嘲弄改革，沉重地打擊改革／ 恨不能把一切改革者關進監獄的人有福了

改革：當代中國的又一次革命／ 那些盜用各種名義，也盜用革命的名義／ 阻撓現代化改革的人有福了

是的／ 我是說／ 他們有福了

為什麼／ 他們的惡行不能制止！？／ 為什麼／ 貪婪與骯髒與卑鄙與背叛／ 遲遲不受懲罰

天安門前的紀念碑，紀念近代一百多年來的人民英雄，遠不

限於為共產黨打江山的烈士。在這裏，我聽到了共產黨的還有非黨的英雄烈士們的責備和呼籲：

　　　　你想做一個真正的人／然而還缺少剛烈之氣／在那些雖生猶死者犯罪的現場／你可曾喊過一個「不」字／以黃鐘大呂之音／你可曾以炯炯的目光／正面逼視他們的眼睛！／永遠能夠／知其不可為而為之／而你是一個在大有可為的年代／滿腹牢騷卻無所做為的弱者

　　　　去！你去告訴他們／並且告訴所有的人／一百多年來為民族解放／和人民自由幸福而犧牲的死者／不能容忍悖逆的子孫／揮霍以鮮血換來的革命遺產／扼殺人民望眼欲穿的希望／糟踐勞動者的勞動，知識者的知識，青春者的青春／浪費那一百年來捨生忘死苦苦追尋的／一刻千金稍縱即逝一去不返的／機遇和／時間

　　　　不許對人民犯罪／不許對歷史犯罪！／等待犯罪者的／有高於最高人民法院的／理想的法庭／道德的法庭／實踐的法庭／歷史的法庭

重讀這首舊作，我驚異於它竟是八十年代所寫。

現在人們把八十年代大大理想化了。在那麼理想化的年代裏，我竟寫出這樣怒目戟指的詩，不是身在福中不知福了嗎？

其實，在八十年代初，在人們剛剛闖開歷史的禁區時，就已經陸續頒佈叫大家遺忘歷史的禁令。

人們總說八十年代是詩的年代，但在人們爭取詩歌自由的同時，有人已經忘了不久以前的天安門詩歌，甚至也忘了當年為天安門事件平反曾有過多麼艱辛的付出。獲得了有限度的詩歌自由的歌手，競相遠離了歷史和現實中的政治。

　　　　　　　　　　　　一九四九・北平故人

我這首呼籲不要忘記的詩，能夠在我已離去的《詩刊》發表，是時代留給我的一隙自由的空間。

然而，毫無反響。

我有一次同牛漢説起，六七十年代人們開始逐步遠離和唾棄所謂政治抒情詩，是政治意識和審美意識的一大覺醒；但人們在泛政治的中國，單單要在詩歌中排除政治的影子，卻是值得注意的現象。牛漢也深以為然。

我便問牛漢看了近期我寫的《天安門廣場》嗎？

牛漢一愣，直率地回答：「寫天安門的我一概不看！」

我也一愣。他把我這首詩看成大路貨的「政治抒情詩」了嗎？

他怎樣看我的詩，以至怎樣看我，並不重要。

最重要的是，牛漢對「天安門」如此決絕，令人深思。

牛漢跟我不同，他生在晉北，求學陝南，其後被迫流亡異鄉，不像我一直生活在古城北京，一切從這裏出發：

收拾停當我的行裝，
馬上要登程去遠方。
心愛的同志送我
告別天安門廣場。

那時，「廣場上英雄碑正在興建，琢打石塊像清脆的鳥鳴」，而在遠方，不管是在河西走廊送走除夕，還是在戈壁荒灘迎來新年，或是白茫茫雪山腳下的五一之夜，我和我的同齡人們，想到北京，想到天安門的標語塔恍如紅燭高燒，就會熱血沸騰，如有熱酒流貫全身。這不是誇張，是幾代人親自體驗過的心理兼生理反應。

當這樣的感情遭到褻瀆的時候，你能想像會發生怎樣的反彈嗎？

終牛漢苦苦跋涉的一生，我沒有再跟他談到天安門。二○○
九年十月一日，我想到六十年前「開國」情景，又憶及舊時曾在
「前蘇聯」紅場觀禮，有感於心，寫了七絕二首：

紅場觀禮舊情懷，軍備森嚴亦壯哉！
金水橋邊曾佇望，興亡細數不須猜。

英雄往事久沉埋，闕下紛紛共舞台。
斯德哥爾摩征候，此番坦克自東來。

這恐怕是我此生最後一次為天安門寫詩了。

因天安門又說起牛漢，我尊之為「當代詩人第一」，是由於
他畢生葆有率真的赤子之心，又多年在政治的煉獄和人生的困境
裏達到了思想上的透徹與深沉。

一九五○年，他所在的華大擴充建制成為中國人民大學。他
是主持常務的副校長成仿吾的秘書。有一天，一位黨委人事部門
幹部找到他，機密地說，組織上經過對你的嚴格政審，確認你是
個可靠的黨員，能夠經受鬥爭的考驗。黨內的「保衛毛澤東小
組」，對一般黨員也是保密的，人大的這個小組，由黨委李培
芝*同志領導，有意吸收你參加。這是對你的極大信任。因為你
沒有精神準備，今天通知你，請你認真考慮決定。——這位同志
說對了，牛漢確實沒有精神準備，過去只聽說過對非組織活動的
批評，從未設想過這種黨內有黨的情況，也不曾面對過這樣的選
擇。遇事乾脆堅定且痛快的牛漢惶惑了。他去找他所信任的，

---

* 李培芝為中共「七大」後任中央秘書長的王若飛的夫人。王若飛在
一九四六年四月八日由重慶飛回延安途中，在山西境內黑茶山飛機失事，
同機遇難的還有葉挺等人，史稱「四八慘案」。六十年代楊植霖著《王若
飛在獄中》由中國青年出版社出版，記錄王若飛從蘇聯經外蒙古回國，被
邊境傅作義守軍逮捕後的經歷甚詳。王若飛乃進入一代青年的記憶。

一九四九·北平故人

經過上海左聯時期又經過長征的老黨員成仿吾。成仿吾沉吟了許久，對他說：「你不是早就有作一個詩人的想法麼？」牛漢會意，他去回答了那個徵求他意見的秘密小組的同志，說在戰爭期間參加學運的時候就想終身作個詩人，現在和平了，有條件實現這個理想了，正考慮從人大調到文化單位去，不想再從事政治活動了，云云。

那時朝鮮戰爭已經開始，入冬，志願軍入朝，北京各機關號召自願報名參加「抗美援朝」，牛漢報名立即得到批准。出發前去向成仿吾辭行，成仿吾語重心長地對他說，到了前線也要小心後面來的子彈！

牛漢懂了，劉志丹東渡黃河去抗日，不幸中彈犧牲，據說那子彈就是從腦後飛來的。

牛漢到瀋陽後，留在了東北軍區編軍報，沒有派去前方。後來回到北京，遂往人民文學出版社工作，直到二〇一二年逝世。這位老大哥離開我們已經三年了，願他在另一個世界安息。

高而公：可以談心、可以交心的朋友

這樣一類政治性的往事，對今天的讀者來說，未免太沉重了。讓我說一點多少讓人感到溫暖而不是寒意的小歷史。

由於《歌唱北京城》一詩的發表，我贏得了一位摯友，高而公。

我來電台後不久，就發現有一個高高瘦瘦的戴眼鏡的男同志，總是一身黃綠色的制服，穿着解放區婦女「支（援）前（線）」的手製布鞋，頭上戴的制帽，經過不止一次水洗，乾淨是乾淨了，卻皺皺巴巴的。穿裝打扮沒有什麼出奇，讓我覺得與眾不同的，是他行止中流露的落寞。常常在辦公室到大食堂的路上交臂而過，別人差不多三三兩兩，說說笑笑，他總是一個人，背着手踽踽而行。我年輕，還帶着孩子氣的好奇，且當時熱中於認識院

裏的人，背後打聽這個人是誰，人們告訴我他的名字，加上一句，是個老光棍。——原來，「適齡」而沒結婚，不但是女同志被議論的理由，也是男同志被歧視的理由嗎？——後來我知道，一九四九年高而公是二十八歲。革命隊伍也擺脫不了傳統提倡早婚的成規成見，多半是農業社會需要不斷補充勞動力的關係吧？

有一天，我已吃飽飯從食堂出來，見高而公才向食堂緩緩走來，就多了句話，「快點吧，好菜快沒了！」他朝我笑了笑，沒說什麼。就這樣，我們有時路遇，就笑笑，點點頭。當時並沒想到我會跟這位「光棍漢」成為文學知己。

十月中旬，又在路上碰見，他叫住我，說，《歌唱北京城》他看了，好。他特別讚許寫李自成的部分，跟我的自我感覺相近。後來與他交談對一些現代作品和外國作品的觀感，都表明他有極高的審美水平。我羨慕，但知道這不是一蹴而就的，要讀書，積累閱讀的經驗，不是一般的讀，讀了還要咀嚼，消化，當然首先也要選擇，值得讀的讀，不是什麼都值得咀嚼的，有的淺嘗一口就該吐掉。如同很多人說，搞科學研究也罷，搞文藝創作也罷，是天賦加勤奮。那麼，可以說，多讀算是勤奮，悟性就屬於天賦了。不是說「操千曲而後曉聲，觀千劍而後識器」嘛，若沒有悟性加耐心（一千遍的操練啊），不但不能知曲，連琴是好琴壞琴也弄不清的。一九五八年，知識界在「上有所好」之下，大批判成風，在天津，就批判王昌定寫的短論《創作，需要才能》，王文沒有多麼高深的理論，卻是人們必備的常識，連常識都要鳴鼓而攻之，這是一個什麼時代？什麼學風？什麼文風？

我不知道有多少人相信了這一輪批判，但王昌定卻從此緘口不言了。我沒有見過他，記得他好像也是華北聯大文學系蕭殷、陳企霞、蔡其矯他們的學生。他有那麼多有創作才能的同學如徐光耀、馬烽等也都陷身「丁玲、陳企霞反黨集團」的嫌疑圈裏，王昌定自然被孤立，「集中力量，各個擊破」了。

　　　　　　　　　一九四九·北平故人

這是彼時彼地荒謬的常態，説來似已不足為奇，我倒是很想知道，當時起意發動這一批判和執筆為戰的是誰，他在有生之年，對這件事的想法有沒有改變？是始終把自己的「鬥爭」詡為黨性的表現，還是悟到自己作為常人的良知和理性一度沉潛？——人性啊！

那個時代，我們曾經以「黨性」為原則性的最集中表現，也是最高的做人標準。毛澤東在延安文藝座談會上講話中把人性論列為批判的重點之一，整風，除了它組織方面的任務以外，就是致力於用黨性取代人性——所謂超階級的人性是沒有的，只有地主階級的人性，資產階級的人性，都是壞的階級性，好的階級性只有一種，就是無產階級的人性，不是無產階級中每一個個人（例如工人張三，工人李四）的人性，而是由無產階級先鋒隊共產黨的黨性所代表的，聯繫中國的實際，則共產黨的領袖就是這一黨性的楷模了。他們的一言一行，一舉一動，都足以垂範後人。劉少奇在《共產黨員的修養》中就是這樣説的。這樣一來，凡是革命隊伍中的成員，都必須終身改造自己的思想，所謂活到老改造到老，才可能接近「共產黨員是特殊材料做成的」這一目標，這個目標是斯大林欽定的，而在你改造的過程中，為你塑造新的靈魂的，則是高爾基（或是高爾基傳達的斯大林意旨）説的「人類靈魂的工程師」，那工程師不是別人，不是你們想像的、自封的教師和作家，而是黨的領袖或領袖們！

我們幾代人是從心底相信這一套的。高而公也不例外。他在一九五〇年夏因一度精神失常被送入治療精神病專業的私營翠華醫院，半年後出院，一時沒有分配工作，處於半療養狀態中。他埋頭投入了一件事，就是給公安部寫信，控告這家座落在王府大街翠花胡同的醫院以技術手段迫害病人，尤其是迫害革命者，他懷疑醫院有反革命的政治背景，疾呼請政府加以偵察懲治。

他寫的這些上告信，不止一封，一封不見答覆，又寫一遍，我大半都讀過，他寫的對病人捆綁毆打，我也相信不是捏造，因為我去醫院看望他時，呆了二十分鐘，就連忙走掉，不敢多呆，我怕時間再長了，我也會被逼瘋。那裏的病人來來往往，有男有女，胡言亂語，有張狂的，指手劃腳，也有就近對你耳語的，或引你為同調，這種更可怕，他（她）要把他（她）的異常感知傳告給你，讓你同意他（她）的想法。可怕的不僅是人們的言語，怕的是那氣氛，如帶傳染性。不能答話，不敢反駁。當時高而公表現得冷靜，坐在那裏不動，抱着同情說，他們當中鬧得厲害的，就要被捆到床上去。高而公在控告信上說，還對病人用電刑，我在那裏沒看到，但我理解他指的是類似後來那種帶電的警棍，而非電椅。他擬之於當時剛剛揭露的重慶渣滓洞和白公館，也就是說，他懷疑這家醫院如果不是反革命的淵藪，也是暗藏着「美蔣特務」。

我不知道他說的迫害革命者，有沒有具體所指，他當然是革命者，但似乎他沒被捆綁過（這一點我不敢確定），至少還有另外一位革命者，我知道那是一位志願軍的營長，名叫管廷祿，是在戰場上被身邊爆炸的炮彈震暈過去，醒來就失常了。這位而公稱為「管二哥」的軍人，出院後跟而公保持着長期的聯繫，我也見過，還曾通過信。一九五四年麥秋他回過一趟陝西老家，信上把豐收說得很形象，他數了一棵麥穗上有六十五顆麥粒。我六月裏就寫進《我們愛我們的土地》：

我們愛這棵農業生產合作社的麥穗，
它銜着六十五顆麥粒；
滋養它的是一冬的雪水，
還有雪白雪白的肥田粉。
中國的土壤是溫暖的土壤，
有什麼美好的種籽不能萌芽？

文革以後兩三年，那時高而公已故。我在瀏覽《解放軍報》時，在一篇大約是總後勤部的表彰名單裏，發現了管廷祿這一熟悉的名字。我為什麼會看這個名單，只有上帝知道，該是上帝的安排。我打了好多電話，問到管廷祿的地址是：玉泉路鐵道兵幹休所三樓一門。這個地址至今保留在我的電話簿G字項下。但不知道我當時為什麼終於沒有去看望他。也許有理由，但我已忘卻；也許並沒有深思熟慮的理由，只繫於一念之間。惟一或能成立的理由，是怕傳達高而公的噩耗，說起而公多年的苦難，會讓老人傷感，老人的神經還能經得起這樣的刺激嗎？

　　如果管廷祿同志依然健在，當在九十以上，恐怕早將我忘了吧。他既能活過了昏天黑地的十年動亂，想他必有長期安度晚年的後福。

　　那時候，治療精神病症，北京可能只有這一家非國營的醫院。過了若干年，有了安定醫院的開辦，不知是否把原翠華醫院經由公私合營而兼併。沒有聽說在法網嚴密的鎮壓反革命和肅反運動中，發現過有借精神病院實施政治迫害的案例。我們後來長期間也只聽說蘇聯發生過把健全的人送進精神病院甚至由此把正常的人逼瘋的事。文革初期，一度見大字報說，早年在我的母校之一的育英中學潛伏的中共地下黨員倉孝龢先生，成了北京師院的「走資派」，卻藏身到精神病院去了，造反派正設法把他揪出來。如果這一傳聞屬實，那是蘇聯故事的逆向翻版。運動中，自顧不暇，也不知道下文。只是近年來，才又聽說確有把健康的人關進精神病院的事情發生，而且是有醫生做偽證的。我就想，怎麼又在重走「學習蘇聯先進經驗」的覆轍呢？

　　而當時高而公有那樣的上告，不管有無證據，卻從親歷引出懷疑，作為向主管部門的投訴，提請注意，是出於他認真到較真的性格，也是出於他對黨的事業，對患者的健康和安全的憂慮。我不僅佩服他的敏銳，更佩服他的黨性。換一個沒黨性的人，自

己出了院，對所見到的陰暗現象，還不是「事不關己，高高掛起」了嗎！

我不但佩服，而且身體力行地學習，看了波蘭電影《華沙一條街》，裏面反法西斯的戰士，戰鬥在敵人佔領的華沙，他們利用了地下水的暗道，在全市範圍活動，打擊德寇。我就想，我們能利用地下水道打擊敵人，敵人不也會如法炮製嗎？北京現在地面上有對敵人破壞的防範，暗藏的敵人會不會也利用像地下水道這樣的環節，藏身或進行破壞呢？於是我也給公安部寫信。也像高而公一樣沒有回信，該不致干擾公安部神聖莊嚴的公務吧？

高而公在病體將愈未愈的時候還在操心身外之事，如果只有高度黨性的這一面，就只是「政治的高而公」，嚴肅有餘而親和不足。不，他還有文學的，審美的一面，這才是我日常感到親切的兄長了。

他博覽群書，至少在我周圍，這樣說，他當之無愧。大概除了戰爭期間淪陷區和戰後國統區出版的作品他可能沒有看過，「五四」以來的，四十年代大後方的，以及解放區的作品，凡我讀過的，他都讀過，而且他都有獨到的點評，還有作品背後的故事。有些作者，經他一說，就活起來了，比如，曾在新四軍工作過的詩人彭燕郊，到了桂林或重慶，寫了兩句詩，「詩人彭燕郊，走在大街上」，我一聽就大笑，並且記住了，這是可與李白「仰天大笑出門去」並列的詩境啊！但這兩句詩，在詩人後來的別集裏沒能找到，是僅見於報刊，或僅是口耳相傳的佳句？

說起詩來，高而公有一次檢出他在農村抄存的一些古人的名篇名句。看來，紙張用的是類似記賬的冊頁，有紅框，適於用毛筆寫字的，他以鋼筆蘸紫墨水，錄下一組陸游的律絕，「塞上長城空自許，鏡中衰鬢已先斑」，「樓船夜雪瓜洲渡，鐵馬秋風大散關」，「僵臥孤村不自哀，⋯⋯鐵馬冰河入夢來」，也有情繫友人的，「豈知今日淮南路，亂絮飛花送客舟」等等。後來我有

一九四九・北平故人

了在新解放區下鄉的經驗，總會在一些房東家裏，看到一些舊書，多半是棄置牆角，但我想當年應該是被高放在案頭的。不用向房東告借，拿來看就是。這裏面多的是繡像小說，石版的，鉛印的，都有不同時代的印迹，也有雜書，甚至還見過一本集納了江湖黑話的小冊子，我把這個罕見物兒抄了一部分，因為我恪守「不拿群眾一針一線」的紀律，寧可自己費些功夫，也不隨便拿走。至於土改中搜尋地主浮財連帶着抄出的書物，已經成為農民的勝利果實，更不能動一動了。現在想想，土改時期，主其事者沒有顧及革命行動中如何對待不僅是文物而且包括古今書籍的政策，這樣，在農村，那些歷來有「耕讀人家」之目的農戶(除了所謂財主家，也還有相當一些中農甚至中農以下的)，幾乎所有的藏書，都毀於一旦，這個損失也不是一句「可惜」了得的。到六十年代「四清」(社會主義教育運動)時再下鄉，一般公社社員家裏，除了學生的課本，就見不到任何像樣的書了。

因此，我想，而公這些一直珍視和保存的抄件，也就是在緊張的農村工作之餘，小油燈下的作業了。

在他去世後我寫的《獨對殘編憶而公》一文裏寫到這一點。沒寫到的是他對民間文學的熱愛。也就在他出院後不久，正孜孜於呼籲清查精神病院政治背景那一陣，我們常常在下班後的大辦公室，放談書本以外的見聞。尤其是星期天，不擔心干擾別人了，我們，還有而公的遼南老鄉，又同屬「光棍」的朱金貴也會參加，因為他沒處可去。我們體驗了「言之不足，故詠歌之」，說說繼之以唱唱。而公長我一輪，抗戰後從北平而東南，然後是「入蜀記」，再後是北上，再度「進京」之前走過了山山水水，說起太行山，他就唱了在晉冀魯豫解放區聽民間藝人唱的一個什麼調，那開頭的曠遠中有種悲愴，一下就把我懾住：

走一山又一山山山不斷，

走一嶺又一嶺嶺嶺相連。

　　多麼質直，多麼樸素，沒有花哨，沒有工筆細描，你已經心無旁騖地走在連綿不斷的層巒疊嶂中，而不是茂林修竹的山陰道上，那漫長紆曲的山路，行路人的饑渴苦辛盡在不言中，「悲哀的北方」啊！

　　我一九五七年三月在山西陽泉寫的《謁太行》就以這兩句起興，由它定了調，通篇有民歌風。其中有春秋兩季「脫棉換單」，「脫夾換棉」之句，也是從這個曲子詞裏來的。

　　而公還完整地唱過一首《五更調》，以一個當代的「閨中少婦」身份懷念在外的丈夫，那是「軍屬」了，但說不清是國軍的軍屬，還是共軍的軍屬；是河北武清縣的事情，因為歌裏唱到了武清縣。我不知道而公什麼時候到過武清縣，也許這一曲民歌流傳出縣了？

　　從一九四九到一九五一年間，我們一些年輕人，先是組織過地下活動時那樣的歌詠隊，不唱學運時候的歌了，也不唱流行的革命歌曲，我們偏愛蘇聯的戰時歌曲，像《神聖的戰爭》之類，甚至追求過分部的合唱，曲高和寡，慢慢就消失於無形；一九五一年大興愛國主義之風，我們借此又組織了一個民歌小組，很熱鬧了一陣，曾請老同志鄭佳講晉察冀完縣野場石溝大慘案，她是在慘案發生後第一時間到過現場的人，見證了日寇搞「三光」的大掃蕩中，對一個小山村進行滅絕式集體屠殺後的慘狀。劫夫為此寫了一首紀實的歌曲《忘不了》，「忘不了五月七日那一天，完縣野場石溝的大慘案，我們的同胞流下了鮮紅的血，也留下美名兒萬古傳」，美名云云，說的是一個少年王璞和全村人一起寧死不屈的事蹟。我們噙着淚聽了鄭佳的追述，噙着淚學唱這支歌。大約在一九九五年，崔永元的團隊拍攝過一個歷史專題片，以這支歌為經緯，配發了慘案發生地的圖像。

我們也曾邀高而公到民歌小組來講講他所熱愛的民歌，但他謝絕了。他不願拋頭露面。也許他對民歌有一種敬畏之情，不像從來文人口裏說起民歌這彷彿難登大雅之堂的「『山』歌『小』調」，總帶着輕蔑的口吻。他像抄陸游名篇那樣，用同樣的紙筆，工工整整地抄下《五更調》的全篇。

他在以梁星的筆名出版的《劉胡蘭小傳》（最初是在中央電台播出的連續廣播稿），一開頭就引用了晉中一首民歌，唱的是劉胡蘭家鄉文水的鄰縣交城：

交城的山來交城的水，
不澆那個交城澆文水。

交城大山裏，沒有好茶飯，
盡是那個蓧麵烤烙烙，還有那山藥蛋。

灰毛驢驢兒上山，灰毛驢驢兒下，
一輩子也沒有坐過好車馬……

一下子讓我們看到了那片貧瘠的土地，那個貧瘠的時代。

一九四六年他進入晉冀魯豫解放區時之初，以《解放區的一個細胞》為題，寫出一組有質有量的特寫通訊，在延安《解放日報》連續發表，引起各方的注意，不僅由於標出了「中央社記者」的身份，而且由於他的文筆，既樸實親切，又活潑清新，娓娓而談，了無八股氣。

直到五十年代他寫天（水）蘭（州）鐵路，寫官廳水庫，寫鞍山鋼鐵基地的系列報導，六十年代為電台內部業務刊物寫的「乙聽者」隨筆和為廣播學院寫的教材，都保持了這樣的文風，絕不隨時而變，追趕時髦，包括假大空套話那類時髦。他早年在解放區

時做《對蔣軍廣播》節目時寫的廣播稿，都是力求親切，能夠使聽眾入耳入心。

高而公寫稿子十分認真，絕沒有才子氣的一揮而就，看他的稿子都是字斟句酌。連他寫的便箋，都有改動，可見至少是重看一遍的。

他的文字修養跟他的文學修養不可分。他的記者筆墨是從中外文學汲取了營養的。不只是小說散文，讓我驚歎的，是他還要啃文學史和文學理論，在五十年代我周圍幹廣播的人裏，也許看看王朝聞談藝文字的還有，而沒有像高而公那樣認真讀丹麥勃蘭兌斯大部頭的。

大約在八十年代初，廣播學院做了一件好事，把高而公部分遺稿，首先是他當年所撰部分教材付諸出版，印數雖不多，但總能免於散失，不僅為了紀念，更將澤惠後來的有心人，我以為。

不過，看來總不免於散失，那就永遠地埋沒了。記得一九五一年開始，為籌備配合「愛國主義」宣傳的「人物故事」節目，高而公曾在歷代農民革命中選擇了洪秀全的太平軍，又從中選定了太平軍的北伐將領林鳳翔和李開方，他看了大量能夠找到的史料。他本來最傾心於李秀成的生平，但因已有陽翰笙等的劇本，所以改而寫其北伐的人和事，那都是與僧格林沁死戰的將士。寫定了幾篇，我曾看過。幾十年後回首，由於史觀的時代局限，正如他的遺著《劉胡蘭小傳》囿於當時調查研究範圍和深度等歷史局限，都留有遺憾；然而，如果能夠保存下來，對於了解他的文字造詣，他的編寫功夫，仍是可以從中獲益的。大約一九五○年某期《新華月報》轉載過《每日廣播》中的一篇《貫家堡的故事》，就是高而公採寫劉胡蘭一案的副產品。這一篇似也未收入遺集，但畢竟由刊物保存了，至少具有了解當時晉中殘酷鬥爭形勢包括兩軍對峙，社會撕裂，你死我活，暴力相向的史證價值。

關於高而公一九四九年以後的際遇，我所知道的，多半曾在《別了，毛澤東》和《一個戴灰帽子的人》中說起過，我在這裏多說了幾句他平生讀讀寫寫留下的零散的文字遺產，也是深感於他長才未能盡展，這當然有他的健康關係，但他最致命的健康問題即一度精神失常，也不是由於家族病史的遺傳，而是後天的刺激，根子還在政治運動，具體説是一九四八年「三查三整」中的圍剿，創痛至深且鉅。而「三查」也者，查來查去，還是個「階級出身」的原罪。

我在過去的文字裏，用他出身於東北系的「官僚士紳」一句帶過，我所知也大抵如此。我在各個時期交友，都不細問人家的家世，我一不是幹部科，二不是派出所，又不是傳記和小説作家，沒有查戶口、查三代的義務，也沒有聽人家家務事和私秘事的興趣。偶有所知，是無法掩耳避席聽來的傳聞，或是運動當中聽來的，多半比較嚴重了。

我聽說高而公的父親名叫高惜冰，從年紀看，大概跟一九四九年後任東北人民政府副主席的東北籍民主人士高崇民是同輩。抗戰期間在解放區的東北知名人士，大多是像張學思這樣一些跟張學良有親屬關係或原東北軍中的人，不涉及軍隊的，似只有錢來蘇這樣有限的東北愛國人士，我知有錢來蘇老先生，一是因為他是延安「十老詩社」中的「純」詩人，二則因他是溫濟澤夫人錢家楣的令尊(八十年代初，我就《錢來蘇詩選》寫過真誠的「純」讀後感，並非「友情出演」，刊於香港《大公報》)。更多的東北籍愛國人士，多在陪都重慶。由於有高惜冰這樣的家庭背景，高而公才被中共中央南方局過問打進國民黨的中央通訊社。當時，高的中共組織關係已於一九三七年從北京南下上海時斷掉了，南方局(青年部？)是知道他的歷史和現實政治態度，並且是相信他的。

我最近為了核實高而公的「出身……官僚士紳」之實，查

了一下他父親的資料，發現這位老人家與毛澤東同歲，生卒年份為一八九三-一九八五，享年九十二歲，比而公的生命長出了三十多年。他是遼南鳳城人——岫岩縣牧牛鄉。一九二〇即民國九年，高惜冰（那時可能用名介清，然則惜冰是以字行）二十六七歲時畢業於清華大學，公派到美國羅維爾理工學院紡織系，一九二三（民十二）年獲碩士學位。一九二六-二七年，任東北大學教授、工學院長，到京、津……提出「國家……必先樹植人材」。後來大概因華北寇氛日深，去了重慶。抗戰勝利後，跟隨接收大員衛立煌去東北，掛着政務委員會之銜，那時他已五十出頭，該是像一大批國民政府高級官員一樣，以學人身份而從政了。如果他戰後如同前此八年一樣，只是在大後方呼籲堅決抗日，收復東北，沒有列名官場，也許後來對早已分道揚鑣去了解放區的高而公，政治壓力會減輕一些吧？但誰又敢打這個保票呢？

高而公沒對我說過他父親的事，我也是這回才發現高惜冰老先生不像我想像的那樣，是穿長袍馬褂、戴瓜皮小帽的老官僚，那是鄭孝胥一輩遜清遺老的照片或漫畫像，跟美國工程碩士的形象對不上號了。我是輕車熟路地陷入想當然的思維定勢。

而公惟一一次說起他家的情況，是在我們提到林徽因的時候。他說他小時候，林徽因在他家屋裏地上鋪開建築設計圖紙，是夏天，林徽因光着腳跪在地面，想來那時林還是比較健康的。不知道他說的是在東北，還是北京。林徽因似乎跟他家很熟，那也許是緣於他父親跟林父或梁思成的父親梁啟超有舊的關係吧。

還有一次，他告訴我，他有一個哥哥，名叫高潮，早年就到陝北去了，後來再也沒有消息。他到解放區曾經打聽過，沒有下文。一九四九年後，他可能沒有再到處尋問，但仍默默等候着或有重逢的奇遇，但沒有等來。我怕觸碰他內心的傷感，後來也沒再向他提起過。但我想，高潮之名，像是去陝北時的化名，過去

一九四九·北平故人

人們，尤其書香門第，給孩子起名兒不會有像「高潮」這麼新式的。現在想想，過去幾個重大歷史時期參加中共地下活動或奔赴蘇區、解放區的知識分子，許多是中上層家庭的兒女、子弟，以至不少官宦之家，乃至中共指認的「反動」之家。這些人，有的是背着家庭、瞞着父母出走的，往往走後家裏才知道。在戰亂年月，往往一去無消息。失蹤的孩子再改名換姓，家裏設法打聽也打聽不來。而這些青年來到了革命聖地，革命懷抱，卻因出身問題遭到懷疑，遭到打擊，是無論當事人和家裏人都始料不及的。因此我認為，「性格決定命運」只適用於私人關係之間。而在政治動盪的中國，人的一生休咎，榮辱浮沉，則絕對的是「政治決定命運」。

陳布雷的女兒，堅定地義無反顧地邁進了「革命」的門檻，作為蔣介石「文膽」的陳老先生，最初即使不知，後來也會多少有所感覺的。那麼高惜冰先生四十出頭時一個大兒子不辭而別了，快五十歲時又一個兒子不辭而別，後者在延安的報紙上發表文章，恐怕他多少也聽到些風聲吧。共產黨善做統戰工作，善做青年工作，毛澤東說國共間「你中有我，我中有你」，所謂「你中有我」，一是把對方陣營裏的青年「拉出來」，二是再「打進去」，這樣做了多年，說起來底氣十足；但因此對自己的陣營卻又失去了信心，不免擔心對方也如法炮製，採取「打進來，拉出去」的辦法對中共組織以及中共管轄地區搞破壞，從「土地革命」即「打土豪，分田地」時在中央蘇區及各個根據地，到抗戰時期、內戰時期以至一九四九建國以後，搞各種名目的「肅反」，在「特務如毛」的估計下，由於沒有健全的法制，採用群眾運動的方式，弄到十年動亂後期，官場民間，黨內黨外，樹敵無數，冤獄遍於國中，已是天怒人怨。胡耀邦主導的平反冤假錯案，是對水深火熱的全國人民的最大貢獻，也是對中共的最大貢獻，因為此舉一度為黨挽回了很大一部分民心。

然而，最後，胡耀邦也在第一線上犧牲了。這是令人浩歎的。但高而公竟沒有等到胡耀邦出山。我於一九七〇年元月去了河南淮陽（古陳州，包公放糧的那個陳州，更早東周時代是出了一個江青式女人夏姬的那個陳國；其實講先來後到，只應說江青是夏姬式的女人），所謂「幹校」。後一年或兩年，偶然從南片去北片，見到高而公也來了，幾年不見，人瘦了，馬瘦毛長，胡荏花白，看來不是天天刮的。眼眶凹陷，看來睡眠也不好。他在河邊放鴨子，這大概倒是照顧他的輕活。他穿着褪了色的破棉服，但紐扣不全，破綻未補，不過在幹校大家全都這樣衣衫不整，他這樣並不突出，四周老鄉唸道，「穿得破，吃得好，一人一塊大手錶」，手錶也還戴在而公腕子上吧。到了這個情境中，我們打了個照面，四外並沒有監視，彼此好像有話要說，囁嚅一時，還是相對無言，他仍在河邊站着，我從大路上走開了。

而公至少在幹校呆了一年，跟着大隊來，又跟着大隊走了。

我一九七三年十二月回到北京。我本是文工團給甩包袱甩到淮陽，不打算調回來的，他們成建制回京一年以後，謝文秀終於忍不住，找了剛剛「解放」恢復工作主抓文藝這一塊包括文工團的編委顧文華，他跟管幹部人事的老同志聯繫，點名把我調了回來。而我原屬的劇團霍文獻和總團谷楓、王力葉看是幹部處做了好人，便做梗抵制，說不好安排，叫我在家裏待分配，這樣我在宿舍休息了半年之久。我在此後兩三年裏，有時心血來潮，就騎上車從復興門真武廟往東郊定福莊廣播學院去看高而公。

許是在幹校河邊養鴨房小棚子住久了，潮濕，加重了他的病情。他也沒分配工作，算是養病吧，有時到醫務所開點簡單的藥吃，他似乎沒上醫院正經地診斷一下。平時除了上食堂打飯，也不出去活動活動，困在斗室，抽煙，看書，好像不大寫東西了。

沒什麼讓人提神的事情。有件事差堪告慰，而公結婚了。什麼時候結的，沒問。女方叫周延，我沒見過，但知道她是劉朝蘭

一九四九‧北平故人

在華大文學系的同學。原來是而公抗戰時期在四川三台的東北大學同學，雙方都在政治運動中歷盡坎坷，轉了一圈，三十年前的青春不再，可以相依為命，互相扶持，白頭偕老了。但我問，她不在家？她人還在三台呢，只能在寒暑假來北京相聚。平時天各一方，對任何人來說，也是無可奈何的事。我既沒有什麼能夠安慰而公，也不敢再談下去，反加重他的心理負擔。想分憂亦無從，同聲歎息只是蠢事。

老同學們，「在崗位上，還是在路上？」

現在回想起來，一九四九年，真像後來人們說國際形勢的話，叫「大動盪，大分化，大改組」，天翻地覆之際，理所當然地人影晃動，終於隊形穿插，各就各位。不過我從小學到大學的同窗們，就我所知，或繼續上學，或參加工作，似乎沒有大起大落的，或者有之而我不知道。

那時我們一代人的所謂參加工作，在進入一九四九年前後，就是「參加革命工作」，在北平，有就地分配的，有參軍南下的，如此而已。即使不是我的同學，後來結識的詩人柯原、高平，就都是四九年從北平參軍去了中南或大西南的。

不管是在機關，在部隊，或到了基層，「革命的熔爐」到處都是一樣的。一經報到，就投入一個嶄新的集體，不叫朋友圈的「朋友圈」，日夜在一起，悲歡在一起，生活檢討會在一起開，「批評與自我批評」也注定攪在一起，長遠地看，恩恩怨怨都在一起。緊張的時候，工作學習三班連軸轉，哪有時間想到老同學？

我一九五三年寫的《在夜晚的公路上》，最後寫道：

問遠方的朋友啊今夜在哪裏——
在崗位上，還是在路上？

這是寫詩，是抒情，極而言之已屬閒情。實際生活裏，成天忙着「幹革命」，別的都顧不上了。

一九五四年，我住在麻花宿舍時，一天晚上，在不遠一家老頭老太太的夫妻老婆店裏喝完小酒，走到護國寺街馬路心，有騎車的人迎面而來，下了車，對面一看，原來是睽違了七八年的周世賢，我在滙文中學時的革命領路人！我知道他在團市委工作。在團市委，還有原先滙文的江敬文，我們當年曾一起興致勃勃看蘇聯民間童話電影《寶石花》。他長時間做少先隊工作，是北京紅領巾的「頭兒」，但我們竟直到現在幾十年了也沒再見過。周世賢則在九十年代離休後恢復了聯繫。讓我佩服的，是飽經滄桑，他卻還葆有着做青年工作時固有的朝氣。他又不是僅僅靠着「朝氣」，他的朝氣轉化為正氣。他中年以後在某總局的紀委工作，據別人告訴我，他秉公執紀，不怕觸霉頭，竟把紀律執行到本單位領導着他的「一把手」身上。

一九四九年參加工作後，我得與大學時的同桌趙培庠保持聯繫至今，一是有宿緣，再就是當年的「地緣」，因為我住的宿舍，跟他所在的西四區委機關所在的護國寺街太近了。我每天從他們門前來回一趟。在他還沒有成家的時候，我們春秋天一起騎車去頤和園。我參加了他的婚禮，他愛人也是中法的同學，文史系的。當時婚禮上都是區委的人，有人唸了一首賀詩，借向日葵起興：「朝向東來夕向西，此心隨君永不移」，寫得好，我一下子就記住了。好詩有時候並不是所謂「專業詩人」寫出來的，一九五八年在十三陵水庫工地，電台牆報上有一個小錄音員寫的：「寧教扁擔肩頭斷，絕不在扁擔底下把腰彎！」我當時剛被「定案」，灰頭土臉的，初次幹重體力活兒，包括挑土和推獨輪車，從早到晚也筋疲力盡，按說不該有追隨「豪放派」的閒心了，但偏偏為之傾倒，心中讚道好句好句，甚至覺得這本該是我寫的，但我沒有寫出來！深深感到遺憾。

愛詩，不論是什麼風格，什麼體裁，只要是好詩，愛之成癖，竟至「忘了自己是誰(按：當然不是指姓甚名誰，而是「政治身份」)」，這就是所謂走火入魔了吧。

趙培庠跟我不一樣，他比我冷靜。我認為這是年齡的關係，他長我五歲，跟我哥哥燕平同年，他也確如兄長一樣待我。

記得多半是一九五〇年夏天，有一天晚飯後，他說要去看望進城時的西四區委書記熊天荊大姐[*]，叫我一道去。他說，他一參加工作就在她領導下，從她身上體會到老幹部的所有優良作風，雖然時間不長，十月建國不久，熊大姐就調到謝老(覺哉)的內務部(後改稱民政部)去了。區裏同志總還想念她。我們走到西皇城根的內務部大院，熊大姐就住在機關裏面。

熊大姐當時應該有四五十歲，在我們眼裏就是老太太了。從革命資歷看，那是老一輩革命者，更沒得說。初見就覺得平易近人，和藹可親，她陪着我們在初夏黃昏安靜的大院裏散步。其間，走到一處較大的房間，她掏出鑰匙來，打開門，引我們進去。原來這是一部分革命烈士事蹟的展示，原始的素材，井井有條，還只是將來正式佈展的雛型，而她讓我們重點看的，短期內絕不會公開陳列——那是中國共產黨派往臺灣從事秘密活動，卻不幸殉難的同志的遺照和少量留在大陸的遺物。

展室高而深，暮色中光線越來越暗，那時候人們留下的照片多是很小的，一吋二吋的，考學或就業辦證用的，有些已經發黃，但從照片上看，人都很年輕。他們的名字我都沒記住，但突出地記住了，他們都在那麼年輕的時候犧牲了生命，遑論青春！我的心一下沉下去了。我感到了一種偉大的理想的感召力量，幾乎是不可抗拒的。我感到自己的渺小了。

---

[*]　熊天荊（一九〇二–一九八五），江蘇青浦人，一九二六年加入中國共產黨。是上海三次武裝起義的參加者。一九二七年赴蘇，在莫斯科勞動大學學習。一九二九年曾被派往海參崴（俄文名為符拉迪沃斯托克）煤礦和輕紡產業工作。一九三三年回國。

臨窗臨門的展櫃前，也快看不見了，熊大姐雖把吊燈都打開，但都是小瓦數的，因為這裏本不準備夜間工作。於是我們退出。重新鎖好門。大家都無語。

這是當年我的一次震撼心靈的經歷，極其偶然，但永志不忘。這也是我與熊大姐僅有的一次交集。直到近二十年後，在文革的亂局中，聽說有一派群眾組織，到中共中央統戰部和民委（國家民族事務委員會，它似乎與統戰部歸一個「口」）搶檔案。另一派呼籲告急。後來又聽說此舉洩露了若干中共赴臺工作人員的機密，導致在臺地下黨組織的破壞，有些同志被捕被害了。這些僅見之於紅衛兵小報，正式報刊對此是不置一詞的。但我每一想到這一事件，就想到原內務部保存的赴臺烈士檔案，還在今天的民政部嗎，熊天荊大姐是否一直在民政部工作，文革中必然也受到衝擊了吧？

九十年代吳克泰從臺盟退下來，我們接觸多了些，讀到他的回憶錄，和當時臺灣已有的少量回顧現代史的著作中，那些抵抗日本統治和國民黨統治的愛國者的身影，跟我早年看到的烈士們遺照中沉默的靈魂，總是交互出現在眼前。他們在大陸上，幾乎完全被人遺忘了。也許他們失去了黨所認定的宣傳價值？也許他們曾經歸屬的領導人已經在大陸上歷次運動中失勢？也許像八十年代中原某出版社拒絕出版有關聞一多的書，理由是提到他被國民黨軍人暗殺，不利於爭取國民黨以實現第三次「國共合作」？

總之，比照國內對各時期烈士英雄模範的宣傳規模和宣傳取向，在臺灣為中共赴湯蹈火而犧牲的地下黨員和黨外人士，他們的亡魂彷彿無所依歸了。這是讓人傷痛的。

不久前，我才從網上讀到臺灣龍應台女士寫的一篇較長的紀事，說她專程到北京參謁了西郊某處建的一面牆，似在這裏有立雕與浮雕顯示了中共在臺灣犧牲的地下工作者群像。

感謝龍應台，她以博大的胸懷，不但寫了《大江大海

　　　　　　　　一九四九·北平故人

一九四九》那樣的悲天憫人之作，她把關注的眼光也轉向了中國共產黨的死士們。

若不是看到她的文章，我這個老北京竟不知道中共某個部門還為自己派出後殉職的工作人員留下一面牆的紀念。但可能因我老而自閉，孤陋寡聞，竟沒在此間傳媒上得到這一信息。中國共產黨擁有那麼多「姓黨」的宣傳單位，都幹什麼去了呢？

長達八年的國難期間，在正面戰場英勇抗擊日寇，又出師印緬配合盟軍作戰的國軍，那些先後戰死沙場的將士，由於國共兩黨的黨爭，絕大多數不但在五十年代後的大陸罹獲惡名，而且不得葬身之處，屍骨無存。莫道「魂兮歸來」，歸來已成孤魂野鬼。能不教人欲哭無淚！

與此同時，我也為千千萬萬曾在共產黨的旗幟下獻出自己寶貴生命的同志們一哭！那些普通一兵身後的命運比國軍也好不了多少，而口口聲聲以他們的名義誇稱「我們犧牲了兩千萬人打下了江山」如何如何的人，卻在生前身後虛耗國帑大肆拆遷，修建陵墓，擴建「故居」以至「舊居」！

後來的日子裏，我沒有問過培庠，我估計他也沒再去看望熊大姐。因為大約在一九五一或五二年，他因父親在老家的土改或鎮反運動中被殺，連累所及，也失去了中共黨籍，並且從黨委機關調出去。

大概知道這是個人無法扭轉的宿命，我見他安之若素，不把時間和生命虛擲到怨天尤人上去，而是在教學崗位上安心工作，教語文，他就從日常閱讀中積累各類病句，綜合分析，給學生講解，並寫成文章。在其後不久，他把撫養他長大的繼母接來同住。我到他家見過，這是一位慈眉善目的老太太，勤勞精幹，而且從她的處境看，還應該說是達觀並樂觀。她續弦到趙家，就把幼年的培庠視同己出，充分表現出傳統女德的賢淑，這讓我想到

「知青」一代作家蕭復興成名作《繼母》的原型。培庠對自己的繼母表現的孝心，也讓我想到這是屬於傳統道德核心的那種天生的善良情感。但這份人性，不見容於「革命」的北京，不見容於東方的「水晶之夜」*。一九六六年「紅八月」，北京城追殺一切冠以「黑」字的人口，大娘打起包袱回了老家。但一到形勢有所緩和，情況允許，培庠就又把老太太接了回來，養老送終，盡了人子之道。

好人往往不得好報，這是我從培庠身上受到的啟示，所謂「好人」必獲好報，是好人們的自我安慰，好人認為惡人「多行不義必自斃」，也是一個無奈的自我麻醉。

從他的父親一「出事」，趙培庠的厄運就開始了。不但不被承認為相信共產主義並決心為這一理想奮鬥終身的人了，而且立即失去一切信任，須從工作單位的大門逐出，「從此蕭郎是路人」，而且簡直成了敵對陣營打進革命先鋒隊伍的異己分子。這還不算，經過組織動員，他新婚不久的愛人如要保持黨籍和在公安部門的崗位，總之，要保持革命者的身份，也必得跟他分手。

這就是階級鬥爭的邏輯，這就是一切講政治(林彪用語是「高度政治化」)——泛政治化的邏輯。從一九四九年「中國人民選擇了中國共產黨」那一刻起，中國共產黨也在成億的「中國人」中間進行選擇。首先是把「反動派」劃歸化外，不但包括已去臺灣的國民黨軍政人員，而且連同他們留在大陸的親戚朋友，一下子都成了「通敵」的嫌犯；然後是土地改革和鎮壓反革命運動的對象及其株連人員，還有在反美親蘇的潮流和朝鮮戰爭背景下清洗和打擊的目標，包括曾去歐美留學的知識分子，前者是土的，防其「反攻倒算」，後者是洋的，防其「裏通外國」；再往後，經過「社會主義三大改造」，資產階級和被稱為資產階級知

---

* 「水晶之夜」 (Kristall nacht) ，一九三八年十一月九日，納粹黨衛軍在全德統一行動，襲擊猶太人。

識分子的讀書人，或者被劃為「資產階級右派分子」，或者也被政治家及其理論家指為革命對象，加上往後加封的「走資本主義道路的當權派」，所有這些被中國共產黨在大陸國人中「擇優汰劣」後落選的，總其名就是「五類分子+」──地、富、反、壞、右，叛徒、特務、走資派。

這些就是當年中國共產黨所樹的敵人的總和。此外，還有成億數的中國人屬於中間群眾，即暫時尚未被懷疑有異心、有異動的那一部分人。

而能夠充當「選擇者」的，則是與「五類分子+」即壞人一方相對的，在全民中屬於好人的一頭。他們是「打江山」有功的一族，但不包括已經跟着黨「打江山」死難的普通戰士和中低級幹部，更不包括在國共兩黨內戰中被殃及的一般群眾，平民百姓，也不包括在歷次黨內鬥爭中已經淘汰的人員及其親近者們。而且這一具有對中國人進行「選擇」的實際權力者的名單，還會隨時發生變動。他們中還有分層，按級別分享世襲「坐江山」的權益。如「開國」一級高官，家中子女必分配一個副部級額度，省市各級類推。這一不成文法，已作為既定之規執行有年。其縣區以至鄉村也已望風而從，有概不後人之勢。在那裏，他們尚無「紅」「官」某代之名，他們也不屑於以此標榜，但人們看到，在鄉鎮基層，呼風喚雨，夠不上衙內，而威猛不弱於衙內的，多半就是這一流「子弟」了。這是《官場現形記》的官場和《水滸傳》的江湖都沒寫過，當年小說作者和說書人想也沒想到過的新現象。

我的老同學趙培庠因父親而受株連的遭遇，遠遠發生在這一切之前，是一九四九年剛剛進行第一輪「選擇」，中國社會也剛剛開始第一輪撕裂時的事情。所幸培庠遇到的具體領導，應該還念及他的革命初衷和工作表現，沒有下狠手，對他新工作的分配，也還打量了他的專長，且沒有發配遠處。

有人說，你還辯護他們的領導，認為下手不狠？黨籍沒了，

工作撤換了，老婆也離婚了，你還叫他們怎麼狠去？我說，你沒看後來的政治運動後期，看看那些落井下石，窮追猛打，必欲置之於死地的組織處理，就會發現這還算是把槍口抬高了幾釐米呢。

我這樣說，不知道培庠同不同意，我也不想問他。我知道他已過米壽，即將晉九，把一切都看得開了。前些年，他陪孫女從小學到大學，等到孩子離家住校，他一度感到失落，鬱鬱寡歡。後來，如我在《學電腦》短文中提到的，他學會上網，視野擴大，胸懷拓寬，整個換了一個人，彷彿又回到我們同桌的年代。那時我們多麼單純，多麼快樂，多麼活躍，今天我們都已經不那麼單純，但我們接觸了廣大世界的新的信息，如同呼吸到新鮮空氣，我們重又從活躍的思想得到了快樂！這就是魯迅晚年說的，「無窮的遠方，無數的人們都和我有關」吧！

跟培庠一樣，屬於當年法文系一年級同班的，還有一位人稱「小陸」的女同學陸頌和。她也是「我們的人」。在學生自治會選舉中我為黃楓仁競選寫的詩朗誦表演，就是她給搬上台的。她很活躍，在系內系外，男同學女同學之間，能夠團結許多人，不是以心計，而是以熱情和直爽，被稱為「傻大姐」的性格。她跟後來作為周恩來的譯員走訪非洲十四國的齊宗華，還有虞端，這三位女同學，是我們班法文學得最好的，並且都在隨後兩三年裏把大學讀完了。但她們的職業生涯卻有不同。齊宗華和虞端，總地看來比較順。陸頌和，起初大概也還平順，看她陪同一些領導出國，那在閉關鎖國的年月，乃是一般幹部難得的際遇。但好景不常，據說她陪同的某位老大姐多疑，竟強加給她一個「莫須有」的罪名。雖然事後得到了澄清，但你能想到，這件事叫任何一個剛步入社會，剛開始人生道路的年青人遇上，能不寒了他火熱的心！

我不敢說這個陰影籠罩了小陸的一生，但在幾十年後的老同學聚會時，我見到顯得憔悴的她，絕口沒敢提問她這些年來的工

一九四九·北平故人

作，只聽人說她終於實現了自己的請求，調出那個門楣閎闊，不算寒酸小氣的單位了。

過了許多年，她聽說我動大手術，還向趙培庠打聽預後的情形。讓我十分感動。

那年代，周恩來等領導人為了安撫非工農出身的人，反覆地宣講「出身不能選擇，重在現實表現」云云。其實，豈止出身不能選擇，工作單位也不能選擇。許多工作分配是「一槌定終身」，反復告誡你的是「服從分配」「服從革命工作需要」。因此，被分配到什麼樣的單位，什麼樣的「班子」領導的單位，至關重要，甚至會影響到你的一生。一位北京大學的地下黨員，在多年後聽說了我在中央廣播局的三十年浮沉以後，對比他在一九四九年初「支援基層」來到北京市的區級單位工作的前三十年，竟說，你雖然劃了右派，但比我沒劃右派的日子還好過點！我當時大出意外，但我畢竟不是木頭腦殼，我終於明白了他為什麼出此傷心語了。

還是接着說說我的老同學們。

大概在一九五三或一九五四年，有一天我獨自在中山公園閒逛，在社稷壇那裏被人叫住，一看，是(中法)法文一的黃文捷，這是一個十分文靜的同學，平常說話都是低聲的，好像是廣東人，我記不清了。他不屬於當時地下黨、團想要爭取發展的對象，因為他明顯地不參與校內的政治性活動乃至學業以外的一切活動，只是讀書。對我們所有同學，都友好，更無害。現在他正抱着一個小小男孩在五色土周邊散步曬太陽。他不但把大學四年讀完了，而且結了婚，生了子，——他是獨子，跟寡居的母親艱難地長大，終於達成了母親的願望，這應該也是他父親的遺願，母親向父親的保證。黃文捷被分配到文化部的對外文化聯絡事務局，那裏的首任局長是黨外的戲劇家洪深教授，當時到那裏工作

的黨員幹部，有我後來結識的鄒荻帆、朱子奇，都是詩人。那是個有文化的所在，我想，不事張揚、不求名利的黃文捷，應該能在那裏兢兢業業工作下去，不致有大的跌宕起伏了吧？後來我自顧不暇，也不知道黃的消息了。

另外一位中法的同班同學，名叫李述蓮，名字像女生，其實是男生。也是按時到校，下課就騎車走人的名副其實的「走讀生」。他跟黃文捷屬於同一類型，我有機會跟他閒聊幾句，知道他是中醫世家，這樣的家庭多半是老式門風，人老實，本本份份，不多事，溫良恭儉讓。只是我不知道，他為什麼選擇了法文這個專業。他好像也把大學四年讀完了，不知道他是否一直從事法文方面的職業。

我的當時「參加了革命」的同學們，後來的生活都不平靜，所謂「求仁得仁」，沒得可說，有點牢騷，也只能以毛詩「牢騷太盛防腸斷」相勸，互報一笑，或是苦笑而已。但我總想像如黃文捷、李述蓮等同學，他們不自許「以天下為己任」，是不是得稍免於「被折騰」呢？一九七九、一九八〇年後的一些校友活動中，彷彿都只見當年地下黨周圍活動的老同學，卻少見他們這樣的「老實」同學，這一部分校友的生平故事，也就不得其詳了。是後來的校友活動，主要由我所說的老地下黨一些同志熱心操辦，把他們忽略了呢，還是由於歷史原因「失聯」過久，找不到了呢？還是通知到了，但這些同學恬淡自處，不樂與聞了呢？說「待考」，也是無奈的。

業內追蹤軍隊的腳步，業餘仍是追蹤詩

一九四九年的十月，新政權正忙於建立自己的機構和權力運作秩序，比如周恩來召開了外交部成立大會，並且在這前後，已經開始跟蘇聯等國建立外交關係。聽說當年表示與中國新政權建

　　　　　　　　　　一九四九‧北平故人

立外交關係的頭一份電報，來自鐵托的南斯拉夫。但被北京擱置一旁，不予理睬，以顯示中國共產黨向斯大林的蘇聯「一邊倒」的決然的姿態。

這些都不屬於我擔負的廣播「專稿」節目報導範圍。我在八小時之內的工作，主要是追蹤「軍隊向前進」的腳步，對聽眾講渡江大軍過五嶺，挺進十萬大山，同時進軍大西南，直取重慶，進軍大西北，越蘭州而沿祁連山與河西走廊西進，幾路大軍怎樣受到沿路群眾的歡迎。

其間，我記住進軍到新疆的新華社記者關君放，他寫的《記迪化監獄》這篇通訊裏，不但記述了曾被盛世才關押以至殺害的共產黨人的事蹟，還提到季米特洛夫在柏林「國會縱火案」開庭時朗讀的獄中詩云：「鐵窗風味，便飯家常；砍頭槍斃，告老還鄉。」因其音韻鏗鏘，我一下就記住了，當時還在一篇小文中援引過。但這卻未見於其他史料。而中譯過來，特別具有中國格言的風味，我想，也許糅合進中國同志特別是獄中囚徒的感受，「中國化」了吧。

電台所在的西長安街，是一條車水馬龍的繁華幹道。我們所在的三號大門架設了高音喇叭，每當傍晚下班，我從比較安靜的後院走到大門口，總是聽着郭蘭英、王昆或是陝西郿鄠戲《十二把鐮刀》的「一把，兩把，三把，四把……」數到十二把再數回來，震耳欲聾，但那男聲女聲歌調裏洋溢的歡樂，還是感染人的。那時候郭蘭英、王昆們的歌聲裏都融入了百分之百的真情。

在這樣的氣氛中，我向右走到西單路口的聯營書店，喜好閱讀的顧客在那裏靜靜地「過屠門而大嚼」。當局還來不及把整個的出版管起來，幾乎每天都有新書，多是上海出版的，上海不愧是原來全中國的出版中心。北京也有戲劇家葛一虹辦的天下出版公司，他還是依着抗戰時期在桂林、重慶的老例，既守着作者和

書稿的品位，又盯着圖書市場的需要，頭一批書裏，我記得的就有呂劍的通訊散文集《十月北京城》，來得多麼及時！不過，這家民營的出版社似乎不大行時，沒多久就偃旗息鼓。許多年後我和葛老住鄰居，還曾應邀到他家欣賞英國本土十九世紀出版的莎士比亞戲劇珍本，但一直沒有問過他「天下」的事兒。

如果我記得不錯，國營的人民文學出版社也很快就出書了。首先是「中國人民文藝叢書」，其中打頭的是歌頌共產黨、解放區的詩歌集子《東方紅》，還有署名王希堅等的《佃戶林》，一看就是農村題材的，有關老解放區減租減息直到土改訴苦運動的民歌體詩集。這套叢書可能緊接着出版了解放區的代表性小說，我沒注意。而我注意到，人民文學出版社以漂亮的裝幀鄭重推出了《陝北民歌選》和《東蒙民歌選》。

我說過，一九四九年初以來，我從投稿不中的遭遇，以及瀏覽報刊的感覺，發現在「為工農兵服務」的旗幟下，民歌和民歌體的新詩似乎已尊為詩歌的主流，而自由詩則被認為並非群眾「喜聞樂見」，而是知識分子的偏好，說重些就是「小資產階級的自我表現」了。

這種把民歌當作惟一主體的詩歌史觀，當時已經出現，它把古代的非民歌——大量文人寫作的、個人署名的詩詞歌賦都一概排斥了。聽說出了一本什麼人民文學史，以所謂階級分析立論，指杜甫的階級屬性為小地主，一句話就打掉了老杜的千年光環。幸好這本書流傳不遠，但這一派觀點自有它的市場，發展到極致，就是一九五八年配合「全民寫詩」運動而激化的關於新詩形式的大辯論，批判了何其芳、卞之琳關於建立現代格律詩的主張；連建立新詩格律都要批倒，那自由體新詩更不在話下了。

現在回想，我在一九四九年十月寫《歌唱北京城》，採取了說唱的節調，是不是自覺地迎合了這一個「新詩民歌化」的大趨勢呢？

又是又不是。可能在潛意識裏應和着這一趨勢，但在具體構思和寫作中，起作用的還是歷史題材（詩中有關李自成的大段回敘）的需要，以及我從小對民歌民謠和民間說唱的愛好。

　　說起來就遠了。但我以為中國人的詩歌教育是從嬰幼兒開始的。

　　小時候沒有民歌這個概念。

　　跟着大人學說的，「小小子兒，坐門墩兒，哭哭喊喊要媳婦兒。要媳婦兒幹嘛呀？吹燈做伴兒，點燈說話兒，明兒早上起來給我梳小辮兒！」（北京口語裏的「兒化」，竟能把「子」「墩」「婦」「伴」「話」「辮」這些字，化成一韻到底！）教我這麼念叨的大媽大姨們，其實是要嘲弄我這個「小小子兒」，可我並不認為是嘲弄我，因為我不梳小辮兒！這是前清傳到民國來的歌謠，而且有「小女婿，大媳婦」的社會背景。

　　「徒誦為謠」。只「說」不唱，不叫民歌，又因限於小孩子之口，習稱童謠。也有騰傳眾口的成人的民謠，影響巨大的，如《三國志演義》中的「千里草，何青青，十日內，不得生」（「千里草」隱喻董字），是反董卓的勢力針對董卓編出來散播的，可就不是說着玩兒，哄小孩兒了。《古謠諺》一書收了許多這樣的東西，但時過境遷，不像古代詩選那樣擁有眾多的當代讀者。

　　二戰日本投降以後，在我讀書的滙文中學，圖書館解禁了，讀到「五四」時期大約一九二〇年北京大學歌謠研究會創辦的《歌謠週刊》，很吸引了我一陣子。這才知道像《孟姜女哭長城》《鳳陽花鼓》這一些我從小會唱的歌，早在民間流傳了多年，而所以流傳多年，是傾訴了舊時百姓所承受的苦難：「正月裏來正月正，家家戶戶掛紅燈，人家夫婦團圓聚，孟姜女尋夫到長城。」「說鳳陽，道鳳陽，鳳陽本是好地方。自從出了朱皇帝，十年倒有九年荒。」這兩支曲子我都能唱下來。還有，「月

兒彎彎照九州，幾家歡樂幾家愁。幾家夫婦同駕帳，多少漂零在外頭」，不知其曲調，但我能背誦，原以為是詩，卻原來是歌，不知作者是誰的民歌。

從這本刊物上看到一首據説是明代的民歌，真是驚心動魄：「老天爺，你年紀大，耳又聾，眼又花，殺人放火的享盡榮華，吃素唸佛的活活餓煞。你不會做天，你塌了吧！你不會做天，你塌了吧！」[*]從句式到口氣，完全不是我熟悉的民歌謠曲風格，好像是急不擇言的當面數落，而那「老天爺」，分明指的自命為天子的皇帝！不是揭竿起義的勇者，卻是逼得吃齋唸佛的弱者或他們的代言者站出來發出詛咒，這該是怎樣的暴政惡政下的聲音！至於流傳得也很久遠的「砍頭好似風吹帽，坐牢好比逛花園」，簡直就是江湖上天不怕地不怕的死囚的豪語了！

《歌謠週刊》發掘這樣的遺產，大概是由於他們信奉陳獨秀的《文學革命論》，用來做反對貴族文學、建立平民文學的參照，也是為了促進白話新詩的發展吧。

然而他們並不一味偏重這類「時日曷喪，予及汝偕亡」式的內容。從中更看到了多方面的採集，使我大長見識。比如廣東客家的採茶歌，「蝴蝶花開蝴蝶飛，鷓鴣草長鷓鴣肥……」我正是在這裏認識了廣東話裏特有的「佢」字。這些四句頭，那文詞雅馴的，使人想到七言絕句。我十分欣賞的，李白的「蜀國曾聞子規鳥，宣城還見杜鵑花。一叫一聲腸一斷，三春三月憶三巴」，神韻跟那些七言的民歌多麼相似！是民歌學詩人，還是絕句學民歌？抑或是殊途同歸？

西南聯大師生留下的《西南采風錄》裏，有大量這種四句頭的山歌小調，都是直接從普通人口頭採訪來的第一手材料。使我相信了詩經和樂府詩集中保存的古民歌，儘管可能經過采輯者

---

[*]　這首明代民歌，可能曲譜失傳，民國年間多半是二三十年代由趙元任作曲，成為音樂會上的男聲獨唱曲目。

　　　　　　　　　　　　　　　一九四九‧北平故人

小作更動，但基本上該是原生態的。四十年代後期，薛汕、沙鷗等采編的《金沙江上情歌》，多有「雪山不老年年白，江水長流日日青」這樣的清詞麗句，看得我心旌搖搖，手癢難耐，還曾擬作過若干首*，當然頂多是形似，甚至畫虎不成。

看來五七言的字句長短和音節頓挫，最符合漢語平常口語句式，從民謠和兒歌到成人的民歌與詩都是從這裏發生的，民歌還是詩的兄長呢。文學史上常說，一代文學疲弱以後，往往要從民間汲取營養，大約文人詩從民歌民謠重新獲得剛健清新，正是合乎規律的吧。

我很快就從當代找到一對顯例。袁水拍《馬凡陀山歌》用短小押韻的歌謠體諷刺「官主」世相，贏得了廣大市民讀者；李季《王貴與李香香》借重陝北「信天游」的節調來敘事抒情，影響及於識字不多的農民群眾，他們一聽便懂，又使識字的讀者一新耳目。那些類似「前坡裏糜子後坡裏穀，哪達裏想起你哪達裏哭」，「櫻桃小口糯米牙，巧口口說些哄人的話」，直接脫胎於信天游的成句，固然顯得生動活潑，透着新鮮的熱氣，而像「日頭偏西還有一口氣，月亮上來照死屍」這樣直狀實寫的詩句，更加震撼讀者，寫的是一個貧苦農民被打垂死，以日落月升來概括彌留的時間，如臨現場，讓人揪心。這正是民歌精煉的敘事方法的效果。

我從李季這裏知有信天游，一九四九年至五十年代初又陸續看到了由何其芳張松如(公木)領銜魯藝同學收集整理的《陝北民歌選》(內收包括信天游在內的不同曲調的民歌)，嚴辰和李季分別編選的信天游集(李季那一本叫《順天游》)，也都是他們自己下鄉采風的成果，十分可貴。我驚歎在「黃天厚土」之間，竟有這樣浩瀚的一片民歌的海洋。如果說在讀詩經時，對那些表達了細緻微妙感情和心理活動的篇章一唱三歎，仰之彌高，那末在當

---

*　《擬〈金沙江上情歌〉》，見《找靈魂》，廣西師範大學出版社，二〇〇四。

代的民歌中，我們同樣聽到了或直率或婉曲的怨與慕、泣與訴，無論詞曲，皆如天籟。

我最早從《東蒙民歌選》讀到《嘎達梅林》，這是一首蒙古民族現代英雄的頌歌，雄渾沉宏，深情厚蘊，非一班小兒女的呢喃可比。記得是陳清漳領銜東蒙文工團的團員們收集的。我很快就學會哼唱了。並且在寫《進軍喀什城》一詩時沿用了它的句式，屬於模仿、套用，不算抄襲吧？

《進軍喀什城》一詩的寫作，正是我在編務寫作中追蹤戰爭形勢的發展，跟業餘寫作中繼續追蹤詩歌的交集。

我讀了新華社西北總分社記者(其中應有趙文節即聞捷)的隨軍報導，寫到沿祁連山脈直取南疆的野戰軍，在喀什跟新疆民族軍會師的經過，不是一般的記者筆墨，可以說是以現役軍人的體溫感受了祁連山的風雪載途，長征般的步履維艱，以及他們義無反顧一路前行的火熱情懷，使我這讀者感同身受。於是，正好剛剛學會的《嘎達梅林》，歌裏「南方飛來的小鴻雁啊」，「北方飛來的小鴻雁啊」，該都讓祁連山給擋住了，那沉洪而自信的旋律伴着我的心聲，寫下了：

> 從山下往山上走啊，
> 空氣稀薄堵着胸口，
> 從山上往山下走啊，
> 戈壁的沙風連天怒吼，
> 一步緊緊跟着一步，
> 走着天下最難走的路。
>
> 怎麼能忘人民的深恩，
> 我們頂着西北風行軍：
> 多少人的腳泡磨破了，

多少人的腿走腫了。
多少人的手凍裂了，
多少人的眼熬紅了。

終於「一百里路程走過九十九」：

遠看着喀什噶爾河邊，
遠看着帕米爾高原，
我們千山萬水的遠來，
這裏就是祖國的邊疆，
這裏也有熱情的人民，
這裏就是我們的家鄉。

　　或問，進軍大西北，怎麼能採取《嘎達梅林》的節調呢？一野（西北野戰軍）裏即使有蒙古族同胞，也是少數吧？我也有理由（應該不是抬槓），説我在學會唱《嘎達梅林》之前，學會的頭一首東蒙民歌便是北京晚報上刊登了詞曲的一支祝酒歌：

浩爾吉酒灑在昆侖山頂，
健康的喜報傳回家中！……

　　我們的蒙古族同胞能夠神飛昆侖山，舉杯相祝，讓他們的歌調伴着祁連山行軍的腳步，又有什麼不可？

　　關於舊體詩的當代寫作，暫時擱在一邊不説，單説新詩，「五四」前後到一九四九年，也走過了三十年的歷程。什麼樣的形式，體裁，風格，夠不上「百花齊放」，也可算姿態各異，文采紛呈。很長時間內，除了對思想、內容，特別是涉及政治，有

過一些不同的提倡和爭議，而對於詩人們怎麼寫，很少有人指手劃腳。聞一多作建立現代格律詩之議，也只限於發表意見，自己在那裏身體力行地試驗，有人願意呼應就呼應，別的人愛怎麼寫還就怎麼寫，沒人強求一致。就是同樣想走格律化道路的詩人，也是各行其是，朱湘寫朱湘的《採蓮曲》，于賡虞寫于賡虞的四方塊，還有林庚寫林庚的九言詩。

進入四十年代卻不得了了。我沒有研究現代詩歌史，遠遠一看，似乎是由左翼文人批判胡風開始，提出了「民族形式」問題，從一個政治上的命題，一轉轉到了新詩和各類文學創作，都要適應群眾「喜聞樂見」的閱讀習慣，以「民族化」「大眾化」為方向。落實到新詩，提高到階級分析的高度，結論就成了民歌和民歌體是符合「為工農兵服務」的要求，而自由詩則體現了小資產階級的藝術趣味和脫離工農兵的思想感情，云云——這是我今天的複述，我手邊沒保存那些資料，無法依照學術規範查證引文。如果複述有誤，由我負責。不過，說實話，從四十年代到五十年代那些反對自由詩的棍棒文章，以粗暴武斷見長，距離學術規範怕比我此處還遠。

延安文藝講話以後，我們看到，解放區的文藝工作者都在熱情地學習民間文藝形式，除了大興秧歌舞、秧歌劇以外，就有艾青以口語短句寫了長詩《吳滿有》，這是毛澤東熱情接見過的勞動模範，另外也還寫了些民謠體的簡捷明快的小詩；五十年代初，卞之琳在他的《天安門四重奏》挨批以後，參加土改，也一度改弦更張，採用江南四句頭式的民歌體試寫，似不如艾青的做法較為成功。嘗試以民歌體寫詩成功的，除了李季《王貴與李香香》、張志民的《王九訴苦》（還有他後來的《死不着》，以及五十年代初阮章競《漳河水》）以外，較為成功的還有公木、魏巍。最失敗的是田間，就像「邯鄲學步」一樣，學來學去反不會走路了，失去了自己。

　　　　　　　　　　一九四九·北平故人

如上所述，我雖多寫自由體新詩，其實我也熱愛民歌，在接觸延安文藝講話之前，就欣賞民歌並從中汲取了營養。我只是不認同現代詩必須「在民歌和古典詩歌基礎上發展」，不認同以「民歌體」以至偽民歌一統天下的詩風。就我的聞見所及，即使不說所有古今的民歌都是悲涼的，也得承認絕大部分的民歌給人悲涼的感覺。「悲苦之情易表，歡愉之語難工」，本是說的文人詩，同樣，民歌的抒情主人，普遍比寫詩的文人的生存狀態更差，他們歌唱的悲涼，不必有意為之，而是自然流露，是多災多難的生活賦與他們的。甚至他們歌唱偶然得之的片刻歡愉，那尾聲或弦外之音，也仍可能透露着幾許悲涼。

　　也許正是「存在決定意識」的鐵律，民歌民謠中多有不平，多有控訴，多有諷刺，這乃使我們遺憾地發現，在以歌頌為主調的當代中國，似乎已聽不到民歌民謠。未必是有着詩國傳統的中國普通老百姓已經完全失聲，而是他們——山野草根和市井平民真正的心聲在從事民間文學採集者送到官方審查時，層層淘汰，能入所謂「集成」卷內的，已經不多。這對業內人不是秘密。

　　其實，倒正是以推崇民間文學包括民歌為標榜的人，有意無意地幹了限制和敗壞真正民歌的事。最突出的，就是一九五八年配合農業和各行各業「大躍進」，曾從上而下大搞「新民歌運動」，大搞全民寫詩(當然是所謂「民歌體」)，大搞「詩畫滿牆」，催生了千百萬首偽民歌，其標誌就是虛聲浮誇，歌功頌德，結果不但強姦民意，也強姦了民歌的體裁。

　　從「前詩經時代」開始，真正的民歌就是人民表達愛憎的心聲，從來不與歌功頌德的館閣體爭寵於丹墀之前。

　　由於把一種詩歌形式提高到文藝方向和階級屬性的嚇人高度，在輿論一律的政治氣氛中，不免出現「一統詩風」的意向。自以為揣摩到這一意向的人，在全國建立新政權後，不免就認為

時機到來。不過，當時全國百廢待興，百業待舉，「鐵路警察」真的還沒顧上「這一段」。因此不過在民間發生些小接觸，小磨擦，如山東老解放區有名的「孩子詩人」苗得雨，和同樣是出身山東老區革命家庭，扛過紅纓槍，但一九四九年後皈依了普希金、拜倫、雪萊的自由派詩人孫靜軒，都來到中央文學講習所，為了爭個水落石出，不但爭得臉紅脖子粗，且須勞動班長張志民老哥來勸架拉架。而全國作協創作委員會詩歌組在一九五三-五四年正式組織的關於新詩形式問題討論會，集中了當時在北京的主流詩人，開會多次，各陳己見。我沒參加，但也聽到一些風聲。幾十年後回想，如果能找到當時的開會記錄，恐怕會發現，這些討論都帶着業餘性質，不過是常識層次的爭議罷了。比如，捍衛自由詩的詩人朋友，端出的理由，有的竟只是：詩歌要為政治服務，但五七言容不下許多新概念，「打倒美帝國主義」還勉強納入七言，可「反對美帝武裝日本」呢，更不用說「大張旗鼓地開展鎮壓反革命運動」了。

說到底，這樣一個爭議的產生，主要還是緣於政治的介入。但我們很快看到，有一首石方禹寫的長篇政治詩《和平的最強音》採用了自由體，形式和寫法上借鑒了智利共產黨員聶魯達和蘇聯「無產階級詩歌奠基人」馬雅可夫斯基，在配合「抗美援朝」，配合以蘇聯為首的「世界和平運動」，指控以美國為首的西方世界「戰爭販子」的宣傳運動中，立了新功。相應的後果之一，是為自由體新詩解了鎖，至少是為自由體新詩在所謂詩壇上爭得了一席之地。石方禹是燕京大學的秘密黨員，一九四九年後被派到上海參與一份英文報紙的編輯工作。八十年代曾任文化部電影局副局長。

石氏的《和平的最強音》證明，正是自由體，更適合於充當政治詩(政治抒情詩——宣傳鼓動詩)的載體。的確，它更適合大庭廣眾間乃至千百人廣場上的朗誦。其實，這一點在三四十年代

國民黨統治區的學生運動和街頭宣傳中早已經驗證過了。

我在一九五四年夏天寫的長詩《我們愛我們的土地》，就是放開了手腳寫的自由詩。在《人民日報》上刊出，在中央台廣播以後，很快成為慶祝第一個憲法誕生，歡呼中華人民共和國建立五周年的一些群眾集會上的節目。

我所以不避自戀的嫌疑，提到這件事，更曉曉不休地說起一九五〇年初發表的那首《進軍喀什城》，主要是從我「這一個」小小作者的經歷，看到在「民歌體，還是自由體？——為工農兵，還是為小資產階級？」這一偽命題下，寫詩的人曾有過怎樣的心路歷程。

我認定，詩歌精神是：自由。

但我並不是極端的「自由體」派。我過去曾經採用過多樣的新詩形式和體裁，現在依然寫着各體新詩。

寫自由體新詩，也並非就意味着詩中體現了自由精神。——同樣，寫民歌體新詩甚至寫舊體詩，也並非不能體現自由的詩歌精神。詩體的自由和詩歌精神之自由，固然會有某些關係，但是不同層次的兩回事。

我甚至不怕有些寫新詩的朋友譏我為「背叛」，在寫新詩的同時，也嘗試寫舊體詩，以律絕為主。

在過去的年代裏，不但新詩寫作受到不應有的干預和約束，就是舊體也被畫地為牢，幾成禁區。

一個聲稱給多少塊大洋也不讀新詩的人，卻振振有詞地指責「新詩迄無成功」，進而不作論證地規定「在古典詩歌和民歌基礎上發展新詩」！反動的權威都已打倒，革命的權威盛矣哉！

我卻以為，在中國詩歌的天地間，應該實行新體、舊體「雙軌制」。

而上述那個威權人物為發展新詩所作的規定，亦不必一筆抹

煞，正可移用於當前的舊體詩寫作，即「在古典詩歌和(古代和現代)民歌基礎上發展(當代)詩詞」。不知當否？

有關這方面的個人意見，包括當代詩歌與古典詩歌的傳承關係，曾於一九八七年七月在常德詩社主辦的詩會上講過，隨後寫入《一樣情思 兩副筆墨——漫談新詩和詩詞並行發展的雙軌制》一文，並散見於一些談詩文字。有興趣的朋友不妨找來參看。這本書的讀者不盡是關心詩事的，這裏就不多説了。

每晚到中蘇友協辦的俄文夜校學習

一九四九年十二月，有一天梅益找我，説中蘇友好協會開辦了一個俄文夜校，給我們電台兩個名額，準備派你去學習，一周要學習五個晚上，我沒等他説完，就搶着説，我去。問還有誰，他説劉淮。

接着一個星期天的下午，就借燈市口育英中學舉行了開學典禮。會場在教室佈置的，顯得簡樸，但典禮很隆重。校長是一位五六十歲的老人王之相。代表中蘇友協總會來主持典禮的，是高高個子，氣宇軒昂的閻寶航(當時沒注意，許多年後才知道，他這時已經就任新成立的外交部辦公廳副主任)。到會祝賀的還有時任政務院副秘書長的羅叔章，這是一位女士，以前沒聽説過，從儀表風度看，是從國統區來的民主人士，也是後來才知道，這位羅叔章跟閻寶航一樣是資深的中共「地下黨(員)」。

會上都説些什麼，我已經忘記了，無非是強調中蘇兩國牢不可破的友誼，向蘇聯「一邊倒」和學習蘇聯先進經驗，因此提倡廣大群眾特別是青年學俄文，這是鞏固中蘇友好的需要，也是經濟文化交流發展的需要。我想，還應該加上直接閱讀俄羅斯文學典籍的需要，因此暗下決心，一定要把俄文學好。

第二天就正式開課，在石駙馬大街(今新文化街)路南一個中

一九四九·北平故人

學，距離我的機關和宿舍都不遠，下了班很從容就到校了。但給我們當教室的房間很不正規，燈光也是昏暗的。大概這不是我一個人的感覺，一兩天后，就決定還是借用育英中學的教室。這是我上過學的地方，很熟悉，只是離機關較遠，下了班，立即騎車出發，從長安街，過天安門，一路在昏昏燈火中躦行。那時北京城裏還沒有後來節日記者形容為「華燈初上」的明亮的路燈。遇到風雪，不免有「風雪夜歸人」之感。於是我跟母親説好，給我留門，這樣我多半就住在船板胡同，省去了放學後頂着西北風斜穿大半城的時間和精力。然後一早再從東單往西經過天安門到西長安街三號。所以我説我對這條「長安大道」的滄桑，不是從傳聞或書本上來的，是身體髮膚切身體驗得之的。

跟我在麻花宿舍比鄰而居的華大老同學，幾位單身漢在北京都沒有家，他們見我有家可歸，都有興趣來我家看看。

當時的船板胡同，整個保持着原先的面貌沒變，甚至直到六十多年後的今天，老格局大體猶存。因為這條胡同不當不正，有住家，有小店，有些外國人留下的房子，不管是西方的，白俄的，日本的，有院的，臨街的，都帶着各個時代的「臨(時)建(築)」的性質，大概從鬧義和團、八國聯軍以來，除了東頭有幾處比較完整的四合院之外，多年的爛攤子只有爛上加爛，沒有整飭過。房地產商一看，光是拆遷大量平民小戶就夠頭疼的，都不願光顧。現在走到北邊小報房胡同，透過平房院往南看，我家住過的二樓一溜北窗，依稀恍若當年。

我家是一九四三年冬從禮士胡同移居來的。古城淪陷已到第七個年頭，坐吃山空，快要山窮水盡了，賣掉原住的較大的院子，買了這個鋪面房，是一家關門很久的澡堂子(今稱浴池)。座落在胡同西段路北，門額上是洋灰(按即水泥)塑出的榜書「萬慶」兩個大字。入二道門後，裏廂左側是個不小的浴池，浴池上面是兩層樓高的玻璃罩頂。右邊一大片木隔斷的鋪位，前邊也留

下半層高的空間，玻璃罩頂，供洗晾毛巾採光通風之用。我們住進來，這些都是無效面積。對我們有用的面積，只是二樓的一排盆湯雅座，地下的花瓷磚許多已經活動，走在上面叮令當郎的。好在我和兄姐都有了個人的單間，可以躲進去自成一統。

住了五年多，我就離開，上華大去了。

我華大的老同學到這裏看了我少年時的住處，明白我不是他們原來想像的「小少爺」了，但小時候就能有一個單間容我獨處，不管是讀書寫字幹什麼，不受干擾也不干擾別人，以至現在星期天可以回家看看老人，在東城活動晚了也不必跑回西城，能夠就地站腳，這在他們至今還住集體宿舍的單身漢看來，還是值得羨慕的。

我們搬進這裏住，已無力雇工修繕，基本上原樣保存。大家走到二樓樓梯口，見西邊牆上一大幅工筆壁畫，尚未剝落，但已褪色，一看，原來是古代仕女，再一細看，竟是一群裸女沐浴圖（織女吧），不禁同聲大笑：這是緊密配合任務的！

不過，這家澡堂，在當時北京恐怕是二三流的，不設女部，所以也算不上是「配合」女部。我想，即使有女主顧，看了畫上那些仙凡不明的浴女，一個個耷拉着眼皮耷拉着乳房的「古典美」，多半也會噁心敗興的。

話扯遠了，還是說俄文夜校。在育英的教室裏，雖說不上窗明几淨，燈光卻是亮的。環境正規，教學秩序也相應正規。一開始，上課先點名，這樣我就知道這個班裏不少是我所知名的人。如葉至美，是葉聖陶老人（我們最早熟悉的是他以字行的筆名葉紹鈞）的女公子，她在電台的對外部英語組，看來她還要修第二外語。許多年後，我跟她家的至誠相熟，但沒跟至美大姐打過交道。但我聽說一件事，印象殊深，就是葉老最關心公眾語言交流中，有沒有讀錯字，寫錯字這些毛病，他在讀報紙聽廣播時，發

現別字或語病之類，總是不厭其煩地記錄下來，定期送有關單位參考。他對廣播中發現的問題，就寫給葉至美讓她轉交。長年累月都是如此。聽說葉至美後來發現這好像變成有來無往的例行公事，從來得不到回饋，但又不忍如實告訴老人，有時便將這些勘誤的信箋扣壓了。沒有核實，不知確否。也是聽說，語言學家呂叔湘先生也像葉老一樣，他可能不聽廣播，但發現《人民日報》《人民文學》上的問題，也是「不吝賜教」，但也總像是「剃頭挑子——一頭熱」，此說如果屬實，就可以互為印證了。

同學中年紀最大的一位，如果我記憶無誤，名叫姚思湧，看來上五十歲了，戴着一副金邊眼鏡，文質彬彬，一看就是位老知識分子。他大概看我年輕，主動跟我這個小兄弟打招呼。我才知道他是老海關人員，嚮往新中國，似是經香港遠道來歸。這樣我知道他的英語沒有問題，到此也是來修第二外語的。他聽說我做文字工作，並愛好詩歌，後來跟我走得更近了。直到我離開夜校，還曾經通信，知道他翻譯了蘇聯當代詩人雷里斯基的詩選，為他短時間學習俄文的成績讚歎不已。他住在中南海南門對面全總(中華全國總工會)大樓後身的一條橫胡同裏，可能是海關總署的平房宿舍，離我工作地點不遠，我應邀到他住的充滿陽光的北房裏看望過。後來世事多變，也就沒有聯繫了。

教室裏的課桌，兩兩相並，緊坐在我左側的同桌是一個年輕人，華北軍區的姚健，大不了我幾歲，很敞亮，愛說話。問起我的出處，我說起四月中隨華大從北平去石家莊，是轉道津浦線，坐的悶子車，時走時停。他就告訴我在四月渡江戰役之前，他也多次在這條路上來來去去，至於幹什麼自然沒說，我也沒問，我們都懂得保密的邊際。他所在的華北軍區司令部，當時在護國寺街東段路北大紅門裏，離我們麻花宿舍咫尺之間。一九五一年春天軍區《戰友報》曾經從《每日廣播》上轉載我編寫的一篇有關「全世界人民熱愛毛主席」的綜合報導。那時姚健早已不來學俄

文，我想是工作繁忙吧。一九五二年春三反運動初期，忽見軍區開展運動的頭條消息，裏面竟點了姚健之名，不禁使我吃驚而又將信將疑。以後再也沒有這個讓我印象深刻的小青年的消息了。

姚健退學後，我的鄰桌換成有個類似女孩名字的「藍英」。生得英俊，寬寬的肩膀，穿一身工裝，原來他是設在先農壇附近的一家國營汽車修配廠的工程技術人員。我們非常談得來，於是關於他我知道得越來越多。他大我八歲，二十四了，本姓王，原在師大附中讀書，日本統治後期和國民黨回來初期，跟同學參加了中共地下組織的活動，也就在那時入黨。可能在一九四五－四六年間去了張家口，到黨所領導的工科學校學習，又隨軍撤退，隨軍進京。那時候「又紅又專」這個新詞還沒創造出來，但我認為他確是新型的知識分子。他喜歡上夜校班裏一個姓王的女中學生。一九五〇年孫維世導演的《保爾·柯察金》(金山、張瑞芳主演)在青年藝術劇院上演時，他請我去看，到了劇院，我才知道他是請那個女生同看，讓我來當「電燈泡」，同時當「電燈泡」的，還有一位大姐，人民大學的，經介紹名叫許植，我想起來了，四九年二三月間，我報名投考華北大學，信心十足，確信必當錄取無疑。考試後有一天在街頭報欄見到華大放榜，擠上去看，黑糊糊一片小五號字的人名，遍找沒有我。我到鐵獅子胡同華大校部「上訪」，接待我的一位女同志，很和氣，對我說如果錄取了，一定榜上有名的。不得要領，我臨走問了她的名字，記得就是許植。此刻我記得她，她當然對我毫無印象。後來知道許植大概也是藍英在古城地下活動時期就在一起的老戰友了。

可能就在這次觀劇之後不久，姓王的女生給了他確切的示意，即不願在學生時期「交朋友」，藍英也知禮而退。

藍英一九五二年如願進入清華大學深造。在那裏找到了終身的伴侶。等到他和王維敏兩人都畢業後，他們結婚，已在我結婚之後。

那時，藍英的工作上調一機部(第一機械工業部)汽車局，就在長安街復興門外的延長線上。我們已經不僅是夜校的同桌，成了無話不談的朋友。他鑽研科技，而又關注廣泛，最能破我蒙昧的，是他從不諱言美國在科技方面世界領先，比如汽車工業，還是要了解美國的技術發展，以政治原因而閉關自守只能繼續落後；他還有更大膽的思考，說馬克思的《資本論》無視腦力勞動的價值，導致輕視甚至歧視知識分子！這一說法，比前一個說法更有風險，但他這樣看，這樣想，不是由於「傻大膽」，而是他真正地讀了書，又不囿於成說，不迷信經典，而獨立思考，得出自己的結論。在幾經「解放思想」的數十年後，回頭看，可以持平地說，屬於「離經而不叛道」之論，但在不講理的極端年代，這可是隨時就會「上綱」到「惡毒攻擊」的殺身之罪的。他在六十年代上半，政治氣壓十分沉重的時刻，仍然不倦地期望有所發明，他讓我幫他查找諸葛亮「木牛流馬」的資料，我限於眼界，也只能提供《諸葛亮集》中的片斷。但他在當時動這個念頭，卻是從三線建設在險峻山區加強運輸的需要出發的。

　　在我心目中，藍英在任何時候都是樂觀向上，積極奮進，從不迷惘更不頹喪的。在十年動亂中僅見的一面，是在一路汽車的禮士路站邂逅，遇到他也在候車，但相視無言，這就是《史記‧秦始皇本紀》中留下的那個成語「道路以目」吧。

　　一九七六年，毛澤東時代以毛澤東逝世而告結束。我和藍英恢復了聯繫。這時又到了大家「忙於革命」疏於私交的年頭。藍英的獨子，跟他一樣拋卻原來的姓氏，命名紅燕，帶着特定的時代痕迹。紅燕這時面臨高考，藍英找我，我到他朝陽門外的新居，原來他想讓我幫助孩子補習作文。我雖是從小亂寫一氣，卻從來沒輔導過別人作文，我也不知道現在老師會出什麼題目，我直說了我對此毫無把握，甚至感到無能為力，這可能讓藍英失望，但這卻是實情。

我一九八○、一九八一這幾年都出版了詩集，除了個別收有舊作外，主要的都是「粉碎四人幫」後的作品。寄給藍英，他很直率地說，我的詩沒有五十年代的質量了。我理解他在五十年代我的詩中感到跟他的氣質一致的熱情和天真，天真到矢志不貳，隨時準備獻身。經過二十多年的過濾和沉澱，現在只剩下粗糙的餘粒，再沒有發自肺腑的昂揚的聲調，更沒有采自生活的絢麗的色彩，老讀者如藍英從這裏找不到當年那個邵某的身影，一切陌生了。然而，他心中沒有一根弦，能跟我後來的控訴、聲討或舔傷口的回憶共鳴嗎！？

以他的政治生涯和工科職業形成的清明理性和務實精神，他當然懂得歲月對我身心催成的變化，但他該是認為我後來所寫的一切，如前此一樣的虛妄，「直道相思了無益」，他是明明白白地失望，徹底失望了，我一時還沒有這樣的徹悟。

藍英退休以後，把興趣傾注到電腦繪圖上，他幼時對美術的愛好與他對新科技的傾心結合起來了。

他在通縣運河邊上走過了平靜的餘年，懷着未竟之志和未展之才告別這擾攘的世界。願他安息。

從俄文夜校的同學而跟我成為終身友人的，還有方成，這位化學系出身的畫家、散文家和諷刺與幽默評論家。他是孫中山的老鄉，晚年把自己的作品和書畫收藏捐獻給廣東中山市。而他的少年時代其實是在古城北京度過的，一口京白，包括喝豆汁在內的老北京口味他都具備，這也許是他成為侯寶林好友的因素之一。在夜校時，他還在《新民報》北京版工作，他們報社當時已經從東交民巷瑞金大樓遷往西長安街西段路南（好像報社內崛起的革命派已將原來的總經理張恨水變相趕走），該是臨時性的社址吧，因為過不久，好像就將這家民營報併入中共北京市委黨報《北京日報》，方成去了《人民日報》直到退休。我相信他沒參

與過原《新民報》裏應外合的革命行動，他那時只是當美術編輯，盡職盡責罷了。而這位方成老大哥，大概正是在夜校結識了鍾靈老大哥，一拍即合，在共產黨中國「單挑」聯合國的朝鮮戰爭風雲時期，成為聲譽鵲起的一對國際政治漫畫家。他們總是二人合作，學習蘇聯的政治漫畫家庫克雷尼克賽，不過後者實為三個人合用的筆名，他們則聯署方成鍾靈，總在一起。

方成那時已經戴着眼鏡，外表顯得比鍾靈老成。鍾靈在中南海裏工作，至於所在具體單位，涉及中央機構的組成和任務，我們連問也不問。但相處日久——因為我和他們兩位漫畫家的友情，在我放棄了俄文學習以後，也仍保持下來。鍾靈，笑口常開，活潑得像猢猻，真的是個稀罕的人物，你記得毛澤東在四十年代整風報告裏批評一個賣弄文化的知識分子嗎，那位仁兄在延安某一面牆上寫標語時，把個簡簡單單的「工」字，硬是第二筆加了一道彎，更簡單的「人」字，他又在第二筆上加了兩撇，正在為自己大書特書而得意之際，聽到如雷貫耳的批評，多麼榮幸，又是多麼羞愧難當！不過，每當人們當他的面數落他這番遭遇的時候，他倒是表現出高度的涵養，含笑不語。原來從延安時期起，誰挨了批評，就提高了知名度。延安人進京趕考，他竟有隨扈左右的身份，在開國前夕，參與了天安門廣場和城樓的美術設計。不知道城樓上的八盞宮燈，是不是他的構想，至少那閃亮六十多年的兩條醒目的燈光標語，出自他的手筆，美術字，四九年時的正體，五幾年改為簡體，不但毛澤東沒有挑剔，任誰都沒有微詞。鍾靈把想像力、創造性都用到嘲弄漫畫對象美帝國主義者上，不再在書法上玩兒花活了。

我從小不夠活潑，一是先天身體不壯實，二是「生於獨院之中，養於婦人之手」，父親先是外出，後來韜晦，家中來客，限於以母親為核心的一些婆婆媽媽，按她們的「媽媽例兒」，規行矩步，也就老實有餘了。但我心裏卻嚮往老老少少活潑性格的

人，並不欣賞呆如木雞的正人君子，在生活中喜歡親近富於幽默感甚至如北京話說的「沒正形兒」的人。這大概是我跟方成、鍾靈畢生相知的宿因之一。

這樣，我們在一起時，犯點「自由主義」也是難免的。鍾靈因為要替中南海的領導人組織晚會，常常出入京劇名角兒之家。我住麻花宿舍每天過其門而不得其門而入的，覺得很是神秘的梅宅，竟是鍾靈每每造訪之地。他說，有一回去了，因是熟客，未經通報，就進了內院，正趕上梅老闆和夫人福芝芳發生小小口角，他學說得極有特色：夫人站在正房台階上，指着梅老闆罵道：「你渾蛋！」梅老闆在西屋門口應戰，他(鍾靈學着舞台上出「蘭花指」的身段和節奏)也指着夫人，吐字清晰地回罵：「你——才——渾——蛋——哪——」。我以人格保證，鍾靈這樣說，沒有杜撰誇張，更沒有褻瀆二老的惡意，他只是帶點藝術欣賞的意味取笑一番，讓我們感到的是親切，不是明星級的高高在上神聖無比，而還名人以普通人的平易近人。時隔七十年，我不知道到沒到解除隱私權的年限，甚至根本不知道保護隱私有沒有到期一說，我的法制知識有限，但一則似乎可援檔案若干年即解秘之例，二則聽人念叨，公眾人物無隱私，再者，我想國內外反動勢力沒有理由借助這條已故名人軼事來進行顛覆我們國家政權的煽動：有這幾重考慮，乍着膽子寫下已故的鍾靈繪影繪聲講的這一「故事新聞」，諒能得到梅蘭芳先生後人和梅先生「粉絲」的理解和諒解。梅先生在世時還沒有「粉絲」之名，但早有「粉絲」之實了。從「崇拜」的角度說，我從小就知「梅博士」(知道那時中國有兩位有名的博士旗鼓相當，還有一位是「胡博士」胡適)，稍長，讀了《舞台生活四十年》之後，深以為這「四十年」是不可企及的四十年，假如不是天忌良才，梅先生花甲早逝，他還能給世界藝術做出多少新的貢獻啊！

我的「賤辰」和方成的「華誕」相距甚近，有的年頭甚至重

一九四九·北平故人

合，某年鍾靈在他北影廠寓所，為我和方成慶生。我在那裏拜見了久仰大名的鍾靈夫人馬力，這位延安來的老革命、老大姐白髮蒼蒼，寬厚和藹，她始終在旁帶笑看着我們在那裏説笑調侃，這我才知道鍾靈在家裏也像個小孩子一樣調皮，全是老太太給慣出來的。怎麼想像這位老太太是從延安那麼嚴峻的環境裏走過來的？

那一次竟是跟鍾靈的最後一次歡聚。以後，跟方成還經常在一些老人的聚會裏見面，他「重聽」越來越重，但他行若無事，並不真正去求「重聽」，往往含笑坐在席上，看着（而不是聽着）大家説笑，偶爾插上一句兩句，恰如其份，不是打岔，我們開玩笑説他是「選擇性耳聾」，但以我後來失聰後的體驗來看，他多半是基於對在座者的了解，猜出並且猜中某人説的是什麼話，看似在那裏「以逸待勞」，其實腦子沒閑着。可愛的方成，善於知人的方成！

近幾年來，老成凋謝，老人的聚會也少了。二〇一〇年三月，剛剛收到新出的一期《隨筆》，上有方成的《説運動》一文，寓沉痛於平和，我正沉湎其間，郵遞員送來方成所畫的一幅《布袋和尚》，我想簡直是「心電感應」了，當即寫了一首七律以答：

> 袈裟一襲走天涯，分定緣來到我家。
> 難道幽人皆默默，常開笑口總哈哈。
> 昔逢運動新文網，今剩葫蘆舊藥渣。
> 還是肩頭布袋好，方成喚我喜迎迓。

那前後，我因心血管動了手術，怯於串門，接着耳聾日甚，也不大能接聽電話，快變成「一段呆木頭」了，跟方成——兩個「真聾天子」幾近隔絕，但時在念中，他已年壽近百，謹祝他平安，健康，幽默仍舊，快樂依然！

好了，應該寫一寫我在夜校一年多時間裏，在同學之外，印象殊深的俄文教師丘琴。

如果我的感覺不錯的話，丘琴大概是東北人。中等身量，圓圓的臉，燈光之下，臉色是健康的。我總覺得他的相貌跟徐放相近。徐放也是東北人，在《人民日報》工作，也在我們班上，當時我不知道他是詩人，更不知道他跟胡風的關係。後來看到他的詩集《野狼灣》加入五十年代出版社的「現實詩叢」問世，我已經不上夜校了；再後來一九五五年有關胡風的三批材料發表，徐放的名字開列其中。直到他經過二十五年從批鬥到流放的荊棘路，我也經過二十一年的沉陷，我們才從交臂錯過而相顧談詩。他在最痛苦難熬的日子裏，把唐詩譯成流暢的散文化口語，他是借唐人的話頭吐自己胸中的塊壘啊！但我們都沒有談起過既往的經歷。我是讀黑龍江魯煤的回憶文章，才知道他們倆，還有關沫南等這些東北籍青年文化人在日本關東軍的刺刀下，不甘為亡國奴，暗中串連，相濡以沫，相誓以死；徐放逃出哈爾濱，回到關內，轉赴大後方，繼續以文字和行動投入抗日鬥爭。他們是比蕭紅蕭軍羅烽舒群們遲生了十來年的又一代東北作家群，他們是曾冒九死的愛國者，又是忠誠的共產黨員，怎麼一夜之間就成了反革命分子？

話說遠了，回頭說丘琴。他從俄文字母教起，書寫，發音，一一矯正。從上班點名到下課，他有備而來，沒一句廢話，把他所熟習的俄文，從構詞，句式，變格，掰開揉碎，講給我們，讓我們了解俄文與英文、與中文各不相同的細節。而要學好，必須動員全部的記憶力，背單詞，練變格……這是需要時間和認真精神的，在這方面我沒下笨功夫、死功夫，以致後來跟不上趟，又加上中國出兵朝鮮後，業務和業餘都比較緊張，顧不上了，只得退出。想起來首先對不住老師丘琴，再也對不住領導，我佔了一個夜校名額，卻沒能善始善終完成學習任務。這一點遠不如盧惠

一九四九·北平故人

芬，她被派當「調幹生」學西班牙語，學成歸來就在西班牙語廣播上貢獻大半生。甚至也不如我母親，她稍晚於我，每天跟着北京市台的俄語講座走，到我不再上夜校後，她還在瑣屑家務的同時堅持了一段時間。她在學俄文的過程中，增強了對自己的信心，有意參加社會工作，但那阻力來自我父親，他以傳統的大男子口吻説：你當我養活不起你了嗎！一下子撲滅了母親的積極性。我母親那時剛剛四十歲出頭。

離開夜校後，在書店裏發現了丘琴譯的《蘇聯詩選》，在大陸先後出版的同類中外詩集中，這一本的裝幀設計是上乘的，用紙也好，譯筆一看就是詩人而不是文字匠所為。

一九五七年秋冬，蘇聯的「十月革命節」前後，有一天晚上，三〇二宿舍傳達室叫我聽電話，原來是丘琴老師，他説布洛夫到中國來了，想見見我。我三四月訪蘇時，蘇聯對外文協（BOKS）的布洛夫是隨團的翻譯組長，我們相處融洽，我回國後，他還曾來信向我要訪蘇詩稿，説準備譯成俄文。這回他一定是隨什麼友好代表團來華，丘琴正好代表中蘇友協負責接待。我很想答應他去跟布洛夫一會，但條件反射地馬上回答，我不去了吧——婉謝得又不堅決。當時已在支部開了十次追查我反黨反社會主義的右派言行作品之後，我怎麼能在這個節骨眼上會見外國友人，不是自找麻煩麼，當時組織上並沒説要保密，我囿於什麼想法也説不清，只覺不能對丘琴如實相告，真相難以出口，便請他告訴布洛夫，邵某沒在北京，當時一般打長途電話也不方便，會見之議就可以作罷了。但丘琴似乎完全沒往我的政治處境這方面想，從他的口氣，好像對我之謝絕會見很不理解，以至有所不滿，他會以為我拿架子嗎？我有什麼架子可拿、可擺呢！他不得已地掛斷了電話。我也鬆了一口氣，想，以後要習慣於隱姓埋名的生活，與世隔絕的生活。

這樣的生活其實從幾個月前就開始了。是由我所在支部書記

佈置安排的。他帶着團支部書記等人，不但走訪或以信函調查了可能被我「放毒」的單位和個人，而且對他們提出了具體要求。如他們察知我把今春訪蘇詩稿四十首編為一集，題名《第四十個春天》，交給了作家出版社(人民文學出版社)，並且已經在八九月份親自校閱過清樣，他們就通知出版社不要出版發行了。

但他們遺漏了蘇聯《文學報》。我應這家報紙約稿，給他們提供了一組訪蘇的詩，好像也標了「第四十個春天」的總題(可能就是布洛夫等譯成俄文的)。從九十月之交，廣播局中共第三支部對我從「背靠背」轉為「面對面」的鬥爭，把我搞得昏昏然，這件事已全然拋到腦後。直到蘇聯的節日過去，該是十二月間，我以戴罪之身等候定案，卻接到從莫斯科匯來的若干盧布，原來是蘇聯《文學報》的稿酬。這是我截至一九五七年底，最後發表的詩作，也是最後收到的稿酬。當時，好像還沒流行「封殺」這個詞彙，但「封殺」的法外之法已經盛行了。

到了九十年代，我收到丘琴老師寄來的譯詩集，從他畢生所譯的蘇聯詩歌中精選，卻是老人自費印刷以贈親友留念的。我捧着這本裝幀設計遠不如前的詩集，一時心裏像打翻了五味瓶。不能抱怨出版社，他們是從市場需要出發。今天的圖書市場，今天的讀者群已經沒有多少人要閱讀蘇聯的詩歌了，蘇聯之皮不存，蘇聯詩歌之毛焉附？不能以「世態炎涼」責怪新一代讀者，他們跟五六十年代的過來人經歷不同，他們心目中沒有早年對「第一個社會主義國家」的嚮往，也沒有對蘇聯文化感性記憶的餘溫，他們在世界文學格局下的對比、遴選中，淘汰了蘇聯時期的主流文學，儘管這種遴選可能是粗疏的，卻也不無道理。我在潘家園舊貨市場上發現一本人民文學出版社版的舊書《蘇爾柯夫詩選》，應該都是這位著名詩人的代表作吧，這位詩人曾任蘇聯作家協會官員，當年聲名也是如雷貫耳的，但翻開一看，竟不忍卒讀。不過，平心而論，蘇爾柯夫可能是詩以官顯，但同樣是蘇聯

作協領導成員的西蒙諾夫，他的作品卻不能一筆抹煞。小說不論，他的《等待着我吧》一詩，跟吉洪諾夫的《基洛夫與我們同在》，特瓦爾多夫斯基的《瓦西里·焦爾金》，堪稱戰爭中的經典之作，即使是愛倫堡蔑之為「農民詩人」的伊薩可夫斯基，他的《喀秋莎》等傳遍當時前方後方的歌詩，也不能輕率地加以否定。我以為，這樣的一些詩作，是可以同「淘盡流沙始到金」的「白銀時代」的作品，特別是阿赫瑪托娃、茨維塔耶娃、帕斯特爾納克、曼德爾施塔姆等的「出土文學」並列的。還有馬雅可夫斯基，是個複雜的文學現象，值得文學史家做更深入的研究和評價。各時代的文學或文字作品浩如煙海，多數總要遭到無情的淘汰，只有少數具有超時空的藝術生命者長存。如果説世態炎涼，確也有與時進退之義。人們説時間會判斷一切，讀者會決定一切。但也不廢史家的眼光，他們的引導之功。不過，這既不是人為的所謂經典化，也不是籠統地以某流派、某群落為單元，而是要對一個一個作者作藝術分析的專業行為，不是一朝一夕立等可取的。

丘琴久疏知聞了，他當已是晉九高齡，祝他健康！

我多想繼續這樣寫下去，但我不能不寫到難以下筆的一節了。

難以下筆的一節：馮寶歲之死

在我以懷舊的心情寫到俄文夜校的故人舊事，那些老少同學，不論是後來有所聯繫或知其下落的，還是夜校一別再未謀面的，不論是健在的，還是已故的，都喚起我一段帶着溫暖的記憶。

但一邊寫着，不時的預感到我將會遇到的難題。就是夜校的女同學馮寶歲，那樣一個高大、健康、熱情爽朗的二十歲的女同志，我們每晚放學後，經常同路騎車出燈市口東口往南，她半路

就拐彎了，是回外交部某個宿舍吧。這樣一個活潑潑的生命，怎麼能想像，二十年後有一天，被十四名打手撂倒在地，橫壓在胸前一塊木板，那些人就在木板上踩踏，致馮寶歲心臟破裂而死！

誰實為之！？孰令致之！？

想起這件從未追究的兇殺案，我就不能平靜。我不能繼續從容地敘述原委，姑把二〇〇九年春接到史保嘉的贈書後寫的一篇《關於馮寶歲之死》摘抄在下面——

史寶嘉女士贈我一冊近六百頁的大書：《七十年代》，北島、李陀主編，牛津大學出版社去年出版（邵按：此書內地版後由北京三聯書店出版）。其中收了她的文章《鷦鷯巢於這一枝》，回憶她一九七〇年夏十九歲時到蘭州磚廠做工，《莊子·逍遙遊》有云：「鷦鷯巢於深林，不過一枝」，「我也是一隻鷦鷯。在七十年代最初的那幾年裏，磚廠就是我的一枝。這一枝在我落難的時候給了我呵護給了我寬容，使我得以有枝可依，有巢可棲。」她寫下了對工友對師傅們真誠的懷念和感激。

其間所謂清查「五一六」波及到她，停止工作，在宿舍不許隨便出門，關門閉戶寫材料，主要是寫關於馮寶歲她所知的一切。

馮寶歲，我是見過的。一九四九年冬學俄文時她好像是在外交部工作，也許是如寶嘉文中所說，她丈夫劉山在外交部工作，她們住在外交部宿舍，大概在米市大街一帶。

寶嘉這樣寫到馮寶歲和馮寶歲之死：

馮寶歲是我生命中非常重要的人。她是我母親解放前在貝滿讀中學時的閨中密友，後來又在北大先修班成為我父母共同的同學，再後來一起去了解放區。文革時她是學部資料室的俄文翻譯。我的父母工作都不在北京，寶歲阿姨就成了我的「北京監護人」，這在我檔案中是有記載的，如同血緣關係

一樣不可否認。文革開始，寶歲阿姨收留我住在她家，她是長輩更是我推心置腹的朋友。我和她的女兒劉鋼劉陽親如姐妹，對她和劉山叔叔的感情不遜於對我的父母。一九六八年十月，她被學部的另一派羈押，十一月中旬被毒打致死。劉鋼對我說，那天媽媽去學部上班就沒再回來。知情人說那些人要她脫掉毛褲，然後帶到法學所，一共有十四個人參加了對她的毆打，她的一條腿當即被打斷，她扶着牆站起來，舉着毛主席語錄對那些人說「要文鬥，不要武鬥」。而在這之後，她們把一塊木板壓在她胸口，幾個人站上去踩，致使她心臟破裂而死。寫到這裏我的心又痛如刀割。寶歲阿姨當時的「罪名」是「五一六」，而且是「五一六」的組織者之一。因為劉山叔叔在外交部工作，她家又住在外交部宿舍，所以在清查「五一六」運動中有大批外交部的幹部受到她的牽連，……我對專案組坦然承認與寶歲阿姨的關係，但是再怎麼施壓我也無法提供他們需要的那些子虛烏有的證言。這是我的底線。

馮寶歲在文革中橫死，我是在文革結束不久就聽說了，但我沒想到她竟死得這樣慘，很難想像從事「社會科學」的學部中人竟能野蠻殘暴如此！這種踩木板把人的心臟壓碎致死的暴行，在過去揭露的日本皇軍和德國納粹的罪案中，都沒聽說過。

寶嘉接着寫到馮寶歲身後的淒涼：

寶歲阿姨罹難後，劉鋼去山西插隊，劉山叔叔帶着年幼的劉陽也去了外地。我一九六九年冬天回京去她家時已是人去樓空。次年，劉山叔叔作為長沙鐵道學院的招生負責人來到蘭州，找到我和媽媽。那晚我們三人坐在昏黃的燈下說起寶歲阿姨的慘死，相對無言唯有淚千行。

寶歲阿姨的死因對我來說一直是個謎。她為人正直熱情，秉性單純善良，除了文革中的「站隊」，絕無與任何人為敵的可能。我曾經讀到學部幾派組織負責人的回憶文章，竟然沒有人提到她，那十四個有名有姓的打人者沒有受到任何追究，文革後為寶歲阿姨平反的官方悼詞中也沒有一個字提及此事。

　　寶嘉太天真了，像馮寶歲這樣普通的死難者，能夠走個平反的程序就不錯了，你還期望有什麼像模像樣的悼詞。我沒看過她所說的學部幾派組織負責人的回憶文章，不知道是在什麼年代發表的，是「幾派組織負責人」合寫的，還是分別寫的，如果是意在表示捐棄前嫌實現「大聯合」，那還不是一色的「官樣文章」，怎麼可能實事求是地面對歷史和現實呢？
　　寶嘉文章提到有關馮寶歲的一些傳言：

坊間一直流傳說馮寶歲有兄弟姐妹六人，分別以中、華、民、國、萬、歲命名，其父是華北地區有名的大商人，在《毛澤東選集》的注釋裏都有記錄，說這些是她挨整（一說是自殺）的緣由。去年我在《隨筆》中讀到邵燕祥老師的一篇文章也如是說，尚未能找到機會向他澄清。

　　這就是寶嘉送我這本大書的目的所在了。馮寶歲雖然先後跟我姐姐又跟我同學，我對她的家事知之甚少。關於她的傳言，我沒有聽說過她父親的事情，只聽說是兄弟姐妹六人，同屬「寶」字輩，然後以「中、華、民、國、萬、歲」命名（即從「馮寶中」一直排到「馮寶歲」）一說，應該是在聽說她的死訊時，人家這樣告訴我的。我相信了這個傳言，並且以為這也該是在批鬥會上正式提出來，以證明其家庭之反動的根據。我沒有參加過馮

　　　　　　　　　　　　　　　　　一九四九‧北平故人

寶歲的批鬥會，為什麼會這樣認定呢？我想是因為我參加過數不清的文革批鬥會，它們的「上綱上線」以及盡量往「美(帝國主義)蔣」身上引的路數大抵如是。

　　而且，還有一件類似的公案，我所親歷，讓我對批鬥馮寶歲必然採取這樣的邏輯深信不疑。那是在一九六八年十月，恰恰是馮寶歲被非刑致死前不久，我隨中央廣播局受「審查」的大隊人馬在良鄉路村勞動。我住在舊日廟院的東廂房，「十一」一夜陰雨，第二天早晨放晴，我們卻被緊急集合，勒令逐一交代夜間的活動。夜間能有什麼活動呢？無非入廁解手，於是追查誰是單人起床，單獨如廁的，這樣查了半晌午，也沒查出所以然來。後來得知，原是東廂房窗下的牆根上刷了一條大標語：「中華人民共和國萬歲」，每個字一方紙，用糨糊貼在凹凸不平的黃土泥牆上，經一夜雨打風颳，巧不巧，「人」「共」「和」三個字耷拉下來，村幹部早起巡視，他們知道這些人是有問題的，格外多了個心眼，於是老遠看見「中華□民□□國萬歲」的字樣，激起了高度的革命警惕性，這便有了一早晨的折騰。

　　至於馮寶歲家的兄弟姐妹是不是確如所說，或者會不會是有人把「中、國、萬、歲」硬說成什麼「中華民國」入人以罪，為此硬添出兩兄弟來，我從來沒有動過這份腦筋。內心深處卻以為，民國期間，給孩子起名兒嵌上「中華民國萬歲」，算得一樁佳話，有什麼罪過可言？當時任何愛國的中國人都可以這樣說，這樣喊，那時候誰知道後來國號要改成「中華人民共和國」，而辛亥革命創建的「中華民國」成了「蔣介石匪幫」的代號？

　　寶嘉文章列舉了馮寶歲父母和兄弟姐妹的情況，以說明「坊間」傳言的不實：

　　馮家其實只有四個女兒，分別為馮寶中、馮寶國、馮寶萬和馮寶歲，四姐妹都參加過學生運動。寶中是浦安修的同學，

後來嫁給中華民國駐瑞士使館的二秘張樹柏，隨夫出國。新中國成立後，張樹柏卸任移居香港，供職於林語堂的二女兒林太乙任總編輯的讀者文摘(遠東)出版公司，曾經和趙元任的女兒同事。……寶國在日本佔領北平時期讀中學，因為總與日本學生發生衝突而被學校開除，後去上海讀了美國人辦的聖約翰，畢業後去美國。

寶萬參加革命後改名為江長風，取「乘長風破萬里浪」之意，文革開始時是北京五十六中的校長。

寶嘉文章還提到馮寶歲的父親名龐敦敏，蘇州人，細菌病理學家，是語言學家趙元任的姨表兄，通音律、長文史、愛收藏，與俞平伯、江逢春、朱家溍、俞振飛和收藏大家王世襄均有過從。龐敦敏的夫人是龐馮織文，馮寶歲等從母姓。「寶歲在參加革命後曾經給自己起過一個沒叫起來的名字『龐大』，當有對生父的追思之意。」這一點，經她一提我也有印象，一九四九年在俄文夜校時，馮寶歲曾自我介紹她要改名「龐大」，但人們可能以為這是她的自嘲(因為她高大較胖)，沒有當真。這樣的細節，只是讓我們想起她的直爽和率真，音容宛在，更覺她無端慘死，是那個年代無數罪惡的行徑之一。正如寶嘉文中說的：「卿本無辜，年僅四十歲就死於非命且屍骨無存，這在當日之中國或許並不足道，但在至親至愛的人們心中卻留下了永遠的傷痛。」

我與馮寶歲，不過在夜校同學，談不到至親至愛。但我們曾是年輕時天真的革命同志，而她的中年慘死卻使我震驚，是恐怖，夾着不平，我想同樣在一切天良未泯的心中，都會留下永遠的傷痛。

馮寶歲是以「五一六分子」的罪嫌，遭受非刑而死。最早是姚文元在一篇大批判文章裏，提起有這麼一個矛頭指向周恩來的

「五一六兵團」。對文革中具體的戰役，林彪很少表態，卻號召反「五一六」，一時運動加溫，在全國所有曾經響應號召「造反」的群眾中大舉「清查五一六」。其勢兇猛，馮寶歲就是在被某個名重多年的「中央領導」在某部點名之後，打手們如領聖旨，加碼對她實施暴行的。

光是在馮寶歲所在的社會科學學部(中國社科院前身)，就我所知，在文革十年，就不止這一條命案，我在朱寨的回憶文中，就讀到他記述的哲學所一個來自南方農村的大學生，只是因為日記裏寫了真實的困惑、迷惘和質疑，被控「惡毒攻擊」的「現行反革命」罪，他臥軌前那脆弱而短暫的回頭一笑；卻死後還被連夜開會批判其「死有餘辜」(更不要說院中人的親朋，如錢鍾書楊絳的女婿王德一是北師大歷史系教師，也就因不堪迫害而自殺)。光是「清查五一六」中究竟發生多少起非正常死亡，沒有正式統計數字，誰也說不清。但經過歷時數年的「清查」，全國範圍沒有查出一個「五一六」來，則是確鑿的事實。

所有這些「類法西斯」或「超法西斯」的罪行，都是「以革命的名義」進行的。這個「以革命的名義」，因是一個歌頌列寧的蘇聯話劇的題名，在中國演出多場而成為紅極一時的流行口頭語。

如果站在經典的革命的立場，應該視這個「以革命的名義」所做所為乃是對革命的侮辱和敗壞。但也許正是因此，學者們才提出「告別革命」的命題吧。

「以革命的名義」，我是從此不再相信這個虛偽的高調了。

自發寫了一首為斯大林祝壽的長詩

一九四七年秋我寫了一首《給伏爾加船夫》的抒情詩，兩年以後的一九四九年冬，我又寫了一首題為《伏爾加河之歌》的敘事詩。

如果説兩年之前，還是在伏爾加河的縴夫身上寄託着對光明社會的渴望，兩年後就化身為縴夫的後代投入衛國戰爭。

這一切都不在我的直接經驗範圍內。但我一九四五年秋冬就讀到北平中外出版社版、朱葆光譯自英文的《虹》，作者是蘇聯女作家華西列夫斯卡婭，她是解放區讀者熟悉的蘇聯戲劇家考涅楚克的夫人，他們夫婦都是烏克蘭人。考涅楚克的劇作《前線》，曾在延安等地演出，並經《解放日報》社論推介，劇中塑造的一個保守僵化的軍隊老幹部戈爾洛夫，一個輕薄為文的新聞記者客里空，作為反面人物，流傳在幹部群眾中間，成為笑柄和鑒戒。

這些是我後來聽説的，當時並不知道。但《虹》這部小長篇，是我讀到的第一個在蘇聯衛國戰爭中產生的作品。納粹德軍在冰天雪地對女主角的拷打凌辱，使當時十二三歲的我感到驚心動魄的震悚，切膚徹骨的寒意。這樣的感覺，只在後來讀到卓婭（丹娘）之死，看到絞索套在她脖子上的照片，看到影片《瑪麗特傳》中瑪麗特被納粹驅打着在雪地上赤腳奔跑，還有看到南京大屠殺日軍暴行的照片時曾經發生過。它讓我懂得了什麼叫殘酷，什麼叫滅絕人性，——前一節裏寫到馮寶歲之死，那叫人慘不忍睹、慘不忍聞的虐殺方式，是只有在德日法西斯匪徒的行動中才能見到、甚至都見不到的。

於是我在《伏爾加河之歌》裏，寫到一位出身農家的游擊隊員，潛回伏爾加河畔故鄉的村莊，竟在成排的絞架掛着的村民屍體中，發現了自己的妻子，離別時她是臥床的病婦，卻作為游擊隊員家屬被法西斯匪徒殺害了！

對敵人的仇恨和對勝利的信心，使我不願敘事停留在悲劇的結尾上，我寫道：

> 這時我忽然筋疲力盡，但是我知道我是一個活人！我的父親已經死去，德寇又絞殺我的愛人！

驀地我眼前站起一個人，目光炯炯，給我力量，他彷彿
矗立在伏爾加河上，那是斯大林，親愛的鋼！

……但是要戰鬥，保衛祖國和人民，要戰鬥，保衛斯大
林！在伏爾加河上，我們開始了勝利，斯大林引導我們向勝
利前進！

在這個光明的尾巴後面，注明：一九四九年十二月十九日，
為祝賀斯大林同志七十壽辰而寫。

斯大林的七十大壽，是一九四九年十二月二十一日，只差兩
天了。我不記得為什麼遲至此刻才寫，恐怕是這一兩天才從報上
消息得知毛澤東親往莫斯科給斯大林祝壽，若沒有這個大動作，
像我這樣的後來者，儘管已經奉斯大林為高於中國人民偉大領袖
毛澤東一級的世界人民的偉大領袖和導師，也從理性和感性上認
可我們在世界上要「一邊倒」，要向馬恩列斯學習以至膜拜，甚
至也讀到了「活着的列寧」的傳略和軼事，但哪會細緻到熟記斯
大林誕生的年月日呢？

我把這首詩寄給了《光明日報》的文藝副刊，我不知道誰在
那裏主持，但我想編者刊出過我的歌唱北京一詩，他會認真看稿
和處理的。果然，很快收到編者的信，約我到編輯部一談。那時
的《光明日報》編輯部還沒搬到西長安街，就在石駙馬大街，
二十分鐘可以走到。編者自我介紹，他是彭燕郊，哦，原來就是
「詩人彭燕郊，走在大街上」的詩人，一下跟我拉近了距離。接
着他說起為什麼約見的理由，原來並不是要跟我談關於伏爾加河
的詩，而是「話舊」。抗戰勝利後，他在桂林，——是的，桂林
在抗戰時期曾經成為大後方一個文化名城，聚集了許多文化人，
勝利後又紛紛散去，——一九四七年他在編《桂林日報》的文藝
副刊，——許多年後，我注意到艾青抗戰初期就在這家日報編過
副刊，可能有一年光景，——不幸，彭燕郊被捕入獄了。那時的

監獄似乎跟當下我們擁有的無產階級專政的監獄、看守所不大一樣，詩人在獄裏還有閒情看報紙，留意是誰接手編那個副刊，他在一九四八年一月到三月間那個副刊上連續讀到我的作品，彼時彼地，便記住了我的名字。他說起這件事，我清楚，他看到的應該正是我在北平《經世日報·文藝週刊》上發表的詩(《長短句》)和小說(《灩澦堆》)，當時這家副刊的編者金隄給我寄發稿費時，說明他把這些我的東西同時發給他兼編的廣西報紙上了，沒有給我那裏的樣報，但稿費是雙份的。

我像聽與我無關的故事一樣，聽他述說當時的印象。這是我想像不到的，能夠讓坐牢的詩人——自然也必是革命者，因我的作品而一破寂寞，甚至引起某種共鳴，彷彿天方夜譚似的。而在我有限的文學活動裏，曾經得到的有關我作品的信息，最突出的是一次對我的斥罵。

正是在北京大學西語系老師金隄替楊振聲先生主編的這家文藝週刊任責編的期間，我看到版面上刊出了以「編者」的名義發表的《致不知姓名的先生》一文*，是針對一位匿名讀者來信而作答的，這位來信者顯然不是等閒之輩，從他能夠在信中夾雜英語單詞，可知也是學界中人，但他對無名作者邵某在週刊上發過三次的《長短句》共計幾十首小詩，極表不滿。這封來信引出的編者一文，我以為具有文學批評方面和編輯學方面可資參考的意

---

*　我在幾處曾說，當時楊振聲先生主編《經世日報·文藝週刊》，金隄、袁可嘉二位協助；此文當係金隄先生所寫。因我想楊先生年事已高，或當不預日常編務，又從文風揣測，多半出於從事英語文學研究和教學的金、袁，特別是負責與我聯繫（寄發單張樣報和稿酬等）的金隄之手。二○一五年讀到新出的《楊振聲年譜》，見一九四八年項下有「寫《致不知姓名的先生》一文」，才知道我原來的判斷全屬「想當然耳」。一是因我近年看到名人擔任主編一職常是一應委託助手去幹，二是只讀過楊先生早年小說，又以為他做行政工作多年，似乎筆下習於公文程序，殊不知他早年留美學文，自然也熟稔歐美散文筆調的，這是出於無知的誤解。我為這一發現寫了《楊振聲先生的一篇佚文》，對過去我的妄測加以更正。文見二○一七年五月十七日《中華讀書報》。

一九四九·北平故人

義，單從文筆看，也不失為一篇帶有eassy風格的美文，遠超過作為禍水的拙詩的藝術價值。現在我把它全文引錄於此，借供讀者欣賞：

致不知姓名的先生

編者

先生：

您用「打入地獄」的英文字眼和氣憤的語氣（我還可以説幾乎是使人心驚膽破的），原意自然是侮辱的成份多於責備；但是，先生，我誠心誠意的在這裏表示我的感謝：咒罵往往比讚美更是出自關切，雖然您的不具名和那顯而易見的不耐煩似乎矢口否認這個「軟軟的」情份。

像您這樣肯坦率表明對某篇文章不滿的讀者，使一個刊物（知）所警惕，使它時時刻刻提醒自己，更努力尊重自己，更謹慎的選擇稿件；這樣的讀者，是它最可貴的朋友。先生，假如您不嫌厭煩，我願意重説一遍，您擲上來的輕蔑和因而泛起的慚愧，已經在幸獲哲友的歡欣下全部淹沒。

從您的筆法看來，雖然您的性子那麼猛烈，您一定是位能夠了解別人的人，只要您願意。我不妨先談一談編輯這樣一個小小週刊的技術問題。擺在您面前的，只是六千字的篇幅，每星期又僅出一次，照理似乎應該可以專印最上選的作品，我想您一定這樣想。先生，事實上困難多得很。富人的金錢能吸引更多的金錢，而窮人有數的幾文又卻永遠着了魔似的往外跑，惡性循環的結果是窮人愈來愈窮。先生，因了社會上這個需求（假定文藝的存在證明人家需要它），一期期稿子發出去，都是經過一番辛（苦）的。隨便舉個例子，您就可以明白了：短篇小説分期刊載，誰都知道不是上乘辦法我也恨，但是這一期就有「待續」——您説難道我做自己厭恨的事情是心甘情願的？

生活的重擔究竟使(人)多寫還是少寫，我一直不能確定，但是從一般的情形看來，至少它是壓住了許多寫文章人的心情。編輯這個週刊，取文向來不論派別或色彩，最歡迎的是投來的稿子，但是真正能歸入「文藝」類別的文章，實在少得使人難過。

您指責的那位寫短詩的先生，在本刊已是第三次發表作品，想來您不是不知道。這一次，詩確是弱了一點，我承認(並且當時我還無可奈何的覺得對不起另一位頗為愛護本刊的詩人)。可是，不知道您起初看到他的短詩的時候，有沒有我第一次接到他投來稿子時候的印象：並不是完善的藝術品，但是作者還能夠用短短的幾句表現出一個意念，一個感觸，或是一個情緒。新詩，目前正在一個最可怕的一切尚未成形的混亂階段。妥貼穩當韻味動人的像林徽因先生的詩，似乎不是毛手毛腳的後起者在這個嘈雜無比的時代裏可能追上去模擬的；結實有力氣勢吸人的像穆旦先生的詩，確實用他的巧妙教了我們「誠實是最好的策略」，但是它本身彷彿還欠了那完工的一筆；跳過許多步，試看風靡一時的馬凡陀山歌，它實在代人出一口厭氣，讀了心裏舒服，但是拿來當作藝術品看，恐怕連作者原來也沒有這個意思。這是我隨意提出幾位一時想到的寫詩的人，根據我讀過的幾首詩寫一點點印象，不過要借了他們迥然相異的形式和風格，說明現代詩一方面沒有大家遵守的格律，另一方面還沒有大家既能尊崇又願跟隨並且有能力學習的一個或數個詩人，一種或數種詩。拋棄了古來的傳統，又沒有當代的標準，我想這正是一個泥土石塊一齊傾下去的奠基的「過渡」時期。這位寫短詩的先生，他確實還缺乏修煉，更重要的是往往不入深處，偶然還有近乎粗陋的地方，但是我認為他的短詩，枯是枯，還有生命成長，還有一點力(「有一點力量就是好的了，」聞

家駒先生說得不錯)。我認為,他如果獲得鼓勵和練習,可能有些成就。先生,我請您再看一遍以前的和這一次的,把您的尺度稍稍放寬一點再估估價。

話說回到刊物來,我有個意見。先生,假如這個小小週刊辦不好,第一個該罵的人自然是我,編輯的人,但是第二個該罵的,就是您,因為您有眼光有主見,卻不願意屈尊給我們更多的幫助?您為什麼不賜稿子給我們?

我們希望能知道您的名字和通訊地址,可以每期寄單張給您,獲得您的意見。假若您還是寧可隱名,您的批評也還是歡迎,如願發表,寫成篇章,不論褒貶,一定盡量登載。

(刊於一九四八年二月二十九日北平《經世日報‧文藝週刊》第八十六期)

幾十年後的今天,重讀這篇文章,仍覺賞心悅目。記得當時看這篇文章,倒並沒有這樣的感覺,那時急於了解編者的觀點,沒有耽於欣賞的閒情。如今時過境遷,體會到編者面對劍拔弩張的聲討,而好整以暇,神閒氣定,從容不迫,娓娓道來,情理兼至,這種風度真是難得。多少年沒有讀到這樣優雅的文字了。我們很長一個時期看慣了的文字,一涉辯難,便動肝氣,甚至急火攻心,缺的不僅是平心靜氣的說理,更是容人的雅量。這跟什麼都要爭個全勝優勢,以顯示絕對正確一貫正確的心態有關,其中確有一個是否善於聽取各種意見(甚至是難聽的意見),並以其中的有益成份,來豐富和修正自己的問題。這是一種精神,其實也就是體現於「言者無罪,聞者足戒,有則改之,無則加勉」的態度,是境界很高的一種道德和文化修養。

我想,這樣看,這篇編者的話,就遠遠不僅是對我這個「寫短詩的先生」的回護了。

不知道這篇《致不知姓名的先生》,金隄曾否也發給了桂林

的報紙。我沒問彭燕郊。我們之間，兩年前的作者我，與作為讀者而不復是編者的彭燕郊，有過這麼一段獄內獄外的文字緣，我們就算結識了。敘談甚快，我竟忘記了原想問他的，他負責的這一版上曾有一首康栗（？）作的關於灌木林的自由詩受過批評，是怎麼一回事。我走時他把那首意在為斯大林祝壽的詩稿還給了我，沒說什麼，我也沒問，卻滿懷「詩逢知己」的快樂，興冲冲地走了。

一九五四年歲暮，我從杭州出差武漢，中轉時逗留長沙，我知道彭燕郊已回湘潭，曾想借去韶山之便，去湘潭拜望他，但天不作美，公路阻於雨雪，不能在長沙久留，既沒看成詩人彭燕郊，也沒去成毛澤東老家。到我再跟詩人聯繫，已近三十年後，他到長沙執教，這時他成了我這個小編輯的大作者，我見證了他詩風巨變的過程。他熱心於推介世界古典和近現代詩歌，他從中汲取營養，熔鑄新篇，他的創新精神不讓青年新銳，而且絕非邯鄲學步，而在在表現出真正的出新。他在他那一輩詩人中，衰年變法，堪稱獨步，真正的「獨步」，他甩開大步勇敢地一往直前，我也只能歆羨地望着他的背影。這時他原先的「胡風分子」荊冠，後來的全國人大代表桂冠，似乎都已沒有什麼意義——詩人彭燕郊，走在大道上！

願他安息。

我隨手把《伏爾加河之歌》寄給了十一月剛剛創刊的《人民文學》雜誌。就像三個月前把《歌唱北京城》寄給《文藝報》一樣，不是出於虛榮，而是他們作為新政權（這是我所傾心信任的）所轄的文聯文協的機關刊物，不光「全國性」「第一流」的牌子硬，而且以茅盾為首的主編陣容也有權威性（同樣是讓我信任的）；我相信他們會認真對待來稿，我也相信他們將做出的審美判斷。

不久，果然收到《人民文學》編輯部極其認真負責的覆信，

最關鍵的是這樣幾句話：「全詩的哀怨的低回沉吟的調子壓倒了勝利信念和樂觀情緒。人民即使在退卻，在失敗，但總是樂觀的。其歌唱總是像鋼鐵之鳴響一樣。……你受了某些文學或自己憂鬱氣質的影響，所以就成了這個樣子了。」此信寫於一九四九年底或一九五〇年初，後來屢經世變，原件已散失。所以保存以上幾句話，是我那時把它引入一篇「讀詩散記」[*]。我接着在散記中表示，「我的所謂『憂鬱氣質』就正是舊知識分子的氣質，這種氣質的殘留，說明我的改造還很不夠，還需要到群眾中去生活學習，徹底變更自己的立場和觀點。新的時代需要新的歌聲了，假如自己不趕快跟上去，就會落得更遠更遠了」。

信上對我的諄諄教誨，我讀後的感想和決心，是當時當地特定人群的必有之義，是常態，離開這個規範的言行，就屬非常態，會有非常的遭遇了。

這是我接到的《人民文學》第一封退稿信。那時候編輯給一般來稿的作者寫信，都不署名，比如這封信，寫在印有紅字「人民文學」的信箋上，豎行直寫，末尾加蓋一個長方形印章「人民文學編輯部」。收信多了，印象深刻。當然我不光收到退稿，也得到鼓勵。比如前面說到的，他們在一九五〇年三月號即總第五期上，刊發了我的《進軍喀什城》。不過，此後又過了一年半快兩年，才在一九五二年十一月的《人民文學》上第二次發我的詩，《我們有這樣的邊境》，看來還是為配合十一月「十月革命」三十五周年，從我一篇詩稿拆出一半來的，是不是有點勉強啊？

可以說，從《人民文學》創刊伊始，我就鍥而不捨地向他們投稿，當然還是從我不斷的習作中經過揀選，我自己也在當編輯，多少有些判斷，太不像樣的也沒拿出去。我知道他們的標準較高，也不期望每稿必發，那是不可能的，但我從沒想到這會加重編輯的負擔，只想即使退稿，也能聽到一句兩句批評，我是把

---

[*]　《囚徒歌——讀詩散記》，一九五〇年三月三日《天津日報‧文藝週刊》。

投稿當作求師了。許多年後，跟呂劍憶舊時，他居然還記得「船板胡同三十八號」，這個退稿地址用得太頻繁了。後來知道，文代會後呂劍跟嚴辰一起參與籌備《人民文學》，正式組建編輯部後，嚴辰任編輯部主任，呂劍任詩歌組長。嚴辰調到人民文學出版社後，呂劍就負責詩歌的全盤，直到一九五六年去籌辦《詩刊》。

至少從一九四九秋冬起，一年間我並不知道具體輔導我寫詩的編者是嚴辰和呂劍。一九五〇年秋冬，一天接電話，嚴辰叫我到東總布胡同二十二號來一下，有些事跟我商量。原來他在為上海一出版社主編一套詩叢，說知道我手頭有些詩稿，讓我試編一個集子。我當時只發過有限幾篇詩作，他特別點出「發了和沒發過的」，範圍就寬一些了。從他審讀我初選的書稿後來信，我認得了他剛健的筆姿，上述那封批評《伏爾加河之歌》的退稿信沒有署名，我也知道是嚴辰寫的了。我在嚴辰逝世後寫的《嚴辰遺墨》最後寫道：「在我和嚴辰的『忘年交』之始，以我們初見的一九五〇年冬來說，那年我十七歲，他不過才三十六歲，也還多麼年輕呢。」

我編的《舊信重溫》中，收了嚴辰一九七八年給我的幾封信，記錄了我們睽隔二十年後偶然的重逢，隨後將我調到《詩刊》與他共事的過程。二〇一四年，紀念他的百歲誕辰，我寫了《跟著嚴辰編詩刊》，較詳實地述說了七八十年代之交我們共歷的風風雨雨。願這位藹然長者安息。

呂劍在《人民文學》主持詩歌編輯，又參與籌備《詩刊》，八九年間，我始終是他的作者，直到我們一九五七年共罹文網。可以說，他是我寫詩的導師，遠不只是所謂「一字師」。他寫詩不尚華彩，力求樸素中見真誠，而他的彷彿不加修飾的語言，其實正如他的散文字斟句酌一樣，也都曾費推敲，體現的是口語美，而絕非大白話，這近於艾青早年《詩論》主張過的「散文美」吧。

　　　　　　　　　　　　一九四九·北平故人

呂劍不是中共黨員，又在盛年趕上反右派至文革時期連續的打擊，歸來已臨暮年，他雖辛勤耕耘在北苑「葫蘆居」和西郊「半分園」，而置身詩歌圈更不必説越來越大的文學圈裏，不屬熱帶，甚至不屬溫帶，總之處境是冷落的，寂寞的。好在他為人只求知己，不追風頭，長年默默地讀書，寫作。大家眼中的詩人呂劍，只是他作為新詩詩人的一面，他被忽略了的成就，至少還有兩個方面，一是他的舊體詩，以五言古風為主，首見於聶紺弩、王以鑄、陳次園、舒蕪等九人詩詞合集《傾蓋集》，如嚴辰所説：「《青萍結綠軒》詩，有淵明風骨，魏晉氣度，『揚眉劍出鞘』是美，『霏霏一夜雨』也是美。自由詩翱翔舒展，痛快淋漓；舊詩詞琅琅吟誦，迴腸盪氣，同樣使我沉醉。」嚴辰在這裏高度評價了呂劍舊體詩高古的氣韻，兼及對新詩舊體詩雙軌並行之見，開通明哲，真達人也。

　　二是呂劍在七八十年代之交發表在《安徽文學》《上海文學》等刊上的雜文，特指魯迅風的雜文，或者叫文史隨筆吧，深厚的舊學根柢，感時憂世的情懷，發而為文，耐人尋味，發人深思。只是曇花一現，兩三年後忽然不見了，據説是由於一而再再而三的「倒春寒」氣候，與呂劍攜手歷盡艱危，並曾在他淪落底層時攜兒帶女支撐家庭的夫人趙宗珏女士苦勸不要再惹禍上身。這是可以理解的，兩夫婦已經年屆花甲，實在也經不起中青年時那樣的折騰了。但翻開塵封的書刊看看，如《主乎？友乎？奴乎？》《論古人未必迷信而今人未必不迷信》《「局限」辨》《「悼」議》《「四五」天安門詩歌敍略》《也算「立此存照」》《從病梅到盆景》《閒話灶王》《三屍神》《雞雛與貓及黃鼬》《「心有餘悸」補考》《還是公開討論好》《斑犬傳》《蟪蛄戒》《北京文物近年歷劫記略》等，佳篇如湧，不及一一列舉。其勢頭之猛，不亞於活躍領先的雜文大家嚴秀、牧惠、章明諸公。一九八三年上海文藝出版社出版了他的雜文散文集《一

劍集》，這一劍至今在鞘中錚錚作響。

以上這兩方面，希望引起人們注意。這裏不及備述，只引他唱和艾青《魚化石》所寫的古風為證，平心而論，這首和詩，總體上超過了原作，在今人寫的舊體詩中，也是極具特色和代表性的：

君持魚化石，要我為之歌。艾青先有新篇在，愧我無才奈若何！盤古開闢幾億年，後有女媧補以全。誰知山崩水嘯處，獨有一魚留其間。昏黑不辨日與月，寒岩千重壓諸肩。何以呼？何以吸？曾無涓滴代謝難。何以躍？何以潛？纖隙局促難迴旋。魚死乎？意恬恬，宛如冬蟄復夏眠。夢中還戲珊瑚樹，竊誇已是水中仙。當今盤古女媧再為功，非為綴舊乃為換新天。崆峒嶂裂奔霹靂，亂煙散處驚奇觀。魚兮魚兮蹦而出，春日相煦並悲歡。雙瞳猶奕奕，遍體光且鮮。喁喁如欲語，怯怯惹人憐。想當年，優游時，錦鱗玉鰭何翩翩！喜今朝，運復通，諸君試置滄溟中，當化長鯤掉尾去，南圖海運搏長風！魚如斯，事亦同。君不見昨日碣石沉海底，來日又將突兀現雲峰！君不見多少前賢英雄死，又有多少後人功業越前蹤！君憶蓬萊麻姑否？瞬息滄桑三相逢。人世千萬載，仍屬一孩童。日新月異自從容，億萬斯年化無窮！

作為詩人和雜文家的呂劍，不僅活在朋友的心中，且將長遠地活在讀者的視野中。願他安息。

從今冬明春北京郊區土改說起

臨近年末，星期天回家，聽母親說，我姐姐燕生將隨工作隊下鄉，參加今冬明春的郊區土改試點，正集中起來學習政策。

我很羨慕姐姐比我先行，有機會下鄉親近農民，而且是在土

地改革這樣的農村群眾運動中，到農民中去共同鬥爭。這是多難得的思想改造和政治鍛煉。從寫作的角度看，不僅有助於體驗群眾的感情，而且能熟悉群眾的語言……

我的老家在浙江農村，但我一直生長在北方，根本沒去過那片祖祖輩輩的血地熱土。在這個古城，大圈圈套着的小圈圈裏，跟這裏的農村完全隔絕。哦，我母親娘家的祖墳在東郊的雙橋。那裏看墳的農戶姓李。我們搬來船板胡同以後，遇見過被稱為「二李」的這位中年偏老的莊稼人，他帶來一點「土儀」看望母親。母親說她也去過雙橋，主要是給外祖母掃墓，但不是在清明。她不願見到外祖父家的人，因為從她一小兒，外祖父一咽氣，續弦的外祖母和她孤兒寡母就被前房兒子掃地出門了。二李他們大概也粗知其事，對母親很體諒，絕口不提那一家子有沒有人來的事。在我眼裏，母親對來自農村，給外祖母看墳的二李，非常尊重，總是說拜託拜託，好像也每回總給他些錢物帶回去。

後來聽母親說，一九四九年春天，清明前後，二李來過一次，說他們那裏在圍城同時，共產黨就已經建立了村政權，他在村裏成了貧農組長，大家都盼着土改，可還不知道會怎麼改法。母親對他說，現在城裏和鄉下，都在改朝換代，你當上村幹部，好好忙你的公事，墳地能照應就照應一下，照應不了也由不得你，活人死鬼都不會怨你。我們在城裏會自個兒照顧自個兒，你也不用惦記，在新社會把自個兒的日子過好吧。從此我真的沒再聽說二李來，也沒有雙橋的消息。

母親也從不再提起給外祖母上墳的事。我那時不懂事，竟沒問過外祖母的墳在雙橋哪個村哪個店。一九七四–七五年的時候，畢基初替吳小如捎信到我家來，這位我少年時讀過他不少美文的作家，是地下黨，五六十年代在朝陽區教育局或文化局工作，文革中打下基層，眼下才從雙橋農場回城不久，我卻壓根兒沒想起向他打聽打聽雙橋的情況。

廣播局五十年代就在雙橋建立了發射台。包括有些不迷信的人在內，也傳說雙橋每逢下大雨的夜裏，四野無人，靠近鐵塔根卻能聽見說話、唱歌等等聲音……按說，沒有終端接收器，鐵塔架子是不會傳音的。這就有點像冒充科幻的鬼故事了，我們一笑置之。

苦苦尋思，我小時候有個住在演樂胡同東段的「六叔」，時常來我們禮士胡同，跟母親說說話兒，對我們孩子也挺和善的。叫六叔，可不是男的，是女的，倒長得像男人，人高馬大，聲音也粗。她四十多歲，沒結過婚，跟她老哥哥老嫂子住一起，她哥哥人稱魯大爺，我也不知他們指着什麼生活。反正六叔沒職業，也沒聽說魯大爺開買賣，或幹什麼營生。據說他們家在順義有地，但他們卻在北京城裏住了多年。母親怎麼跟他們有了交往？我後來猜想，早在二十年代，我家沒買禮士胡同房子的時候，住過演樂胡同，我哥哥就是在那裏出生的。應該是那時的街坊，以至同院的鄰居。母親沒有娘家人，外祖母也沒有娘家人，我小時候家裏常來往的，乾媽呀，四姨兒呀，二姐呀，都是跟這位六叔一樣，是那時的好鄰里。誰能想到，一查，像六叔的哥哥魯大爺，很可能就是「線上」的「在城地主」。

再想想，我中學時的恩師仇煥香，他家老根兒也在京北順義，也是在城裏住了多年，我去過他北鑼鼓巷六十三號(老門牌)的家，獨門獨院──還是兩進院子。該也是「在城地主」？

總之，我們讀過的記載土改這一事件的，都是從貧雇農至多是中農着筆，寫他們的生活和鬥爭，他們的喜怒哀樂，至於在土改這一偉大事件中慘遭敗北的，被剝奪被打倒的階級敵人──地主並也兼及富農以及其他一些「壞人」，往往只以鬥爭對象的身份亮相，不及其他。

　　　　　　　　　　　一九四九‧北平故人

後來讀「正史」，如毛澤東著作中偶亦提到例如晉綏土改中的左傾偏向，但也不得其詳。

當時的土改，是一場消滅地主階級(文件上的用語是「把地主作為一個階級消滅」，以示並不要求從肉體上消滅每一個地主分子)的戰爭，毛澤東說的「一個階級消滅一個階級的暴烈的行動」。光知道貧農團想什麼做什麼，不知道對面的人在想什麼做什麼，怕是不夠全面的。事後用反特片寫暗藏敵人的手法，來描摹地主分子們和狗腿子密謀破壞，恐怕也流於概念化。

現在我手頭有一封一九四九年的舊信，可以從一個側面窺見在當時即將遍及全國的土改浪潮中，也還有這樣的人和事，會大出閉門虛構者的臆想之外。——實際生活就是這樣複雜的。

這封信的來歷是——

二○○五年初夏，郁風、苗子來電話，告以收到一封誤投給他們的郵件，說寄給我看看，可以做寫雜文的材料。

原來是，石家莊有位退休的王維平先生，愛好書畫收藏，在二○○○年收到信札七頁(沒有信封)，結末署名「苗δδ」，因是豎寫，兩個圈圈被王先生誤認為「子」字，遂以為寫信者是「苗子」，並推測為黃苗子。後來聽說郁風是文史館館員，便把複印件寄到中央文史館轉交，「看看是不是黃老親筆信札」，如經確認，當「物歸原主，了卻我的心願」。

這是一封長達七頁，兩千七百來字的信，用「冀東行政專員公署信箋」(豎十三行)毛筆書寫，下款注明「十二，廿一」，另有鋼筆「一九四九」，或是收藏者王先生所標。

寫信人苗某自述生年四十歲，如健在，今年當臻百歲了。他說「合省後我奉命來省府民廳工作」，應是從冀東行署調到河北省民政廳。從行文口氣(如對鄉村糾紛指點解決途徑)、習慣(如最後「此致布禮」即布爾什維克的敬禮)等看，大概是一位知識分子出身的黨員領導幹部。

受信人三同志(方正、子文、正舟),寫信人說「許久不見,亦未通信,頗以為念」,可知原在冀東行署時也並不在一起工作。從信的內容看,乃是苗某家鄉(二區商家林村)的縣區以上主管幹部。七頁信札的前兩頁半,是請他們幫助解決他家鄉的村裏「抗(日軍人家)屬」跟村幹部之間的矛盾,提示了原則和辦法,總的說來是顧全大局的,也是實是求是的。這一部分,作為六十年前的原始史料,讓我們看到一部分當時中共基層幹部良莠不齊——用政治術語說,就是組織不純、思想不純、作風不純的情況,甚至是很嚴重的。

這封信札,其實只是一封信的草稿。從後面署名只寫姓氏,名字用圈圈代之可知。過去人們的習慣,個人的文書最後不署名或署名不全,甚至直寫某某的,必是草稿無疑,以示並非正件也。

此稿前一部分談的是公事,如同領導同志指示,抽象原則和具體辦法,都有規則可循,對一位領導幹部,說起來並非難事,根本用不着起草。所以鄭重其事地起草,加以反覆推敲的是信的後一部分,談他家庭的私事,請三位「有舊」(是曾相與共事且互有了解和一定感情)的當地幹部,幫助他「解救」其母親和「弟男子侄」。事情發生在土改期間,看來他的父親成份應屬土改鬥爭對象,土地房屋被沒收後分配給貧雇農已成定局。寫信的這位決心與「落難」的父親劃清界限,承認其父思想行為「封建」「頑固」,並以其在家中即實行「奴隸主」式的壓迫,使母親等深受其苦為理由,將母親與其父加以區別(現在常說是「切割」),用「另立門戶」即分家另過的方式「營救」出來。按:在土改中的成例,凡劃為地主分子的,夫婦總是捆綁在一起的。有些在地主階級家庭中確實遭受虐待,其地位如同傭工的成員,在某些情況下也許能獲寬貸,但這為數極少,屬於特例。這樣做的難度極大,這該是寫信的人所深知的。所以他大聲疾呼:「同志們多費心,快營救我母親逃出人間地獄生活吧!」

一九四九·北平故人

自然，作為共產黨的幹部，他更深知這樣做所冒的政治風險，那就是政治運動當中最忌諱的所謂階級立場不穩，包庇地主家庭。他處在矛盾心態中，他心中的傳統「孝道」，與當下組織紀律性的矛盾：「我們黨員既非梟獍，誰無父母？苟非萬不得已，孰肯與父母決裂如此？」大約幾經權衡，決定捨父保母，又對受信的三位同志動之以情，希望他們「分憂」，用心良苦。

至於他的哥哥毓春等幾位弟兄，長年在外謀生，並不分享地主家庭的經濟收入，不應作為逃亡地主看待。苗某代為申訴，至少在今天我們看來，是正常的。

我在這裏說了半天，卻還沒讓讀者看到這封信稿，是有些喧賓奪主了。現將信稿全文移錄如下：

子文、方正、正舟同志：

許久不見，亦未通信，頗以為念！合省後我奉命來省府民廳工作，一切很好，請釋念。（按：在上款和首段天頭，原寫有「把希望都寄託在你們各同志身上了」，又用筆勾掉）

估計你們的救災、秋徵、集訓農村黨員、消滅奸特、召開人民代表會、頒發地照等等工作……一定會很忙很累的！但你們都是老於經驗理論豐富的老同志，一定會很快很好順利地完成任務的！

現在有兩件瑣事向你們談談，同時也是我的希望和要求。

（一）我村（二區商家林）抗屬和村治安員及支書（女）的糾紛問題：昨天抗屬代表來省請願，我曾以私人資格給他們解釋，不可兄弟鬩牆自殘骨肉，省掉階級敵人的暗喜，為親者所痛、仇者所快。……然而事實業經縣區處理，已成「強弓之弩」，以私人關係既不能平息，只有用公事方面解決了（省裏將行文到專縣）。

據我了解村幹有他一定的功勞，也有他一定的錯誤：如

在我村於十年當中，被日寇蔣匪輪番蹂躪下，在極度慘酷環境中對敵作不屈不撓的堅決鬥爭，這一件功勞是不可抹煞的。但在另一方面，他們貪污腐化、侵佔勝利果實、壓迫甚至打罵抗屬、獨裁不民主的作風，也是相當嚴重的——解放前的伙會副大隊長（日寇蔣匪兩朝奸特）曾綁架抗屬及群眾敲詐勒索腰纏萬金；解放後參加了革命（據傳聞），因有私人關係而待遇則超越老抗屬，此尤為絕大多數抗屬所不滿——其他事實不多贅，想早為你們徹底所了解。

再有一件事：我村伙會商榮商然之妻等，賡續夜間被村幹或民兵輪姦（不知是真是假）如果屬實，我認為雖是階級仇恨心所致但也影響政策，有傷風化，請調查制止，並加以批評教育。再從多方面考慮，萬一該婦女們思想上尚存在反動殘餘，若由肉體關係引誘，也容易使我黨員變節，你意以為何如？

對解決我村的糾紛，提出我的意見，供獻給你們考慮：由黨內和行政結合起來處理這一問題。對抗屬方面多強調說明村幹的功勞；同時也明確指出村幹的錯誤，並教育抗屬去掉偏狹思想及自私觀念（方式須講究）。更應使抗屬認識到是自家事，骨肉相連，不可分裂。在村幹方面則以整風方式，嚴格檢討錯誤（甚或有罪惡），若堅持錯誤，則須及時處理。使村幹認識錯誤後向抗屬道歉，雙方破啼（涕）為笑，務求達到團結同舟共濟之目的。在可能範圍內進行調整勝利果實清理會賬；再結合人民代表會或發土地證或其他中心工作進行整理支部及村政權。企求各方面心悅誠服，黨在群眾中的威信提高一步。以上的建議，不一定正確，權作愚者千慮一管之見，提供參考。

（二）我的家庭問題：關於此點，早為你們各同志所關心，對這事苦心積慮的設法解決，其躊躇程度，當不減於我

個人的負擔，但我母親及弟男子侄等均未獲解放，這說明咱們大家的責任還未盡到！

我生平（四十歲）從未敢批評過我父親，此次不得已我寫了逾三千言的一封信，這是破天荒新紀元的批評和揭發我父的缺點；可是我沒有半分信心可以改造老人家。因為他的封建頑固性是牢不可破的，除非打擊他別無良策——固然，我的家庭也等於你們各同志的家庭，決不願自己家庭——尤其是自己老人不願有尷尬，惟至萬不得已處，只有下決心！

馬克斯（思）恩克（格）斯在共產黨宣言二章中段，已明白指出必須消滅家庭，以社會教育代替家庭教育。在這過渡時期我們雖然不能過早提出消滅家庭，起碼也要改造封建式的家庭，要解放悲慘的被壓迫者脫出封建枷鎖。

我的家庭在中國來說是典型家庭，同時我父也是典型人物（可詳細的參照給我父親的那封信），因之我大聲疾呼：「同志們多費心，快營救我母親逃出人間地獄生活吧！」我對解決家庭問題提出意見如左：

我個人理解孝道，其標準須由父母說起，如果父親站在黨的原則下行事，那我們盡孝道是完全應該的——這話是不是說以黨的尺度來衡量父母呢？不，不完全那樣；但起碼也須父母不背於黨的大原則——我們黨員既非梟獍，誰無父母？苟非萬不得已，孰肯與父母決裂如此？

同志啊！我母親與弟男子侄，被我父統治壓迫的不能活着呀（尤其是我母親更嚴重），純粹的家庭法西斯蒂與家庭大封建主（奴隸主）壓迫奴隸一樣，這決不是張大其詞！

所以我主張把我母親以下家庭所有人口都搬出來，除給我父個人留一份房屋土地外，把我家房屋土地由農會分配給農民，重新由外村或我村分配給我母親以下各人口土地房屋一份，如此就粉碎了我父的封建意識（他經常說「土地房屋

是我的，你們都吃我不中」），並由政府明白指示他，説明我母以下各人口均自立門户，不許攪鬧，如有攪擾，是犯刑事罪的(同時也必須由區村監視他，如果攪擾就認真辦他)，堅決地把我父一人孤立起來，等到社會主義再説。

關於我父的惡作劇，可參照我給他的那封信，更可到我村了解，故此不用多寫。

其次還有一事，就是我弟兄敏(按，應為毓)春、毓民、毓文等都是出賣勞動力過活的小手工業工人，他們是無產階級的第二種工人(有東北我解放區政府的證明)，村辦公人硬把他們屏逐農會之外，説他們是關外來的，當做還鄉地主那樣看，是錯誤的，是不認識本階級的，是關門主義的……既不幫助建立家務，更不許在農會發言，我兄毓春前在農會會場發言，被逐出會外，這是實情(村幹呼口號趕出來的)。我黨是給工人階級服務的，是工人階級的先鋒隊，他們是本階級的人，我們是本階級的黨，村幹認識錯了，請給以解釋糾正，是盼！(按：此段天頭加寫：他們家庭雖是中農，但均在外負苦十五年以上，其本人成份決定是工人)

根據以上所述，我再不多説了，我把希望完全寄託你們各同志身上。把千斤擔子在我思想上是換肩了(由你們擔負)。

同志們！多操心吧，替我分勞吧，讓我把精神完全用在工作上吧，我多做了工作，就是你們各同志的成績呀。

紙短話長，不盡所云……並希多通信，在工作上在思想上多幫助我，是所至盼！此致

布禮

苗δδ

十二、廿一·(旁注：一九四九)

我頭一遍看這封信，在他設計為母親開脱的地方，直覺反應

是他在以權謀私。因為按我們的思維定勢，遇有這種情況，作為幹部、黨員，首先應該劃清階級界限，不得已而求其次，也要避嫌，其處理原則是：政治第一，運動第一，工作第一，什麼親情，孝道，不能讓這些資產階級「人性論」甚至「封建道德」干擾破壞像土改這樣偉大的政治運動。從這樣的大道理出發，苗某顯然已經缺理，當時如遇揭發，光是這封信，就夠批他個一佛出世二佛升天的呀！

但靜下心來想想，不知這封信稿，是否謄清發出，如果發出，那三位至友是否有能力實現這個可憐的願望，如果確能如所期待，那末，幾十年間只是少了一個被蔑稱為「地主婆」的五類分子，使她的子侄們也得以因她的僥倖，而免於被蔑稱為「狗崽子」「黑五類(子弟)」的命運，甚至可以說共產黨也少了一個「敵對陣營」的成員，又有什麼不好呢？

也就是說，當苗某出於親情，呼籲他的至友出力開脫他的母親時，至少在他寫這封信的時候，他的人性在與黨性的角力中一時佔了上風，他的良知使他把個人的利害得失拋到了腦後。他整個的思想體系並沒有突破主流意識形態的框架，但在此時此地此一問題上，卻逸出了政治成見的常軌。

不過，即使這封信的設計成為事實，也仍然只是土改中的一個個案。而且是借助於那三位當地當權派的運作才能成功的。這在我們的認知中，仍是傳統中國「熟人社會」的常態，也是一定程度上「官本位」或「黨本位」(因為寫信的當事人與受信的三位幹部都是中共黨員無疑)作用的結果。一般廣大的無權無勢沒有「門路」的中國人，是連這點可憐的僥倖都沒有的。

說到這裏，我聯想起一個也是土改中的事例。

事例的主人是著名蘇聯文學翻譯家曹靖華的父親曹植甫老人。上世紀三十年代中期，魯迅曾應曹靖華之請，為老人寫過一篇《教澤碑》，表揚他為家鄉教育事業的貢獻。老人一直生活和

執教在河南伏牛山區的盧氏縣。一九四六年內戰爆發，從鄂北宣化店突圍的中共李先念一支三千人的先頭部隊，來到伏牛山區時人地生疏，錢糧不繼，借重於已是七十七歲高齡的曹植甫，聯絡當地士紳，穩定民心，使籌糧工作順利進展，部隊糧足飯飽，士氣高漲，打出了軍威，穩定了初建的豫陝邊區政權。一九四九年建國前夕，國民黨軍剛剛退去，經歷了「拉鋸」慘劇的深山區人民，對新政權能否鞏固還將信將疑。曹植甫老人再次走出草廬，四處奔走，尋找教師，立即開學。在十月一日馬耳岩慶祝建國的鄉民大會上，老人和駐軍首長一起講了話，號召山區的父老兄弟跟着共產黨走。

就是這樣從心底擁護新政權的老教育家，卻在不久開始的土改試點工作中劃為地主。在這之前，曹靖華還給老人來信，要他對這場政治運動有個思想準備，信中說：「不久故鄉就要隨着全國實行土地改革，望闔家歡迎，全心全意鼓起全身的氣力的歡迎。因為土改是最好不過的，耕者有其田，不勞動者不得食，這是天經地義的真理。」但老人欲加入歡迎的隊伍已不可得。劃為地主後，他就從馬耳岩村搬出來，又住到當年為躲避國民黨騷擾而住過的鸛河岸邊的草房子裏。土改工作隊裏有位老教師，因仰慕而來訪，老人把多年來自己用毛筆抄成兩厚本的獨生子來信《靖華手札》給他看。老教師坐在老人的土炕上看得入了神，並深為曹氏父子間的親情所感動。沒想到他回去受到嚴厲責備，問他「為什麼到地主家裏去？」批評他「劃不清階級界限」。

在成份問題的震動中，曹靖華一九五一年去南方老根據地訪問途中，從漢中專門給父親發來一信，信中說：

昨前兒函詢關於家中土地改革，是想要知道依此劃的成份對不對？因為你我父子階級，依法令，是均不能劃為地主的。你一生主要是筆耕舌佃為經濟，而非靠生產農業作營生，是

一九四九·北平故人

專門用腦力的知識勞動者。說到兒我的本身，行年十四即出外，迄今總算起來，脫離土地生活已四十餘年，無晝無夜無寒暑，伏首芸窗，委身硯田，除執教中外大學外，抽暇編輯譯著：一方面努力為青年儲蓄精神食糧，一方面為國家除舊增新，傾心幹革命工作，並不曾依賴土地，更不能算是地主。且今日大學教授，盡入全國工會(兒亦為工會會員)，屬工人階級。未知故鄉公民將你的成份仍劃為地主否？這些地方，當局恐不盡徹底(了解)，安知成份劃錯，是常有的，是當改正的。

一九五一–五二年之交，曹氏故鄉進行土改複查。春節時，盧氏縣擴幹會上傳達了河南省委書記吳芝圃的指示：根據曹植甫老人畢生獻身山區教育事業，他家裏雖有少量土地出租，夠不上地主，只能是個「小土地出租者」，以前錯劃的成份，應予改正。

如果只靠曹植甫老人在當地向複查工作隊申訴，不一定能驚動得了省委書記下達指示。然則很可能是曹靖華從家裏了解情況後，直接「上書」給河南省委，用今天的話說，是「越級上訪」，碰上有文化的吳芝圃(吳有文化這一點是確鑿無誤的)知道曹靖華是何許人，也讀過魯迅為他父親寫的教澤碑文，於是問題迎刃而解。但這也有賴於被錯劃者是知名人士。有些地方負責複查工作的就是原先的工作隊員，他們是不是能夠那麼順暢地解決問題？在中國人因缺少法治保障，於是盛行「屈死不告狀」的傳統思想影響下，又有多少被錯誤處理的人能夠勇敢地上告、申訴？又有多少上告、申訴者能夠不受打擊而如願順利地改變上級所作錯誤的決定，同時扭轉自己被誤判的命運？這些就不是我們所能回答的了。

關於曹氏父子的這一段故事，是我從《張羽文存》(中國青

年出版社版)上冊中《山區教育家曹植甫軼事》和有關曹靖華的幾篇文章中看到的。

關於一封信的故事，以及聯想所及的兩代曹老的舊事都說完了。

那封舊信底稿，畢竟應該屬於起草者苗先生的個人隱私。如果在左禍橫行的年代，它就帶有政治性質，而公之於眾，則形同揭發，公開告密。但時過境遷，作為難得的一份史料，可資我們更全面地了解土改時期某一類人的思想動態，有助於全面地評價土改中處於敵我狀態各階層及相關人員對利害得失的態度。不管這份草稿是如何流出的，至少我認為苗先生的心態是可以理解的。我想，我把它抄出，當也會得到苗先生家後人的理解。因無原收藏者石家莊王維平先生的地址，也無法徵得他的同意，一併請予原諒。

二○一六年三月杪寫定

於未完待續處，附幾篇序跋幾句贅語

題　記

有人問，你不是寫過《別了，毛澤東》麼，那本書的副題是：「回憶與思考：一九四五－一九五八」；為什麼還要寫「一九四九」這本書，屬於同一個時間段，豈不是炒冷飯，不嫌重複嗎？

記得那本書出版後，就有老友看了感到不滿足，倒不是因為我沒寫到宮闈秘辛，他知道我不得其門，但他以為我於毛澤東各時段的政策、舉措着墨太多，關於自己，則只是大時代蒼茫人海中一個身影。我說，的確，我在那本書裏，只是以自己的經歷穿針引線，從我這個小人物角度觀照大時代，而這個時代，在中國大陸上以毛澤東命名，我在青春成長期，隨着浪湧浮沉，對毛澤東的認識也由點及線，由線及面，我把它記錄下來，故《別了，毛澤東》的主角是毛澤東，是我看到的、感到的、逐步深化認識中的毛澤東。

十年過去了，我回想，更準確地說，《別了，毛澤東》一書的主角是歷史。

歷史是人類行進的腳步。歷史是人類從野蠻向文明演進的歷程。歷史泥沙俱下，但也有所迎有所拒，有所棄有所存。從中國共產黨的教科書裏到處可以讀到對歷史唯物主義的標舉，對歷史唯心主義的批駁，然則相信歷史最終有左右世界的力量，有評定和臧否歷史人物的權力，應該不屬迷信。

但近年來我卻發現，歷史老人不但也有「看走眼」的時候，而且歷史老人也有妥協，有折衷，甚至有時逆水洄流，以至藏污

納垢。而更高的權威，則是飽經滄桑、無始無終的時間。

正是時間，能夠有足夠的力量，打開歷史的黑箱，掀動歷史的帷幕。

隨着日出日落，歲月遷流，不但宇宙間包括地球上有生無生的萬物會發生物理的、化學的變化，而且人間世亦然，芸芸眾生，個人與群落，其肉身和心理、物質和精神的生存狀況，經濟的、政治的、文化的種種社會生態，無不處在或隱或顯的變動不居之中，而隱顯之間，常賴時間使人事和物象的本質日趨全面深入地呈現出來，或曰披露出來。我們的認識乃有不斷的深化。這就是認識與再認識的規律吧。

所以我們時常覺得「明白了一點點」，又「明白了一點點」，什麼時候真正完全明白，確也難說，那大約就是所謂「大徹大悟」的境界了。

回首十年前寫的《別了，毛澤東》，只是從個人角度寫的「一個人的政治史」——首先是對毛澤東這一影響民族命運至鉅的大人物的認識深化史，自然也是我這一個小人物的特殊「成長史」——「革命——被革命史」。

現在讀者面前的這本書，則是圍繞我的記憶，所寫的「一個人的人物志」，「一個人的風俗史」，從中能夠遇到我這個人曾經親歷的那段歲月裏，印象深刻的人物和社風民俗，以及我夾帶着說起的稍縱即逝的浮想。

前一本書按編年的體例，寫了十三年，故最初曾擬題為《流水十三章》。後來因為面對市場第一線的發行部門，要求書名醒目，相中了幾個擬題中的「別了，毛澤東」，於是便借重大人物之威名的吸引力以行世了。當然，貨真價實，並非掛羊頭賣狗肉，故也不算附勢高攀吧。

然當時為我作序的章詒和女士，表示尤其欣賞「流水十三章」之名。我亦然之。流水者，舊時店鋪所謂「流水賬」是也。

以編年體成書，猶之流水賬然。進一步想，非虛構的紀實之作，介乎文史之間，字裏行間，依稀聽到水聲潺湲，或「潮平兩岸闊，風正一帆懸」，或「水深波浪闊，無使蛟龍得」，或「世界潮流，浩浩蕩蕩，順之則昌，逆之則亡」……且讓時間來證明一切，來評騭一切吧。

二〇一五年四月三十日

致讀者
——關於這些舊憶的零思碎想

近年來多次想戒掉寫「議政」雜文的習慣，直到去年年底，因為目疾，寫完關於內蒙古複查呼格吉勒圖被冤殺案的感想《我又想罵人》，這才罷手。

我之把議政的任務包括到魯迅風雜文的「針砭時弊」項下來，是在胡耀邦、趙紫陽主持黨政日常工作期間。當年雖時有干擾，但借助於從上到下和從下到上相呼應的思想解放運動，那十年是當代歷史上少有的持續較長的寬鬆時段。人們參政議政的熱情普遍高揚，我在自己的思想基礎上，對時政發表些一得之見，也天真地不自量力地期望能多少起到些補闕和匡正的作用。

但後來這種積極性受挫了。我的獻芹之議一度集中在反貪污反腐敗上，而一旦「反腐敗是別有用心」的調調高唱不衰，我發現，「垂垂老矣吳剛斧，西緒弗斯上下山」，大面積並幾乎是全方位的腐敗現象，就如吳剛斧下的那棵樹隨砍隨長，又像西緒弗斯推石上山，冥頑不化的石頭隨後又滾下來一樣。所謂反腐敗成了無用功，甚至樣子貨。於是我聲明從此「不再做反腐文章」。

我也終於下決心不再議論時政方面其他的話題。廢話免說之意罷了，別無深意，也更無意於強求別人。

然而「碼字」碼了一輩子，其他的事情也幹不來。我轉而想要做有用事，且寫「應用文」吧。

其實，本來我寫的雜文，都就屬於應用文一檔。但要靠我輩的「空議論」來推動實權人物辦實事，姑不說人家是否賣你的賬，人微言輕，不止隔着一層。而一般讀者並不需要你來啟「反腐」之蒙。廢話終究是廢話而已。

這回想寫的應用文，是敘述我親歷或親聞的事實。不是寫小說的料，沒受過把觀點蔭蔽在事實之中的小說技法訓練，難免像

　　　　　　　　　　　　一九四九·北平故人

古今所有的説書人那樣夾敍夾議。有些議的是當時個人的心理活動，有些是對一些事情原委特別是背景的交代——現在讀者群也年輕化了，不像我們這些「過來人」之間提頭知尾，點到為止就可默契，他們甚至連什麼叫「上綱上線」都不清楚，有人把「敵我矛盾」的勞改、「人民內部矛盾」的幹校，還有特指知識青年的「上山下鄉」混為一談，更不用説那些政治運動中特有的名詞、術語、縮寫、簡稱，「最高指示」的片言隻語，究竟意謂些什麼了，不做些深入淺出的詮釋行嗎？

由於我們過來的時代是泛政治化的，提倡「革命化」亦即林彪説的「非常政治化」，甚至每個人只要不想成為「反革命」，幾乎都成了「政治動物」。因此，夾敍夾議這一議，無意於議政，卻難免涉及當時高度政治化了的歷史。

現在許多年輕人不關心政治，這是對那個時代精神的反撥。然而你若想了解一下舊人往事，就得回到那時的語境中去，不然也會隔着一層以至隔着多層。——有什麼辦法呢？

二〇一五年五月二十三日

之二

原來置於全書前面，現也放到書後來的「題記」，寫在這份書稿開筆之前。半年過去，已成書四分之三左右，回頭重讀，發現當時説要把此稿寫成「一個人的人物志」「一個人的風俗史」來，未免誇張了。

我説一九四九這一年的經歷和見聞，涉及的人，有話則長，無話則短，有些後來有更多的交集，就只先説一段，有的今後可能沒機會重提，索性把他們後來的大致輪廓都畫了出來，準確地説，是一些記憶的碎片，不符合人物志的體例。

儘管因我活動範圍所限，所接觸和有關的人，圈子並不大，

不足以反映出「一九四九年北平」這個大題目下各階層各方面人們的心理和動向；但多少寫出了我對他們的感情，我的認知，知道多少，認識多少，說多少，是真實的，不是套話。年老的讀者會看着他們面善，年輕的讀者，可以在這裏見到他們不大熟悉的那一兩代人。

所謂「民俗史」的期待，實際距離更遠。也許從我敘事的字裏行間，能夠感受到一些當時的政治民俗——籠罩全國的政治氣氛和政治規範，倒是真的跟今天既有同，也有不同的。

我翻了翻已經寫就的篇章，寫到的不少人已經不在，好像行經嚴冬的林子裏，腳下盡是凋零的落葉，身邊的喬木只剩樹幹和枯枝。忽然想起元人鍾嗣成的《錄鬼簿》，那不是一本述異志怪的書，而是寫的當時一些戲曲作者的生平。從一個角度說，我這本書，與其說是「人物志」，不如說也是「錄鬼簿」。但再一想，健在的朋友或逝者，雖在特定時期當過「牛鬼蛇神」，但或正因此，他們和他們的親屬更厭煩、忌諱這個鬼字，還是從俗迴避了吧。

一個人來到世界上，總是生活在一些人中間。大人物，小人物，沒有例外。我寫到的人，就是在這個時段裏，跟我雙向互動過的人，作用有正負，影響有大小，這個圈，這個場，就是我的天地了。想一想，我這個天地，說大不算大，說小也不小。因為在「一九四九年北平」之後，我這個天地的外緣有所伸縮，中間核心的部分變化不大。對於想要成就大事的人，這是遠遠不夠的，但作為一個企求安生過「小日子」的人，這就該算是幸運的了。不知讀者以為然否？

二〇一五年十二月三日